Georg Hertling

John Locke und die Schule von Cambridge

Georg Hertling

John Locke und die Schule von Cambridge

ISBN/EAN: 9783743325289

Hergestellt in Europa, USA, Kanada, Australien, Japan

Cover: Foto ©ninafisch / pixelio.de

Manufactured and distributed by brebook publishing software
(www.brebook.com)

Georg Hertling

John Locke und die Schule von Cambridge

JOHN LOCKE

UND

DIE SCHULE VON CAMBRIDGE.

VON

DR. GEORG FREIHERRN v. HERTLING.

—•—

FREIBURG IM BREISGAU.
HERDER'SCHE VERLAGSHANDLUNG.
1892.
ZWEIGNIEDERLASSUNGEN IN STRASSBURG, MÜNCHEN UND ST. LOUIS, Mo.
WIEN I, WOLLZEILE 33: B. HERDER, VERLAG.

Buchdruckerei der Herder'schen Verlagshandlung in Freiburg

Vorrede.

DAS Verhältniss Locke's zu den platonisirenden Theologen von Cambridge hat bisher nur in einer einzigen Richtung Beachtung gefunden. Wiederholt ist die Behauptung aufgestellt worden, die berühmte Zurückweisung der Lehre von den angeborenen Ideen. welche das erste Buch des Versuches über den menschlichen Verstand enthält, kehre ihre Spitze nicht gegen Cartesius, wie die gewöhnliche Meinung annimmt, sondern gegen Cudworth und H. More. Der Wunsch, hierüber, wenn möglich, zu einem abschliessenden Urtheile zu gelangen, war die erste Veranlassung zu den vorliegenden Untersuchungen. Zu meiner eigenen Ueberraschung fand ich, dass die positiven Beziehungen, welche „das Haupt des englischen Sensualismus" mit jener Schule verbinden, dem Gegensatze der Meinungen in dem genannten einen Punkte zum mindesten die Wage halten. Dieses Ergebniss aber erschien mir um so wichtiger, als ja die Gedanken, welche Locke in seinem Hauptwerke vertritt, sich keineswegs als ein einheitliches und lückenloses Ganzes darstellen und das Bild, welches man sich insbesondere seit Voltaire von seiner Philosophie zu machen gewohnt ist, vor einer eindringendern Prüfung nicht standzuhalten pflegt. Schon Dugald Stewart sprach die Meinung aus, dass über Locke's Essay weit mehr gesprochen, als er selbst gelesen werde. Man kann dies dahin ergänzen, dass die Beurtheilungen, welche derselbe in der Geschichte gefunden hat. sich überwiegend auf das erste und die Anfangskapitel des zweiten Buches stützen, ohne die übrigen Theile zu berücksichtigen. Sie mussten daher einseitige bleiben; denn wichtige Elemente, wenn sie

auch in den früheren Büchern nicht ganz fehlten, treten doch erst
in dem vierten mit allem Nachdrucke hervor. Ergibt sich aber,
dass die verschiedenen Elemente, scharf und allseitig aufgefasst,
gar nicht zu einer widerspruchsfreien Einheit verbunden werden
können, so wird dadurch die Frage unmittelbar nahe gelegt, welches
die Factoren waren, unter deren Einwirkung sich jene Elemente in
Locke's Gedankenzusammenhang entwickelt haben.

Einen dieser Factoren glaube ich nunmehr in der Schule von
Cambridge aufzeigen zu können, mit deren engerem und weiterem
Kreise Locke durch mannigfache Bande persönlicher Freundschaft
und religiöser wie kirchlich-politischer Uebereinstimmung verknüpft
war. Die letztere Thatsache ist von den englischen Biographen
längst hervorgehoben worden, ohne dass man daraus den Anlass genommen hätte, der Frage nachzugehen, ob nicht der ausgesprochene philosophische Rationalismus jener Männer von Einfluss
auf Locke's philosophische Entwicklung werden musste und ob
nicht vielleicht hier der Ursprung derjenigen Lehrmeinungen zu
suchen sei, welche sich den empiristischen Ausgangspunkten nicht
fügen wollen.

Da die Gruppe von Gelehrten und speculativen Theologen, deren
hervorragendste Mitglieder Cudworth und H. More sind, in philosophiegeschichtlichen Werken meistens nur kurze Erwähnung findet,
war es nothwendig, derselben ein besonderes Kapitel zu widmen.
Hierbei musste vor allen Tulloch mein Führer sein. Seiner Darstellung habe ich mich nach der kirchenhistorischen Seite hin um
so lieber angeschlossen, als ich dadurch dem Vorwurfe zu entgehen
hoffte, die theologischen und kirchlich-politischen Verhältnisse in
England um die Mitte des 17. Jahrhunderts an dem Massstabe einer
vorgefassten Meinung zu messen. Dagegen war ich, was die philosophischen Lehrmeinungen der Schule betrifft, überall bemüht, durch
Einsichtnahme der Originalschriften zu einem selbständigen Urtheile
zu gelangen. Auch brachte es der Gang meiner Untersuchung mit
sich, dass ich über einzelnes weit mehr zu sagen hatte, als bei
Tulloch nach der Absicht seines Werkes zu finden ist.

Das gewonnene Resultat führte sodann in einigen Richtungen weiter. Die geistige Bewegung in der Periode der Restauration ist zu einem wichtigen Theile durch den „Hobbismus" und den Aufschwung der naturwissenschaftlichen Forschung bezeichnet. Zu beidem hat die Schule von Cambridge in hervorragender Weise Stellung genommen. Ich glaube die Vermuthung wagen zu dürfen, dass auch die Abfassung von Locke's Hauptwerk im Zusammenhang hiermit und mit den Hoffnungen oder Befürchtungen steht, welche sich an beides knüpften. Mehr als eine gewisse Wahrscheinlichkeit liess sich hier allerdings nicht gewinnen; dagegen wirft meines Erachtens Locke's Verhältniss zu der Schule von Cambridge ein entscheidendes Licht auf seine Stellung zu Hobbes sowohl als zu Cartesius.

Es würde mich freuen, wenn mein Buch auch jenseits des Kanals Beachtung finden und dort auf dem Grunde eines weit umfassendern Materials, als mir zu Gebote stand, Untersuchungen hervorrufen würde, welche meine Behauptungen über den Zusammenhang Locke's mit den geistigen Strömungen seiner Zeit entweder bestätigen oder bessere an ihre Stelle setzen würden.

München, 20. October 1892.

Der Verfasser.

Inhaltsverzeichniss.

Zweites Kapitel.

Die Schule von Cambridge.

(S. 96 bis 158.)

Drittes Kapitel.

Locke und die Schule von Cambridge.

(S. 159 bis 243.)

Erstes Kapitel.

Die empiristische und die rationalistische Tendenz in Locke's Essay.

IN seiner berühmten Vorrede zur Encyklopädie vergleicht d'Alembert Locke mit Newton. Wie dieser die Physik, so habe jener die moderne wissenschaftliche Philosophie geschaffen. „Er erkannte, dass die Abstractionen und lächerlichen Fragen, die man bisher behandelt, ja die recht eigentlich den Inhalt der Philosophie gebildet hatten, vor allen Dingen beseitigt werden müssten. In den Abstractionen und dem verkehrten Gebrauche der Worte suchte und fand er die Hauptursachen unserer Irrthümer. Um unsere Seele kennen zu lernen, ihre Ideen und ihre leidenden Zustände, forschte er nicht in Büchern, denn diese würden ihn schlecht belehrt haben. Vielmehr begnügte er sich, tief in sich selbst hinabzusteigen, und nachdem er lange Zeit sich selbst gleichsam betrachtet hatte, bot er den Lesern in seiner Abhandlung über den menschlichen Verstand nichts anderes als den Spiegel, in dem er sich selbst gesehen hatte. So machte er die Metaphysik zu dem, was sie in Wirklichkeit sein soll, zu einer erfahrungsmässigen Naturlehre der Seele.“ [1]

Das historische Verständniss wird durch übertreibende Behauptungen dieser Art nicht gefördert. Sicherlich gibt es in der Geschichte der Wissenschaften schöpferische Geister, welche durch epochemachende Entdeckungen der Forschung neue Bahnen eröffnen und der denkenden Betrachtung neue Standpunkte aufzeigen. Aber sie treten trotzdem nicht aus der Gesammtentwicklung heraus: was sie als ihre eigenste That beanspruchen dürfen, ist nur möglich geworden durch die Arbeit vorangegangener Geschlechter. Oft haben sie nur mittels glücklicher Intuition zusammengefasst, was in einzelne Bestandtheile zerstreut bereits im Bewusstsein der Zeit vor-

---

[1] Discours préliminaire de l'Encyclopédie. Oeuvres philosophiques, historiques et littéraires de d'Alembert (Paris 1805) I, 275.

v. Hertling, John Locke.   1

verständnisses von den Intellectualisten bekämpft. Der Beweis für
diese von dem Verfasser selbst als kühn bezeichnete Behauptung
gelingt freilich nur, indem der Sinn einzelner Stellen gewaltsam ge-
presst und ihnen ein völlig fremder Gedankenkreis untergelegt wird.
Die Lehre von der Apriorität von Raum und Zeit und die Einordnung des lediglich receptiv empfangenen Stoffes in die Formen unseres Anschauens und Denkens sollen sich bereits vollständig in dem
Essay finden. Das sind nun freilich Uebertreibungen, welche durch
die entgegengesetzten Uebertreibungen Cousins, gegen welche Webb
sich wendet, erklärt, aber nicht gerechtfertigt werden. Aber auch
ein neuester Forscher, dem man umsichtige Sorgfalt und gewissen-
haft abwägendes Urtheil nicht absprechen kann, Monroe Curtis[1],
kommt der gleichen Auffassung nahe genug. Nicht nur dass er auf
dem ethischen Gebiete den vielfach behaupteten Zusammenhang mit
Hobbes völlig in Abrede stellt und Locke vielmehr mit Cumberland
und den Platonikern von Cambridge zusammenbringt[2], er hält auch
dafür, dass Locke neben Sensation und Reflexion, den beiden Formen
der Erfahrung, auch noch den Intellect als eine Quelle der Erkenntniss gelten lasse, dass also beispielsweise seiner Meinung zufolge
der Begriff Kraft nicht aus jenen beiden allein abgeleitet werden
könne, sondern vielmehr erst dadurch seine Vollendung gewinne,
dass der Verstand zu dem von Sensation und Reflexion gelieferten
Material den von ihm selbst hervorgebrachten Begriff der Causalität
hinzubringe[3]. Nicht mehr allein das also ist die Frage, an welcher
Stelle Locke dem geschichtlichen Entwicklungsgange einzureihen ist,
sondern was den eigentlichen Charakter und die entscheidende Tendenz seines Philosophirens bildet, und erst nach der Verständigung
über die letztere ist die Möglichkeit einer ausreichenden Beantwortung der ersteren gegeben.

Mit Webb an ein anderthalbhundertjähriges Missverständniss
zu denken, wird man sich nur schwer entschliessen können. Denn
die geschichtliche Wirkung Locke's ging unfraglich nach der empiristischen Seite. Hume einerseits und Condillac andererseits haben
von ihm die Anregung erhalten, während umgekehrt jede entgegengesetzten Antrieben folgende Schule sich von ihm abgestossen fand.
Der einfachste Weg, die hier sich darbietende Schwierigkeit zu
beseitigen, ist offenbar der bereits von Cousin eingeschlagene. Der

---

[1] *Mattoon Monroe Curtis*, An outline of Locke's Ethical Philosophy. Leipziger Doctordissertation, 1890.   [2] A. a. O. S. 11. 17. 18.   [3] Ebend. S. 36.

Essay, erklärt er, ist ein Gewebe von Widersprüchen; Locke widerspricht sich unaufhörlich im Grossen wie im Kleinen, in den grundlegenden Bestimmungen wie in einzelnen Aufstellungen. Andere haben ihm nachgeredet. Es ist der Versuch gemacht worden, die sämmtlichen Widersprüche in Locke's Erkenntnisslehre aufzusuchen und in systematischer Ordnung vorzuführen [1]. Einem wissenschaftlichen Interesse aber wird hierdurch nicht genügt, oder vielmehr es erwächst sofort das neue Problem, wie ein Mann, der sich unausgesetzt in Widersprüche verwickelte, der keinen einzigen Gedanken consequent zu Ende zu denken vermochte, eine solche Bedeutung gewinnen und einen so nachhaltigen Einfluss ausüben konnte.

Die Frage muss tiefer gefasst werden. Jene weit auseinandergehenden Beurtheilungen legen die Vermuthung nahe, dass in Locke's Gedankenarbeit entgegengesetzte Antriebe mächtig waren, welche von Anfang an nebeneinander und auch gegeneinander gingen, so dass er also nicht etwa aus Gedächtnissschwäche oder Mangel an logischer Schulung dem von ihm aufgestellten Programm jeden Augenblick untreu wird, sondern vielmehr verschiedene und von verschiedenen Ausgangspunkten herkommende Gedankengänge sich in dem Ganzen seiner Lehre miteinander verschlingen, die, im Geiste ihres Urhebers zur Einheit verknüpft, sobald sie aus dieser Verbindung gelöst und für sich allein verfolgt werden, zu weit voneinander abliegenden Standpunkten hinführen müssen. Hieraus ergibt sich die Aufgabe, das Vorhandensein solcher unterschiedenen Tendenzen, die man mit den hergebrachten Namen der empiristischen und rationalistischen bezeichnen kann, nachzuweisen. Zu Grunde zu legen ist dabei in erster Linie Locke's berühmtes Hauptwerk, der Versuch über den menschlichen Verstand, während anderswo sich findende Aeusserungen des Philosophen nur zur nachträglichen Erläuterung herangezogen werden sollen.

Durch die Erbringung dieses Nachweises gewinnt sodann aber die Frage nach der historischen Einordnung eine andere Gestalt. Es sind alsdann nicht mehr nur jene oben angedeuteten Erwägungen, welche einen Zusammenhang des Locke'schen Philosophirens mit seiner Zeit und mit diesem oder jenem Vorgänger ganz allgemein erwarten lassen. Das gleichzeitige Vorhandensein gegensätzlich gerichteter Tendenzen lässt sich nur begreifen unter der Annahme be-

---

[1] Contradictions in Locke's Theory of Knowledge, by *George W. Manly*. Leipziger Doctordissertation, 1885.

stimmter, von verschiedenen Seiten herkommender Einwirkungen,
deren Ursprung sich in bestimmten geschichtlichen Erscheinungen
oder Strebungen muss nachweisen lassen.

Ich beginne mit der empiristischen Tendenz.

Gleich in dem ersten Buche, welches die bekannte Bestreitung
der Lehre von den angeborenen Ideen enthält, wird ganz allgemein die
Erfahrung als einzige Quelle der Erkenntniss bezeichnet. „Kinder“,
heisst es daselbst im vierten Kapitel, „bringen keine Ideen mit sich
auf die Welt, am wenigsten solche, welche den Begriffen der allgemeinen Urtheile entsprechen. Vielmehr kann man bemerken, wie
dieselben nachträglich stufenweise in ihr Bewusstsein eintreten, und
wie sie dabei nicht mehr und keine anderen gewinnen als diejenigen,
welche Erfahrung und Beobachtung der Dinge, auf die sie stossen,
ihnen liefern.“ [1] „Man erkennt leicht, wie ihre Gedanken in dem
Masse sich erweitern, als sie mit einer grössern Menge sensibler
Objecte bekannt werden, die Ideen derselben im Gedächtnisse behalten und die Fähigkeit erwerben, diese Ideen miteinander auf verschiedene Weise zu verknüpfen.“ [2] Mit allem Nachdrucke wird die
gleiche Behauptung in den Untersuchungen des zweiten Buches an
die Spitze gestellt. „Nehmen wir an, unser Erkenntnissvermögen
(mind) sei ein weisses Blatt Papier, völlig unbeschrieben, ohne irgendwelche Vorstellungen oder Ideen. Wie kommt es zu denselben?
Woher kommt ihm der reiche Vorrath, welchen die geschäftige,
grenzenlose Phantasie des Menschen mit einer schier endlosen
Mannigfaltigkeit darauf gemalt hat? Woher besitzt es das gesammte Material der Vernunft (reason) und wissenschaftlichen Erkenntniss? Hierauf antworte ich mit einem Worte: aus Erfahrung.
Darin ist alle unsere Erkenntniss begründet, von da leitet sie sich
zuletzt her.“ [3]

Sieht man von der polemischen Spitze gegen die Annahme angeborener Ideen ab, so ist mit einer solchen Berufung auf die Erfahrung zunächst noch nichts Besonderes gesagt. Ihr konnten sich
ohne Rückhalt die Vertreter der überlieferten peripatetisch-scholastischen Philosophie anschliessen; denn wie strittig auch innerhalb
der einzelnen Schulen der genaue Antheil sein mochte, den Erfahrung, auf die Sinne begründete Erfahrung an dem Zustandekommen
der menschlichen Erkenntniss nimmt, so war doch der allgemeine

---

[1] Essay concerning human understandig I, 4, § 2.
[2] Ebend. I, 4, § 13.   [3] Ebend. II, 1, § 2.

Satz, dass Erkenntniss nicht ohne Erfahrung möglich sei, von allen anerkannt. Etwas anderes aber ist es, wenn jener Satz nun näher dahin bestimmt wird, dass die sämmtlichen Elemente des Erkenntnissinhaltes uns ausschliesslich durch die Erfahrung zugekommen seien, d. h. auf der passiven Aufnahme eines unseren Sinnen gegenständlich gegenübertretenden Seins und Geschehens beruhen. Eine derartige Auffassung wich sehr bestimmt von der traditionellen ab, für welche allerdings Sinneswahrnehmung und Erfahrung als die unentbehrliche Grundlage aller Erkenntniss galt, so jedoch, dass zugleich dem Verstande die Fähigkeit zugeschrieben wurde, an oder in den von der sinnlichen Erfahrung gelieferten, überall nur die äussere Erscheinung wiedergebenden Bildern höhere und werthvollere Erkenntnissinhalte zu entdecken. Hier also nahm man zwei Quellen der Erkenntniss an, die Sinne und den Verstand. Wenn dagegen Locke ausschliesslich nur die erstere gelten lassen wollte, so stellte er sich damit in Gegensatz zu der alten peripatetisch-scholastischen Lehre und machte sich zum Vertreter derjenigen, die man mit dem Namen des Sensualismus zu bezeichnen pflegt. Nur darf dabei nicht lediglich an die gewöhnlich so genannten äusseren Sinne gedacht werden, vielmehr ist diesen das weitere, aber gleichfalls rein receptive Vermögen an die Seite zu stellen, welches Locke Reflexion nennt, und dessen Objecte die ins Bewusstsein tretenden Vorgänge und Zustände unseres eigenen innern Lebens sind. „Unsere Beobachtung, angewandt entweder auf äussere sensible Gegenstände oder auf die inneren Thätigkeiten unserer Seele (mind), die wir selbst wahrnehmen und auf die wir reflectiren, ist das, was dem Verstand (understanding) das gesammte Material für das Denken liefert. Dies sind die beiden Quellen der Erkenntniss, woraus alle Ideen, die wir haben oder natürlicherweise haben können, ihren Ursprung nehmen."[1] Unser ganzer Erkenntnissinhalt stammt aus Sensation und Reflexion, und es gibt keinen Bestandtheil desselben, welcher nicht daraus stammte. Locke wird nicht müde, dies immer wieder einzuschärfen. „Das erste Vermögen des menschlichen Intellects besteht darin, dass die Seele (mind) befähigt ist, Einwirkungen zu empfangen, die auf sie geschehen, sei es durch Vermittlung der Sinne von äusseren Objecten, sei es von ihren eigenen Thätigkeiten, indem sie auf dieselben reflectirt. Dies ist der erste Schritt zur Entdeckung irgend welchen Gegenstandes, den ein Mensch

---

[1] Ebend. II, 1, § 2.

macht, und das Fundament, um darauf alle Begriffe (notions) aufzu-
bauen, welche er jemals natürlicherweise in dieser Welt haben wird.
Alle die erhabenen Gedanken, welche sich bis zu den Wolken auf-
schwingen und zum Himmel selbst hinaufdringen, nehmen hier ihren
Grund und Ursprung; in dem weiten Umkreise, in welchem der
menschliche Geist sich bewegt, in jenen entlegenen Speculationen,
durch welche er sich in die Höhe gehoben glauben mag, rückt er
um kein Iota über die Ideen hinaus, welche Sensation und Reflexion
seiner Beobachtung dargeboten haben."[1] Und in ihrer Aufnahme verhält er sich völlig passiv; er nimmt, was ihm geboten wird. „Wenn
die einfachen Ideen sich dem Geiste darbieten, kann der Verstand
nicht ablehnen, sie zu haben, noch kann er sie verändern, nachdem
sie eingeprägt wurden, noch sie auslöschen und aus eigener Kraft
neue machen, so wenig, wie ein Spiegel die Bilder ablehnen, verändern oder wegwischen kann, welche die vor ihm gestellten Gegenstände in ihm hervorrufen."[2] „Aeussere und innere Sinneswahrnehmung sind die einzigen Wege, auf denen Erkenntniss zum Verstand gelangen kann. Sie sind die einzigen Fenster, durch welche
Licht in diese Camera obscura eindringt. Der Verstand gleicht in
der That, so scheint es, einem Gemache, das völlig gegen das Licht
verschlossen ist mit Ausnahme einiger kleinen Oeffnungen, um sichtbare Abbilder der äusseren Gegenstände hereinzulassen."[3] Was sich
also darin vorfindet, muss auf diesen Wegen hereingekommen sein:
das gilt von den Ideen Gottes und der Geisterwelt ebensowohl wie
von den moralischen Begriffen. „Die zusammengesetzten Ideen,
welche wir von Gott und von reinen Geistern haben, sind aus den
einfachen Ideen gebildet, die wir der Reflexion verdanken. Aus dem
nämlich, was wir in uns selbst erfahren, gewinnen wir die Ideen
von Existenz und Dauer, von Erkenntniss und Macht, von Glückseligkeit und Freude und verschiedenen anderen Eigenschaften und
Vermögen, welche zu besitzen besser ist als nicht zu besitzen. Versuchen wir es nun, eine Idee zu gestalten, welche dem höchsten
Wesen so viel als möglich entspricht, so erweitern wir jede von den
genannten Ideen durch Hinzufügung der Idee des Unendlichen und
bilden aus ihrer Verknüpfung die zusammengesetzte Idee von Gott."[4]
Ein anderes Beispiel: „Aus der Verbindung der Ideen von Wille,
Ueberlegung, Vorbedacht, Bosheit, Empfindung und Selbstbewegung
oder Leben, welche wir der Reflexion verdanken, und den weiteren,

---

[1] Ebend. II. 1, § 24.   [2] II. 1, § 25.   [3] II. 11, § 17.   [4] II, 23, § 33.

durch die wir einen Menschen und eine Empfindung und Selbstbewegung aufhebende Handlung vorstellen und welche wir der Sensation entnehmen, bilden wir die zusammengesetzte Idee, welche das
Wort Mord bezeichnet."[1]

Aus dem Gesagten erhellt nun freilich bereits, dass unsere Erkenntniss zwar ganz und gar auf den durch Sensation und Reflexion
gewonnenen inhaltlichen Elementen beruht, dass aber mit der passiven Aneignung derselben nicht alles gethan ist und die Erkenntniss nicht vollständig hierin aufgeht. Es ist im Sinne Locke's durchaus unrichtig, dabei nur an ein Geschehen in uns, an eine ohne
unser Zuthun sich vollziehende Verknüpfung und Verschmelzung der
einfachen Ideen zu denken[2], ausdrücklich wird vielmehr das Zustandekommen der complexen Ideen oder zusammengesetzten Vorstellungen aus der bewussten Thätigkeit des Verstandes abgeleitet[3].
Allein hierin liegt nichts, was über den Empirismus hinausführte,
denn Locke denkt nur an ein mechanisches Verknüpfen und Trennen
der unveränderlichen Grundbestandtheile. „Ist der Verstand erst",
so hören wir, „mit diesen einfachen Ideen (welche Sensation und Reflexion ihm liefern) versehen, so hat er nun die Macht, sie in einer
nahezu unendlichen Mannigfaltigkeit zu wiederholen, zu vergleichen
und zu verbinden, und kann so nach Belieben neue complexe Ideen
hervorbringen. Aber es liegt nicht in der Macht eines noch so erhabenen Geistes oder gesteigerten Verstandes, durch irgendwelche
Schärfe oder Beweglichkeit der Gedanken eine neue Idee zu erfinden oder im Bewusstsein (mind) zu gestalten, die nicht auf den
zuvor erwähnten Wegen gewonnen wäre. Ebensowenig vermag der
Verstand durch seine Kraft eine der vorhandenen zu zerstören. Mit
der Herrschaft des Menschen in dieser kleinen Welt seines eigenen
Verstandes steht es ganz ebenso wie in der grossen Welt der sichtbaren Dinge. Seine Macht, wie immer gelenkt durch Geschicklichkeit und Kunst, reicht hier nicht weiter, als dass er die ihm ge-

---

[1] Ebend. II. 28, § 14; vgl. § 18.
[2] So u. a. Lange, Geschichte des Materialismus (2) I, 270, und Windel-
band, Geschichte der neuern Philosophie I, 248.
[3] II, 12, § 1: As the mind is wholly passive in the reception of all its
simple ideas, so it exerts several acts of his own, whereby out of its simple ideas,
as the materials and foundations of the rest, the other are framed. The acts of
the mind, wherein it exerts its power over its simple ideas are chiefly these three,
1. combining several simple ideas into one compound one, and thus all complex
ideas are made etc.

gebenen Stoffe zusammenfügen und trennen kann, und er ist nicht
im Stande, das kleinste Theilchen eines neuen Stoffes hervorzubringen
oder ein Atom eines vorhandenen zu zerstören. Das gleiche Unvermögen wird ein jeder in sich selbst bemerken, der darauf ausgeht, in
seinem Verstande eine einzige neue Idee zu gestalten, die nicht von den
Sinnen aus den äusseren Objecten oder von der Reflexion aus der darauf bezüglichen Thätigkeit seines eigenen Geistes gewonnen wäre." [1]
Hieraus aber erhellt nun nochmals die entscheidende Wichtigkeit der von Sensation und Reflexion gelieferten Elementarbestand-
theile. Von dem Umfange derselben wird das Mass der Erkenntniss
abhängen, von der verschiedenen Richtung und Färbung der den
einzelnen Individuen zu theil gewordenen Erfahrung die Verschiedenheit ihres Denkens und Wissens. „Beobachtet man ein Kind von
seiner Geburt an und verfolgt man die Veränderungen, welche die
Zeit bewirkt, so findet man, dass die Seele in dem Masse, in dem
sie durch die Sinne mit Ideen versehen wird, in dem gleichen Masse
mehr und mehr wach wird: sie denkt um so mehr, je mehr Stoff
sie zum Denken hat." [2] „Stufenweise wird das Kind mit den Ideen
versehen, und wenn auch solche von naheliegenden und gewöhnlich
wiederkehrenden Eigenschaften sich früher einprägen, als das Gedächtniss anfängt, über Zeitpunkt und Reihenfolge Register zu führen,
so geschieht es doch häufig, dass gewisse weniger verbreitete Eigenschaften ihm so spät in den Weg kommen, dass nur wenige Menschen sich nicht des Beginns ihrer Bekanntschaft mit denselben erinnern können. Lohnte es der Mühe, so könnte man ohne Zweifel
ein Kind so leiten, dass es nur ganz wenige selbst von den gewöhnlichen Ideen hätte, bis es zum Manne herangewachsen ist. Da
aber alle, die in die Welt hineingeboren werden, von Körpern umgeben sind, welche unaufhörlich und in verschiedener Weise auf sie
einwirken, so prägt sich eine Mannigfaltigkeit von Ideen den Seelen
der Kinder ein, ob man Bedacht darauf nimmt oder nicht. Licht
und Farben sind überall geschäftig zur Hand, wenn nur das Auge
geöffnet ist: Töne und gewisse tastbare Qualitäten verfehlen nicht,
die ihnen entsprechenden Sinne zu erregen und sich Eintritt in die
Seele zu erzwingen. Trotzdem aber wird man vermuthlich leicht
einräumen, dass, wenn ein Kind in einem Raum gehalten würde,
wo es bis zu seinem Mannesalter nichts anderes als Schwarz und
Weiss sähe, es ebensowenig eine Idee von Scharlachroth oder Grün

---

[1] Ebend. II, 2, § 2.   [2] II, 1, § 22.

besitzen würde, wie jemand, der in seinem ganzen Leben nie eine Auster oder eine Ananasfrucht gekostet hätte, eine Idee von diesen besonderen Geschmäcken haben würde." [1] Oder man denke sich umgekehrt einen Menschen, „bei welchem der Kräfteverfall des Alters die Erinnerung an seine frühere Kenntniss ausgelöscht und die Ideen, mit denen sein Geist vormals versehen war, völlig weggewischt hat, des weitern auch Gesicht, Gehör und Geruch völlig und der Geschmack in hohem Grade gestört sind, so dass dadurch die Durchlässe für neue Ideen nahezu ganz abgesperrt sind, — oder wenn noch einige von den Einlässen halb geöffnet sind, so seien doch die geschehenden Einwirkungen kaum wahrgenommen oder schlechterdings nicht festgehalten. Inwieweit ein solcher sich — trotz allem Prahlen mit angeborenen Principien — in seinen Kenntnissen und intellectuellen Fähigkeiten noch über die Stufe einer Seemuschel erhebt, mag der Erwägung anderer überlassen bleiben. Und wenn ein Mensch 60 Jahre in einem solchen Zustande verharrte, was ebenso möglich ist, wie dass er sich drei Tage in demselben befände, so möchte ich wissen, welcher Unterschied intellectueller Vollkommenheit noch zwischen ihm und dem niedersten Thiere bestünde" [2].

Locke erwähnt an dieser Stelle der Reflexion nicht. Dies geschieht nicht etwa aus Unachtsamkeit, sondern wegen der Abhängigkeit, in welche diese zweite Erkenntnissquelle von der Sensation gestellt wird. Erst nachdem die von aussen kommenden, durch die Sinne vermittelten Einwirkungen die Seele zur Thätigkeit aufgerufen haben, können ihr, indem sie sich auf dieselben zurückwendet, ihre Thätigkeiten und die etwa noch weiter sich daran anreihenden inneren Zustände zum Bewusstsein gelangen [3]. „Fragt man also, wann ein Mensch anfängt, Ideen zu haben, so ist die richtige Antwort: wenn er zum erstenmal eine Sinnesempfindung (Sinneswahrnehmung, sensation) hat. Denn da offenbar keine Ideen in der Seele sind, bevor die Sinne deren hineingeführt haben, so ist der Verstand gleichalterig mit der Sensation, das heisst einer in einem Theile des Körpers hervorgerufenen Einwirkung oder Bewegung, welche eine Wahrnehmung (perception) in dem Verstande hervorruft. Auf diese durch äussere Objecte in unseren Sinnen hervorgerufenen Eindrücke scheint sich der Geist zuerst zu richten in jenen Thätigkeiten, die wir Wahrnehmung, Erinnerung, Betrachtung, Ueberlegung (reasoning) u. s. w. nennen." [4]

---

[1] Ebend. II, 1, § 6.   [2] II, 1, § 14.   [3] II, 1, § 4.   [4] Ebend. § 23.

Dass diese Aeusserungen ein entschieden sensualistisches Gepräge tragen, ist nicht zu verkennen. Für eine geschichtliche Betrachtung liegt dasselbe jedoch nicht in der zeitlichen Priorität, welche
der Sinneswahrnehmung zugeschrieben wird; Locke entfernte sich
damit nicht von der traditionellen aristotelisch-scholastischen Denkweise. Wohl aber liegt dasselbe in dem Aufgeben jedes specifischen
Unterschiedes zwischen den Begriffen des Verstandes und den Vorstellungen der Sinne, wobei nicht etwa in der Weise des Cartesius
und seiner Schule diese letzteren durch Erhebung in die Sphäre des
Denkens vergeistigt, sondern vielmehr umgekehrt die ersteren völlig
auf die gleiche Stufe mit den auf körperlichen Vorgängen beruhenden Sinneseindrücken gestellt zu werden scheinen. In der Lehre
von der Abstraction tritt dies sofort deutlich hervor. Mit diesem
Namen bezeichnete die alte Schule die Thätigkeit unseres Geistes,
vermöge deren er den übersinnlichen Wesensbegriff oder den Ge-
dankeninhalt der Dinge aus der Umhüllung der sinnfälligen Erscheinung herausnimmt. Ganz anders Locke. Ihm zufolge besteht das
charakteristische Merkmal der abstracten Ideen lediglich in einem
Minus. Von den Elementen, welche, aus Sensation und Reflexion
stammend, den vollständigen Inhalt einer concreten Individualvor-
stellung ausmachen, können wir nach Belieben oder unter bestimmten
Gesichtspunkten die einen isoliren und getrennt von den übrigen,
mit denen sie ursprünglich auftraten oder aufzutreten pflegen, im
Bewusstsein festhalten. Wählen wir nun solche Elemente aus, die
gleichmässig in verschiedenen und wechselnden Verbindungen vor-
zukommen pflegen, und bezeichnen diese mit bestimmten Namen,
so gewinnen wir von hier aus die Möglichkeit, die unübersehbare
Menge der Einzelbilder einer bestimmten Ordnung zu unterwerfen.
„Ideen, von bestimmten Einzeldingen gewonnen, werden die allgemeinen Repräsentanten aller, die der gleichen Art angehören, und
ihre Namen allgemeine Namen, die sich anwenden lassen auf alles,
was solchen abstracten Ideen Aehnliches existirt ... Indem so beispielsweise die gleiche Farbe heute in Kalk oder Schnee beobachtet
würde, welche unser Geist gestern von Milch erhielt, so betrachtet
er diese Erscheinung für sich allein, macht sie zum Repräsentanten
für alles von der gleichen Art, und nachdem er ihr den Namen
‚weiss‘ gegeben hat, bezeichnet er durch diesen Laut die gleiche
Qualität, wo immer er ihr begegnen oder sie vorstellen mag; und
so werden Universalien, seien es nun Ideen oder Termini, gebildet.“ [1]

---

[1] Ebend. II, 11, § 9.

„Wenn wir sorgfältig dem Ursprunge unserer Begriffe nachgehen," meint daher Locke. „so werden wir finden, dass selbst die abstrusesten Ideen, wie entfernt sie auch von den Sinnen oder irgend welcher Thätigkeit unseres Geistes zu liegen scheinen, lediglich solche sind, welche der Geist für sich ausgestaltet hat, indem er Ideen wiederholt und miteinander verbunden hat, welche er von den sinnfälligen Gegenständen oder von seinen darauf bezüglichen Thätigkeiten hat, so dass also auch weitumfassende und abstracte Ideen aus Sensation und Reflexion abgeleitet sind." [1] — Wo daher die Früheren einen Unterschied zwischen Begriff und Sinnenbild gesehen hatten, erblickt Locke nur den Unterschied zwischen nicht völlig deutlicher und völlig deutlicher Idee. „Da unsere complexen Ideen", führt er aus, „auf der Sammlung verschiedenartiger einfacher beruhen, so können sie demgemäss sehr klar und deutlich in dem einen und ebenso dunkel und undeutlich in dem andern Theile sein. Bei einem Menschen, der von einem Chiliaedron oder einem Körper von tausend Ecken spricht, kann die Idee der Figur sehr undeutlich sein, während die der Zahl sehr bestimmt ist. Da er nun im Stande ist. den Theil seiner Idee, der von der Zahl Tausend abhängt, zu erörtern und zu demonstriren, so ist er geneigt zu meinen. er habe eine deutliche Idee von einem Tausendeck, obwohl es offenbar ist, dass er keine deutliche Idee von der Figur hat. so dass er im Stande wäre. sie von einer andern mit bloss 999 Seiten zu unterscheiden." [2] „Man lasse jemand, der vermeint, eine deutliche Idee von der Figur eines Chiliaedrons zu haben, zur Probe ein anderes Stück von der nämlichen gleichartigen Materie, Glas, Wachs oder dergleichen, von gleichem Umfange nehmen und ihm eine Figur von 999 Seiten geben. Er wird ohne Zweifel im Stande sein. diese beiden Ideen mittels der Seitenzahl voneinander zu unterscheiden und deutlich über dieselben zu urtheilen und Folgerungen zu ziehen, indem er nämlich seine Gedanken und seine Erörterungen ausschliesslich auf den Theil dieser Ideen richtet, welcher in ihren Zahlenverhältnissen besteht. also dass die Seiten des einen in zwei gleiche Zahlen zerlegt werden können, die des andern nicht u. s. w. Geht er aber darauf aus. sie mittels ihrer Figur zu unterscheiden, so wird er vermuthlich sofort in Verlegenheit kommen und nicht im Stande sein, in seinem Geiste zwei deutlich voneinander geschiedene Ideen lediglich mittels der Figur dieser beiden Stücke Gold zu bilden. wie

---

[1] Ebend. II, 12, § 7. [2] II. 29, § 13.

er es könnte, wenn das eine Stück Gold die Gestalt eines Kubus, das andere die einer Figur von fünf Seiten hätte." [1] Ein anderes Beispiel gibt der Name Ewigkeit. „Weil wir ihn häufig im Munde führen, sind wir geneigt zu glauben, wir besässen eine entsprechende positive und umfassende Idee, was so viel heisst als, es gäbe keinen Bestandtheil jener Fortdauer, der nicht deutlich in unserer Idee enthalten wäre. Wahr ist allerdings, dass, wer so denkt, eine deutliche Idee von Dauer besitzen mag; er mag auch eine sehr deutliche Idee von einer sehr langen Dauer haben und ebenso eine deutliche Idee von der Vergleichung dieser langen mit einer noch längern. Weil es aber unmöglich für ihn ist, in seinen Ideen von irgend welcher Dauer, sie mag so lang sein als sie will, die gesammte Ausdehnung einer als endlos gesetzten Dauer zumal zu erfassen, so ist der Theil seiner Idee, welcher noch jenseits der Grenzen jener langen Dauer liegt, die er seinen eigenen Gedanken vorstellig macht, sehr dunkel und unbestimmt." [2]

Das Problem, weshalb wir nun gerade von Zahlenverhältnissen deutliche Vorstellungen besitzen, wird von Locke an dieser Stelle nicht berührt. Es wird demnächst Gelegenheit sein, darauf zurückzukommen. Hier lag nur daran zu zeigen, wie Locke seine Lehre, dass der gesammte Inhalt unserer Erkenntniss auf den Bestandtheilen beruht, welche Sensation und Reflexion uns liefern, consequent durchzuführen bestrebt ist, indem er keinen specifischen Unterschied zwischen Verstandesbegriffen und sinnlichen Vorstellungen, sondern da, wo ein solcher etwa gefunden werden könnte, nur Gradunterschiede innerhalb der letzteren anerkennen zu wollen scheint.

Eine weitere nothwendige Folge ist, dass wir da schlechterdings keine Erkenntniss haben, wo derartige Bestandtheile nicht vorliegen, und es unmöglich ist, sie zu gewinnen. Dies führt zu einem der bekanntesten Bestandstücke der Locke'schen Philosophie, zu seiner Lehre von der Unerkennbarkeit der Substanz. Hier ist indessen einer geläufigen Verwirrung vorzubeugen. Locke gebraucht den Namen Substanz gleich anderen vor ihm und nach ihm in verschiedenem Sinne. Er versteht darunter einmal das Subject oder den Träger der Accidentien. Während Eigenschaften, Zustände, Thätigkeiten ein unselbständiges Sein ausdrücken, indem sie nur in oder an einem andern Seienden vorkommen können, ist eben die Substanz das, woran oder worin sie sind und das selbst keines andern mehr bedarf, an

---

[1] Ebend. § 14.   [2] § 15.

oder in dem es sich fände. In diesem Sinne hatte Aristoteles ursprünglich den Begriff ausgeprägt, bei welchem der Gegensatz gegen das unselbständige Sein der Accidentien das entscheidende Merkmal bildet[1]. Aber schon Aristoteles gebraucht das Wort ganz ebenso oft zur Bezeichnung der concreten Einzeldinge, die in der Gesammtheit ihrer Eigenschaften in unsere Erfahrung treten[2]. Ebenso Locke, und er erläutert alsdann den Begriff der Substanzen dahin, dass er ein Bündel von einfachen Vorstellungen umfasse, die auf ein gemeinsames Substrat bezogen werden. Von vornherein leuchtet ein, dass Unerkennbarkeit der Substanz etwas Verschiedenes besagt, je nachdem man den Namen in der ersten oder zweiten der unterschiedenen Bedeutungen versteht. Versteht man ihn in der zweiten Bedeutung, so würde Unerkennbarkeit der Substanz besagen, dass wir von den Dingen der Aussenwelt nichts wissen können, ein Satz, der dann je nachdem als Ausdruck einer skeptischen oder kritischen Denkweise gelten könnte, den aber Locke nirgendwo ausspricht. Wohl aber behauptet er die Unerkennbarkeit der Substanz in jenem ersten Sinne[3].

In dem Schlussabschnitte der gegen die Lehre von den angeborenen Ideen gerichteten Polemik führt Locke den Gedanken aus, dass, wenn es angeborene Ideen gäbe, sicherlich diejenigen dafür zu gelten hätten, deren Besitz für den Menschen von besonderer Wichtigkeit wäre, also vor allem die Idee Gottes. Aber die Idee Gottes ist nicht angeboren, wie mit den bekannten Argumenten erhärtet wird. Es gibt indessen noch „eine andere Idee, die zu besitzen für das Menschengeschlecht von allgemeinem Nutzen wäre, da nämlich, als ob man sie besässe, ganz allgemein von ihr die Rede ist. Dies ist die Idee der Substanz, die wir weder besitzen noch mit Hilfe von Sensation und Reflexion besitzen können. Wenn die Natur Sorge trug, uns gewisse Ideen zu verschaffen, so sollte

---

[1] Metaph. VII, c. 3, p. 1029ᵃ 7: Νῦν μὲν οὖν τύπῳ εἴρηται τί ποτ' ἐστὶν ἡ οὐσία, ὅτι τὸ μὴ καθ' ὑποκειμένου ἀλλὰ καθ' οὗ τὰ ἄλλα. XII, c. 5, p. 1071ᵃ 1: Τῶν οὐσιῶν ἄνευ οὐκ ἔστι τὰ πάθη καὶ αἱ κινήσεις.

[2] Metaph. VII, c. 2, p. 1028ᵇ 9: Τά τε ζῷα καὶ τὰ φυτὰ καὶ τὰ μόρια αὐτῶν οὐσίας εἶναί φαμεν, καὶ τὰ φυσικὰ σώματα, οἷον πῦρ καὶ ὕδωρ καὶ γῆν καὶ τῶν τοιούτων ἕκαστον, καὶ ὅσα ἢ μόρια τούτων ἢ ἐκ τούτων ἐστίν, ἢ μορίων ἢ πάντων, οἷον ὅ τε οὐρανὸς καὶ τὰ μόρια αὐτοῦ, ἄστρα καὶ σελήνη καὶ ἥλιος.

[3] Locke behauptet ausserdem die Unerkennbarkeit des Wesens der concreten Dinge, ein Satz, der mit dem obigen nicht verwechselt werden darf und in einen ganz andern Zusammenhang gehört, der aber bis in die neueste Zeit damit verwechselt wird. Hiervon weiter unten.

man erwarten. dass dies solche wären, die wir uns nicht selbst durch
unsere eigenen Fähigkeiten verschaffen können. Aber wir sehen im
Gegentheil, dass, wo die Wege versagen, auf denen andere Ideen
unserem Geiste zugeführt werden, wir überhaupt keine klare Idee
haben. Demgemäss bezeichnen wir mit dem Worte Substanz nichts
als die unsichere (uncertain) Annahme von etwas, wir wissen nicht
was, d. h. von einem Dinge, von dem wir keine besondere, deutliche, positive Idee haben, von dem wir aber annehmen, dass es das
Substrat oder der Träger der Ideen ist, die wir kennen."[1] Die Unerkennbarkeit der Substanz in diesem Sinne ist sonach eine absolute.
Unsere Erkenntniss reicht nur so weit, als wir Ideen besitzen; Ideen
gewinnen wir nur mit Hilfe von Sensation und Reflexion; weder
Sensation noch Reflexion liefern uns die Idee jenes unbekannten
Substrats, vielmehr verdanken wir ihnen ausschliesslich die Ideen von
Eigenschaften — das Wort im weitesten Umfange verstanden —:
also haben wir von der Substanz schlechterdings keine Idee und
darum keine Erkenntniss. „Die einfachen Ideen, die wir von Sensation und Reflexion erhalten, sind die Grenzsteine unserer Gedanken,
jenseits deren der Geist, wie immer er sich anstrengt, um kein Iota
vorzudringen vermag, noch gelingt es ihm, Entdeckungen zu machen,
wenn er in die Natur und die verborgenen Ursachen dieser Ideen
einzudringen versucht."[2]
     Die Hauptstelle findet sich im 23. Kapitel des zweiten Buches.
Hier und noch ausdrücklicher in den dazu gehörigen, gegen die Angriffe des Bischofs von Worcester gerichteten Ausführungen unterscheidet Locke aufs bestimmteste zwischen den Ideen, die wir von
den verschiedenartigen Substanzen oder Dingen haben, und der Idee
der Substanz im allgemeinen. Von der letztern aber heisst es in
§ 2: „Wenn jemand sich selbst in betreff seines Begriffes (notion)
von der reinen Substanz im allgemeinen prüft, so wird er finden,
dass er von ihr schlechterdings keine Idee besitzt, sondern lediglich
die Annahme von, er weiss selbst nicht was für einem Träger solcher
Qualitäten, welche geeignet sind, einfache Ideen in uns hervorzurufen, welche Qualitäten gemeinhin Accidentien genannt werden.
Würde jemand gefragt, was das Subject ist, welchem Farbe oder
Gewicht inhärirt, so würde er nichts zu sagen wissen als: die
festen ausgedehnten Theile. Wollte man nun von ihm erfahren,
worin denn Festigkeit und Ausdehnung inhäriren, so würde er sich

---

[1] I, 4, § 18; vgl. IV, 3, § 23.   [2] II, 23, § 29.

in keiner bessern Lage befinden als der früher erwähnte Inder. Dieser, der gesagt hatte, die Welt werde von einem grossen Elefanten getragen, und nun gefragt wurde, worauf denn der Elefant ruhe, gab zur Antwort: auf einer grossen Schildkröte. Als man ihn aber noch weiter drängte und wissen wollte, was der breitrückigen Schildkröte die Unterlage gebe, antwortete er: etwas, er wisse nicht was. Ganz so reden wir hier und in anderen Fällen, wo wir Worte gebrauchen, ohne klare und deutliche Ideen zu besitzen, gleichwie Kinder, die auf die Frage, was ein Ding, das sie nicht kennen, sei, sofort befriedigt zur Antwort geben, es sei etwas. In Wahrheit bedeutet dies, von Kindern oder auch von Erwachsenen angewandt, nichts anderes als — dass sie nicht wissen, was es ist, und dass sie von dem Dinge, das sie zu kennen vorgeben und von dem sie reden, schlechterdings keine Idee haben, also in Bezug darauf völlig unwissend und im Dunkeln sind."

Bis dahin ist alles consequent. Unsere Erkenntniss reicht nur so weit, als die anschaulichen Elemente der Erkenntniss, die Ideen, reichen, und wir haben Ideen nur, soweit Sensation und Reflexion sie uns verschaffen können. Nun aber erhebt sich die Frage, ob mit dem blossen Vorhandensein von Ideen in unserem Bewusstsein auch bereits wirkliche Erkenntniss gegeben ist. Zu ihrer Beantwortung muss noch einmal auf die bereits kurz erwähnten complexen Ideen eingegangen werden. Ein doppelter Unterschied trennt sie von den einfachen. Während der Geist die letzteren in völliger Passivität empfängt, sind die complexen Ideen, wie bereits bemerkt, Producte seiner Thätigkeit; er kann die einfachen Ideen miteinander verknüpfen oder vergleichen oder voneinander trennen. Das Product der Zusammensetzung pflegen wir sodann wiederum als eine einzige Idee zu betrachten, die wir dementsprechend mit einem Namen bezeichnen. „Dieses Vermögen, seine Ideen zu wiederholen und miteinander zu verknüpfen, befähigt den Geist, in weitem Umfange die Gegenstände seiner Gedanken zu verändern und zu vervielfältigen, unendlich weit über das hinaus, was Sensation und Reflexion ihm geliefert haben"[1], — immer aber nur dadurch, dass er die ihm gegebenen Elemente in neue und neue Combinationen einführt. „Es ist nicht verwunderlich, zu denken, dass diese wenigen einfachen Ideen ausreichen, das rascheste Denken oder die weiteste Fassungskraft zu beschäftigen und die Materialien für all die verschiedenartigen Erkenntnisse

---

[1] Ebend. II, 12, § 2.

und noch mehr verschiedenartigen Phantasien und Meinungen aller
Menschen zu liefern, wenn wir bedenken, wie viele Wörter durch
die verschiedenartigen Compositionen von 24 Buchstaben gebildet
werden können, oder um noch einen Schritt weiter zu gehen, wenn
wir über die Mannigfaltigkeit der Combinationen nachdenken, welche
allein mit den Ideen der Zahlen vorgenommen werden können, deren
Vorrath unerschöpflich und in Wahrheit unendlich ist." [1]

Der zweite Unterschied hängt unmittelbar mit dem ersten zusammen. „Einfache Ideen stammen von den Dingen selbst, und ihrer
kann der Geist nicht mehr und nicht weniger besitzen, als ihm geliefert
werden. Er kann keine anderen Ideen von sensiblen Qualitäten haben,
als welche von aussen durch die Sinne kommen, und keinerlei Ideen
einer andern Art Bethätigung einer denkenden Substanz, als welche
er in sich selbst findet. Hat er aber einmal diese einfachen Ideen
erhalten, so ist er nicht bloss auf die Beobachtung und auf das,
was sich von aussen darbietet, beschränkt; er kann mittels eigener
Macht die Ideen, die er hat, zusammenstellen und neue, complexe
Ideen bilden, welche er niemals in dieser Verknüpfung empfangen
hat." [2] — Dort also die Gebundenheit an die vorhandenen, von dem
auffassenden Subject als solchem verschiedenen Objecte, hier mit der
Selbstthätigkeit die freieste Willkür.

Dass nun Locke an diesem Punkte, was die einfachen Ideen
betrifft, strenge genommen über die Grenzen der reinen Erfahrungs-
lehre hinausgeht, braucht nur kurz angemerkt zu werden. Aus der
Erfahrung wissen wir nur um die Ideen in unserem Bewusstsein;
dass dieselben durch Gegenstände ausser uns hervorgebracht werden,
können wir schon deshalb nicht aus der Erfahrung wissen, weil wir
ja von diesen Gegenständen selbst erfahrungsmässig nur aus den
Einwirkungen wissen, die auf sie als auf ihre Ursachen zurückgeführt
werden. Allein Locke hat hier noch keine Zweifel, das Gegebene
ist ihm ein von aussen Bewirktes, die Ideen die Erzeugnisse äusserer
Gegenstände, ihrer Eigenschaften und Kräfte.

Unbeschadet ihrer unendlichen Zahl und endlosen Verschiedenheit werden nun die complexen Ideen in drei Gruppen eingetheilt,
und diese als Modi, Substanzen und Relationen bezeichnet. Modi
sind solche „complexe Ideen, welche, wie immer zusammengesetzt,
in sich nicht die Annahme selbständiger Existenz einschliessen, sondern als Zubehör zu Substanzen oder als Affectionen derselben be-

---

[1] Ebend. II, 7, § 10.   [2] II, 12, § 2.

trachtet werden: solcher Art sind die Ideen, welche durch die Worte Dreieck, Dankbarkeit, Mord u. s. w. bezeichnet werden"[1]. Die Ideen von Substanzen sodann sind „solche Combinationen von einfachen Ideen, von denen angenommen wird, dass sie bestimmte einzelne, für sich bestehende Dinge repräsentiren". Die Idee der Substanz im allgemeinen bildet darin, obwohl völlig unklar und auf einer blossen Annahme beruhend, den Hauptbestandtheil. „Fügt man beispielsweise zu Substanz die einfache Idee einer gewissen trübweisslichen Farbe hinzu nebst bestimmten Graden von Gewicht, Härte, Biegsamkeit und Schmelzbarkeit, so erhält man die Idee des Bleis. Die Combination der Idee einer bestimmten Art von Gestalt mit den Vermögen der Bewegung, des Denkens und Schliessens gibt, zur Substanz hinzugefügt, die gewöhnliche Idee des Menschen."[2] — „Die complexen Ideen der Relationen endlich beruhen auf der Vergleichung einer Idee mit einer andern."[3]

Von den Unterabtheilungen interessirt hier nur die der einfachen und der gemischten Modi. Jene beruhen ausschliesslich auf „den Veränderungen oder verschiedenen Combinationen der nämlichen einfachen Idee ohne Beimischung einer andern" — hierher gehören nach Locke namentlich die Ideen von Raum, Zeit, Zahl und was damit zusammenhängt —, „während die gemischten Modi auf der Verknüpfung einfacher Ideen verschiedener Art beruhen"[4].

Nach der Unterscheidung zwischen einfachen und complexen Ideen, der Zurückführung der letzteren auf die eigene Thätigkeit des Geistes und ihrer Einordnung in die drei Gruppen der Modi, Substanzen und Relationen kehren wir zu der oben aufgeworfenen Frage zurück. Unmöglich kann mit dem blossen Vorhandensein dieser Ideen im Bewusstsein in jedem Falle schon wirkliche Erkenntniss gegeben sein, sonst gäbe es keinen Unterschied zwischen den Ideen des Wachenden und denen des Träumenden, zwischen begründetem Wissen und thörichtem Meinen, zwischen Wahrheit und Irrthum. Locke unterscheidet zwischen realen und phantastischen Ideen. Reale Ideen sind solche, „welche in der Natur begründet sind, welche eine Conformität mit dem realen Sein der Dinge oder mit ihren Urbildern (archetypes) besitzen": phantastische solche, „welche keinen Grund in der Natur und keine Conformität mit der Realität der Dinge haben, auf welche als auf ihre Urbilder sie stillschweigend bezogen werden"[5]. — Von den realen Ideen sind die einen adäquat,

---

[1] Ebend. II, 12, § 4.   [2] II, 12, § 6.   [3] § 7.   [4] § 5.   [5] II, 30, § 1.

weil sie die Urbilder, von welchen sie nach der Annahme des denkenden Geistes (mind) entnommen sind, oder welche sie seiner Ansicht nach repräsentiren, und auf die er sie bezieht, in vollkommener
Weise darstellen, die anderen inadäquat, weil die Darstellung der
Urbilder, auf die sie bezogen werden, nur eine theilweise oder un-
vollständige ist [1]. — „Alle unsere einfachen Ideen", hören wir nun
weiter, „sind real, alle stimmen mit der Wirklichkeit der Dinge
überein." [2] Jedoch wird sogleich ein Vorbehalt gemacht: diese Uebereinstimmung ist nicht in allen Fällen als eine abbildliche zu denken.
Der Vorbehalt ist nothwendig wegen der bekannten, von Locke aufgenommenen und mit Nachdruck zur Geltung gebrachten Unterscheidung zwischen primären und secundären Qualitäten. Nur unsere
Ideen von den ersteren — Grösse, Gestalt, Zahl, Lage, Bewegung
oder Ruhe — sind Abbilder dieser Eigenschaften, lassen uns dieselben erkennen, wie sie objectiv in den Dingen sind; die Ideen
von Farben, Tönen, Gerüchen, Wärmeempfindungen u. s. w. aber
sind als solche nicht in den Dingen. Trotzdem sollen auch sie als
reale gelten. „Die weisse Farbe und die Kälte als solche finden
sich freilich ebensowenig in dem Schnee wie das Schmerzgefühl,
welches die Berührung desselben hervorruft; aber weil diese Ideen
von Weisse und Kälte, Schmerz u. s. w. in uns die Wirkungen von
Kräften der Dinge ausser uns sind, die der Schöpfer dazu hin-
geordnet hat, um in uns solche Empfindungen hervorzurufen, so sind
sie in uns reale Ideen, durch welche wir diejenigen Eigenschaften
unterscheiden, welche in Wirklichkeit in den Dingen selbst sind.
Denn da diese verschiedenen Wahrnehmungen (Erscheinungen, appearances) bestimmt sind, die Zeichen zu sein, mittels deren wir die
Dinge erkennen und unterscheiden sollen, mit denen wir zu thun
haben, so entsprechen unsere Ideen diesem Zwecke ebenso gut und
dienen ebensowohl als unterscheidende Merkmale (characters), wenn
sie lediglich constante Wirkungen sind, als wenn sie genaue Aehn-
lichkeiten von etwas in den Dingen wären; ihre Realität besteht
alsdann in der festen Correspondenz, welche zwischen ihnen und den
verschiedenen Constitutionen der wirklichen Dinge statthat. Ob sie
diesen Constitutionen als ihren Ursachen oder als ihren Mustern
entsprechen, ist gleichgiltig; es genügt, dass sie constant von ihnen
hervorgerufen werden." [3]

---

[1] Ebend. II, 31, § 1.   [2] II, 30, § 2; vgl. 31, § 2.
[3] II, 30, § 6; vgl. IV, 4, § 4.

Das zuvor schon angemerkte Verlassen des streng empiristischen Standpunktes tritt hier noch deutlicher hervor: eine feste Correspondenz zwischen unseren Wahrnehmungen und den sie hervorrufenden Qualitäten der Dinge wird angenommen und auf göttliche Anordnung zurückgeführt[1]. Besonderes Gewicht braucht indessen hierauf nicht gelegt zu werden. Dass unsere Sinnesempfindungen von äusseren Dingen hervorgerufen werden und uns diese äusseren Dinge kennen lehren, ist der allgemeine und unausrottbare Glaube der Menschheit. Wenn Locke ihn theilt, so beweist dies höchstens ein Zurückbleiben hinter dem strengen Empirismus, nicht ein Hinausgehen über denselben.

Ist nun aber die objective Realität, die wir den einfachen Ideen zuschreiben, in der Art und Weise begründet, in welcher unser Geist sie aufnimmt, nämlich völlig passiv, so wie sie ihm gegeben werden, und ohne sie aus eigener Kraft verändern oder gar ursprünglich hervorrufen zu können, so liegt die Sache wesentlich anders bei den complexen Ideen. „Da diese Combinationen einfacher Ideen sind, welche zusammengestellt und unter einem allgemeinen Namen zur Einheit verbunden werden, so ist klar, dass sich der menschliche Geist bei ihrer Bildung einer gewissen Freiheit bedient. Wie kommt es, dass die Idee des Goldes oder der Gerechtigkeit bei einem Menschen verschieden ist von der eines andern? Offenbar daher, dass er bei der seinen irgend eine einfache Idee mit hineingenommen oder auch ausgelassen hat, anders wie der andere. Die Frage ist nun, welche Combinationen haben objective Realität, und welche sind bloss eingebildete? Welche Verknüpfungen stimmen mit der Realität der Dinge überein und welche nicht?"[2]

Die Antwort lautet verschieden, je nachdem es sich um Modi oder um Substanzen handelt. Bei der Bildung complexer Ideen der erstern Art, insbesondere bei denen, welche Locke gemischte Modi nennt, ist unsere Freiheit eine absolute. Nach eigener Wahl stellt unser Geist hier die einfachen Ideen zusammen, ohne auf eine etwaige Verknüpfung derselben in der gegebenen Welt zu achten[3]. Es gibt

---

[1] Vgl. II, 31, § 2; 32, § 14; § 16; IV. 3, § 6; § 28.   [2] II, 30, § 3.
[3] IV, 4, § 5. Locke sagt an dieser Stelle „all our complex ideas except those of substances", so dass also einfache Modi und Relationen mit eingerechnet zu sein scheinen; II, 30, § 4 nennt er „mixed modes and relations"; III, 5, § 5 ff. spricht er nur von „mixed modes", obwohl die Kapitelüberschrift auch die „relations" aufführt. Thatsächlich ist, wie sich demnächst zeigen wird, bei den Relationen das Verhältniss ein ganz anderes. Wie er sich dasselbe bezüglich der einfachen Modi

also hier keine objectiven Begriffe oder begrifflichen Wesenheiten
im Sinne der Schulphilosophie, keine fest umrissenen, ein für allemal
giltigen Idealbilder, welche unser Geist nachzubilden hätte. Die
empiristische Tendenz findet ihre folgerechte Ergänzung in einer
völlig nominalistischen Denkweise. Dieselbe durchdringt das ganze
Werk, kommt aber ganz besonders im dritten Buche zum Ausdruck.
Mit grosser Ausführlichkeit handelt hier Locke von der Bildung der
Ideen gemischter Modi und betont immer aufs neue die vollkommene
Willkür, mit welcher der menschliche Geist dabei verfahre. „Niemand kann zweifeln, dass diese Ideen der gemischten Modi mittels
einer willkürlichen Combination von Ideen, die im Geiste zusammengestellt werden, zu stande kommen, sofern er nur bedenken will,
dass es möglich ist, diese Art von complexen Ideen zu bilden, zu
abstrahiren und mit Namen zu versehen und so eine Species zu begründen, bevor jemals ein Individuum dieser Species existirt hat.
Ohne Zweifel konnten die Ideen von Sacrileg oder Ehebruch im
menschlichen Geiste gebildet und mit Namen versehen, konnten also
diese Species gemischter Modi begründet werden, bevor von dem
einen oder andern ein Fall in Wirklichkeit vorgekommen war." [1]
— Wenn die Sprache für gewisse Ideen dieser Art allgemein verständliche Namen ausgeprägt hat, so ist dies kein Beweis gegen
die willkürliche Bildung derselben, sondern zeigt nur, dass in den
Bedürfnissen des Verkehrs, in den Vorkommnissen des täglichen
Lebens oder auch in den Sitten und Gebräuchen einzelner Völker
der Anlass zu ihrer Ausprägung lag. Daher es denn auch in den
einzelnen Sprachen Wörter zu geben pflegt, die sich in keiner andern wiedergeben lassen. Die Lebensgewohnheiten des einen Volkes
führten dazu, bestimmte Ideen zu verknüpfen und mit einem zusammenfassenden Namen zu versehen, während die des andern hierzu
keine Gelegenheit boten. Das könnte aber nicht der Fall sein, wenn
es sich hier um Artbegriffe handelte, welche die Natur selbst festgesetzt hätte, und nicht um eigene Erzeugnisse des menschlichen
Geistes, der gewisse einfache Ideen miteinander verknüpft, einen
abstracten Begriff daraus macht und ihm einen Namen gibt [2]. Es
könnte ebensowenig der Fall sein, wenn bei der Bildung jener Begriffe ein allgemeines, dem menschlichen Geiste immanentes Gesetz

---

denkt, sagt er nirgends; es hängt dies mit dem mangelhaften Verständniss für die
besondere Natur der mathematischen Begriffe zusammen.
[1] Ebend. III, 5, § 5; vgl. auch 6, § 44.　　[2] III, 5, § 8.

wirksam wäre. Den letztern Gedanken spricht allerdings Locke in diesem Zusammenhange nicht aus; wie völlig derselbe aber seiner innersten Denkweise entspricht, wird die nachfolgende Untersuchung klarstellen. Der Hinweis auf die Bedürfnisse und Zwecke des menschlichen Lebens ist daher in seinem Sinne keine Einschränkung der dem menschlichen Geist und der Ausprägung jener Begriffe zugeschriebenen Willkür[1], sondern eine Bestätigung.

Kann man aber, wenn diese Begriffe oder Ideen die Gebilde der freiesten Wahl sind, noch von einer objectiven Realität derselben sprechen? Locke's Antwort auf diese Frage ist bekannt. Man hat ihn ihretwegen ganz besonders als Vorläufer Kants hinstellen wollen[2]; mit welchem Rechte, wird sich zeigen. „Da alle unsere Ideen", führt er aus, „mit Ausnahme derjenigen von Substanzen Urbilder sind, welche der Geist selbst gefertigt hat, nicht bestimmt, Abbilder von irgend etwas zu sein, noch auf die Existenz von irgend etwas als auf ihr Original bezogen, so kann ihnen auch keinerlei Conformität abgehen, welche zu wirklicher Erkenntniss erforderlich wäre (cannot want any conformity necessary to real knowledge). Denn was lediglich bestimmt ist, sich selbst zu repräsentiren und nicht etwas anderes, ist einer unrichtigen Repräsentation unfähig und nicht im Stande, von der richtigen Auffassung eines Dinges infolge seiner Unähnlichkeit abzulenken. Solcher Art sind nun mit Ausnahme der Substanzen alle unsere complexen Ideen. Wie anderwärts gezeigt, sind sie Combinationen von Ideen, welche der Geist mittels freier Wahl zusammenstellt, ohne irgend welche Verknüpfung derselben in der objectiven Welt zu berücksichtigen. Und daher kommt es, dass in diesem Bereiche die Ideen selbst als Urbilder angesehen und die Dinge nur insoweit in Betracht gezogen werden, als (umgekehrt) sie mit jenen übereinstimmen. Infolge dessen haben wir die untrügliche Gewissheit, dass alle Erkenntniss, die wir bezüglich dieser Ideen gewinnen, eine reale ist und die Dinge selbst ergreift. Denn in all unseren Gedanken, Urtheilen und Schlüssen dieser Art berücksichtigen wir die Dinge nicht weiter, als sie mit unseren Ideen übereinstimmen, so dass uns also in diesen eine gewisse und zweifellose Realität nicht fehlen kann."[3]

---

[1] Hierfür hält ihn *Tagart*, Locke's writings and philosophy historically considered and vindicated from the charge of contributing to the scepticism of Hume (London 1855) 408.

[2] Vgl. Riehl, Der philosophische Kriticismus I, 24. 54 ff.

[3] Essay IV, 4, § 5; vgl. II, 30, § 4.

Die Lösung ist überraschend. Die Begriffe der in Rede stehenden Art sind subjective Gebilde, und sie haben dennoch objective
Realität. Sie haben sie nicht darum, weil etwa die Dinge sich nach
ihnen richten müssten. Dieser Gedanke, welcher die Voraussetzung
einschliesst, dass die Dinge, um Gegenstände unserer Erfahrung zu
werden, sich den Gesetzen unserer Erkenntniss zu unterwerfen hätten,
lag Locke völlig fern. Wie hätte er sonst die schrankenlose Willkür
ihrer Bildung so, wie er es thut, betonen können. Er hält es für
genügend, dass sich jene Begriffe ihrer Natur nach nicht nach den
Dingen zu richten brauchen. Er hält es für ausreichend, wenn nur
die in ihnen zusammengestellten Bestandtheile nicht unvereinbar
sind, wenn sonach das, was sie ausdrücken sollen, keinen Widerspruch einschliesst, also möglich ist. Sie behalten ihren Werth und
ihre Bedeutung, auch wenn ihnen in Wirklichkeit nichts entspricht;
ereignet es sich aber, dass ein wirklicher Sachverhalt mit ihnen
übereinstimmt, so treffen auf dieses Reale nun auch alle Schlussfolgerungen zu, die man im voraus aus ihnen abgeleitet hat oder
aus ihnen ableiten kann. Das Erkenntnissgebiet. auf dem sich dies
in erster Linie bewähren soll. ist die Mathematik.

Dass die Erkenntniss, die wir von mathematischen Wahrheiten
haben, nicht nur eine gewisse, sondern auch eine reale ist und nicht
in leeren Einbildungen und nichtssagenden Hirngespinsten besteht,
wird allgemein zugestanden. „Und doch,“ meint Locke, „wenn wir
näher zusehen, werden wir finden, dass sich die Mathematik lediglich mit unseren eigenen Ideen befasst. Der Mathematiker betrachtet
die Eigenschaften eines Rechtecks oder eines Kreises und die darauf
bezüglichen Wahrheiten lediglich so, wie sie in der Idee, in seinem
Geiste sind. Denn es ist möglich, dass er niemals im Leben das
eine oder andere in mathematischer Weise, d. h. in voller Genauigkeit existirend vorfinden wird. Die Erkenntniss jedoch, die er von
irgend welchen, auf einen Kreis oder irgend eine andere mathematische Figur bezüglichen Wahrheiten oder Eigenschaften hat, ist
nichtsdestoweniger wahr und gewiss und gilt auch von wirklich
existirenden Dingen, weil eben die wirklichen Dinge nicht weiter in
Betracht kommen noch durch einen derartigen Lehrsatz getroffen
werden sollen, als sie mit jenen im Geiste befindlichen Urbildern
thatsächlich übereinstimmen. Wenn von der Idee des Dreiecks die
Wahrheit gilt, dass seine drei Winkel gleich sind zwei Rechten,
so gilt dieselbe Wahrheit auch von jedem Dreieck, das irgendwo
in Wirklichkeit existirt. Jede andere wirklich vorhandene Figur,

die nicht ganz genau der Idee des Dreiecks im Geiste des Mathe-
matikers entspricht, wird von jenem Lehrsatze gar nicht betroffen ...
Da seine Erkenntniss sich nicht weiter auf die Dinge richtet, als
sie mit diesen seinen Ideen übereinstimmen, so ist er sicher, dass
das, was er bezüglich dieser Figuren erkennt, wenn sie lediglich
eine ideale Existenz in seinem Geiste haben, sich auch an ihnen
bewähren werde, wenn sie eine wirkliche körperliche Existenz haben;
denn seine Betrachtung bezieht sich nur auf die Figuren, die die
nämlichen sind, wo immer und wie immer sie existiren." [1] — Wiederholt schärft Locke ein, dass auf die wirkliche Existenz der mathematischen Objecte gar nichts ankomme. „Die sämmtlichen Erörterungen der Mathematiker über die Quadratur des Zirkels, die Kegel-
schnitte oder irgend einen andern Theil der Mathematik beziehen sich
nicht auf die Existenz einer dieser Figuren; ihre Beweisführungen,
welche von ihren Ideen abhängen, bleiben die gleichen, ob in der
Welt ein Quadrat oder Zirkel existirt oder nicht." [2]

Was er damit erreichen will, ist klar. Die ausnahmslose Giltigkeit und die absolute Genauigkeit der mathematischen Lehrsätze
wäre gefährdet, wollte man sie auf die wirkliche Beschaffenheit der
concreten Objecte begründen, welche die wechselnde und unzureichende
Erfahrung dem Einzelnen zur Kenntniss bringt. Locke nimmt hier
von vornherein einen andern Standpunkt ein als später Hume in
der „Abhandlung über die menschliche Natur" [3]. Aber die Frage
ist nur, ob mit der Unabhängigkeit von der Existenz einzelner, darunter zu befassender realer Objecte bereits die Eigenart der mathematischen Begriffe vollständig erklärt ist. An den angeführten Stellen
werden sie unter den Ideen der gemischten Modi aufgeführt und in
ihrem Ursprunge den übrigen dieses Bereiches vollkommen gleich-
gestellt. Daran ist vieles auffallend. Nach der von Locke gegebenen Eintheilung sollten sie nicht als gemischte, sondern als einfache
Modi gelten. Wir bilden sie doch offenbar nicht durch Zusammenstellung einer Mehrheit verschiedener einfacher Ideen. Locke
selbst behandelt in einer Reihe von Kapiteln des zweiten Buches

---

[1] Ebend. IV. 4, § 6.   [2] Ebend. § 8.

[3] *Hume*, A treatise of human nature I, 1, sect. 4: As the ultimate standard
of these figures is derived from nothing but the senses and imagination, 'tis absurd to talk of any perfection beyond what these faculties can judge of: since
the true perfection of any thing consists in its conformity to its standard. Die
Behauptung Hamiltons, welcher die gleiche Ansicht Locke zuschreibt, wird mit
Recht von Webb (The intellectualism of Locke 119) zurückgewiesen.

die räumlichen und zeitlichen Verhältnisse sowie die der Zahl unter
den „einfachen Modi". Aber man muss noch einen Schritt weiter
gehen. Können denn die mathematischen Ideen, die Begriffe jener
einfachen räumlichen Gebilde, Dreieck, Kreis, Quadrat, als complexe
Ideen im Sinne Locke's gelten? Dann müsste in ihnen unser Geist
eine grössere oder geringere Anzahl gegebener einfacher Ideen oder
Begriffselemente miteinander verbinden, damit aus der Zusammensetzung der Theile das Ganze des neuen Begriffes entstünde. Aber
das Gegentheil ist der Fall; bei jenen Begriffen ist vielmehr das
Ganze das Erste, und erst die nachfolgende Erörterung leitet aus
der geschlossenen Einheit des Ganzen die Menge der darin gegebenen Einzelbestimmungen ab. Und merkwürdig genug: Locke selbst
kann sich der Anerkennung dieses Sachverhaltes gelegentlich nicht
entziehen. „Das Wesen eines Dreiecks", so hören wir, „ist in ganz
enge Grenzen eingeschlossen, besteht aus ganz wenig Ideen; drei
Linien, welche einen Raum einschliessen, machen dieses Wesen aus.
Aber die Eigenschaften, die aus diesem Wesen fliessen, sind zahl-
reicher, als dass sie so leicht erkannt und aufgezählt werden könnten." [1]
Und deutlicher noch an einer andern Stelle: „Auch bei den mathematischen Figuren würde dies der Fall sein — nämlich, dass unsere
Ideen von ihnen unvollkommen und inadäquat wären —, wenn wir
uns darauf angewiesen fänden, die complexen Ideen, die wir von
ihnen besitzen. durch Aufsammeln der ihnen im Vergleich mit anderen Figuren zukommenden Eigenthümlichkeiten zu gewinnen. Wie
unsicher und unvollkommen würden unsere Ideen von einer Ellipse
sein, besässen wir keine andere als eine solche, die aus einigen
wenigen ihrer Eigenschaften bestünde. Da wir aber statt dessen
in unserer deutlichen Idee das ganze Wesen dieser Figur besitzen,
so entdecken wir von da aus die Eigenschaften und sehen mit Hilfe
der Demonstration ein, wie sie daraus fliessen und unabtrennbar
damit verbunden sind." [2]

---

[1] Essay II, 32, § 24.
[2] Ebend. II. 31. § 11. Mit Unrecht schliesst Webb (a. a. O. S. 80) hieraus,
dass der Verstand bei Locke als eine Quelle einfacher Ideen zu gelten habe: If
certain ideas be suggested by. they must be superadded to. the data of sensation
and reflection; if they be suggested to, they must be superadded by, the faculty
of understanding. — Einfache Ideen, d h. solche, welche durch e i n e n Act von
Sensation oder Reflexion geliefert wurden, können darum doch eine Mehrheit von
Bestimmungen in sich schliessen.

Aber in den grundsätzlichen Aufstellungen über den Ursprung dieser Begriffe liegt nichts, was diese Eigenart erklären könnte. Im Gegentheile, durch die uneingeschränkte Behauptung, dass der Geist bei ihrer Bildung mit völliger Freiheit zu Werke gehe, ist die Möglichkeit ihres Verständnisses aufgehoben. Nur darum können wir aus dem Begriffe des Dreiecks seine sämmtlichen Eigenschaften mit einer jeden Zweifel ausschliessenden Sicherheit ableiten, weil uns in der geschlossenen Einheit seines Wesens kein bloss Thatsächliches. sondern ein Nothwendiges entgegentritt. Ob man dabei an ein intuitives Erkennen und Anerkennen eines objectiven, innerlich nothwendigen Zusammenhanges zu denken habe oder an eine in der Organisation des Subjects begründete Nöthigung, kann an dieser Stelle ununtersucht bleiben. Von diesen beiden Auffassungen ist die letztere Locke's ganzer Denkweise durchaus fremd; Erläuterungen seiner Lehre, in ihrem Sinne unternommen, tragen Fremdartiges in dieselbe hinein. Dass er sich der erstern gerade den mathematischen Begriffen gegenüber verschloss. hängt mit einem andern Mangel seiner Untersuchung zusammen. Wo sich in der Einheit eines Begriffes oder einer Idee eine Vielheit von Bestimmungen unterscheiden lässt, denkt er ausdrücklich immer nur an ein Zusammensetzen ursprünglich getrennter Bestandtheile. Wo er aber den Inhalt unseres Bewusstseins analysirt, stösst er auf Ideen, von denen er zugestehen muss, dass sie gar niemals für sich allein uns gegeben werden — er nennt als solche Einheit und Existenz —. und von denen er lehrt, dass sie jederzeit die aus Sensation und Reflexion stammenden Ideen begleiten und darum mit diesen und durch diese in unser Bewusstsein eintreten. Aber er sagt nichts über das Verhältniss, in welchem sie zu diesen stehen: und wenn es am nächsten liegt, anzunehmen, dass einfache Ideen, d. h. solche, welche durch einen einfachen Act von Sensation und Reflexion geliefert werden, darum doch eine Mehrheit von Bestimmungen in sich schliessen können, so bleibt doch der Vorgang, durch welchen der Verstand dieselben heraushebt, völlig im Dunkeln und wird auch von Locke, wo er von jenen Ideen redet, mit ganz unbestimmten und wechselnden Ausdrücken bezeichnet. Und so weiss er denn freilich von den mathematischen Ideen nichts anderes zu sagen, als dass es Modalbegriffe sind, complexe Ideen, von dem Verstande selbstthätig gebildet und darum ihrem Inhalte nach von der wirklichen Existenz entsprechender concreter Dinge unabhängig, aber zugleich Allgemeinbegriffe, d. h. von vornherein als Repräsentanten

einer möglichen Vielheit von Einzelobjecten gedacht [1]. Wenn er gelegentlich den Umstand, dass das demonstrative Verfahren vorzüglich auf das mathematische Gebiet Anwendung findet, obgleich es
seiner Meinung zufolge keineswegs ausschliesslich hierauf anwendbar
ist, daraus zu erklären sucht, dass eben nur dieses Gebiet genauer
Massbestimmung zugänglich sei [2], so ist dies nur eine Bestätigung
des der Mathematik gegenüber festgehaltenen empiristischen Standpunktes und bringt die Lösung des hier zu Grunde liegenden Problems nicht näher.

Neben den mathematischen Begriffen aber, und mehr als diese,
interessiren ihn die moralischen Begriffe. Was Ursprung und objective Giltigkeit betrifft und ebenso die Möglichkeit, Ausgang
und Grundlage einer demonstrativen Wissenschaft zu werden, stellt
er sie den mathematischen vollkommen gleich. „Wahrheit und Gewissheit der moralischen Beweisführungen sieht ab von dem Leben
der Menschen und dem wirklichen Vorkommen der Tugenden, von
denen sie handeln. Cicero's Lehre von den Pflichten ist deswegen
nicht weniger wahr, weil es niemand in der Welt gibt, der ganz
genau ihre Vorschriften ausführt und nach dem dort gegebenen
Muster eines tugendhaften Mannes lebt, der auch, als das Buch geschrieben wurde, lediglich in der Idee existirte. Wenn es in der
Theorie, d. h. in der Idee wahr ist, dass Mord Todesstrafe verdient,
so wird dies auch in Wirklichkeit wahr sein in Bezug auf jede Handlung, welche thatsächlich der Idee des Mordes entspricht. Andere
Handlungen aber werden von der Wahrheit jenes Satzes gar nicht
berührt." [3]

Wenn aber der Natur der Sache nach die Wahrheit jenes und
der verwandten Sätze auf den darin verbundenen Ideen beruht, und
wenn diese nach dem früher Gesagten die freien Erzeugnisse
unseres Verstandes sind, wie sollen wir zu allgemein giltigen und
allgemein anerkannten Sätzen kommen? Und ist nicht zu fürchten,
dass, entsprechend der ganz verschiedenen Begriffsbildung bei verschiedenen Menschen, auch die Beurtheilung der den Begriffen entsprechenden Handlungen ganz verschieden ausfallen werde? Locke
glaubt diesen Einwand, den er sich selber macht, sehr leicht ab-
thun zu können. „Man wird sagen: wenn die moralische Erkenntniss in die Betrachtung unserer eigenen moralischen Ideen gesetzt
wird, und wenn diese, wie andere Modi, unsere eigenen Erzeugnisse

[1] Essay II, 3, § 11.   [2] IV, 2, § 10.   [3] IV, 4, § 8.

sind, so wird es seltsame Begriffe von Gerechtigkeit und Mässigkeit geben. Welche Verwirrung von Tugenden und Lastern, wenn jeder sich nach seinem Belieben eine Idee davon bilden kann! Es wird keine Verwirrung, keine Unordnung geben, weder in der wirklichen Welt noch in den darauf bezüglichen Erörterungen, ebensowenig wie es auf mathematischem Gebiete eine Störung in den Beweisen oder eine Aenderung in den Eigenschaften der Figuren und ihren Beziehungen untereinander herbeiführen würde, wenn ein Mann ein Dreieck mit vier Winkeln und ein Trapez mit vier Rechten machen, d. h. deutlich gesprochen, wenn er die Namen der Figuren verändern wollte und die einen mit Namen bezeichnen, mit denen die Mathematiker in der Regel andere benennen. Es möge sich jemand die Idee einer Figur mit drei Winkeln bilden, von denen der eine ein rechter ist, und er möge sie, wenn es ihm beliebt, Rechteck oder Trapez oder was sonst nennen, die Eigenschaften der Idee aber und die darauf bezüglichen Demonstrationen werden dieselben bleiben, wie wenn er ihr den Namen eines rechtwinkligen Dreiecks gegeben hätte. Dass der Wechsel in dem Namen und die unpassende Sprache jemanden zuerst verwirren kann, der nicht weiss, welche Idee damit bezeichnet werden soll, ist zuzugeben. Sobald aber einmal die Figur gezeichnet ist, sind Schlussfolgerungen und Beweis klar und deutlich. Ganz dasselbe ist bei der moralischen Erkenntniss der Fall. Jemand habe die Idee von einer Handlung, durch welche Dritten ohne deren Einwilligung weggenommen wird, was ehrliche Arbeit in ihren Besitz gebracht hat, und nenne dieselbe, wenn es ihm so gefällt, Gerechtigkeit. Wer in diesem Falle sich an den Namen hielte ohne die Idee, die damit in Verbindung gebracht ist, würde in Irrthum verfallen, weil er nämlich damit eine andere von seinen Ideen verstände. Aber man löse die Idee von jenen Namen los oder nehme sie so, wie sie sich im Bewusstsein des Sprechers findet, und es wird das nämliche mit ihr in Uebereinstimmung stehen, wie dann der Fall ist, wenn man sie Ungerechtigkeit nennt. Allerdings bringen falsche Namen in moralischen Untersuchungen gewöhnlich mehr Unordnung hervor, weil man sie nicht so leicht berichtigen kann wie in der Mathematik, wo, sobald die Figur erst gezeichnet ist und betrachtet wird, der Name überflüssig und bedeutungslos geworden ist. Denn was bedarf es des Zeichens, wenn das bezeichnete Ding selbst gegenwärtig und in Sicht ist? Bei den moralischen Namen dagegen ist dies nicht so leicht gethan wegen der vielfältigen Zusammensetzungen, welche bei der

Bildung der complexen Ideen dieser Modi ins Spiel kommen. Trotzdem aber hindert eine solche falsche und mit dem herkömmlichen
Sprachgebrauche im Widerspruche stehende Benennung derartiger
Ideen nicht, dass wir eine gewisse und demonstrative Erkenntniss
ihrer verschiedenartigen Uebereinstimmungen und Nichtübereinstimmungen besitzen können, wenn wir uns ebenso sorgfältig wie in der
Mathematik an die gleichen, bestimmten Ideen halten und sie in
ihren verschiedenen Beziehungen zu einander verfolgen, ohne uns
durch ihre Namen in die Irre führen zu lassen." [1]

Dass die Schwierigkeit dadurch nicht beseitigt wird. ist einleuchtend. Gerade der Vergleich mit der Geometrie, wo die Construction einer bestimmten Figur sofort jedes Missverständniss und
jeden Irrthum beseitigt, hätte die Lücke hervortreten lassen müssen,
welche Locke's Analyse der Begriffsbildung an dieser Stelle aufweist.
Das Missverständniss muss schwinden, weil die Construction ein Gebilde vorführt, das unter den gegebenen Voraussetzungen nicht anders
sein kann als so, wie es ist. Herrschte statt eines bestimmten und
allgemein giltigen Bildungsgesetzes jene von Locke betonte schrankenlose Freiheit in der Herstellung der complexen Ideen, so würde es
niemals möglich sein, zu einer Verständigung über die Ideen und
die daraus zu ziehenden Consequenzen zu gelangen. Die Frage der
Namengebung ist untergeordneter Art. Bleibt es dabei, dass die
moralischen Ideen die willkürlichen Erzeugnisse unseres die Daten
von Sensation und Reflexion combinirenden Verstandes sind, wobei
er sich nur hüten muss. Unvereinbares zusammenzufügen zu wollen [2].
so ist nicht abzusehen, wie ihnen und den daraus abgeleiteten moralischen Regeln objective Giltigkeit zukommen könne. Vom Standpunkte des Empirismus aus aber lässt sich in der That etwas Weiteres nicht anführen.

Während nun aber bei den Modalbegriffen die Realität darauf
beruhen soll, dass sie als solche nur im Geiste wirklich, dass sie
darum selbst Urbilder sind und sich nicht nach fremden Mustern
zu richten haben, liegt die Sache ganz anders bezüglich der Substanzen. Denn unsere Ideen von Substanzen enthalten sämmtlich
eine ausdrückliche Beziehung auf Dinge ausser uns; sie sind bestimmt, diese Dinge so, wie sie wirklich sind, zu repräsentiren; eben
darum haben sie Realität, objective Giltigkeit, nur insoweit, als
sie Combinationen einfacher Ideen sind, deren objective Correlate in

---

[1] Essay IV, 4, § 69: vgl. II, 30, § 4; IV, 3, §§ 19 und 20.   [2] II, 30, § 4.

Wirklichkeit verbunden sind und miteinander existiren. Wollten wir auch hier, wie bei den Modalbegriffen, von der realen Existenz absehen und Ideen miteinander verknüpfen ohne Rücksicht darauf, ob ihrer Verbindung in der wirklichen Welt etwas entspricht, so wären die gewonnenen Ideen lediglich phantastische Gebilde, gleich der Idee von Centauren, und ohne Erkenntnisswerth[1]. Die Aufgabe ist also hier eine ganz andere. Unsere Ideen von Substanzen müssen sich nach vorhandenen Mustern richten, sie sollen mit diesen übereinstimmen. Damit erheben sich sofort die Fragen, ob, wann und inwieweit sie dies thun, und ergibt sich zugleich die Möglichkeit, dass sie im einzelnen Falle hinter dieser Aufgabe zurückbleiben[2]. „Um Ideen von Substanzen zu haben, welche den Dingen ähnlich sind und daher reale Erkenntniss liefern, genügt es nicht, wie bei den Modi, solche Ideen zusammenzustellen, die nicht unverträglich miteinander sind. Die Ideen eines Sacrilegs, eines Meineids und ähnliche sind gleich reale und gleich wahre Ideen, bevor ein Fall dieser Art sich wirklich ereignet hat wie nachher. Bei unseren Ideen von Substanzen dagegen, die als Abbilder gelten und auf Musterbilder ausser uns bezogen werden, reicht das nicht aus: sie müssen noch ausserdem von etwas hergenommen sein, das existirt oder existirt hat. Sie dürfen nicht aus Ideen bestehen, die nach Belieben von unserem Denken zusammengesetzt wurden, ohne von einem wirklich existirenden Muster genommen zu sein: es genügt nicht, wenn wir in einer derartigen Combination nichts Unverträgliches erblicken . . . Die Realität unserer Erkenntniss, wo es sich um Substanzen handelt, gründet also darin, dass alle unsere Ideen von ihnen solche und nur solche sind, die aus einfachen zusammengesetzt sind, welche in der Natur zusammen bestehend vorgefunden wurden. Und da solchergestalt unsere Ideen wahre, wenngleich vielleicht nicht sehr exacte Abbilder sind, so sind sie immerhin die Unterlage einer realen Erkenntniss derselben, soweit uns eine solche zugänglich ist. Dies ist allerdings nur in einem beschränkten Umfange der Fall, immerhin aber ist innerhalb desselben unsere Erkenntniss eine reale."[3]

Hier also erscheint Locke im Begriffe, die volle Consequenz seines empiristischen Standpunktes zu ziehen. Unsere Begriffe von Substanzen, d. h. von concreten, für sich selbständigen Dingen, sind Bündel von einfachen Ideen, welche wir als zusammengehörig und daher stets miteinander verbunden ansehen und auf ein unbekanntes

---

[1] Ebend. II, 30, § 5.　　[2] IV, 4, § 11.　　[3] IV, 4, § 12.

Etwas als auf ihren gemeinsamen Träger beziehen. Ihre Wahrheit
beruht darauf, dass jene einfachen Ideen uns in der früher angeführten Weise von aussen gegeben, und dass sie uns in eben
dieser Verbindung von aussen gegeben werden.

Auf diesem Wege können nun aber nur in den einzelnen denkenden Subjecten Ideen von einzelnen Substanzen oder Dingen zu
stande kommen. Wollten wir dabei stehen bleiben, so würde unsere
gesammte Erkenntniss nach dieser Seite hin in der Zusammenstellung
solcher einzelner Erfahrungen bestehen, sie würde jeder Ordnung und
Uebersicht und jedes wissenschaftlichen Charakters entbehren. Hier
nun führt uns das Vermögen der Abstraction weiter. Lange ehe
wissenschaftliche Untersuchung begann, die Mannigfaltigkeit der
Dinge einer Classification zu unterwerfen, nach Arten und Gattungen
zu scheiden, hatte bereits unter den Bedürfnissen des Lebens der
ungelernte Verstand allgemeine Begriffe gebildet, unter denen er
eine Vielheit zusammengehöriger Dinge befasste, und welche der
Sprachgebrauch durch Ausprägung von ebenso allgemeinen Namen
befestigte [1]. Die damals und ebenso die später auf dem Wege be-
wusster Reflexion entstandenen Art- und Gattungsbegriffe sind jedoch lediglich Erzeugnisse des menschlichen Geistes. Wenn die
Schulphilosophie lehrte, dass diese Begriffe das allgemeine Wesen
der Dinge ausdrücken, so muss man sich von dem Missverständnisse
losmachen, als ob es sich dabei um etwas in der Natur selbst be-
gründetes, um eine „reale Essenz" handeln könne oder der Species
als solcher Wirklichkeit zukomme. Mit allem Nachdrucke und in
grösster Ausführlichkeit bemüht sich Locke, dieses Missverständniss
zurückzuweisen und seine nominalistische Auffassung zur Geltung
zu bringen. „Die Arten der Dinge besagen nichts weiter als die
Einordnung derselben unter gesonderte Namen, welche den in uns
befindlichen complexen Ideen, nicht aber bestimmten, gesonderten,
realen Wesenheiten in den Dingen entsprechen. Dies erhellt deutlich
daraus, dass es Individuen gibt, welche unter eine Art eingereiht
und mit einem gemeinsamen Namen bezeichnet sind und deshalb als
je zu einer Species gehörig angesehen werden, und welche doch so
verschieden voneinander sind als von anderen, von denen sie der
Annahme zufolge ein specifischer Unterschied trennen soll. Dies
kann leicht von allen denen beobachtet werden, welche mit Gegenständen der Natur zu thun haben, ganz besonders häufig aber über-

---

[1] Ebend. III. 6, § 25; vgl. II, 32, § 6.

zeugt hiervon die Chemiker eine traurige Erfahrung, wenn sie nämlich nicht selten vergeblich in einem Stücke Schwefel, Antimon oder
Vitriol nach den gleichen Eigenschaften suchen, welche sie in einem
andern gefunden haben." Gründete sich Name und Begriff auf die
reale Wesenheit der Dinge, so wäre ein solcher Fall unmöglich.
„Man könnte ebensowenig verschiedene Eigenschaften in irgend zwei
individuellen Substanzen der gleichen Species wahrnehmen, als man
verschiedene Eigenschaften in zwei Kreisen oder zwei gleichseitigen
Dreiecken wahrnehmen kann."[1] Wasser und Eis pflegt die überlieferte Denkweise verschiedenen Arten zuzutheilen. Aber ein Süd-
länder, der, nach London gekommen, zum erstenmal das Wasser in
seinem Waschbecken gefroren fände, würde das hart gewordene
Wasser ebensowenig zu einer besondern, von der des flüssigen unterschiedenen Art rechnen wie der Goldschmied das feste Gold im
Unterschiede von dem geschmolzenen[2]. So sind die Arten nichts
als von uns vollzogene Verknüpfungen „einer bestimmten Anzahl
von einfachen Ideen, von welchen die Prüfung ergeben hat, dass sie
in wirklichen Dingen zusammen vorkommen. Das ist dann freilich
keine als Realität vorhandene Wesenheit und doch das specifische
Wesen, zu dem der Name gehört, und mit dem er convertibel ist."[3]
Die Individuen, welche der so gebildeten abstracten Idee con-
form sind, werden darunter eingereiht wie unter Feldzeichen, „so
dass das eine zum blauen, das andere zum rothen Regiment gehört,
das eine ein Mensch, das andere ein Pavian ist"[4]. — Locke geht
völlig consequent bis zu der Behauptung fort, dass jede so gebildete und mit einem Namen versehene abstracte Idee eine eigene
Species begründe[5]. Dass es ein wirkliches Wesen der Dinge gibt,
welches den Grund enthält, weshalb in dem einzelnen gerade diese
Eigenschaften in dieser besondern Verknüpfung sich finden, soll darum
gar nicht geläugnet werden. Wiederholt wird dasselbe der innerlichen Constitution der Dinge, der Beschaffenheit und Zusammenordnung ihrer kleinsten Theile gleichgesetzt. Aber dieses Wesen
und diese Constitution der Dinge ist uns verborgen. „Unsere Fähigkeiten führen uns in der Erkenntniss und Unterscheidung der Substanzen nicht weiter als zu der Verknüpfung (collection) derjenigen
sensiblen Ideen, die wir an ihnen beobachten. Wir mögen diese
Beobachtung aber mit dem grössten Fleisse und aller der Genauig-

---

[1] Ebend. III, 6, § 8.   [2] III, 6, § 13.   [3] III, 6, § 21.   [4] III, 6, § 36.
[5] III, 6, § 38; vgl. IV, 4, § 13; 6, § 4.

keit machen, deren wir fähig sind, so bleibt sie doch weiter entfernt von der wahren, innern Constitution, aus der diese äusseren
Qualitäten fliessen, wie die Vorstellung eines Landmannes von der
berühmten Strassburger Uhr, von der er nichts sieht als die äussere
Gestalt und die äusseren Bewegungen, von der kunstreichen Anlage
des Innern entfernt ist. Es gibt kein noch so geringfügiges Exemplar
der Pflanzen- und Thierwelt, das nicht im Stande wäre, den um-
fassendsten Verstand in Verwirrung zu setzen. Der gewohnte Verkehr mit den Dingen unserer Umgebung benimmt uns das Staunen,
heilt aber nicht unsere Unwissenheit. Wenn wir die Steine untersuchen, auf die wir treten, oder das Eisen, das wir täglich in Händen
haben, so finden wir sofort, dass wir nicht wissen, wie sie gemacht
sind, und wir können keinen Grund für die verschiedenen Eigenschaften angeben, die wir in ihnen wahrnehmen. Offenbar ist uns
die innerliche Constitution unbekannt, von der diese Eigenschaften
abhängen. Denn, um nicht weiter zu gehen als zu den gewöhnlichsten, uns nächstliegenden unter ihnen, welches ist die Textur der
Theile oder die reale Wesenheit, welche Antimon und Blei schmelz-
bar macht, Holz und Steine nicht? Was ist schuld, dass Blei und
Eisen sich hämmern lassen, Antimon und Steine nicht? Und doch
weiss jeder, wie unendlich weit diese Stoffe hinter den feinen Ver-
anlagungen und unserer Einsicht entzogenen realen Wesenheiten der
Pflanzen und Thiere zurückbleiben . . . Ebensogut kann ein Blinder
die Dinge nach ihren Farben oder jemand, der den Geruchssinn verloren, Rosen und Lilien nach dem Dufte unterscheiden als nach
diesen innerlichen Constitutionen, die er nicht kennt."[1] „Kennen wir
ja doch nicht einmal" — und dies ist ein Punkt, auf den Locke mit
ganz besonderer Vorliebe und unter Berufung auf angeblich vor-
gekommene Missbildungen und Zwischenformen zurückkommt — „das
reale Wesen des Menschen, so wichtig uns doch gerade diese Kenntniss sein müsste."[2]

Weil wir sie aber nicht kennen, weil unsere Artbegriffe darum
nach Inhalt und Begrenzung keine genauen Abbilder dessen sind,
was uns die Natur selbst vorgezeichnet hat, weil sie lediglich unsere
eigenen, mit grösserer oder geringerer Freiheit gebildeten Erzeugnisse sind, so kann es nicht ausbleiben, dass sie bei verschiedenen
Menschen ganz verschieden ausfallen. Mit dem Namen Mensch verbindet der eine die Idee des animal rationale, der andere die des

---

[1] Ebend. III. 6, § 9.   [2] III, 6, § 27.

animal implume bipes latis unguibus. „Wer den Namen Mensch
einer complexen Idee anheftet, die aus Sinnesthätigkeit und spon-
taner Bewegung besteht in Verbindung mit einem Körper von dieser
bestimmten Gestalt, erfasst damit das Wesen der Species Mensch
auf die eine Weise, und wer auf Grund weiterer Prüfung noch die
Vernünftigkeit hinzufügt, erfasst das Wesen der Species Mensch auf
eine andere. Infolge dessen kann das gleiche Individuum für den
einen ein wirklicher Mensch sein, während es für den andern dies
nicht ist."[1] „Keine der Definitionen des Wortes Mensch, welche
wir besitzen, oder der Beschreibungen dieser Art von Lebewesen ist
so vollkommen und genau, dass sie einem prüfenden Forscher ge-
nügte, geschweige, dass sie allgemeine Zustimmung fände und jedermann sich stets daran hielte, wo es gilt, Fälle zu entscheiden und
über Leben und Tod, Getauftwerden und Nichtgetauftwerden zu bestimmen."[2]

Aehnliches gilt überhaupt. Unsere Artbegriffe von Substanzen
reichen für den gewöhnlichen Verkehr aus, sehen wir aber näher
zu, so ergibt sich, dass die complexe Idee, worin sie im einzelnen
Falle bestehen, von den verschiedenen Menschen ganz verschieden
gebildet ist, von den einen genauer, von den anderen weniger genau.
In dem einen Falle enthält sie mehr, in dem andern weniger Eigenschaften. „Die gelbe glänzende Farbe macht für Kinder das Gold
aus; andere fügen Gewicht, Hämmerbarkeit und Schmelzbarkeit,
und andere noch andere Eigenschaften hinzu, welche sie mit der
gelben Farbe ebenso constant verbunden finden als Gewicht und
Schmelzbarkeit. Diesen und den ähnlichen Eigenschaften gegenüber
hat der eine ein so gutes Recht, sie in die complexe Idee derjenigen
Substanz, in der sie sämmtlich verbunden sind, hineinzulegen (oder
nicht hineinzulegen) als der andere."[3] Es ist allerdings richtig, dass
wir bei der Bildung dieser Begriffe nicht mit derselben uneingeschränkten Freiheit zu Werke gehen, wie bei den gemischten
Modi, sondern von vornherein die Absicht haben, uns nach der
Natur zu richten. „Niemand verbindet die Stimme eines Schafes
mit der Gestalt eines Pferdes oder die Farbe von Blei mit dem
Gewicht und der Feuerbeständigkeit des Goldes, um so die complexen Ideen von realen Substanzen zu bilden."[4] Wollten wir lediglich unser Belieben walten lassen, so würde jede Möglichkeit des
Verständnisses der Menschen untereinander aufhören. Vielmehr ver-

---

[1] Ebend. III, 6, § 26.　　[2] § 27.　　[3] § 31; vgl. § 35.　　[4] § 35.

knüpfen wir nur die einfachen Ideen miteinander, die wir wiederholt in Wirklichkeit miteinander verbunden gesehen haben, oder
was auf dasselbe hinauskommt, wir ordnen die Dinge nach der Aehnlichkeit, die wir erfahrungsmässig an ihnen wahrnehmen, unter allgemeine abstracte Begriffe, welche aus eben den einfachen Begriffen
zusammengesetzt sind, die übereinstimmend in den vielen vorkommen.
„Die Natur bringt viele Einzeldinge hervor, welche miteinander in
vielen sinnfälligen Eigenschaften übereinstimmen und vermuthlich
auch im Aufbau und der innerlichen Constitution . . . Von den
Eigenschaften, die er in ihnen verbunden findet und in denen, wie
er häufig beobachtet, verschiedene Individuen übereinstimmen, nimmt
unser Geist den Anlass, sie in Arten einzuordnen, um sie zu benennen und so des Vortheils zusammenfassender Zeichen theilhaft
zu werden."[1] Aber die Zahl und Auswahl der in diesen Begriffen
verbundenen Merkmale bleibt eben doch unserem Belieben überlassen.
Hätten wir eine Kenntniss von dem realen Wesen der Dinge, besässen wir Einblick in ihren innern Aufbau, wüssten wir darum,
welche sinnfällige Eigenschaften von jenem realen Wesen gefordert
werden oder als nothwendige Consequenz aus diesem Aufbau folgen,
so kämen wir nie in Verlegenheit. Nun aber, da uns dies alles
unbekannt ist, so entbehren wir des objectiven Massstabs. Wir
können niemals wissen, ob wir in unsern Begriff nun auch wirklich
alle die Merkmale hineingelegt haben, welche erforderlich sind, gerade dieses bestimmte und charakteristische Gebilde der Wirklichkeit unzweideutig zu bezeichnen; wir sind stets im Zweifel, ob wir
nicht vielleicht entscheidende Bestimmungen übersehen und gleich-
giltige mit aufgenommen haben[2]. „Im allgemeinen begnügen die
Menschen sich mit einigen wenigen sinnfälligen und naheliegenden
Eigenschaften und lassen häufig, wenn nicht immer, andere aus,
welche ebenso wichtig und ebenso fest verbunden sind wie diejenigen,
welche sie berücksichtigen."[3] Bei Pflanzen und Thieren ist es gewöhnlich die Gestalt, die für uns massgebend ist; aber wie wenig
dies genügt, zeigen die — angeblichen — Vorkommnisse von menschlichen Missgeburten mit völlig menschenunähnlicher Gestalt. Bei
anderen Naturkörpern halten wir uns vorzüglich an die Farbe und
sind geneigt, überall da, wo wir z. B. das Gelb des Goldes finden,
auch alle anderen Eigenschaften vorauszusetzen, welche unsere complexe Idee von Gold ausmachen. Aber wir haben keine Sicherheit,

[1] Ebend. § 36; § 30; vgl. 3, § 13.   [2] 6, § 19; § 27.   [3] § 29.

dass die Wirklichkeit dies bestätigen werde. Zu der Idee des Goldes
pflegt man auch die Hämmerbarkeit zu rechnen, und doch kann Gold
gelegentlich so spröde sein, dass es sich ebensowenig hämmern lässt
wie Glas[1]. Und was hiervon gilt, gilt von den übrigen Merkmalen,
dem Gewicht, der Schmelzbarkeit und Feuerbeständigkeit. „Wir
können nicht mit Bestimmtheit wissen, dass, wo vier von diesen
Eigenschaften sich finden, da auch die fünfte vorhanden sei, welch
hohen Grad von Wahrscheinlichkeit dies auch haben mag. Aber
Wahrscheinlichkeit ist noch keine Gewissheit, und ohne diese gibt
es keine wirkliche Wissenschaft und keine Erkenntniss im strengen
Sinne.“[2] Volle Gewissheit bezüglich der Verknüpfung von Eigenschaften einer Substanz haben wir nur, soweit unmittelbare Erfahrung reicht. Gehen wir von da zu der Bildung abstracter Begriffe
fort, so liegt das Zutrauen, das wir zu den letzteren haben, in der
Annahme begründet, dass, was einmal in der Natur verbunden war,
auch wohl in anderen Fällen sich wieder verbunden zeigen möge[3].

So führt die consequente Entwicklung des empiristischen Grund-
gedankens rasch an die Grenze unseres Wissens. Wir können, wo
es sich um die Dinge der uns umgebenden Welt handelt, die Thatsachen der Erfahrung sammeln und unter den Gesichtspunkten der
Aehnlichkeit und Unähnlichkeit einer gewissen Ordnung zu unterwerfen suchen, aber wir müssen uns bewusst bleiben, dass wir es
überall da, wo wir die unmittelbare Erfahrung überschreiten, nur
mit mehr oder weniger wahrscheinlichen Vermuthungen zu thun
haben, und dass die allgemeinen Begriffe, die wir von den Dingen
besitzen, die Arten und Gattungen, in welche wir sie einreihen, nur
subjective Gebilde sind.

Nicht völlig übereinstimmend sind die Aeusserungen darüber,
ob die Annahme von realen Wesenheiten ganz beseitigt werden soll,
oder ob sie nur als etwas gelten sollen, das zwar da ist, unserer
Forschung aber ein für allemal entzogen bleibt. Manche scheinen
die eine, manche die andere Meinung auszusprechen. Es ist klar,
dass die Consequenz des empiristischen Standpunktes hier nur der Verzicht auf jede Behauptung sein kann: wir wissen von solchen „realen
Essenzen“ nichts, wir können weder sagen, dass sie sind, noch dass
sie nicht sind. Und während an einer Stelle behauptet wird, die
Annahme von realen, aber unserer Erkenntniss entzogenen Wesenheiten sei für die Wissenschaft völlig werthlos[4], schärfen andere

---

[1] Ebend. § 35.   [2] IV. 3. § 14.   [3] IV, 4, § 12.   [4] III. 3. § 17.

wiederholt ein, ein blosses Zusammenfügen einfacher Ideen genüge
nicht, um zu deutlichen complexen Ideen von Naturdingen zu gelangen, diese Ideen müssten vielmehr einer bestimmten Ordnung unterworfen werden[1]. Wie wir es aber machen sollen, diese Ordnung zu
stiften, woher wir den Massstab dazu entnehmen, wird nicht gesagt.

Der Unterschied unserer heutigen, von der Naturwissenschaft
getragenen Auffassung von der Locke'schen springt in die Augen.
Dass das Gold, welches wir durch seine Farbe, sein specifisches Gewicht, seine Schmelzhitze, sein Verhalten zu Säuren u. s. w. bestimmen,
gelegentlich auch einmal ohne die eine oder die andere dieser
Eigenschaften auftreten könne, gilt uns für ausgeschlossen. Untersuchungen, welche an einem Stoffe andere als die bisher bekannten
Eigenschaften auffinden oder die erwarteten vermissen lassen, sind
uns keine „traurigen Erfahrungen", die den Forscher Resignation
lehren, sondern der Antrieb zu tieferem Eindringen und damit fast
immer der Anlass zu neuen Entdeckungen. Wir wissen. dass das
veränderte Resultat, das wir in einem solchen Falle gewinnen, eine
Folge der von den früheren abweichenden Umstände ist, und es
kommt uns darauf an, diese letzteren ausfindig zu machen. Gelingt
dies, so zeigt sich nun vielleicht auch, dass das bisher allein ge-
kannte und darum für diesen Stoff als gleichmässig wiederkehrendes
charakteristisches Merkmal angesehene Verhalten selbst nur das Ergebniss von Umständen ist, die zwar nach Lage der Dinge fast
immer als wirklich sich erweisen, deren Fortfall oder deren Variation im einzelnen Falle aber sofort eine Veränderung jenes Verhaltens nach sich zieht. Niemals aber befürchten wir, dass die
uns bekannten Umstände, unter denen wir eine Beobachtung
anstellen, oder die wir selbstthätig im Experiment einführen, gelegentlich auch einmal andere Folgen als die bekannten haben
könnten.

Das Vertrauen auf die Erfolge der naturwissenschaftlichen Methoden ist indessen sehr viel verbreiteter als die deutliche Einsicht
in die theoretischen Voraussetzungen, welche denselben zu Grunde
liegen. Auch ist es in der Natur der Sache begründet, dass man
sich zu einer sorgfältigen Besinnung auf jene Voraussetzungen erst
aufgefordert fand, nachdem die Naturforschung durch den Erfolg
das Vertrauen in ihre Methoden in grossartigem Massstabe gerechtfertigt hatte.

---

[1] Ebend. II, 29, § 8; § 10; § 12.

Die erste und allgemeinste Voraussetzung ist die einer festen Naturordnung und eines gesetzlich bestimmten Zusammenhanges der Naturereignisse. Dieselbe spricht keineswegs, wie fälschlich wohl geglaubt wird, etwas Selbstverständliches oder gar Nothwendiges aus. Nur die Gewöhnung, von der wir uns in der Wissenschaft wie im praktischen Leben unbedenklich leiten lassen, verdeckt die Probleme, die sich daran knüpfen. Soll nun damit gesagt sein, dass wir nur auf dem Grunde jener Voraussetzung die Daten der Erfahrung zu einem einstimmigen Weltbilde zu ordnen vermögen, so dass sie sich ihrerseits als aus dem subjectiven Bedürfnisse unseres weltauffassenden Verstandes entsprungen herausstellt, oder spricht sie etwas aus, was wir als ein objectiv, unabhängig von unserm Denken Bestehendes anerkennen sollen? Wer der erstern Meinung huldigt, hat zu beweisen, dass jene Voraussetzung nicht ein beliebiger Einfall, sondern ein nothwendiger Bestandtheil in der Organisation unserer Erkenntniss ist. Wer sich zu der zweiten bekennt, muss nach dem letzten Grunde fragen, welcher die unverbrüchliche Geltung der thatsächlichen gesetzlichen Ordnung der Natur verbürgt. — Wäre jene Voraussetzung selbstverständlich, so hätten nicht in früheren Zeiten ganz andere Anschauungen herrschen können. Dass Locke hier noch nicht zu voller Klarheit durchgedrungen war, ist gewiss. Seine Aeusserungen sind unsicher und schwankend. An einer Stelle scheint er der heutigen Auffassung ganz nahe, wenn er sagt: „Da wir, soweit unsere Beobachtung reicht, stets einen regelmässigen Verlauf der Naturereignisse finden. so mögen wir schliessen, dass sie nach einem ihnen gegebenen Gesetze wirksam sind."[1] „Aber", fügt er hinzu, „wir kennen das Gesetz nicht", er sieht auch kein Mittel, es ausfindig zu machen, und kurz zuvor hatte er neuerdings den Zweifel darüber ausgesprochen, ob die von uns angestellten Experimente auch jederzeit zu dem gleichen Ergebnisse hinführen werden[2].

Jene allgemeine Voraussetzung von einer Naturordnung und einer gesetzlichen Verknüpfung der Ereignisse schliesst sodann bei näherer Betrachtung ein Mehrfaches in sich. Der Satz zwar, dass alles, was wird und geschieht, als die Wirkung einer Ursache geschieht, ist keine blosse Voraussetzung und auch nicht das Ergebniss einer umfassenden Induction. Er spricht ein objectiv Nothwendiges aus und die Grundlage, ohne welche wir in Leben und Wissenschaft keinen Schritt vorwärts kommen könnten. Hiervon verschieden

---

[1] Ebend. IV, 3, § 29.   [2] § 25.

aber ist der andere Satz, dass jede bestimmte Wirkung an eine bestimmte Ursache oder an einen bestimmten Complex von Bedingungen
geknüpft ist, die darum immer, wo sie zu diesem Complexe verbunden
auftreten, jene Wirkung als ihre Folge nach sich ziehen. Nur weil
wir auch dies mit voller Zuversicht annehmen, können wir darauf
ausgehen, und kann es uns gelingen, die causalen Zusammenhänge
im einzelnen aufzudecken. Hat eine constante Beobachtung gezeigt,
dass auf einen bekannten Vorgang oder Zustand A stets ein gleichfalls bekannter Vorgang oder Zustand B folgt; ergibt die weitere
Untersuchung, dass eine Veränderung in den einzelnen Momenten,
aus welchen A sich zusammensetzt, eine Veränderung der einzelnen
Momente nach sich zieht, aus denen ebenso B zusammengesetzt ist;
erweisen sich A und B quantitativen Bestimmungen zugänglich; gelingt es, sie einem einheitlichen Massstabe zu unterwerfen, und zeigt
sich nun, dass auf einen bestimmten Werth von A ein bestimmter
Werth von B folgt und quantitativen Veränderungen in A ebensolche in B entsprechen, so zweifeln wir nicht, dass B von A causal
bedingt, A die Ursache oder der Inbegriff der Bedingungen von B
ist. Untersuchungen dieser Art liegen nicht in Locke's Gesichtskreis.
Er kennt die Wege noch nicht, die von der Erfahrung zur Wissenschaft hinaufführen, infolge dessen gewinnt der Empirismus bei ihm
nicht selten ein skeptisches Gepräge. Umgekehrt überschätzt er
bekanntlich die Leistung der einfachen Erfahrung an dem Punkte,
der alsbald nach ihm dem Skepticismus den wichtigsten Angriff bot,
wenn er zu meinen scheint, dass wir den Vorgang der Beursachung
als solchen mittels der Sensation zu erfassen im Stande seien[1].

Wenn nun aber in der Welt ein durchgängiger causaler Zusammenhang statthat und bestimmte Ursachen stets bestimmte Wirkungen hervorrufen, welches Bild haben wir uns von den eigentlichen
Trägern der Naturereignisse zu machen, wovon geht die Wirkung
aus, was erfährt sie als Veränderung an sich? Die mechanische

---

[1] Wenn Locke (II, 26, § 2) sagt: We may observe, that the notion of cause
and effect has its rise from ideas received by sensation or reflection; and that
this relation, how comprehensive soever, terminates at last in them — so scheint
der letzte Zusatz allerdings eine Einschränkung zu enthalten und andeuten zu
sollen, dass der Ursprung des Begriffs der Verursachung nicht allein aus Sensation und Reflexion abgeleitet werden könne. Allein bei der Unbestimmtheit des
Ausdrucks und bei dem völligen Mangel anderweiter bestimmter Erklärungen fehlt
jedes Recht, die Stelle mit Webb (a. a. O. S. 70) im Sinne eines Intellectualismus
zu deuten, wonach die Daten der Erfahrung dem Verstande nur zu Anlässen werden, aus sich selbst die Ideen von Substanz, Ursache u. s. w. zu erzeugen.

Naturerklärung nimmt Atome an, letzte unveränderliche Bestandtheile, auf deren Bewegung und wechselnde Zusammenordnung wir
alle Vorgänge in der nur für unsere Auffassung farben-, klang- und
düftereichen Natur zurückführen sollen. Aber ganz abgesehen von
den Schwierigkeiten, welche sich heute noch ebenso wie zu den
Zeiten des Aristoteles an den Begriff des Atoms knüpfen, so steht
doch fest, dass die Natur keine blosse, ins Unendliche wechselnde
und darum unübersehbare Combination von Atomen darstellt. Auch
wenn wir ihrer als letzter Grundlage der wissenschaftlichen Erklärung nicht glauben entbehren zu können, so treten sie doch offenbar zu unterschiedenen Typen, zu Dingen von charakteristischer
Eigenart zusammen. Was wir erfahrungsmässig kennen, sind nicht
die Atome, sondern die Dinge mit ihren Eigenschaften und den Veränderungen, die wir unter bestimmten Bedingungen an ihnen auftreten sehen. Diese Dinge also sind es zunächst, die wir uns als
Beziehungspunkte oder Durchgangspunkte in den Naturprocessen
vorstellen, und zwar ebensowohl als activ an Ursprung und Verlauf
dieser Processe betheiligt wie von denselben betroffen und ihre Wirkungen an sich erleidend. Eben darum gilt es, Natur und Beschaffenheit dieser Dinge nicht nur der gemeinen Erfahrung abzu-
borgen, sondern in wissenschaftlicher Weise festzustellen. Wiederum
aber lässt sich diese Aufgabe nur durchführen unter der Voraussetzung, dass die Ordnung der Natur eine grössere oder geringere
Vielheit unterschiedener Arten von Dingen einschliesst. Auf die
Complication, welche diese Voraussetzung, soweit die lebendige Natur
in Frage kommt, durch die Annahme der sogenannten Entwicklungs-
lehre erfährt, kann hier nicht näher eingegangen werden. Aber
abgesehen davon, dass das Vorhandensein constanter Typen in der
anorganischen Welt schwerlich in Frage gezogen werden dürfte und
wir es als zweifellos annehmen, dass gleiche chemische Elemente
und gleiche Verbindungen von solchen unter gleichen Bedingungen
stets das gleiche Verhalten aufweisen werden, so kann auch, wer
auf dem Standpunkte jener Lehre steht, sich keineswegs völlig von
der bezeichneten Voraussetzung losmachen. Denn in der Gegenwart sind doch engere oder weitere Gruppen zusammengehöriger
Lebewesen von den Gliedern anderer Gruppen durch bestimmte
Grenzen geschieden, die sie nicht überschreiten, so dass alle Individuen, die innerhalb jener Grenzen stehen, bestimmte Merkmale in
völliger Constanz aufzeigen, während andere, ebenso constant, ihnen
fehlen. Ausserdem aber: auch die Variation selbst kann doch immer

nur an einen bestimmten vorhandenen Typus anknüpfen. Wenn es
erst gelungen wäre, das blosse Wort von der Variabilität durch
den exacten Aufweis der in jedem einzelnen Falle wirksamen causalen Zusammenhänge zu ersetzen, so würden wir wissen, warum
einem aufgezeigten Gesetze entsprechend ein durch einen bestimmten
Complex von Merkmalen charakterisirtes Individuum unter dem Eintritte bestimmter Bedingungen eine ebenso bestimmte Veränderung
in einem Theile seiner Merkmale erfahren müsse. Zweierlei aber
würde die gleich nothwendige Voraussetzung für das Eintreten des
gesetzlich bestimmten Vorganges sein, der Eintritt der variirenden
Bedingungen und das Vorhandensein eines durch einen bestimmten
Complex von Merkmalen constant und eindeutig charakterisirten,
somit einem bestimmten Arttypus angehörigen Individuums. Jede
Möglichkeit der Erklärung würde völlig aussichtslos verschwinden,
wenn alle Constanz der Typen aufgegeben werden müsste.

Hiermit ist nun aber der Punkt gewonnen, von dem aus die
alte, viel geschmähte, auf Aristoteles zurückgehende Lehre vom begrifflichen Wesen der Dinge in eine andere Beleuchtung rückt. Ihr
Fehler war, dass sie das als fertige Erkenntniss nahm, was einerseits nur Voraussetzung, andererseits Ziel der Forschung ist. Gewiss war es ein Irrthum, zu glauben, dass unser Verstand in dem
sinnlichen Erscheinungsbild der Dinge jedesmal zugleich das wahre
Wesen derselben und damit den Inhalt des Artbegriffes erfasse, unter
den die gleichnamigen Individuen zu subsumiren sind. Nur allsei-
tige, sorgfältig controlirte, von mathematischen Bestimmungen be-
stätigte Erfahrung kann hier ans Ziel führen. Aber die Meinung,
dass es draussen in der Natur constante und eindeutig bestimmte
Typen von Dingen geben müsse, welche jene Lehre von dem blei-
benden Wesen derselben einschliesst, war richtig. Indem Locke
gegen den Missbrauch angeht, den die Schulphilosophie mit völlig
willkürlich gebildeten Species und Genera getrieben haben mochte,
ist er in Gefahr, den berechtigten Kern jener Lehre zu übersehen.
Sein Nominalismus ist begründet, wo er von dem Ursprunge unserer, die charakteristischen Merkmale der Arten zusammenfassenden
Begriffe redet: sie sind unsere Gebilde. Aber er geht zu weit, die
Existenz eines ihnen entsprechenden objectiven Correlats in Abrede
zu stellen. Er würde dadurch der wissenschaftlichen Erforschung
der Naturdinge ihre Basis entziehen, und es ist daher kein Zufall,
wenn er da, wo er dieser letztern das Wort redet, unwillkürlich
auf den entgegengesetzten Standpunkt zurückgeführt wird. Dass

zwischen den Menschen keine Uebereinstimmung bestehe in betreff
der genauen Anzahl von Merkmalen, die zu einem Artbegriffe gehören, wird gelegentlich nicht aus dem Mangel eines allgemein giltigen Massstabes, sondern aus der geringen Sorgfalt bei dem Aufsuchen derselben abgeleitet. „Es kostet viel Zeit, Mühe und Geschicklichkeit, strenge Untersuchung und lange Prüfung, um ausfindig
zu machen, welche und wie viele einfache Ideen constant und un-
zertrennlich in der Natur verbunden sind und stets miteinander in
dem gleichen Subject angetroffen werden. Aber da die wenigsten
Menschen Zeit, Interesse oder Fleiss in einem auch nur einigermassen
hierzu ausreichenden Grade besitzen, so begnügen sie sich mit einigen
naheliegenden und äusserlichen Zügen in der Erscheinung der Dinge,
um sie mittels derselben sofort zu unterscheiden und für die gemeinen
Angelegenheiten des Lebens zu sortiren." [1] Aber mit der grundsätzlichen Anerkennung, dass die Natur in Wirklichkeit eine Vielheit bestimmt umrissener Arttypen einschliesse, fehlt zugleich jeder
Ansatz zur wissenschaftlichen Feststellung der ihnen entsprechenden
Begriffe.

Eine von den Schwierigkeiten, welche hierbei zu überwinden
sind, ist allerdings Locke nicht entgangen. Wir sind gewohnt, so
führt er an einer Stelle aus [2], „eine jede von den Substanzen, mit
denen wir zusammentreffen, als ein für sich bestehendes Ganzes anzusehen, welches alle seine Eigenschaften in sich beschliesst und
darin von anderen Dingen unabhängig ist. Wir übersehen dabei
meistentheils die Wirkungen jener unsichtbaren Fluida, von denen
sie umgeben sind, und von deren Bewegungen und Wirkungen der
grösste Theil derjenigen ihrer Qualitäten abhängt, von denen wir
Kenntniss nehmen und die von uns zu den inhärirenden Unterscheidungsmerkmalen gemacht werden, vermittels deren wir sie erkennen und benennen. Man stelle ein Stück Gold irgendwo ganz
auf sich selbst und entziehe es dem Bereiche und Einflusse aller
anderen Körper, so wird es sogleich all seine Farbe, sein Gewicht
und vielleicht auch seine Hämmerbarkeit verlieren; letztere würde
vermuthlich einer bröckeligen, zerreibbaren Beschaffenheit Platz
machen; Wasser, zu dessen wesentlichen Eigenschaften die Flüssigkeit gehört, würde, sich selbst überlassen, aufhören, flüssig zu sein.
Während aber schon leblose Körper so viel von ihrem gegenwärtigen
Zustande anderen Körpern ausser ihnen verdanken, dass sie nicht

---

[1] Essay III, 6, § 30.   [2] IV, 6. § 11.

mehr wären, als was sie uns erscheinen, wenn jene sie umgebenden
Körper entfernt würden, so ist dies noch mehr bei den Pflanzen der
Fall, welche ernährt werden, wachsen und Blätter, Blüten und Samen
in regelmässiger Folge hervorbringen. Und wenn wir den Zustand
der Thiere etwas näher betrachten, so werden wir finden, dass was
Leben, Bewegung und die bedeutsamsten der an ihnen wahrzu-
nehmenden Eigenschaften betrifft, ihre Abhängigkeit von äusseren
Ursachen und den Eigenschaften anderer Körper, die keinen Theil
von ihnen bilden, eine so vollständige ist, dass sie keinen Augenblick
ohne dieselben bestehen können. Trotzdem werden diese Körper, von
denen sie abhängig sind, wenig beachtet und machen keinen Theil
der complexen Ideen aus, welche wir von den Thieren bilden. Man
nehme nur für einige Minuten die Luft hinweg, und der grösste
Theil der lebenden Wesen verliert sofort Empfindung, Leben und
Bewegung. Die Erkenntniss hiervon zwingt uns die Nothwendigkeit
des Athmens auf. Aber von wie vielen anderen, äusseren und möglicherweise sehr entfernten Körpern hängen die Federn dieser wunderbaren Maschine ab! Sie werden in der Regel nicht beachtet, ja man
denkt nicht einmal an sie, und wie viele mag es geben, welche die
genaueste Untersuchung niemals zu entdecken vermag! Obwohl die
Bewohner der von uns eingenommenen Stelle im Universum viele
Millionen von Meilen von der Sonne entfernt sind, so hängen sie
doch in solchem Masse von der richtig temperirten Bewegung der
von ihr kommenden oder durch sie in Bewegung gesetzten Theilchen
ab, dass, wenn die Erde nur um einen kleinen Theil dieses Ab-
standes aus ihrer jetzigen Lage verrückt und um ein Kleines jener
Wärmequelle angenähert oder von ihr entfernt würde, es mehr als
wahrscheinlich ist, dass der grösste Theil der Thiere auf ihr sofort
zu Grunde gehen würde. Sehen wir sie doch so oft durch ein Uebermass oder einen Ausfall von Sonnenwärme zerstört werden, denen eine
zufällige Lage in irgend einer Gegend dieser unserer kleinen Kugel
sie ausgesetzt hat. Die am Magnetstein beobachteten Eigenschaften
müssen ihre Quelle nothwendigerweise jenseits der Grenzen dieses
Körpers haben, und die Verheerungen, welche nicht selten unsicht-
bare Ursachen unter gewissen Arten von Thieren anrichten, der
sichere Tod, den manchen von ihnen, wie berichtet wird, das blosse
Passiren der Linie bringt, oder wie wir mit Sicherheit von anderen
wissen, die Ueberführung in eine benachbarte Gegend, sie alle zeigen
deutlich, dass die Betheiligung und Einwirkung von gewissen Körpern, von denen man gewöhnlich nicht annimmt, dass sie irgend

etwas damit zu thun haben, schlechterdings erfordert wird, um sie zu dem zu machen, als was sie uns erscheinen, und um diejenigen Eigenschaften anzunehmen, an denen wir sie erkennen und voneinander unterscheiden. Wir sind also gänzlich im Irrthum, wenn wir annehmen, die Dinge enthielten in sich selbst die Qualitäten, die sich uns in ihnen darstellen. Vergeblich suchen wir im Innern des Körpers einer Fliege oder eines Elephanten nach jener Constitution oder Grundbeschaffenheit, von welcher die in unsere Beobachtung tretenden Eigenschaften und Vermögen derselben abhängen. Um dies richtig zu verstehen, müssten wir vielleicht nicht nur über diese unsere Erde und Atmosphäre, sondern sogar noch über die Sonne oder den entferntesten Stern, den nur immer unser Auge entdeckt, hinausblicken. Wie viel Sein und Wirken der einzelnen Substanzen auf diesem unserem Erdball von Ursachen abhängt, welche schlechterdings ausserhalb unseres Gesichtskreises liegen, ist für uns unmöglich zu bestimmen. Einiges von den Bewegungen und gröberen Wirkungen der uns umgebenden Dinge sehen und bemerken wir, aber woher die Ströme kommen, welche alle diese seltsamen Maschinen bewegen und im Stande halten, das geht über unsere Kenntnissnahme und Vorstellungskraft hinaus. Die grossen Theile und Räder, sozusagen, dieses wunderbaren Mechanismus des Universums mögen nach allem, was wir wissen, eine solche Verknüpfung und Abhängigkeit gegenseitiger Beeinflussungen und Einwirkungen aufeinander haben, dass möglicherweise Dinge auf diesem unserem Wohnplatze ein völlig verändertes Gesicht aufsetzen und aufhören würden zu sein, was sie sind, wenn irgend einer von den Sternen oder eine von den grossen Massen in unbegreiflich weiter Entfernung von uns aufhören würde, so wie jetzt zu existiren oder zu wirken. Dies ist gewiss, die Dinge mögen wie immer selbständig und völlig in sich beschlossen erscheinen, sie sind gerade für das an ihnen, wovon wir am meisten Kenntniss nehmen, anderen Theilen der Natur verpflichtet. Ihre der Beobachtung zugänglichen Thätigkeiten und Kräfte verdanken sie etwas ausser ihnen, und es gibt in der uns bekannten Natur keinen so vollständigen und abgeschlossenen Theil, der nicht die Seinsbeschaffenheit, die er besitzt, und die Vollkommenheiten derselben seinen Nachbarn verdankt. Wir dürfen daher unsere Gedanken nicht auf die Oberfläche eines Körpers einschränken, sondern müssen ein gutes Theil tiefer blicken, um die Qualitäten zu begreifen."

Auf das unzureichende Wissen, welches sich in diesen Ausführungen ausspricht, die schiefen Vorstellungen und unkritischen An-

nahmen ist natürlich kein Gewicht zu legen. Der Grundgedanke
von dem allgemeinen wirksamen Zusammenhange der Naturkörper
und der Abhängigkeit der Eigenschaften, die wir ihnen zuschreiben,
von der Beziehung, in der sie zu allen anderen stehen, entspricht
der heutigen Auffassung. Aber dass hieraus die Aufgabe erwachse,
diesen Beziehungen in möglichster Vollständigkeit nachzugehen und
das Gesetz aufzusuchen, welches ihren Werth und das Bereich ihrer
Geltung bestimmt, fällt dem Philosophen nicht ein. Das Ergebniss
der langen Auseinandersetzung ist ihm lediglich die Bestätigung des
stets aufs neue eingeschärften Satzes, dass wir von den Substanzen
nur äusserst unvollkommene Ideen haben [1].

So also stellt sich bis hierhin das Facit der auf den Ursprung
und die Tragweite unserer Erkenntniss gerichteten Prüfung: Sensation und Reflexion liefern uns einen gewissen Umfang von einfachen Ideen, unveränderliche Grundbestandtheile, die wir in ihrer
Beschaffenheit ganz so aufnehmen müssen, wie sie uns geboten
werden oder in unserem Bewusstsein auftreten, die wir aber eben
darum als die in uns geschehenden Wirkungen äusserer Objecte und
als constante Zeichen des Vorhandenseins und der Beschaffenheit
dieser letzteren ansehen. Die einfachen Ideen werden von uns mit
völliger Freiheit zu complexen Ideen von Modi verbunden. Wegen
dieses ihres in der Selbstthätigkeit unseres Geistes begründeten Ur-
sprunges können solche complexe Ideen nicht als Abbilder gegebener
und wirklich vorhandener Verhältnisse gelten, ihr Erkenntnisswerth
ist jedoch hiervon unabhängig. Denn die Erörterungen, die wir an
die so gebildeten Ideen anknüpfen, wollen es zunächst gar nicht
mit realen Objecten zu thun haben, sondern beziehen sich unmittelbar nur auf den Inhalt jener Ideen selbst, mittelbar aber treffen sie
diejenigen wirklichen Dinge, welche umgekehrt ihrerseits unseren
Ideen entsprechen und sich zu diesen wie die Abbilder zu den Urbildern verhalten. Werth und Bedeutung der Mathematik und der
neben ihr zum Range einer demonstrativen Wissenschaft erhobenen
Moral sollen dadurch vollkommen gewahrt sein. Ein sicheres und
zuverlässiges Wissen von den uns umgebenden Naturdingen, den
Substanzen, gibt es dagegen nicht. Mit völliger Willkür gebildete
complexe Ideen sind hier nicht das, was wir suchen und was uns
genügen könnte. In unseren Ideen von Dingen liegt stets die Bestimmung, dass sie wirklichen Dingen entsprechen, Abbilder der

[1] Essay IV, 6, § 12.

letzteren sein sollen. Dass dieses der Fall sei, können wir nur dann mit völliger Zuversicht annehmen, wenn ein auf einen gemeinsamen Träger oder Mittelpunkt bezogener Complex von einfachen Ideen in dieser bestimmten Verknüpfung bestimmter Elemente unmittelbar von aussen in uns hervorgerufen wird. Unsere wirkliche Erkenntniss von Substanzen oder das Wissen um dieselben im strengen Sinne des Wortes reicht also nicht über die engen Grenzen eigener unmittelbarer Erfahrung hinaus: wo wir dieselben überschreiten, wo wir allgemeine Begriffe von Substanzen bilden, welche das in sich enthalten sollen, was in einer Vielheit von Einzeldingen gleichmässig wiederkehrt, da bewegen wir uns in mehr oder minder wahrscheinlichen Vermuthungen. Dass es Dinge von einer bestimmten Artbeschaffenheit gebe, in denen gewisse Merkmale constant miteinander verknüpft sind, dass ebenso gewisse Ereignisse in ihrem Verlauf regelmässig die gleichen Züge aufzeigen werden, mag in einzelnen Fällen für uns einen hohen Grad von Wahrscheinlichkeit erreicht haben, Gewissheit aber gibt es hier nicht und darum auch keine Wissenschaft im strengen und eigentlichen Sinne.

Ist nun aber hiermit das letzte Wort der Locke'schen Untersuchung ausgesprochen? Keineswegs, wenn wir die im Essay entwickelten Ansichten ihrem ganzen Umfange nach heranziehen. Alsdann ergibt sich, dass mit der Anerkennung der Mathematik und dem Hinweis auf die Möglichkeit, die Moral ganz ebenso wie diese zu einer demonstrativen Wissenschaft auszugestalten — beides, wie bemerkt wurde, aus den Voraussetzungen des empiristischen Standpunktes nicht hinreichend zu begründen —, sowie mit der Herabdrückung der Naturerkenntniss auf die Stufe von mehr oder minder wahrscheinlichen Vermuthungen das Bereich unseres Erkennens und Wissens noch nicht endgiltig abgesteckt wäre.

Da ist zunächst die Erkenntniss unserer eigenen Existenz. Dieselbe ist uns in der denkbar zuverlässigsten Weise gewährleistet. „Wir nehmen sie mit solcher Deutlichkeit und Gewissheit wahr, dass sie eines Beweises weder bedarf noch eines solchen fähig ist. Denn nichts kann evidenter für uns sein als unsere eigene Existenz. Ich denke, ich urtheile, ich fühle Vergnügen und Schmerz — kann etwas hiervon evidenter für mich sein als meine eigene Existenz? Wenn ich an allem andern zweifle, so lässt mich eben dieser Zweifel meine eigene Existenz wahrnehmen und gestattet mir nicht, hieran zu zweifeln. Denn wenn ich erkenne, dass ich Schmerz fühle, so ist evident, dass ich eine ebenso gewisse Wahrnehmung

von meiner eigenen Existenz habe wie von der Existenz des Schmerzes,
den ich fühle. Oder wenn ich weiss, dass ich zweifle, so habe ich
eine ebenso sichere Wahrnehmung von der Existenz des zweifelnden
Dinges als von dem Gedanken, den ich Zweifel nenne. Erfahrung
also überzeugt uns, dass wir eine intuitive Kenntniss von unserer
eigenen Existenz haben, und eine innerliche unfehlbare Wahrnehmung davon, dass wir sind. In jedem Acte der Sensation, des Ur-
theilens (reasoning) oder Denkens sind wir uns unseres eigenen Daseins bewusst, und wir bleiben an diesem Punkte nicht hinter dem
höchsten Grade von Gewissheit zurück." [1] — Weitere Untersuchungen
werden indessen an das Zeugniss, welches das Bewusstsein jedes
einzelnen Subjectes in einer jeden Zweifel ausschliessenden Weise
für die Existenz eben dieses Subjects ablegt, nicht angeschlossen;
die darin gegebene Erkenntniss wird auf unmittelbare und unmittelbar gewisse Erfahrung zurückgeführt.

Aber wir haben weiter auch die Erkenntniss vom Dasein Gottes.
Von ihr handelt Locke im zehnten Kapitel des vierten Buches, und
er steht nicht an, zu erklären, dass dieselbe gewisser ist „als die
der Existenz irgend eines Dinges, die wir nicht unmittelbarer Sinneswahrnehmung verdanken", oder genauer, „dass wir mit grösserer
Sicherheit erkennen, es gebe einen Gott, als es gebe irgend etwas
anderes ausser uns" [2].

Diese bestimmte und zuversichtliche Anerkenntniss bildet nun
nicht etwa nur einen vereinzelten und fremdartigen Bestandtheil in
Locke's Essay, sondern zieht sich durch alle vier Bücher hindurch.
Der Umstand ist wichtig und vielleicht nicht immer nach Gebühr
gewürdigt worden. Es empfiehlt sich daher, einen Augenblick dabei
zu verweilen und durch Heranziehung der einschlagenden Stellen
sich zu vergegenwärtigen, wie oft und nachdrücklich Locke aus dem
Gange seiner Untersuchung Veranlassung nimmt, von Gott zu reden.

Ganz besonders liegt ihm daran, einzuschärfen, wie naheliegend
und deutlich für unsere Erkenntniss das Dasein Gottes ist. Wenn
er sich gelegentlich ziemlich weitschweifig über die engen Grenzen
unseres Wissens und die Beschränktheit unseres Geistes auslässt,
so ist er weit entfernt, die Gotteserkenntniss preisgeben zu wollen.
„Unsere Fähigkeiten reichen nicht so weit, den innern Bau und die
Wesenheit der Dinge zu erkennen, aber sie lassen uns klar und
deutlich die Existenz Gottes entdecken." [3] „Der richtige Gebrauch

---

[1] Essay IV, 9, § 3.   [2] IV, 10, § 6.   [3] IV, 11, § 3.

der Vernunft führt dazu hin."[1] Unsere Vernunft hat ein natürliches
Wohlgefallen an der Idee Gottes, und „die sichtbaren Zeichen seiner
ausserordentlichen Weisheit und Macht erscheinen so deutlich in
allen Werken der Schöpfung, dass das vernünftige Geschöpf, welches
nur ernsthaft darüber nachdenken will, nicht verfehlen kann, Gott
zu entdecken"[2]. Er bezweifelt nicht, dass eine göttliche Offenbarung stattgefunden hat und in dem Text der Heiligen Schrift
niedergelegt ist, und die Wahrheit des von Gott Geoffenbarten steht
ihm so fest wie die Gewissheit der eigenen Existenz[3]. Aber er
scheint beinahe noch grösseres Gewicht auf die natürliche Gotteserkenntniss zu legen, jedenfalls mehr als auf angemasste Autorität
in der Schriftauslegung. Denn der Text der Heiligen Schrift enthält zwar die Wahrheit, aber das Verständniss derselben ist dem
Irrthume ausgesetzt. „Dass der Wille Gottes", führt er im Zusammenhange dieser Gedanken aus, „in Worte gekleidet, solchem
Zweifel und solcher Ungewissheit zugänglich ist, wie sie unvermeidlich dieser Art von Ueberlieferung anhaften, ist nicht zu verwundern, wenn sogar sein Sohn, in Fleisch gehüllt, allen Gebrechen und
Beschwerden der menschlichen Natur unterworfen war, die Sünde
ausgenommen. Und wir sollten seine Güte preisen, dass er vor aller
Welt so deutliche Spuren seiner Thaten und seiner Vorsehung ausgebreitet und allen Menschen ein ausreichendes Licht der Vernunft
gegeben hat, so dass auch die, denen das geschriebene Wort niemals zugekommen ist, wenn sie nur selbst daran gehen wollen, ihn
zu suchen, weder an der Existenz Gottes noch an dem Gehorsam
zweifeln können, den wir ihm schuldig sind."[4] Denn das eine hängt
mit dem andern unmittelbar zusammen. „Allen denen, die der Unterweisung, Erörterung und Vernunftforschung zugänglich sind, hat er
bekannt gegeben, dass sie zur Verantwortlichkeit gezogen und ihnen
vergolten werden wird nach ihren Thaten."[5] Dass wir Gott ver-

---

[1] Ebend. I, 4, § 10.   [2] I, 4, § 9.

[3] IV, 16, § 14: We may as well doubt of our own being, as we can, whether
any revelation from God be true. 18, § 10: Whatever God hath revealed, is certainly true; no doubt can be made of it.   [4] III, 9, § 23.

[5] IV, 4, § 14. — In einem längern Aufsatze in seinem Reisejournal vom
8. Februar 1677 mit der Ueberschrift: Question. — How far, and by what means,
the will works upon the understanding and assent? —, führt Locke aus (bei Lord
King, Life of John Locke [London 1830] I, 166), dass man die Möglichkeit eines
jenseitigen Lebens zugeben müsse, und ebenso, that the happiness and misery of
that depends on the ordering of ourselves in our actions in this time of our pro-
bation here. The acknowledgment of God will easily lead any one to this, and

ehren sollen, verdient die erste Stelle unter den praktischen Grundsätzen; keine erhabenere Wahrheit tritt in den Geist des Menschen ein [1].

Von den Eigenschaften Gottes wird mit besonderem Nachdrucke
die Unendlichkeit betont. „Das höchste Wesen ist in der Vortreff-
lichkeit seiner Natur sicherlich unendlich weiter von dem höchsten
und vollkommensten aller geschaffenen Wesen entfernt als der grösste
menschliche Geist, ja der reinste Seraph von dem verächtlichsten
Stofftheile, und es muss alles, was unser beschränkter Verstand von
ihm begreifen kann, unendlich weit überragen." [2] „Wir können
nicht anders als überzeugt sein, dass der grosse Gott, dem alle Dinge
gehören und von dem sie herstammen, unfassbar unendlich ist. In
unserem beschränkten Denken beziehen wir das Prädicat der Unendlichkeit zunächst und ursprünglich auf seine Dauer und Allgegenwart, dagegen in einer mehr bildlichen Weise auf seine Macht,
Weisheit, Güte und andere Attribute." [3] „Endliche Wesen, wieweit
sie auch den Menschen an Vollkommenheit übertreffen mögen, sind
doch im Vergleich mit Gott nicht mehr als die niedersten Geschöpfe.
Es gibt kein Verhältniss zwischen endlichen Grössen und dem Unendlichen. Gottes unendliche Dauer ist begleitet von unendlicher
Erkenntniss und unendlicher Macht; infolge dessen sieht er alle ver-
gangenen wie alle zukünftigen Dinge; sie sind seiner Erkenntniss
nicht weniger zugänglich und nicht entfernter von seinem Auge als
die gegenwärtigen. Nichts ist, was er nicht jeden Augenblick in
die Existenz überführen könnte, da die Existenz aller Dinge von
seinem Wohlgefallen abhängt." [4]

Daneben wird die Güte und Barmherzigkeit erwähnt. „Gott,
der unsere Gebrechlichkeit kennt, hat Mitleid mit unserer Schwach-
heit, verlangt nichts, was über unsere Kräfte geht und beurtheilt
uns als ein barmherziger Vater." [5] An einer der vielen Stellen, wo er
sich mit den Zwitterwesen beschäftigt, tröstet sich Locke schliesslich
mit der Erwägung: „Sie sind in der Hand eines getreuen Schöpfers

---

he hath left so many footsteps of himself, so many proofs of his being in every
creature, as are sufficient to convince any who will but make use of their faculties that way. Gott nicht finden heisse ihn nicht finden wollen. Nur wer unter
keinem Gesetze leben wolle, ziehe die Existenz eines obersten Herrschers und
eines allverbindenden Gesetzes in Zweifel u. s. w.

[1] Essay I, 4, § 7.   [2] III, 6, § 11.   [3] II, 17, § 1.
[4] II, 15, § 12; vgl. 10, § 9; § 10; IV, 3, § 23.
[5] II, 21, § 60.

und gütigen Vaters, der über seine Geschöpfe nicht verfügt nach unseren beschränkten Gedanken" [1].

Vor allem aber tritt in der durchgängigen Zweckmässigkeit der Welteinrichtung die Weisheit des Schöpfers hervor. „Das kunstreiche Wirken des allweisen und mächtigen Gottes in dem grossen Aufbau des Universums und jedem seiner Theile übersteigt die Fähigkeit des scharfsinnigsten und gescheitesten Menschen weiter als die Geschicklichkeit des grössten Genies die des unwissendsten aller vernünftigen Geschöpfe." [2] — Insbesondere zeigt sich diese Weisheit in der Organisation der lebenden Wesen und der Art und Weise, wie sie entsprechend ihren besonderen Lebensverhältnissen und Lebensbedürfnissen ausgerüstet sind. „Wie unvollkommen die Sinneswahrnehmung bei manchen Thieren sein mag, so entspricht sie doch jedesmal den besonderen Lebensbedürfnissen derselben, so dass die Weisheit und Güte des Schöpfers deutlich in allen Theilen dieses wunderbaren Baues und bei allen Graden und Stufen der darin enthaltenen Geschöpfe hervortritt." [3] Vorzüglich bei dem Menschen springt dies in die Augen. „Der unendlich weise Weltordner, der uns und alle Dinge unserer Umgebung hervorgebracht hat, hat unsere Sinne, Vermögen und Organe den Bedürfnissen des Lebens angepasst und der Aufgabe, die uns hier zu erfüllen obliegt. Wir sind im Stande, durch unsere Sinne Gegenstände zu erkennen und zu unterscheiden und sie auf den Gebrauch hin zu untersuchen, den wir von ihnen machen, und die verschiedenen Weisen, in denen wir sie den Forderungen des Lebens anpassen können. Wir haben Einblick genug in ihre staunenswerthe Einrichtung und ihre wunderbaren Wirkungen, um die Weisheit, Macht und Güte ihres Urhebers preisen zu können. Eine solche Erkenntniss, wie sie unserem gegenwärtigen Zustande angemessen ist, zu erlangen, fehlt es uns nicht an den Fähigkeiten. Dagegen scheint es nicht in Gottes Absicht gelegen zu haben, dass wir eine vollkommene, klare und adäquate Erkenntniss der Dinge besitzen sollten. Dies überschreitet möglicherweise die Fassungskraft eines endlichen Geschöpfes. Wir sind mit wenn auch stumpfen und schwachen Vermögen ausgerüstet, die uns genug in den geschaffenen Dingen entdecken lassen, um dadurch zur Erkenntniss des Schöpfers hingeführt zu werden, und wir besitzen ausreichende Fertigkeiten, um für die Wohlfahrt unseres Lebens Sorge zu tragen. Hierin besteht unser Geschäft in dieser Welt. Wären dagegen unsere Sinne

---

[1] Ebend. IV, 4, § 14.   [2] III, 6, § 11.   [3] II, 9, § 12.

verändert und rascher und schärfer gemacht, so würde die Erscheinung und die äussere Gestalt der Dinge uns einen ganz andern Anblick zeigen und vermuthlich mit unserer Existenz oder wenigstens
mit unserem Wohlbefinden in diesem Theile des Universums unvereinbar sein. Wer da bedenkt, wie wenig unsere Constitution es ver-
trägt, in eine Luft versetzt zu werden, die um nicht viel höher ist
als die gewöhnlich von uns eingeathmete, der wird Grund haben,
damit zufrieden zu sein, dass der allweise Baumeister auf diesem
Erdball, der uns zur Wohnung angewiesen ist, unsere Organe und
die Körper, die sie zu afficiren bestimmt sind, einander angepasst hat." [1]

Sodann hat uns „der unendliche weise Urheber unseres Seins
die Fähigkeit gegeben, die Glieder unseres Leibes nach unserem
Willen zu bewegen und mittels ihrer die Körper unserer Umgebung,
und ebenso die andere, beliebig im Bereiche unserer Ideen zu schalten;
er hat zugleich mit gewissen Gedanken und Empfindungen die Gefühle der Lust und Unlust verknüpft ... Dass Lust und Schmerz
in der Welt so nahe miteinander verbunden sind, gibt uns neuerdings Gelegenheit, die Weisheit und Güte unseres Schöpfers zu be-
wundern, der uns damit ein Mittel zu unserer Erhaltung gegeben
hat" [2]. Das Gefühl des Unbehagens treibt uns zum Handeln; Hunger
und Durst sind daher von unserem weisen Schöpfer als wirksame
Mittel in den Dienst der Lebensökonomie gestellt [3]. Er hat endlich
den Menschen bestimmt, ein sociales Wesen zu sein und ihm daher
nicht nur die Neigung eingepflanzt und sogar die Nöthigung auf-
gelegt, Gemeinschaft mit seinen Artgenossen zu halten, sondern ihn
auch mit der Sprache versehen, als dem grossen Werkzeug und ver-
einigenden Bande der Gesellschaft [4].

Aber es gibt noch einen andern Grund, „warum Gott über die
Dinge, die uns umgeben, hin und her, verschiedene Grade von Lust
und Schmerz ausgestreut und fast in allem, womit unsere Gedanken
und unsere Sinne zu thun haben, durcheinander gemischt hat: dass
wir nämlich Unvollkommenheit, Ungenügen und Mangel vollkommenen Glücks in allen Genüssen finden sollen, welche die Geschöpfe
uns zu gewähren vermögen, und wir so angeleitet werden, das Glück
in dem Genusse desjenigen zu finden, bei welchem Fülle der Freude ist
und zu dessen rechter Hand Genüsse auf ewig" [5]. „Diese Erwägungen

---

[1] Ebend. II, 23. § 12.   [2] II, 7, § 3 und § 4.
[3] II, 21, § 34; vgl. IV, 11. § 3.   [4] III. I. § 1.   [5] II, 7, § 5.

machen zwar die Ideen von Lust und Schmerz nicht deutlicher, aber die Betrachtung der Gründe, weshalb sie mit anderen Ideen verknüpft sind, dient dazu, uns richtige Empfindungen von der Weisheit und Güte des höchsten Leiters aller Dinge zu geben, und sie ist darum dem Zwecke dieser Untersuchungen sehr angemessen, da Erkenntniss und Verehrung Gottes der Hauptzweck all unserer Gedanken und das eigentliche Geschäft eines jeden Verstandes ist." [1] „So wie Gott einige Dinge in helles Tageslicht gesetzt, wie er uns einige gewisse Erkenntnisse gegeben hat, wenn auch eingeschränkt auf verhältnissmässig wenig Gegenstände, vermuthlich als ein Vorgeschmack von dem, dessen denkende Wesen fähig sind, um so in uns das Verlangen und Streben nach einem bessern Zustande wachzurufen, so auch hat er in dem grössten Theile dessen, was uns angeht, uns lediglich sozusagen das Zwielicht der Wahrscheinlichkeit gewährt, entsprechend, wie anzunehmen, dem Zwischenzustande und der Probezeit, in die uns zu versetzen ihm gefallen hat, und in denen wir in täglicher Erfahrung zur Einschränkung unserer Anmassung und unseres Dünkels unsere Kurzsichtigkeit und Irrthumsfähigkeit empfinden mögen. Diese Empfindung mag uns eine ständige Ermahnung sein, dass wir die Tage dieser unserer Pilgerfahrt mit Fleiss und Sorgfalt darauf verwenden, den Weg zu suchen und zu verfolgen, der uns zu einem Zustande grösserer Vollkommenheit hinführen kann. Denn wenn selbst die Offenbarung an diesem Punkte schwiege, so wäre es höchst vernünftig, zu denken, dass, wenn die Menschen hier die ihnen von Gott verliehenen Talente gebrauchen, sie dementsprechend am Ende ihrer Tage die Vergeltung empfangen werden, wenn ihre Sonne untergeht und Nacht ihren Arbeiten ein Ende macht." [2]

Wer gewohnt ist, in Locke nur „das Haupt der englischen Sensualisten" zu sehen, wird von der religiösen Färbung dieser Stellen ganz ebenso überrascht sein wie von der engen Verflechtung, in welcher der Gottesbegriff mit Locke's gesammtem Gedankengange steht. Dieser Eindruck lässt sich indessen noch weiter steigern. Das Dasein Gottes und die Eigenschaften, die wir gemeinhin dem höchsten Wesen und der obersten Weltursache beizulegen pflegen, bilden in den Untersuchungen des Essays wiederholt den Massstab, der der Beurtheilung der Dinge zu Grunde gelegt, und den festen Punkt, von dem aus die Erklärung versucht oder die Entscheidung

---

[1] Ebend. 7, § 6.　　[2] IV, 13, § 2; vgl. II, 21, § 60.

einer Streitfrage unternommen wird. So wird die Erörterung der
ziemlich müssigen Frage, ob das Bewusstsein eines denkenden Subjects von diesem auf ein anderes übertragen werden könne, schliesslich mit dem Hinweis auf die Güte Gottes zu Ende gebracht: „Sofern Glück oder Unglück eines seiner empfindenden Geschöpfe dabei
betheiligt ist, wird Gott sicher nicht infolge eines verhängnissvollen
Irrthums von ihrer Seite von einem zum andern dasjenige Bewusstsein übertragen, an welches Lohn und Strafe geknüpft ist." [1] — Bekannter ist Locke's Berufung auf die Allmacht Gottes in der Frage,
ob die Materie empfinden oder denken könne. Es scheint ihm „nicht
weiter von unserer Fassungskraft entfernt, anzunehmen, dass Gott,
wenn es ihm gefällt, der Materie ein Vermögen zu denken hinzufügen kann, als dass er zu ihr eine zweite, mit diesem Vermögen aus-
gerüstete Substanz hinzufügen kann" [2]. Er kann in einer solchen
Annahme auch keine Gefahr für unsern Glauben an ein jenseitiges
Leben und eine jenseitige Vergeltung erblicken. „Alle die erhabenen
Absichten der Moral und Religion bleiben hinreichend gewahrt auch
ohne philosophische Beweise für die Unsterblichkeit der Seele; denn
derjenige, der uns zu einer bestimmten Zeit als empfindende und
denkende Wesen ins Leben rief und uns für eine bestimmte Frist
in diesem Zustande erhält, kann und wird uns in dem gleichen Zustande in einer andern Welt wieder herstellen und uns fähig machen,
die Belohnung zu empfangen, die er dem Menschen, seinen Thaten
entsprechend, bestimmt hat." [3]
Auf die Allmacht Gottes recurrirt er in den Erörterungen über
den Raum: Gott könnte alle Bewegung aufheben und auch einzelne
Körper vernichten [4]: auf Gottes Weisheit in seiner Widerlegung
der Cartesianischen Lehre, dass die Seele immer denke: es scheint
ihm nicht glaublich, „dass unser unendlich weiser Schöpfer eine so
bewunderungswürdige Fähigkeit wie das Denkvermögen hervorgebracht hätte, eine Fähigkeit, die der Vollkommenheit seines eigenen
unbegreiflichen Wesens am nächsten kommt, um dieselbe den vierten
Theil der Zeit einer völlig nutzlosen Bethätigung zu überlassen,
wie es der Fall wäre bei einem Denken im Schlafe, von dem wir
nachher keine Erinnerung haben" [5]. — Wo er von der Anwendung
der Begriffe der Identität und Verschiedenheit spricht, versäumt er
nicht, Gott an die Spitze der Substanzen zu stellen. „Gott ist ohne

---

[1] Ebend. II, 27, § 13.   [2] IV, 3, § 6.   [3] Ebendaselbst.
[4] II, 13, § 22.   [5] II, 1, § 15; vgl. § 18.

Anfang, ewig, unveränderlich und überall; deshalb kann kein Zweifel bezüglich seiner Identität bestehen." [1] — In der Erörterung des Begriffs der Unendlichkeit wird in Abrede gestellt, dass wir einen positiven Begriff einer unendlichen Dauer besässen. Wir besitzen nur einen negativen. Und woher haben wir diesen? „Jedes denkende vernünftige Geschöpf, das nur seine eigene oder irgend eine andere Existenz prüfen will, muss unvermeidlich zu dem Begriff eines ewigen weisen Wesens kommen, welches keinen Anfang hat. Und eine solche — bloss negative Idee von unendlicher Dauer besitzen wir allerdings." [2] — Dass die unsere Sinne treffenden Bewegungen in uns Schmerz und Lust und die Ideen von Farben und Tönen hervorbringen, können wir nicht verstehen, sondern wir müssen es lediglich auf das Belieben unseres Schöpfers zurückführen [3]. Gott hat entsprechend seiner Weisheit nach seinem Willen die Einwirkungen der Dinge auf uns und die Empfindungen in uns aufeinander gestimmt und zu einander geordnet. Hierauf beruht eben darum die Glaubwürdigkeit unserer einfachen Ideen. „Unsere einfachen Ideen sind lediglich Vorstellungen (perceptions), zu deren Empfang wir von Gott veranlagt worden sind, während er ebenso den äusseren Dingen das Vermögen gegeben hat, sie in uns auf gesetzlich festgestellten Wegen hervorzurufen, entsprechend seiner Weisheit und Güte, jedoch unbegreiflich für uns. Daher besteht ihre Wahrheit in nichts anderm als in den Erscheinungen (appearances), die in uns hervorgerufen werden und die den von ihm in die äusseren Objecte gelegten Kräften entsprechen müssen, da sie ja anderswie gar nicht hätten in uns hervorgerufen werden können. Und indem sie jenen Kräften entsprechen, sind sie, was sie sein sollen, wahre Ideen." Dass die Menschen geneigt sind, sie in die Dinge selbst zu versetzen, thut ihrer Wahrheit keinen Eintrag. „Da Gott in seiner Weisheit sie zu Unterscheidungsmerkmalen bestimmt hat, durch welche wir im Stande sind, ein Ding von einem andern zu unterscheiden und so nach unserem Bedarf einige aus ihnen auszuwählen, so ändert es die Natur unserer einfachen Ideen nicht, ob wir nun vermeinen, die Idee Blau finde sich in dem Veilchen selbst oder nur in unserem Bewusstsein, und nur das Vermögen, jene Idee hervorzurufen, komme dem Veilchen selbst zu, indem die Structur seiner Theile die Lichtpartikelchen in einer bestimmten Weise zurückwirft." [4]

---

[1] Ebend. II, 27, § 2.   [2] II, 17, § 17.   [3] IV, 4, § 6.
[4] II, 32, § 14.

Wo die Grenzen der menschlichen Erkenntniss erörtert werden,
ist die Unendlichkeit Gottes der Massstab, an dem wir unsere Beschränktheit kennen lernen. „Es steht nicht bei uns, zu entscheiden,
was für andersartige einfache Ideen die Bewohner anderer Theile
des Universums möglicherweise haben, ausgerüstet mit zahlreicheren
oder vollkommeneren Sinnen und Fähigkeiten, als wir sie besitzen,
oder von den unseren verschieden. Aber zu behaupten oder zu
denken, es gebe keine solchen, weil wir nichts davon begreifen, wäre
nicht besser begründet, als wenn ein Blinder darauf bestehen wollte,
es gebe nichts der Art wie Sehen und Farben, weil er schlechterdings keine Idee davon besitzt und sich selbst in keiner Weise einen
Begriff vom Sehen machen kann. Die Unwissenheit und Dunkelheit
in uns hindert und beschränkt um nichts mehr die Erkenntniss,
welche anderen zukommt, als die Blindheit eines Maulwurfs ein Argument gegen die Scharfsichtigkeit eines Adlers ist. Wer die unendliche Macht, Weisheit und Güte des Schöpfers aller Dinge er-
wägt, wird Grund zu der Annahme finden, dass nicht alles vor einem
so unbedeutenden, geringen und ohnmächtigen Geschöpfe aufgedeckt
wurde, als welches er den Menschen findet, der aller Wahrscheinlichkeit nach eines der niedrigsten von allen intellectuellen Wesen
ist.“ [1] — Umgekehrt wird an einer andern Stelle die Unendlichkeit
Gottes dazu verwandt, um das erfahrungsmässige Bild der Welt in
positiver Weise zu ergänzen. „Wenn wir die unendliche Macht und
Weisheit des Schöpfers in Betracht ziehen, so haben wir Grund zu
denken, es sei der preiswürdigen Harmonie des Universums und den
grossen Absichten und der unendlichen Güte des Architekten angemessen, dass die Arten der Geschöpfe ebenso in allmählicher Stufenfolge (by gentle degrees) von uns aus aufwärts zu seiner unendlichen
Vollkommenheit in die Höhe steigen, wie wir sie von uns aus stufenweise herabsteigen sehen. Wenn dies wahrscheinlich ist, so haben
wir alsdann Grund zu der Ueberzeugung, dass es weit mehr Arten
von Geschöpfen über uns gibt als unter uns; denn wir befinden uns,
was den Grad der Vollkommenheit betrifft, von dem unendlichen
Wesen Gottes viel weiter entfernt als von der niedersten Stufe der
Wesen und derjenigen, die dem Nichts am nächsten ist.“ [2]

---

[1] Ebend. IV. 3, § 23.

[2] III, 6, § 12. Dass das gesammte Weltall eine geordnete Stufenfolge dar-
stelle, bei welcher die verschiedenen Arten allmählich ineinander überzugehen
scheinen und nirgendwo eine Lücke und Unterbrechung sich zeigt, ist ein Gedanke,
den Locke wiederholt und in auffallender Uebereinstimmung mit dem Leibniz'schen

Aus den angeführten Stellen erhellt zur Genüge, welchen Werth
für Locke die Gotteslehre besitzt. Sie ist nicht etwa ein unaufheb-
barer Rest, der, entsprungen aus den Empfindungen und Bedürfnissen eines religiösen Gemüthes, sich dem analysirenden Denken
endgiltig widersetzt. Sie bildet vielmehr einen Bestandtheil von
durchgreifender Bedeutung in dem Gedankensystem des Philosophen.
In der Abhandlung über „die Leitung des Verstandes", welche der
vierten Auflage des Essay einverleibt werden sollte und wohl nur
durch äussere Gründe davon ausgeschlossen blieb [1], spricht er sich
folgendermassen aus: „Es gibt in der That eine Wissenschaft, welche
unvergleichlich höher steht als alle übrigen, vorausgesetzt, dass nicht
Verderbniss sie zu einem Geschäft oder einer Parteisache zusammen-
schrumpfen lässt. Dies ist die Theologie, welche die Erkenntniss
von Gott und seiner Schöpfung, von unserer Pflicht gegen ihn und
gegen unsere Mitgeschöpfe und eine Erörterung unseres gegenwärtigen und zukünftigen Zustandes enthält, und welche darum ein Inbegriff aller übrigen Erkenntnisse in Hinordnung auf ihren wahren
Endzweck ist, nämlich den Ruhm und die Verehrung des Schöpfers
und die Glückseligkeit des Menschengeschlechts. Dies ist die er-
habene Wissenschaft, welche jedermanns Pflicht und deren jedermann, der den Namen eines vernünftigen Geschöpfes verdient, fähig
ist. Die Werke der Natur und die Worte der Offenbarung breiten
sie vor dem Menschen in so grossen und lesbaren Buchstaben aus,
dass, wer nicht ganz blind ist, sie lesen und ihre obersten Principien und nothwendigsten Theile erkennen kann. Von da mag,
wem Zeit und Fleiss dies gestatten, zu den abstruseren Theilen
fortschreiten und in jene unendlichen Tiefen eindringen, welche mit
Schätzen der Weisheit und Erkenntniss angefüllt sind." [2]

Nun aber erhebt sich die Frage, wie die Gotteslehre in der
Gestalt und in dem Umfange, in welchem Locke sie vertritt,
sich mit jener empiristischen Gedankenreihe vereinbaren lasse,
welche zuvor von ihrem Ausgange bis zu ihren Consequenzen verfolgt wurde.

„Natura non facit saltus" ausspricht; vgl. das der im Text mitgetheilten Stelle
unmittelbar Vorangehende und 6, § 22; IV, 16, § 12.

[1] Cfr. *Fox Bourne*, Life of John Locke II, 443 ff. *Campbell Fraser*, Locke
(1890) 250.

[2] Of the conduct of the understanding, § 22. — Die Stelle zeigt, wieweit
Locke davon entfernt war, im Sinne des spätern Kriticismus die Möglichkeit einer
theologischen Wissenschaft in Abrede zu stellen.

Dass wir Gott durch das natürliche Licht der Vernunft zu erkennen im Stande sind: dass wir ihn erkennen aus seinen Geschöpfen,
indem wir ihn als nothwendige und letzte Ursache eben dieser erschliessen: dass die Schöpfung überall ein deutliches und unverkenn-
bares Zeugniss für ihren Urheber ablege, und deshalb die Gotteserkenntniss eine überaus naheliegende, dass sie aber trotzdem nur eine
erschlossene und vermittelte, keine auf unmittelbarem Schauen des
göttlichen Wesens beruhende sei: dass wir Gott denken nach Analogie des uns aus der geschöpflichen Welt Bekannten, indem wir
ihm alle geschöpflichen Vollkommenheiten beilegen, dieselben aber
zugleich ins Unendliche steigern und ebenso alle dem Geschöpfe anhaftende Unvollkommenheit fernhalten: — dies alles gehörte zu den
Bestandtheilen jener traditionellen Theologie, die in der Väterzeit
begründet und in den Schulen des Mittelalters weiter ausgebildet
worden war und die trotz der abendländischen Kirchenspaltung und
der dadurch veranlassten Abweichung in einzelnen Punkten in der
Hauptsache auch zu Locke's Zeiten noch in Oxford und Cambridge
docirt wurde.   Die von da übernommene Gottesidee mit seinem
empiristischen Standpunkte in Einklang zu bringen, konnte ihm um
deswillen ohne Schwierigkeit erscheinen, weil er ja durch die Anerkennung der Reflexion als einer zweiten Quelle von Ideen für die
Erkenntniss des Uebersinnlichen Raum geschafft hatte.   „Die complexen Ideen, die wir sowohl von Gott als von reinen Geistern haben,
sind gebildet aus den einfachen Ideen, die wir der Reflexion verdanken.   Durch das, was wir in uns selbst erfahren, gewinnen wir
die Ideen von Existenz und Dauer, von Erkenntniss und Macht, von
Lust und Seligkeit und von verschiedenen anderen Qualitäten und
Kräften, welche zu besitzen besser ist als sie nicht zu besitzen.
Wollen wir nun eine Idee bilden, welche, so weit als wir es eben
vermögen, dem höchsten Wesen entspricht, so steigern wir eine jede
von den genannten mittels unserer Idee des Unendlichen, und indem
wir sie dann in dieser Gestalt zusammensetzen, stellen wir unsere
complexe Idee von Gott her.“ [1]   „Auch der am höchsten gesteigerte Begriff, den wir von Gott haben, legt ihm doch nur die einfachen Ideen bei, die wir mittels der Reflexion aus dem gewonnen
haben, was wir in uns finden, und von denen wir erkennen, dass
ihr Vorhandensein eine grössere Vollkommenheit ausspricht als ihre
Abwesenheit; aber freilich werden ihm diese einfachen Ideen in einem

---

[1] Essay II, 23, § 33.

unbegrenzten Grade beigelegt. Durch Reflexion auf uns selbst haben wir so die Ideen der Existenz, Erkenntniss, Macht und Freude gewonnen; von einer jeden von diesen finden wir, dass sie zu besitzen besser ist als sie zu entbehren, und ebenso, dass es um so besser ist, je mehr wir von einer jeden besitzen. Nun verknüpfen wir diese alle miteinander, nachdem wir einer jeden die Unendlichkeit hinzugefügt haben, und erhalten so die complexe Idee von einem ewigen, allwissenden, allmächtigen, unendlich weisen und glückseligen Wesen." [1]

Nun kann hiermit selbstverständlich nicht der erste Ursprung der Gottesidee angegeben sein. Wir müssen doch irgendwoher angeregt sein, jene einfachen Ideen auszuwählen, ihren Inhalt unendlich gesteigert zu denken und die so gesteigerten miteinander zu verknüpfen. Locke geht hier nirgends in die Tiefe, aber seine Meinung ist offenbar die mit der traditionellen Auffassung übereinstimmende. Die geschöpfliche Welt in ihrer Vergänglichkeit und Unbeständigkeit und zugleich in ihrer Schönheit und Zweckmässigkeit legt den Schluss auf eine Weltursache, einen weisen und mächtigen Schöpfer unmittelbar nahe. Jeder, der nur den richtigen Gebrauch von seiner Vernunft macht, muss zu dieser Erkenntniss hingeführt werden, muss, wie Locke es ausdrückt, Gott finden oder entdecken. Die so gewonnene, noch unklare und unzureichende Gottesidee wird dann durch vernünftiges Nachdenken schärfer bestimmt und weiter entwickelt. Jetzt findet jene Uebertragung der durch Reflexion gewonnenen und dann ins Unendliche gesteigerten Ideen auf ihn statt. Ebendarum aber kann der Inhalt der Gottesidee bei verschiedenen Menschen ein verschiedener sein. Die einen bleiben bei sehr unvollkommenen, ja unwürdigen Vorstellungen stehen; die anderen suchen mit allem Fleisse zu einem möglichst reinen und hohen Begriffe vorzudringen; wieder andere sind so tief in das Irdische versunken und von ihren Leidenschaften gefesselt, dass sie ihren Gedanken gar niemals diese Richtung geben und daher Gott nicht kennen, weil sie ihn nicht kennen wollen.

Wo aber das wissenschaftliche Nachdenken erwacht ist, wo man sich bestrebt, jene noch unklare Gottesidee in das helle Licht denkender Betrachtung zu rücken, wendet sich die Aufmerksamkeit nun auch ausdrücklich dem Schlussverfahren zu, dem wir sie verdanken. Das ist der Ursprung der sogenannten Beweise vom Dasein Gottes.

---

[1] Ebend. III, 6, § 11.

Ich wüsste nicht, dass durch das Gesagte irgend fremde Gedanken in Locke hineingetragen würden. Die Belege sind grossen-
theils in den früher angeführten Stellen enthalten. Weiteres wird
sofort anzuführen sein. Wenn aber Locke glauben konnte, sich von
seinem empiristischen Standpunkte aus mit der Bildung der Gottesidee ohne Schwierigkeit abfinden zu können, so musste ihm eine
solche um so mehr da erwachsen, wo über die objective Realität
derselben Rechenschaft zu geben war. Was sich von jenem Standpunkte aus über die Realität complexer Ideen sagen liess, ist oben
entwickelt worden [1]. Complexe Ideen von Substanzen — und um
eine solche handelt es sich ja doch selbstverständlich bei der Gottesidee — sind so weit real, als sie durch die Erfahrung gewährleistet
werden. Eine solche Gewährleistung aber fehlt bei der Gottesidee
ganz und gar. Ausdrücklich und wiederholt wird eingeschärft, dass
die der Erfahrung entnommenen einfachen Ideen über jede Erfahrung hinaus gesteigert werden müssen, um als Bestandtheile der
Gottesidee verwerthet zu werden. Woher also wissen wir, dass
unserer Gottesidee in Wirklichkeit etwas entspricht? Wie kommen
wir zur Erkenntniss des Daseins Gottes?

Hier nun stossen wir auf Gedanken, welche von einem ganz
andern Ausgangspunkte herkommen.

Das neunte Kapitel des vierten Buches handelt von der Erkenntniss der Existenz und unterscheidet eine dreifache Art derselben.
„Wir haben die Erkenntniss unserer eigenen Existenz durch Intuition, die der Existenz Gottes durch Demonstration, die der anderen
Dinge durch Sensation." [2] Von der Erkenntniss der äusseren Dinge
war bereits ausreichend die Rede, es kann dabei vorläufig sein Be-
wenden haben. Ebenso wurde früher schon die Stelle mitgetheilt,
in der von der unmittelbaren Erfassung unserer Existenz im Selbst-
bewusstsein die Rede ist [3]. Aber der Umfang intuitiver Erkenntniss

---

[1] Oben S. 30 ff.　　　[2] Essay IV, 9. § 2.

[3] S. 47. Mit dieser Stelle und der darin betonten Unmittelbarkeit der Erkenntniss unserer eigenen Existenz scheinen andere Aeusserungen nicht übereinzustimmen; vgl. II. 1, § 10: We know certainly by experience that we sometimes
think, and thence draw this infallible consequence, that there is something in us
that has the power to think. 23, § 15: Every act of sensation, when duly considered, gives us an equal view of both parts of nature, the corporeal and spiritual.
For whilst I know, by seeing or hearing etc., that there is some corporeal being
without me, the object of that sensation, I do more certainly know, that there is
some spiritual being within me, that sees and hears. Hier wird also einmal die
Erkenntniss und Anerkenntniss eines denkenden Subjects in uns auf eine evidente

ist damit noch keineswegs erschöpft und die Bedeutung nicht gewürdigt, welche die Intuition in dem Gedankenzusammenhange Locke's gewinnt. Hatte er in dem zweiten Buche gesagt: „In der Erfahrung ist all unsere Erkenntniss begründet, und von dort leitet sie sich zuletzt her" [1], so heisst es statt dessen im vierten: „Von der Intuition hängt alle Gewissheit und Evidenz unserer gesammten Erkenntniss ab." [2] Intuition aber ist unmittelbares Erfassen des zwischen zwei in unserem Bewusstsein vorhandenen Ideen stattfindenden Verhältnisses. Den Gegensatz dazu bildet die demonstrative Erkenntniss, bei welcher das Verhältniss, in welchem zwei Ideen zu einander stehen, erst dadurch erkannt wird, dass eine oder mehrere andere Ideen dazwischen geschoben werden. Aus dem Verhältnisse, in welchem A zu B und B zu C stehen, erkennen wir mittelbar das Verhältniss zwischen A und C. In dem Falle der intuitiven Erkenntniss „plagt sich unser Geist nicht mit Untersuchung und Beweis, sondern erfasst die Wahrheit wie das Auge das Licht, lediglich indem er sich zu ihr hinwendet. In solcher Weise erkennt der Geist, dass Weiss nicht Schwarz, ein Kreis nicht ein Dreieck ist, dass drei mehr sind als zwei und so viel als eins und zwei. Wahrheiten solcher Art erfasst der Geist, sobald er nur die Ideen zusammen erblickt, lediglich durch Intuition, ohne die Dazwischenkunft irgend einer andern Idee, und diese Art der Erkenntniss ist die klarste und gewisseste, deren menschliche Gebrechlichkeit fähig ist. Dieser Theil der Erkenntniss ist unwiderstehlich und drängt sich wie heller Sonnenschein von selbst der Wahrnehmung auf, sobald nur eben das Auge des Geistes die entsprechende Richtung nimmt. Sie lässt keinen Raum für Zaudern, Zweifel oder Prüfung, sondern der Geist ist im Augenblicke von ihrem klaren Licht erfüllt . . . Die so gewonnene Gewissheit hält ein jeder für so gross, dass er eine grössere sich nicht vorstellen und daher auch keine verlangen kann." [3]

Die volle Tragweite dieser Sätze erhellt, wenn wir sie mit den Erklärungen zusammenhalten, welche Locke im ersten Kapitel des vierten Buches gibt. Die Ideen, heisst es dort, sind das einzige

---

Schlussfolgerung zurückgeführt, und das anderemal mit der Erkenntniss der körperlichen Dinge auf die gleiche Stufe gestellt. Abgesehen aber davon, dass kleine Ungenauigkeiten im Ausdruck bei Locke bekanntlich nichts Seltenes sind, ist offenbar auch die Absicht an diesen Stellen eine verschiedene. Es handelt sich nicht um die Erkenntniss des Ich, der eigenen Existenz, sondern um die Erkenntniss der Substanz, welche Träger der einzelnen Acte des innern Lebens ist.

[1] Essay II, 1, § 2.   [2] IV, 2, § 1.   [3] IV, 2, § 1.

unmittelbare Object, auf welches sich die Gedanken unseres Geistes
richten, und all unsere Erkenntniss bezieht sich somit ausschliesslich
auf unsere Ideen [1]. Hierdurch gewinnt, was bisher über Sensation
und Reflexion gesagt wurde, ein durchweg subjectivistisches Gepräge.
Für die alte, auf Aristoteles fussende Schule gelten als erstes Object
unserer Erkenntniss die Dinge, das Erkenntnissbild des Dinges in
unserem Geiste dagegen, mag man es nun Idee oder species intel-
ligibilis und sensibilis nennen, nur als das Mittel und Werkzeug der
Erkenntniss und daher nur mittelbar und indirect auch als Object,
sofern das Denken sich von dem Gegenstande, den es zunächst erfasst, auf sich selbst zurückwendet. Für Locke dagegen, der hier
völlig auf dem Standpunkte der Modernen steht, ist die Idee, der
Vorgang im Bewusstsein, zugleich das erste und ausschliessliche
Object der Erkenntniss, und es erhebt sich sonach die Frage, ob
dem Objecte in uns noch irgend ein Object ausser uns entspreche,
und wie wir von dem einen zum andern hinüberkommen. Dieselbe
wird indessen von Locke noch nicht in ganzer Schärfe erfasst. Dass
die Ideen in uns die Wirkungen von Dingen ausser uns sind, setzt
er mit der gewöhnlichen Meinung voraus und vertieft nur die Voraussetzung durch die Annahme einer auf göttliche Einrichtung zurück-
zuführenden Correspondenz zwischen den Eigenschaften der Objecte
und den Ideen in unserem Bewusstsein [2]. Daneben stellt sich freilich
noch eine andere Auffassung ein, von der sogleich die Rede sein
soll und die mit dem Begriffe der Erkenntniss in strengen Sinne
zusammenhängt, wie er im Anfange des vierten Buches formulirt
wird: „Erkenntniss ist nichts anderes als die Erfassung des Zusammenhanges und der Uebereinstimmung oder der Verschiedenheit
und Unvereinbarkeit einiger unserer Ideen. Darin allein besteht sie.
Wo diese Erfassung, da ist Erkenntniss, und wo sie nicht ist, da
mögen wir uns einbilden, vermuthen oder glauben, aber wir haben
nie wirkliche Erkenntniss (Wissen im strengen Sinne). Denn wenn
wir erkennen, dass Weiss nicht Schwarz ist, was ist dies anders,
als dass wir erfassen, dass diese zwei Ideen nicht übereinstimmen?
Und wenn wir dem Erweis des Satzes, dass die Winkel des Dreiecks gleich sind zwei Rechten, die grösste Sicherheit beimessen,
was ist dies anders, als dass wir erfassen, dass Gleichsein mit zwei
Rechten nothwendig übereinstimmt mit den drei Winkeln des Dreiecks und von ihnen nicht getrennt werden kann." [3]

---

[1] Ebend. IV, 1, § 1.   [2] Oben S. 20 f. 55.   [3] Essay IV, 1, § 1.

Hiermit ist nun offenbar ein von dem frühern völlig verschiedener Gesichtspunkt in die Betrachtung eingeführt. Wo die Absicht war, den rein empirischen Ursprung aller Bewusstseinselemente aufzuzeigen, schien, wenigstens für einen Theil der so entstandenen Ideen, der Erkenntnisswerth in der Beziehung zu vorausgesetzten Objecten zu bestehen. Mit Rücksicht hierauf wurde zwischen realen und phantastischen, adäquaten und inadäquaten Ideen unterschieden [1]. Wo eine solche Bezugnahme ausdrücklich abgelehnt wurde, wie bei den Ideen von gemischten Modi, wurde die subjective Freiheit bei ihrer Bildung mit allem Nachdrucke hervorgehoben. Hier dagegen ist von der Beziehung zu vorausgesetzten Objecten allgemein abgesehen, die Erkenntniss wird ausdrücklich auf die Ideen als solche eingeschränkt, dafür aber tritt nun das zwischen den Ideen bestehende, von unserer Willkür unabhängige Verhältniss in den Vordergrund. Wenn auch bisher schon von dem Vermögen, die Ideen voneinander zu unterscheiden, von der Unvereinbarkeit einzelner miteinander, die darum nicht zusammen in eine complexe Idee eingehen können, und von der thatsächlichen Verknüpfung anderer, die uns die Erfahrung vorführt, oder die wir auf Grund analoger Erfahrungen erwarten, die Rede war, so zeigt doch schon das Beispiel von der Winkelsumme des Dreiecks, dass hier ein ganz anderer Gedankengang massgebend ist.

Nicht nur, dass wir eine Idee bestimmt von einer andern unterscheiden können; nicht nur, dass uns die Erfahrung gewisse Ideen in mehr oder minder constanter Verknüpfung mit anderen Ideen zeigt: — die Ideen selbst stehen jetzt, theilweise wenigstens, in einem positiven Verhältnisse zu einander, so dass wir ihre Zusammengehörigkeit erkennen und mit vollkommener, an die Gewährleistung durch erfahrungsmässige Einzelfälle nicht gebundener Zuversicht behaupten können. Wenn wir nur wissen, dass die Idee A nicht die Idee B und ebenso B nicht C, C nicht D, D nicht N ist, so lässt sich daraus für das Verhältniss von A zu N gar nichts entnehmen. Nur darum können wir auf dem Wege der Demonstration zur Einsicht in das Verhältniss von A zu N gelangen, weil die dazwischen geschobenen Ideen durch positive Beziehungen untereinander und mit den Endgliedern verknüpft sind [2]. Denn selbstverständlich handelt

---

[1] Oben S. 19. Essay II, 32. §§ 4. 5. 6.

[2] IV. 1, § 5: Since all distinct ideas must eternally be known not to be the same, and so be universally and constantly denied one of another, there could be no room for positive knowledge at all, if we could not perceive any relation

es sich bei den zwischen den einzelnen Gliedern bestehenden Beziehungen nicht um ein erfahrungsgemässes Zusammensein. Ausdrücklich wird die Intuition, die unmittelbare und gewisse Einsicht
in das zwischen zwei nächsten Gliedern bestehende Verhältniss, als
die unentbehrliche Grundlage aller Demonstration bezeichnet[1]. „In
jedem Schritte, welchen die Vernunft in demonstrativer Erkenntniss
macht, findet sich eine intuitive Erkenntniss der aufgesuchten Uebereinstimmung oder Nicht-Uebereinstimmung mit der nächsten vermittelnden Idee, deren die Vernunft sich als Beweismittel bedient.
Denn wäre sie nicht unmittelbar einleuchtend, so bedürfte auch diese
Erkenntniss des Beweises, da ja nur durch das Erfassen einer solchen
Uebereinstimmung oder Nicht-Uebereinstimmung die Erkenntniss
hervorgebracht wird. Wird dieselbe aus sich selbst (unmittelbar)
erfasst, so ist die Erkenntniss eine intuitive. Kann sie nicht aus
sich selbst erfasst werden, so bedarf es einiger vermittelnder Ideen
als eines gemeinschaftlichen Massstabes, um die Uebereinstimmung
oder Nicht-Uebereinstimmung der zur Untersuchung stehenden Ideen
aufzuzeigen. Woraus erhellt, dass bei vernünftiger Ableitung (in
reasoning), welche Erkenntniss hervorbringt, jeder Schritt intuitive
Gewissheit besitzt . . . Um einen Beweis zu führen, ist es nothwendig,
die unmittelbare Uebereinstimmung der als Zwischenglieder verwandten Ideen zu erfassen. durch welche die Uebereinstimmung oder
Nicht-Uebereinstimmung der beiden Ideen aufgefunden wird, von
denen die eine stets die erste, die andere stets die letzte in der
Rechnung ist. Dieses intuitive Erfassen der Uebereinstimmung oder
Nicht-Uebereinstimmung der vermittelnden Ideen in jedem einzelnen
Schritt einer fortlaufenden Beweisführung muss sodann im Geiste
genau festgehalten werden, und man muss sicher sein, keinen Bestandtheil ausgelassen zu haben. Weil nun das Gedächtniss in langen
Deductionen und der Anwendung vieler Beweisglieder dies nicht
immer leicht und genau zu behalten vermag, so ist die Folge, dass
diese Erkenntnissart unvollkommener ist als die intuitive und die
Menschen häufig Falsches für bewiesene Wahrheit nehmen."[2]

---

between our ideas, and find out the agreement or disagreement they have one
with another, in several ways the mind takes of comparing them.
   [1] IV, 2, § 1: Certainty depends so wholly on this intuition, that in the
next degree of knowledge, which I call demonstrative, this intuition is necessary
in all the connections of the intermediate ideas, without which we cannot attain
knowledge and certainty.
   [2] IV, 2, § 7; vgl. 7, § 2; 8, § 3; 12, § 7; 15, § 1; § 3; 17, § 2; § 14; 18, § 5.

Aber auch abgesehen von der leichten Möglichkeit des Irrthums ist demonstrative Erkenntniss minder vollkommen wie intuitive; sie ist nicht völlig ebenso klar wie diese. „Es ist wie bei einem Gesichte, das verschiedene Spiegel einander zuwerfen. Solange es die Aehnlichkeit und Uebereinstimmung mit dem Objecte behält, erzeugt es eine Erkenntniss. Aber in jedem der aufeinander folgenden Spiegelbilder geschieht es unter Abnahme der vollkommenen Klarheit und Deutlichkeit, welche das erste besass, bis zuletzt nach einer Menge von Abstufungen ihm ein hoher Grad von Dunkelheit beigemischt ist und es namentlich für schwache Augen auf den ersten Blick nicht mehr erkennbar ist. So ist es bei einer Erkenntniss, die mittels einer langen Kette von Beweisgliedern zu stande kommt." [1]

Locke gebraucht an den mitgetheilten Stellen und anderwärts den sehr dehnbaren Ausdruck Uebereinstimmung und Nicht-Uebereinstimmung. Dass er darunter nicht nur Identität und Verschiedenheit verstanden wissen will, zeigt er deutlich, wenn er diese nur als Specialfälle bezeichnet und daneben unter anderem noch die Relationen aufführt [2]. Ideen, welche in unserem Bewusstsein auftreten, haben nicht nur einen Inhalt für sich, sondern zeigen zugleich eine ursprüngliche Beziehung zu anderen Ideen, die sofort ersichtlich wird, wenn beide zusammengehörige Ideen im Bewusstsein sozusagen nebeneinander gehalten werden [3]. Diese Beziehungen sind also keine von uns gestifteten, sondern objectiv gegebene, von den Dingen selbst dargebotene [4], die wir entdecken [5], vorfinden [6], sehen [7]. Ihnen gegenüber besteht darum auch keinerlei Freiheit oder Willkür der Auffassung. „Was wir sehen, können wir nicht anders sehen als so, wie es thatsächlich geschieht. Es hängt nicht von des Menschen

---

[1] Ebend. IV, 2, § 6.   [2] IV, 1, § 2. S. auch oben S. 63 Anm. 2.

[3] IV, 17, § 4: The immediate connection of each idea to that which is applied to on each side, on which the force of the reasoning depends ... is seen only by the eye, or the perceptive faculty of the mind taking a view of them laid together, in a iuxta-position.

[4] IV, 7, § 11: Wir erhalten das Licht der Erkenntniss niemals durch oberste Maximen, sondern, wo es sich um natürliche Wahrheiten handelt, "the things themselves afford it, and we see the truth in them by perceiving their agreement or disagreement".

[5] IV, 6, § 16: ... ideas, whose agreement or disagreement ... is capable to be discovered by us.

[6] IV, 7, § 2: ... that agreement or disagreement, which the mind, by an immediate comparing them, finds in those ideas. Vgl. 12, § 6; § 14; 17, § 2; 17, § 6.   [7] Oben Anm. 3.

Willen ab, das schwarz zu sehen, was gelb erscheint, oder sich ein-
zureden, dass was ihn versengt, sich vielmehr kalt anfühle. Die Erde
wird nicht mit Blumen geschmückt erscheinen noch die Flur mit
Grün bedeckt, wenn er es so wünscht. Im kalten Winter kann er
nicht umhin, sie weiss und bereift zu finden, wenn er hinausschaut.
Ganz ebenso ist es mit unserem Verstande. Willkürlich in unserer
Erkenntniss ist allein die Anwendung oder umgekehrt die Zurück-
ziehung eines unserer Vermögen von dieser oder jener Art von Objecten und die mehr oder weniger sorgfältige Besichtigung derselben.
Bringen wir aber unser Vermögen in Anwendung, so hat unser
Wille nicht die Macht, die Erkenntniss des Geistes in die eine oder
andere Richtung zu leiten. Dies geschieht einzig durch die Objecte
selbst, sofern sie deutlich entdeckt oder wahrgenommen sind. Soweit also die Sinne des Menschen sich mit äusseren Objecten be-
fassen, so weit kann der Geist nicht umhin, diejenigen Ideen aufzunehmen, die ihm von ihnen dargeboten werden, um von der Existenz
äusserer Dinge Kenntniss zu erhalten; und soweit sich die Gedanken
der Menschen mit ihren eigenen bestimmten Ideen beschäftigen, können
sie nicht umhin, die Uebereinstimmung oder Nicht-Uebereinstimmung,
die sich zwischen einigen von ihnen findet, gewissermassen zu beobachten, und eben hierin besteht die Erkenntniss. Und besitzen
sie Namen für die betrachteten Ideen, so müssen sie nothwendig
von der Wahrheit der Urtheile versichert sein, welche die in denselben wahrgenommene Uebereinstimmung oder Nicht-Uebereinstimmung ausdrücken, und zweifellos von diesen Wahrheiten überzeugt
sein. Denn was ein Mensch sieht, kann er nicht umhin zu sehen,
und was er wahrnimmt, kann er nicht umhin wahrzunehmen.“ [1]
„Wie Erkenntniss ebensowenig willkürlich ist als Wahrnehmung, so
ist auch Zustimmung (assent) nicht mehr in unserer Macht als Erkenntniss. Wenn die Uebereinstimmung zweier Ideen sich uns darstellt, sei es unmittelbar oder mit Hilfe der Beweisführung, so können
wir die Wahrnehmung so wenig verweigern, so wenig die Erkenntniss vermeiden, als wir es vermeiden können, die Gegenstände zu
sehen, auf die wir unsere Augen richten und bei hellem Tage hin-
schauen. Und wir können dem unsere Zustimmung nicht verweigern, was sich uns nach ausführlicher Untersuchung als das am
meisten wahrscheinliche herausgestellt hat. Aber obwohl wir nicht
unsere Erkenntniss verhüten können, sobald einmal die Ueberein-

---

[1] Essay IV, 13, § 2.

stimmung wahrgenommen ist, noch unsere Zustimmung, wenn nach
genauer Abwägung Wahrscheinlichkeit sich herausstellt, so können
wir doch sowohl Erkenntniss als Zustimmung verhüten, indem wir
mit unserer Untersuchung einhalten und unser Vermögen nicht auf
das Aufsuchen irgend einer Wahrheit richten." [1]

Hiermit sind nun die Mittel gewonnen, um die oben [2] aufgeworfene Frage im Sinne Locke's zu beantworten. Wir kommen zur
Erkenntniss und Anerkenntniss des Daseins Gottes auf dem Wege
der Demonstration, des Beweises. Jeder Beweis geschieht durch
Ideen, „die eine constante, unveränderliche und sichtbare Verknüpfung miteinander haben" [3]. Daraus erklärt sich ebensowohl, dass
jene Erkenntniss bei den verschiedenen Menschen einen verschiedenen Grad der Vollkommenheit hat und sogar bei einzelnen gänzlich
fehlen kann, als auch, dass sie für den, der sie besitzt, eine völlig
zweifellose Gewissheit hat. „Dass die drei Winkel eines Dreiecks
gleich sind zwei Rechten, ist eine Wahrheit so gewiss, als irgend
eine sein kann, und vermuthlich evidenter als manche von den Sätzen,
die für Principien gelten. Dennoch gibt es Millionen, die, wie erfahren sie auch auf anderen Gebieten sein mögen, hiervon schlechterdings nichts wissen, weil sie ihre Gedanken niemals der Beschäftigung mit derartigen Winkeln zugekehrt haben ... Das Gleiche
kann sich ereignen in betreff der Begriffe, die wir vom Dasein einer
Gottheit haben: denn obgleich es keine Wahrheit gibt, welche der
Mensch mit grösserer Evidenz zu erkennen und darzuthun vermöchte,
so kann doch, wer sich mit den Dingen, wie er sie in dieser Welt
findet und wie sie seinen Vergnügungen und Leidenschaften dienen,
zufrieden gibt und nicht weiter ihren Ursachen, Zwecken und ihrer
wunderbaren Veranlagung nachforscht und diese Gedanken mit Fleiss
und Aufmerksamkeit verfolgt, lange leben, ohne eine Idee von einem
solchen Wesen zu haben." [4]

Dass ein Gott ist, leuchtet nicht mit intuitiver Gewissheit ein.
Zur Erkenntniss und Anerkenntniss seines Daseins gelangen wir
durch Zuhilfenahme vermittelnder Ideen, deren Zusammenhang intuitiv erkannt wird. Solche Ideen sind die von Wirkung und Ursache, von zweckmässiger Veranstaltung und vernünftiger Wirksamkeit, von der Vollkommenheit des Werkes und der überragenden
Würde seines Urhebers u. s. w. Auf diese Art führt Locke den
Beweis im zehnten Kapitel des vierten Buches. Er wiederholt zu-

---

[1] Ebend. IV, 20, § 16.   [2] S. 60.   [3] Essay IV. 15. § 1.   [4] I, 4, § 22.

5 *

nächst, was er im ersten gesagt hatte. Die menschliche Vernunft
hat die Fähigkeit, Gott zu erkennen, sich mit zweifelloser Gewissheit seines Daseins zu versichern; aber dies gelingt nicht ohne Anstrengung und Aufmerksamkeit. Jeder Beweis und jede Deduction
verlangen ein intuitiv Gewisses als Ausgangspunkt. Ein solches
besitzt der Mensch in der klaren und unmittelbaren Erfassung seiner
eigenen Existenz. Diese Existenz hat einen Anfang genommen.
Was einen Anfang genommen hat, ist von einem andern hervorgebracht worden; denn dass nichts nichts hervorbringen kann, ist
ebenso einleuchtend, als dass es nicht gleich ist zwei Rechten.
Eben darum aber muss ein von Ewigkeit Existirendes angenommen
werden, von welchem zuletzt alles, was einen Anfang seiner Existenz hat, hervorgebracht worden ist. Was aber einem andern seine
Existenz verdankt, verdankt ihm damit auch alles, was es ist oder
hat. Jenes von Ewigkeit her Existirende ist daher auch der Ursprung und die Quelle aller Kraft, und es muss ferner als ein denkendes, mit Erkenntniss begabtes Wesen gefasst werden. Denn dass
ein jeder Erkenntniss bares, blind wirkendes Wesen ein denkendes
hervorbringen sollte, ist ebenso unmöglich, als dass die Winkelsumme eines Dreiecks den Umfang von zwei Rechten übersteigen
könnte [1].

Die weitere Ausführung des Beweises sammt den Bemerkungen,
welche Locke daran knüpft, können hier auf sich beruhen. Aber
die Frage ist, ob die Voraussetzungen dieser wie jeder andern ähnlichen Beweisführung, ob vor allem die Aussprüche über die unsere
Ideen verbindenden ursprünglichen Beziehungen oder Verhältnisse [2]
sich mit den früher erörterten Aufstellungen über den Ursprung
unserer Erkenntniss vereinbaren lassen.

---

[1] Essay IV. 10, §§ 1—5.

[2] In dem ersten Brief an den Bischof von Worcester, IV. Band der Werke
(Ausgabe in zehn Bänden), S. 62 ff., unternimmt es Locke, eingehend zu zeigen,
auf welchen Ideen und Beziehungen zwischen Ideen der Beweis vom Dasein Gottes
beruht. Unmittelbar vorher heisst es S. 61: "Every thing that has a beginning
must have a cause" is a true principle of reason, or a proposition certainly true;
which we come to know by the same way, i. e. by contemplating our ideas, and
perceiving that the idea of beginning to be, is necessarily connected with the idea
of some operation; and the idea of operation, with the idea of something opera-
ting, which we call a cause; and so the beginning to be, is perceived to agree
with the idea of a cause, as is expressed in the proposition, and thus it comes
to be a certain proposition: and so may be called a principle of reason, as every
true proposition is to him that perceives the certainty of it.

Die Frage ist ohne allen Zweifel zu verneinen. Dort war die Rede von der völlig passiven Aufnahme einfacher und unveränderlicher Vorstellungselemente, von ihrer Unterscheidung, ihrer Trennung und Zusammenfügung. Die letztere war entweder das Product freiester Willkür des Subjects oder das der von aussen kommenden Erfahrung, welche eine Anzahl jener einfachen Elemente miteinander oder doch nacheinander im Bewusstsein auftreten liess. Hier dagegen ist alles verändert. Die einzelnen Ideen stehen nicht mehr fremd und äusserlich nebeneinander, so dass nur mechanische Combination sie zusammenbringen kann, sie haben eine ursprüngliche Beziehung zu einander, vermöge deren sie aufeinander hinweisen, die wir an ihnen entdecken, auf Grund deren wir nicht ihr bloss thatsächliches Zusammensein, sondern ihre Zusammengehörigkeit mit zweifelloser Gewissheit erkennen.

An den zahlreichen Stellen, an denen Locke jene Beziehungen erwähnt, spricht er immer nur von den Ideen überhaupt. Ob er die einfachen, die complexen oder beide Arten meint, sagt er nicht: am nächsten liegt es jedenfalls, an beide zu denken [1]. Dass er dem Gebiete der Mathematik die Beispiele entnimmt, ist natürlich. Gewissheit und Evidenz, welche auf diesem Gebiete zu erreichen sind, waren von jeher sprichwörtlich [2]. Der Grund hiervon liegt nach Locke darin, dass die einschlagenden Ideen klar, deutlich und vollständig, und die zwischen ihnen stattfindenden Beziehungen der Gleichheit und des Ueberschusses so klar sind, dass wir von den einen eine intuitive Erkenntniss besitzen und sich uns bezüglich der anderen der Weg demonstrativer Erkenntniss eröffnet [3]. — Auch für die Auffindung solcher Beziehungen kann die Mathematik als Vorbild dienen. „Von ganz planem und leichtem Beginn, in allmählichem Aufstieg und zusammenhängender Kette von Vernunftschlüssen schreitet sie fort zur Entdeckung und zum Erweis von Wahrheiten, welche beim ersten Blick menschliche Fassungskraft zu übersteigen scheinen. Die Kunst, Beweisgründe ausfindig zu machen, und die bewunderungswürdigen Methoden zur Auffindung und Ordnung jener vermittelnden Ideen, welche auf demonstrativem Wege die Gleichheit oder Ungleichheit von Grössen zeigen, die sich nicht direct miteinander vergleichen

---

[1] Man vgl. in dem gleichen Briefe S. 47: Our knowledge is all founded on simple ideas . . . though not always about simple ideas; for we may know the truth of propositions which include complex ideas.

[2] Essay IV, 12, § 2.   [3] Ebend. § 3.

lassen, ist, was sie so weit gebracht und so wundervolle und un-
erwartete Entdeckungen erzeugt hat." [1]

Aber die mathematischen Ideen sind keineswegs die einzigen,
welche einer demonstrativen Behandlung fähig sind; von den moralischen gilt das Gleiche. „Es sei die Behauptung aufgestellt: die
Menschen werden in einer andern Welt bestraft werden, und von
da die Folgerung abgeleitet: also können die Menschen sich selbst
bestimmen. Die Frage ist nur, ob die Folgerung richtig gezogen ist
oder nicht; geschah dies, indem die vermittelnden Ideen ausfindig
gemacht wurden und Einsicht genommen wurde von ihrer Verknüpfung untereinander, so war das Vorgehen ein vernünftiges und
die Schlussfolgerung eine richtige." [2] — Dass die moralischen Ideen
ganz ebenso wie die mathematischen dem demonstrativen Verfahren
unterworfen werden können, ist eine Lieblingsansicht Locke's. Solange aber der empiristische Standpunkt ausschliesslich festgehalten
wurde, ergab sich die Schwierigkeit, dass man unmöglich zu allgemein giltigen Sätzen gelangen kann, wenn die Begriffe, aus denen
sie abgeleitet werden, der uneingeschränkten Willkür des einzelnen
entstammen sollen und ihre Bildung lediglich durch äusserliche Verknüpfung einander fremder Elemente geschicht [3]. Nun aber hören
wir: „Allgemeine und gewisse Wahrheiten gründen sich ausschliesslich auf die Verhältnisse und Beziehungen (habitudes and relations)
der abstracten Ideen. Scharfsinnige und methodische Anwendung
unserer Gedanken, um diese Beziehungen ausfindig zu machen, ist
der einzige Weg zur Entdeckung alles dessen, was in Bezug auf
sie mit Wahrheit und Gewissheit in allgemeinen Sätzen ausgesprochen
werden kann." [4] „Man pflegt manche von den letzteren e w i g e
W a h r h e i t e n (aeternae veritates) zu nennen, und in der That sind
sie es alle; nicht dass sie alle oder einige von ihnen in den Seelen
aller Menschen eingeschrieben wären, oder dass einige darunter sich
als Sätze in der Seele irgend eines Menschen finden könnten, bevor
er die erforderlichen abstracten Ideen erlangt und mittels Affirma-
tion oder Negation verbunden oder getrennt hat. Aber wo immer
wir ein solches Geschöpf, wie der Mensch ist, als vorhanden annehmen dürfen, begabt mit solchen Fähigkeiten und ausgerüstet mit
solchen Ideen, wie wir sie haben, müssen wir schliessen, dass dasselbe nothwendigerweise, wenn es seine Gedanken auf die Betrachtung seiner Ideen richtet, die Wahrheit gewisser Sätze erkennen

---

[1] Essay IV, 12, § 7.   [2] IV, 17, § 4.   [3] Oben S. 30.   [4] Essay IV, 12, § 6.

muss, die sich aus der Zusammengehörigkeit oder Nichtzusammengehörigkeit ergeben, welche er innerhalb seiner Ideen wahrnimmt. Sätze dieser Art werden darum ewige Wahrheiten genannt, nicht weil es von Ewigkeit her formulirte, dem Verstande, der sie bildet, vorausgehende Sätze, noch auch weil sie der Seele von irgend welchen Musterbildern eingeprägt wären, welche irgendwo ausserhalb der Seele existirten — sondern weil, wenn sie einmal aus abstracten Ideen so gebildet wurden, dass sie wahr sind, sie wahr sein werden, wenn immer sie von einem im Besitze jener Ideen befindlichen Menschen in der Vergangenheit gebildet wurden oder in Zukunft neuerdings gebildet werden." [1]

Es gibt also Wahrheiten, welche ein für allemal gelten, und welche als solche von uns erkannt werden, sobald ihre Giltigkeit im einzelnen Falle eingesehen wurde. Dies ist von besonderer Wichtigkeit Erkenntnissen gegenüber, zu denen wir auf demonstrativem Wege gelangt sind. Wie ist unser Verhalten zu charakterisiren, wenn wir uns bei früherer Gelegenheit von der Wahrheit eines Satzes mittels eines Beweises überzeugt haben und wir uns später zwar deutlich der gewonnenen Ueberzeugung, nicht aber der sämmtlichen Glieder des Beweises erinnern, durch die sie uns erstmals vermittelt wurde? Locke berichtet, dass er geneigt gewesen sei, hier kein eigentliches Erkennen und Wissen, sondern ein Mittleres zwischen Wissen und Meinen anzunehmen, dass er aber nach reiflicher Ueberzeugung dahin gekommen sei, dasselbe vielmehr dem erstern gleichzustellen. „Was hier zu einer irrigen Auffassung verleitet, ist der Umstand, dass die Zusammengehörigkeit oder Nichtzusammengehörigkeit der Ideen in diesem Falle nicht so, wie es zuerst geschah, mittels eines actuellen Erblickens aller der vermittelnden Ideen erfasst wird, durch welche die Zusammengehörigkeit oder Nichtzusammengehörigkeit der den Satz bildenden Ideen zuerst erfasst wurde, sondern vermittelst anderer vermittelnder Ideen, welche die Zusammengehörigkeit oder Nichtzusammengehörigkeit der in dem Satze, an dessen Gewissheit wir uns erinnern, enthaltenen Ideen zeigen. Beispielsweise nehme man den Satz, dass die zwei Winkel eines Dreiecks gleich sind zwei Rechten. Jemand, der den Beweis dieses Satzes eingesehen und deutlich erfasst hat, erkennt, dass er wahr ist, auch wenn der Beweis aus seinem Geiste verschwunden ist, so dass er ihn weder im Augenblick gegenwärtig

---

[1] Ebend. IV, 11, § 12.

hat noch sich darauf besinnen kann. Aber er erkennt es auf einem
andern als dem frühern Wege. Die Uebereinstimmung dieser beiden
in dem Satze verbundenen Ideen wird erfasst, aber es geschieht
durch Dazwischenkunft anderer Ideen, als die waren, welche jene
Wahrnehmung zuerst hervorriefen. Er erinnert sich, d. h. er erkennt (denn Erinnerung ist bloss das Wiederaufleben einer frühern
Erkenntniss), dass er einmal der Wahrheit jenes Satzes, die Winkel
eines Dreiecks seien gleich zwei Rechten, gewiss war. Die Unveränderlichkeit der nämlichen Beziehungen zwischen den nämlichen
Dingen ist jetzt die Idee, welche ihm zeigt, dass, wenn die drei
Winkel eines Dreiecks einmal zwei Rechten gleich waren, sie ihnen
jederzeit gleich sein werden. Und von daher wird ihm die Gewissheit, dass, was in diesem Falle einmal wahr gewesen ist, immer
wahr ist: Ideen, die einmal übereinstimmten, werden immer übereinstimmen, und er wird folglich, was er einmal als wahr erkannte,
immer als wahr erkennen, solange er sich zu erinnern vermag, dass
er es einmal erkannte." [1]

Wie weit wir mit dem allem von der früher verfolgten empiristischen Gedankenreihe abgeführt werden, erhellt vielleicht noch
deutlicher aus den Bemerkungen, welche Locke der mitgetheilten
Stelle unmittelbar folgen lässt. „Aus dem gleichen Grunde geschieht
es, dass in der Mathematik particuläre Demonstrationen universelle
Erkenntniss hervorbringen. Wäre die Einsicht, dass die gleichen
Ideen in Ewigkeit die gleichen Beziehungen und Verhältnisse haben,
keine genügende Grundlage der Erkenntniss, so könnte es keine Erkenntniss allgemeiner Sätze in der Mathematik geben, denn keine
mathematische Beweisführung würde anders als particulär sein.
Und wenn jemand einen Satz bezüglich eines Dreiecks oder Kreises
bewiesen hätte, so würde seine Erkenntniss nicht über die einzelne
Figur hinausreichen. Wollte er sie weiter ausdehnen, so müsste er
seinen Beweis in einem andern Einzelfalle wiederholen. Alsdann
wüsste er, dass jener Satz auch in Bezug auf ein anderes Dreieck
wahr sei, und so fort. Auf diese Weise würde man niemals zur
Erkenntniss irgend welcher allgemeiner Sätze gelangen." [2]

Auffällig ist, dass Locke Anstand nimmt oder sich nur zögernd
dazu versteht, das letzte und entscheidende Wort auszusprechen.
Sätze, deren Wahrheit wir auf intuitivem oder demonstrativem Wege
erkannt haben, gelten allgemein, weil sie nothwendig gelten. In

---

[1] Essay IV, 1, § 9.   [2] Ebend.

jener Zusammengehörigkeit der Ideen erfassen wir nicht nur einen thatsächlichen, sondern einen nothwendigen Sachverhalt. Der Satz von der Winkelsumme des Dreiecks gilt von allen Dreiecken, weil ein gegentheiliges Verhalten, solange ein Dreieck eine von drei geraden Linien eingeschlossene ebene Figur ist, nicht möglich ist. Dass auch Locke diese Meinung hat, kann nicht bezweifelt werden [1]. Aber es ist klar, dass er damit eine Erkenntniss annimmt, welche aus Sensation und Reflexion nicht abgeleitet werden kann, und dem Verstande ein Vermögen zuschreibt, welches über das der Unterscheidung und Verknüpfung weit hinausliegt. Wo indessen mit so grossem Nachdrucke die Erfahrung als die Grundlage unseres Erkennens und Wissens bezeichnet wird, findet sich keine Andeutung, dass die Aufstellungen über Sensation und Reflexion und über die unterscheidende und verbindende Thätigkeit des Verstandes einer Ergänzung bedürften. Man muss nahezu das ganze Werk zu Ende lesen, um endlich im 17. Kapitel des vierten Buches eine dahin zielende Erörterung zu finden. Das Kapitel handelt von der Vernunft (reason). Der Gebrauch dieses Namens ist ein verschiedener: hier soll damit dasjenige Vermögen bezeichnet werden, welches dem Menschen als auszeichnendes Merkmal im Unterschied von den Thieren beigelegt zu werden pflegt. An einer frühern Stelle, im zweiten Buche, war dieses Merkmal in dem Vermögen erblickt worden, abstracte und darum allgemeine Ideen zu bilden. Die Bildung derselben aber wird dort lediglich darin gefunden, dass wir in den von particulären Dingen gewonnenen Ideen diejenigen Bestandtheile weglassen, welche die Anwendung derselben ausschliesslich auf jene Dinge einschränken, und nur diejenigen übrig lassen, welche auch in Verbindung mit anderen solchen individuellen oder particulären Bestandtheilen vorkommen [2]. Hierin liegt nichts, was über die trennende und verbindende Thätigkeit des Verstandes hinausführte. Auch im vierten Buche wird zunächst nicht hiervon gesprochen, sondern nur das Bedürfniss betont, neben dem Vermögen der äussern und innern Wahrnehmung noch ein weiteres, das der Vernunft, anzunehmen.

---

[1] Statt zu sagen: Wir sehen die nothwendige Zusammengehörigkeit gewisser Ideen, sagt er wohl: Wir sehen sie nothwendigerweise, oder: Wir können nicht umhin, sie zu sehen (oben S. 66), oder: Wir müssen nothwendig unsere Zustimmung ertheilen (I, 2, § 18). Doch heisst es IV, 17, § 2: Reason perceives the necessary and indubitable connection of all the ideas or proofs one to another, in each step of any demonstration that produces knowledge.

[2] Essay II, 11, § 9; vgl. oben S. 12.

Seine Verwendung soll dasselbe sowohl im Bereiche wissenschaftlicher Erkenntniss als in dem der bloss wahrscheinlichen Annahmen
finden, dort, indem es der Erweiterung unserer Erkenntniss dient,
hier, indem es unsere Zustimmung regelt. „Es ist ein nothwendiger
Begleiter all unserer intellectuellen Vermögen und schliesst in Wirklichkeit zwei derselben ein, nämlich Scharfsinn und Schlussvermögen
(sagacity and illation). Mit Hilfe des einen macht es die vermittelnden Ideen ausfindig, mit Hilfe des andern ordnet es dieselben, um
so zu entdecken, welcherlei Zusammenhang in jedem Gliede der Kette
ist, durch welche die Endpunkte zusammengehalten werden, und um
auf diese Weise die gesuchte Wahrheit ins Gesichtsfeld zu rücken . . .
Hierdurch wird der Geist in stand gesetzt, entweder die sichere Uebereinstimmung oder Nichtübereinstimmung zwischen je zwei Ideen zu
erblicken, wie bei der Demonstration der Fall ist, die zur Erkenntniss im strengen Sinne führt, oder ihren wahrscheinlichen Zusammenhang, auf Grund dessen wir unsere Zustimmung ertheilen oder zurück-
halten, wie bei der Meinung der Fall ist. Sinn und Intuition reichen
nur eine kleine Strecke weit. Der grösste Theil unserer Erkenntniss hängt von Deduction und vermittelnden Ideen ab. Und in den
Fällen, in denen wir geneigt sind, an die Stelle der Erkenntniss
eine blosse Annahme (assent) zu setzen und Sätze für wahr anzunehmen, ohne versichert zu sein, dass sie es sind, müssen wir nothwendigerweise die Gründe ihrer Wahrscheinlichkeit ausfindig machen,
prüfen und vergleichen. Das Vermögen, welches hier wie dort die
Mittel auffindet und richtig anwendet, um das eine Mal Gewissheit,
das andere Mal Wahrscheinlichkeit zu entdecken, ist das, welches
wir Vernunft nennen. Es ist die Vernunft, welche in jedem Schritte
jedweder Beweisführung die Erkenntniss hervorbringt, den nothwendigen und unzweifelhaften Zusammenhang sämmtlicher Ideen und
Beweisglieder untereinander erfasst; es ist ebenso die Vernunft,
welche in jedem Schritte einer Untersuchung, welcher Annahme aus
Wahrscheinlichkeitsgründen gebührt, den wahrscheinlichen Zusammenhang aller Ideen oder Beweisglieder erfasst." [1]
    In diesen Ausführungen ist verschiedenes auffallend. Zunächst,
worauf zuvor schon hingewiesen wurde, dass Locke es unterlässt,
die Stellung der Vernunft dem Verstande gegenüber zu bestimmen,
welcher im Unterschiede von dem bloss receptiven Vermögen der
innern und äussern Wahrnehmung als ein thätiges Vermögen be-

---

[1] Essay IV, 17. § 2.

zeichnet worden war. Sodann aber tritt die Aufgabe, die der Vernunft zugewiesen werden soll, doch nicht in jeder Richtung deutlich hervor. Zuerst scheint sie nur die Aufgabe zu haben, überall da, wo es sich um einen Vorgang denkender Ableitung handelt, die erforderlichen Beweisglieder aufzusuchen und in der entsprechenden Ordnung aneinander anzureihen. Der Einblick in den nothwendigen oder die Anerkennung eines bloss wahrscheinlichen Zusammenhanges dieser Glieder untereinander aber kommt nicht ihr selbst zu, sondern wird von ihr nur vorbereitet und ermöglicht. Sie hat sie ins Gesichtsfeld zu rücken (draw into view), damit der Geist in stand gesetzt werde, zu sehen (the mind comes to see). Später aber heisst es von der Vernunft selbst, dass sie die Zusammenhänge, die nothwendigen wie die nichtnothwendigen, erfasse. Indessen könnte hier nur eine jener Nachlässigkeiten des Ausdrucks vorliegen, an denen bei Locke bekanntlich kein Mangel ist. Eine solche auch hier anzunehmen, berechtigt nicht nur der traditionelle, auf Aristoteles zurückgehende Sprachgebrauch, welcher unter ratio das Ganze des fortschreitenden und ableitenden Denkens, unter intellectus dagegen die Erfassung der Principien und überhaupt des Denknothwendigen versteht, sondern vor allem der Umstand, dass die Intuition ebenso wie der Sinn bestimmt von der Vernunft unterschieden wird [1]. Nun aber bildet nach dem früher hierüber Festgesetzten gerade die Intuition die eigentliche Grundlage des demonstrativen Verfahrens. Nur wenn der nothwendige Zusammenhang der einzelnen Glieder intuitiv erkannt ist, besitzt die Beweiskette Festigkeit, führt die Ableitung zu wirklichem Wissen. So wünschten wir denn vor allem zu erfahren, auf welches Vermögen die Intuition, dieses geistige Schauen, zurückzuführen ist. Jene aufsuchende und anordnende Thätigkeit der Vernunft steht im Grunde mit der unterscheidenden, verknüpfenden und trennenden Thätigkeit des Verstandes auf einer Stufe, die Intuition dagegen ist hiervon völlig verschieden. Bei ihr handelt es sich nicht um die Erfassung eines Thatsächlichen, sondern um die Erkenntniss eines Nothwendigen, nicht um einen blossen Denkinhalt, sondern um die Einsicht, dass das Gedachte so sein

---

[1] Dies ist wohl auch die Meinung von IV. 3, § 2: We can have no knowledge farther than we can have perception of that agreement or disagreement: which perception being 1. Either by *intuition* . . .; or 2. By *reason*, examining the agreement or disagreement of two ideas, by the intervention of some others: or 3. By *sensation* . . . Auch hier ist die eigene Function der Vernunft nur sehr unklar angegeben.

müsse und nicht anders sein könne, eine Einsicht, mit der darum
die Gewissheit verbunden ist, dass die einmal als geltend erkannte
Wahrheit ein für allemal gelte. Auf diese dem Denken zukommende
Fähigkeit, ein Seinmüssendes zu erfassen, geht Locke nirgendwo
näher ein, wohl aber zeigt die wiederholte Beschreibung des Her-
gangs, der stets als das Erschauen eines Objectiven geschildert wird,
wie fern ihm der Gedanke an eine bloss subjective Nöthigung lag.

Endlich aber geht aus jener Stelle hervor, dass für Locke das
eigentliche Kriterium der Wahrheit und Gewissheit in dem seine
Wahrheit und Gewissheit selbst bezeugenden Denken liegt. Indem
dem Denken eine Wahrheit mit voller Evidenz entgegenleuchtet,
erfasst es mit dem Denkinhalt zugleich die Wahrheit desselben und
die Gewissheit der erkannten Wahrheit. Hier ist darum „kein Raum
mehr für Zaudern, Zweifel oder Prüfung, sondern der Geist wird
im Augenblicke mit dem klaren Lichte der Erkenntniss erfüllt“ [1].
„Licht, wahres Licht im Geiste ist und kann nur sein die Evidenz
der Wahrheit irgend eines Satzes; ist es kein unmittelbar durch
sich selbst einleuchtender Satz, so stammt alles Licht, welches er
besitzt oder besitzen kann, von der Klarheit und Kraft der Beweise,
auf Grund deren er angenommen wird.“ [2] An diesem Lichte muss
sich bewähren, was sich als Wahrheit ausweisen soll [3]. Was Locke
zunächst von der Sinneserkenntniss sagt, hat allgemeinere Bedeutung: „Das Zutrauen, dass unsere Vermögen uns nicht täuschen,
ist die sicherste Gewähr, deren wir fähig sind. Wir können nichts
thun, ausser mit Hilfe unserer Vermögen, noch auch von Erkenntniss reden, ausser mit Hilfe derjenigen Fähigkeiten, welche im Stande
sind, eben das zu begreifen, was Erkenntniss ist.“ [4]

Die gleiche Auffassung spricht sich in einem Aufsatze aus, welchen Locke unter der Ueberschrift "Study" während seiner Reise in
Frankreich im Frühjahr 1677 in sein Tagebuch eingetragen hat. Man
muss sich bemühen, klare und wahre Begriffe von den Dingen, so
wie sie an sich selbst sind, zu gewinnen; dann ergibt sich alles
weitere so zu sagen von selbst. „Dies scheint mir zu sein, was die
Erörterungen mancher Menschen so klar, evident und beweisend
macht, auch wo sie nur in wenig Worten bestehen; denn hierdurch
wird eben lediglich die wahre Natur der Dinge, welche wir erörtern
wollen, uns vorgelegt, und das Vermögen zu schliessen ist uns so
natürlich, dass die klaren Schlussfolgerungen sich gleichsam von

---

[1] Essay IV, 2, § 1.   [2] IV, 19, § 13.   [3] Ebend. § 14.   [4] IV, 11, § 3.

selbst machen. Wir haben gleichsam eine instinctive Erkenntniss
der Wahrheit, für welche der Geist jederzeit am meisten empfäng-
lich ist und die er in ihrer ursprünglichen und unverhüllten Schönheit umfasst." Im weitern Verlaufe wird ausgeführt, dass man sich
zur Vermeidung unnöthiger Zweifel und Sorgen klar machen solle,
welcher Art von Beweisführung jedesmal ein Gegenstand fähig ist.
„Wo alle Beweise gegeben sind, deren die Sache fähig ist, da müssen
wir uns beruhigen und das Ergebniss als eine festgestellte und erwiesene Wahrheit aufnehmen." [1]

Ganz besonders deutlich aber wird die Ueberzeugung, dass das
höchste Kriterium der Wahrheit und Gewissheit im Denken selbst
liege, in der Abhandlung über die Leitung des Verstandes ausgesprochen. „Das Vermögen des Schliessens täuscht selten oder
nie diejenigen, die ihm vertrauen; seine Folgerungen aus dem, worauf
es sich stützt, sind evident und gewiss: was uns am öftesten, wenn
nicht ausschliesslich, in die Irre führt, ist, dass die Principien, aus
denen wir folgern, die Gründe, auf welche wir unsern Schluss stützen,
unvollständig sind; dass etwas ausgelassen ist, was in die Rechnung
einbezogen werden musste, um sie richtig und genau zu machen."
Mit einem Blick auf die höhere Erkenntnissweise der Engel fährt
Locke fort: „Einige von ihnen haben vielleicht vollkommene und
genaue Anschauungen von allen endlichen Wesen, welche unter ihre
Betrachtung fallen, und können gleichsam in einem einzigen Augenblicke alle die zerstreuten und nahezu endlosen Beziehungen derselben erfassen. Ein so ausgerüsteter Geist, wie viel Grund hätte
er, sich bei der Gewissheit seiner Schlussfolgerungen zu beruhigen!" [2]
Und an einer andern Stelle: „Es gibt eine Correspondenz in den
Dingen und Uebereinstimmung und Nichtübereinstimmung in den
Ideen, erkennbar in sehr verschiedenen Graden, und die Menschen
haben Augen, sie zu sehen, wenn es ihnen beliebt: aber ihre Augen
können getrübt und geblendet sein und das Sehvermögen geschwächt
und verloren." [3] — Die richtige Anwendung also unseres Erkenntnissvermögens, die gesetzmässige Bethätigung unseres Denkens, führt
uns zur Erkenntniss der objectiven Wahrheit, und unser Denken
selbst ist es, welches für die Richtigkeit der Anwendung, für die
Gesetzmässigkeit der Bethätigung Zeugniss ablegt. Hiermit aber
ist der oberste und eigentliche Grundsatz des philosophischen Ratio-

---

[1] Bei Lord K i n g I, 194. 199.　[2] Conduct of understanding § 3.
[3] Ebend. § 23.

nalismus ausgesprochen und ein Standpunkt eingenommen, welcher
von dem des Empirismus weit abliegt.

Völlig rationalistisch erscheint demgemäss nun auch der Massstab, welcher an die Wissenschaft angelegt wird, und an dem die
verschiedenen Stufen und Grade der Erkenntniss bestimmt werden.
In einigen unserer Ideen, hören wir, „finden sich gewisse Beziehungen,
Verhältnisse und Zusammenhänge, so sichtbar in der Natur der Ideen
selbst eingeschlossen, dass wir uns eine Loslösung derselben durch
irgend eine Macht schlechterdings nicht vorstellen können. Und
ausschliesslich in diesem Bereiche gibt es für uns eine gewisse und
allgemeine Wissenschaft. So führt die Idee eines geradlinigen Dreiecks nothwendigerweise Gleichheit seiner Winkel mit zwei Rechten
mit sich. Und wir können uns nicht vorstellen, dass diese Beziehung,
dieser Zusammenhang jener beiden Ideen möglicherweise verändert
werden könnte, oder dass er von einer willkürlichen Macht (arbitrary
power) abhinge, welche ihn nach freier Wahl so gestaltet hätte oder
anders hätte gestalten können. Aber die Cohärenz und Continuität
der Theile der Materie, das Hervorbringen der Empfindungen von
Farben und Tönen u. s. w. durch Stoss und Bewegung, ja schon
die ursprünglichen Gesetze und die Mittheilung der Bewegung, das
alles sind Dinge, bei denen wir keine natürliche Verknüpfung mit
einer von unseren Ideen finden können, und wir können sie daher
nur dem Belieben des weisen Baumeisters zuschreiben. Es ist nicht
nöthig, hier die Auferstehung der Todten zu erwähnen, den künf-
tigen Zustand unserer Erdkugel und andere Dinge dieser Art, von
denen jedermann anerkennt, dass sie völlig von der Entscheidung
eines freien Urhebers abhängen. Von den Dingen, von denen wir
finden, dass sie, soweit unsere Beobachtung reicht, einen regelmässigen Verlauf nehmen, mögen wir schliessen, dass sie hierbei einem
ihnen gegebenen Gesetze folgen, aber einem Gesetze, das wir nicht
kennen. Denn obwohl Ursachen stetig wirken und Wirkungen constant von ihnen ausgehen, so haben wir doch nur eine erfahrungsmässige Kenntniss von ihnen, weil wir nämlich in unseren Ideen die
Zusammenhänge und das Abhängigkeitsverhältniss derselben untereinander nicht entdecken können" [1].

Der letzte Theil dieser Stelle wurde bereits oben herangezogen [2],
wo gezeigt wurde, dass Locke zur Anerkenntniss eines gesetzlichen
Zusammenhangs der Ereignisse, wie sie für uns die Voraussetzung

---

[1] Essay IV, 3, § 29.   [2] S. 39.

aller Naturerklärung bildet, nicht durchgedrungen ist. Nun stellt
sich heraus, was ihn auch da noch hieran verhindert, wo er ganz
nahe daran zu rühren scheint. Eine wirkliche Erkenntniss jenes
Zusammenhanges würden wir nur haben, wenn wir sie aus unseren
Ideen mit einleuchtender Nothwendigkeit auf Grund der in diesen
angelegten ursprünglichen Beziehungen ableiten könnten.

Die gleichen Gedanken werden wiederholt von ihm ausgeführt.
So in einem Eintrag in das mehrerwähnte Reisejournal unter dem
24. Juni 1681[1]. Dort wird zunächst unterschieden zwischen allgemeiner und particulärer Erkenntniss; jene gründet sich auf wahre
Ideen, diese auf Thatsachen (matter of fact) oder Geschichte. Soweit wir wahre Ideen haben, so weit sind wir einer demonstrativen oder sichern Erkenntniss fähig — was am Dreieck und Kreis,
aber auch an den moralischen Begriffen veranschaulicht wird. Solche
wahren Ideen und dem entsprechend solch demonstratives Wissen
gibt es von den mathematischen und moralischen Verhältnissen, nicht
dagegen von den Naturkörpern und Naturereignissen und den gesellschaftlichen Verhältnissen. Hier muss man sich mit den Thatsachen
der Erfahrung, mit Wahrscheinlichkeiten und Analogien begnügen.
„Erkenntniss also hängt von richtigen und wahren Ideen ab, Meinung von Geschichte und Thatsachen. Und daher kommt es, dass
unsere Erkenntniss von allgemeinen Dingen in ewigen Wahrheiten
besteht und nicht von der zufälligen Existenz von Dingen abhängig
ist." Der Satz von der Winkelsumme des Dreiecks ist wahr, wenn
es auch kein Dreieck in der Welt gibt. „Und ebenso ist es wahr,
dass es die Pflicht des Menschen ist, gerecht zu sein, ob es nun so
etwas wie einen gerechten Menschen in der Welt gibt oder nicht.
Aber ob eine Massregel in öffentlichen oder privaten Angelegenheiten
zu gutem Ende führen, ob Rhabarber purgiren und Chinin ein Fieber
heilen wird, erkennt man nur durch Erfahrung: hier gibt es nur
Wahrscheinlichkeit, auf Erfahrung oder Analogieschluss begründet,
aber keine sichere Erkenntniss oder Beweisführung."

Und es ist klar, je mehr der Nachdruck auf die Erkenntniss
jener allgemeinen und nothwendigen Wahrheiten gelegt und in ihnen
das eigentliche Ziel der wissenschaftlichen Forschung erblickt wird[2],
desto mehr muss die Werthschätzung alles dessen sinken, was nicht
auf intuitivem oder demonstrativem Wege erkannt werden kann.
Was früher das Ergebniss eines bis an die Grenze des Skepticismus

---

[1] Bei Lord King I, 225 ff.   [2] Vgl. Essay IV. 6. § 2.

durchgeführten empiristischen Standpunktes zu sein schien, erweist
sich jetzt ganz ebenso als die Consequenz des entgegengesetzten,
rationalistischen Standpunktes: wir haben von den Naturdingen, von
den Substanzen, keine Erkenntniss im strengen Sinne, es gibt keine
wirkliche Naturwissenschaft[1].

„Unsere Ideen von den Arten der Substanzen sind, wie gezeigt
wurde, nichts anderes als eine Sammlung von einfachen Ideen, die
in einem Subjecte vereinigt sind und so miteinander coexistiren.
Unsere Idee einer Flamme z. B. ist: ein heisser, leuchtender, sich
aufwärts bewegender Körper; die des Goldes: ein gelber, hämmer-
barer, schmelzbarer Körper von einem bestimmten Gewicht. Diese
oder irgend welche complexe Ideen gleich diesen sind es, welche
durch die beiden Namen der verschiedenen Substanzen Flamme und
Gold bezeichnet werden. Wünschen wir etwas weiteres bezüglich
dieser oder irgend einer andern Art von Substanzen zu wissen, so
ist es eben dies, welch andere Qualitäten oder Kräfte diese Substanzen haben oder nicht haben, was so viel heisst als, welche anderen
einfachen Ideen noch mit denen, die unsere complexe Idee ausmachen, coexistiren oder nicht coexistiren."[2]

Allein hierüber wissen wir ausserordentlich wenig, wenn überhaupt irgend etwas. „Der Grund hiervon ist, dass die einfachen
Ideen, aus welchen unsere complexen Ideen von Substanzen bestehen,
zum grössten Theile solche sind, welche in ihrer eigenen Natur keine
sichtbare nothwendige Verknüpfung oder umgekehrt keine Unver-
träglichkeit mit irgend einer andern einfachen Idee aufweisen, über
deren Coexistenz mit ihnen wir uns unterrichten möchten."[3] Wir
kennen eben die innere Constitution der Dinge nicht, von welcher,
wie wir annehmen, die sensiblen Qualitäten, aus denen zumeist
unsere complexen Ideen bestehen, abhängig sind, und selbst wenn
wir sie kennten, wenn wir z. B. annehmen dürften, dass sie in einer
besondern Beschaffenheit der primären Qualitäten bestünden, so nützte

— ··

[1] Essay IV, 12, § 10: I deny not, but a man accustomed to rational and regular experiments shall be able to see farther into the nature of bodies, and guess
righter at their yet unknown properties, than one that is a stranger to them:
but yet as I have said, this is but judgment and opinion, not knowledge or certainty. This way of getting and improving our knowledge in substances only by
experience and history, which is all that the weakness of our faculties in this
state of mediocrity which we are in in this world, can attain to, makes me suspect that natural philosophy is not capable of being made a science.
[2] IV, 3, § 9.   [3] Ebend. § 10.

uns dies wenig, weil wir den Zusammenhang zwischen diesen und den secundären nicht kennen [1]. „Weil unser Geist nicht im stande ist, einen Zusammenhang zu entdecken zwischen diesen primären Qualitäten der Körper und den Sensationen, welche sie in uns hervorrufen, so können wir niemals dazu kommen, gewisse und unbezweifelte Regeln über die Consequenz oder Correspondenz irgend welcher secundärer Qualitäten festzusetzen, selbst wenn wir die Grösse, Gestalt oder Bewegung jener unsichtbaren Theile entdecken könnten, welche sie unmittelbar hervorrufen. Wir sind so weit davon entfernt, zu wissen, welche Gestalt, Grösse oder Bewegung der Theile eine gelbe Farbe, einen süssen Geschmack oder einen durchdringenden Ton hervorruft, dass wir in keiner Weise begreifen können, wie überhaupt irgend eine Grösse, Gestalt oder Bewegung von irgend welchen Theilchen möglicherweise in uns die Idee irgend einer Farbe, eines Geschmacks oder Tons hervorbringen kann. Es besteht keine begreifliche Verknüpfung zwischen dem einen und andern." [2]

„Vergeblich also bemühen wir uns, mittels unserer Ideen (welches der einzig wahre Weg einer gewissen und universalen Erkenntniss ist) zu entdecken, welch andere Ideen constant mit unseren complexen Ideen irgend einer Substanz verbunden sind ... Unsere Erkenntniss reicht in allen diesen Untersuchungen wenig über unsere Erfahrung hinaus. Einige wenige von den primären Qualitäten haben eine nothwendige Abhängigkeit voneinander und einen sichtbaren Zusammenhang miteinander, wie Gestalt nothwendigerweise Ausdehnung voraussetzt und das Empfangen oder Mittheilen von Bewegung mittels Stosses Festigkeit. Aber wenn auch diese und vielleicht einige andere Ideen eine sichtbare Verbindung miteinander haben, so sind deren doch so wenige, dass wir nur von sehr wenig Qualitäten, welche in Verbindung miteinander in Substanzen angetroffen werden, mittels Intuition und Demonstration die Coexistenz entdecken können und wir für die Kenntniss ihrer Qualitäten auf die Hilfe unserer Sinne angewiesen sind. Denn ohne dieses Verhältniss der Abhängigkeit und der evidenten Verknüpfung können wir die Coexistenz von irgend zwei Qualitäten, die zusammen in einem Subjecte vorkommen, nur insoweit behaupten, als uns Erfahrung mittels unserer Sinne Kenntniss davon gibt ... Denn diese Coexistenz kann nicht weiter erkannt werden, als sie wahrgenommen wird, und sie kann nicht wahrgenommen werden als entweder in particulären

---

[1] Ebend. § 11 ff.   [2] § 13.

Subjecten durch die Beobachtung unserer Sinne oder allgemein, nämlich mittels nothwendiger Verknüpfung der Ideen untereinander.“ [1]
„Könnte beispielsweise jemand einen nothwendigen Zusammenhang
entdecken zwischen der Hämmerbarkeit und der Farbe oder dem Ge-
wichte des Goldes oder irgend einem andern Theile der complexen
Idee, welche durch jenen Namen bezeichnet wird, so könnte er einen
das Gold in dieser Beziehung betreffenden allgemeinen Satz bilden,
und die objective Wahrheit des Satzes, dass alles Gold hämmerbar
ist, wäre ebenso gewiss als die des Satzes, dass die drei Winkel
eines geradlinigen Dreiecks gleich sind zwei Rechten.“ [2] „Hätten
wir solche Ideen von Substanzen, dass wir wüssten, welche realen
Constitutionen die sensiblen Qualitäten hervorbringen, die wir in
ihnen finden, so würden wir mit grösserer Gewissheit ihre Eigenschaften ausfindig machen und entdecken, welche Qualitäten sie haben
oder nicht haben, als wir nun mit Hilfe unserer Sinne hierzu im
Stande sind. Und um die Eigenschaften des Goldes zu erkennen,
würde es nicht nothwendiger sein, dass Gold existirte und wir Erfahrungen an ihm machen könnten, als es für die Erkenntniss der
Eigenschaften eines Dreiecks nothwendig ist, dass ein Dreieck in
der körperlichen Welt thatsächlich existirt. Die Ideen in unserem
Geiste würden in dem einen und andern Falle ausreichen.“ [3]

„Wir brauchen uns also nicht darüber zu verwundern, dass nur
sehr wenige auf Substanzen bezügliche allgemeine Sätze Gewissheit
enthalten. Unsere Erkenntniss ihrer Qualitäten und Eigenthümlichkeiten geht sehr selten über das hinaus, was unsere Sinne erreichen
und worüber sie berichten. Möglicherweise können forschende Be-
obachter zu weiter reichenden Annahmen kommen [4] und auf Grund
von Wahrscheinlichkeiten, die sie sorgfältiger Beobachtung entnommen
haben, und geschickt miteinander verknüpften Anhaltspunkten da richtige Vermuthungen aufstellen, wo sie noch keine Entdeckung mit
Hilfe der Erfahrung gemacht haben. Aber das ist blosse Muth-

---

[1] Essay IV, 3, § 14; vgl. §§ 25. 26. 28 und oben S. 37 mit Anm. 1. 2. 3.
[2] IV, 6, § 10.   [3] Ebend. § 11.
[4] By strength of judgment penetrate farther. Ueber den Ausdruck ist die
Bemerkung in Locke's Miscellaneous papers zu vergleichen (bei Lord King II, 106):
Judging is a bare action of the understanding, whereby a man, several objects
being proposed to him, takes one of them to be the best for him. Hier ist von
praktischen Ueberlegungen die Rede; auf das theoretische Gebiet übertragen, bedeutet „Urtheil“ somit das Ergreifen einer Ansicht, welche sich nach Abwägung
aller Gründe als die wahrscheinlichste darstellt, und dass hierbei sehr viel auf
„richtiges Urtheil“ ankommt, ist klar.

massung, es läuft auf blosse Meinung hinaus und besitzt nicht
die Gewissheit, welche Erforderniss der (streng wissenschaftlichen)
Erkenntniss ist. Denn alle allgemeine Erkenntniss liegt ausschliesslich in unseren Gedanken und besteht lediglich in der Betrachtung
unserer eigenen abstracten Ideen. Wo immer wir irgend eine Uebereinstimmung oder Nichtübereinstimmung unter ihnen wahrnehmen,
da haben wir allgemeine Erkenntniss, und wenn wir dementsprechend
den Namen jener Ideen in Sätzen zusammenstellen, können wir mit
Gewissheit allgemeine Wahrheiten aussprechen." [1] Nochmals wird
wiederholt, dass dies nur sehr selten der Fall sei. „Wir können
nicht mit Gewissheit sagen, dass alle Menschen in Zwischenräumen
schlafen, dass kein Mensch mit Holz und Steinen ernährt werden
kann, dass alle Menschen von Schirling vergiftet werden. Denn
diese Ideen zeigen weder (innern) Zusammenhang noch Unverträg-
lichkeit in Bezug auf die von uns gebildete Species Mensch oder
die abstracte Idee, welche durch diesen Namen bezeichnet wird . . .
Weil diese letztere nur eine unvollkommene Sammlung einiger sensibler Qualitäten und Kräfte ist, die sich im Menschen finden, so
besteht kein erkennbarer Zusammenhang oder Widerstreit zwischen
ihr und der Wirkung von Theilen des Schirlings oder von Steinen
auf seine Constitution. Es gibt Thiere, welche ohne Gefahr Schirling essen, und andere, die sich von Holz und Steinen nähren: aber
solange wir keine Idee von den realen Constitutionen verschiedener
Arten von Thieren haben, von denen diese und ähnliche Qualitäten
und Kräfte abhängen, dürfen wir nicht hoffen, hierüber zu allgemeinen,
Gewissheit beanspruchenden Sätzen zu gelangen." [2]

Wahre Wissenschaft also gründet sich nicht auf die Erfahrung,
ist unabhängig von der Erfahrung, geht über die Erfahrung hinaus:
wahre Wissenschaft gründet sich auf die Einsicht in den nothwendigen Zusammenhang unserer Ideen untereinander; ihre Form sind
die nothwendigen und allgemeinen Urtheile, in denen wir die wahrgenommenen objectiven Beziehungen zwischen den Ideen aussprechen.

---

[1] Essay IV, 6, § 13; vgl. §§ 12 und 15.

[2] Ebend. § 15. — Im Unterschiede von der Unerkennbarkeit „der Substanz"
in dem S. 14 ff. erörterten Sinne spricht Locke an den mitgetheilten Stellen von der
Unerkennbarkeit des Wesens der Substanzen. Beides ist wiederholt zusammen-
geworfen worden, nicht nur von Zitscher (Der Substanzbegriff S. 26 und 39),
der Locke im Zusammenhang damit sogar die „Unerkennbarkeit des Wirklichen"
lehren lässt (vgl. S. 28 und 35), sondern auch von dem ungleich gründlichern und
genauern de Fries (Die Substanzlehre John Locke's S. 47. 63 f. 67 f. 76).

Werth aber haben unter den letzteren nicht diejenigen, welche im
Prädicat nur heraussetzen, was im Subjectsbegriffe bereits enthalten
ist, sondern die anderen, welche von dem Subjecte behaupten, was
allerdings eine nothwendige Consequenz seiner genau und vollständig
erfassten Idee, aber nicht ein Bestandtheil derselben ist. Dass ein
Dreieck drei Seiten hat, ist ein Beispiel der ersten Art; Locke nennt
sie trifling propositions, läppische Sätze; ein Beispiel der andern dagegen der Satz, dass in jedem Dreieck der Aussenwinkel grösser
ist als jeder der inneren entgegengesetzten. „Denn diese Beziehung
zwischen dem Aussenwinkel und jedem der inneren entgegengesetzten
Winkel macht keinen Bestandtheil der complexen Idee aus, welche
durch den Namen Dreieck bezeichnet wird, und jener Satz ist daher eine reale Wahrheit, welche instructive reale Erkenntniss mit
sich führt." [1]

Wo ist nun jener Empirismus geblieben, der im Anfange des
zweiten Buches mit solchem Nachdruck verkündet wird? An seiner
Stelle erscheint im vierten Buche, dem die mitgetheilten Ausführ-
rungen sämmtlich angehören, ein nicht minder entschiedener, ja
geradezu ein extremer Rationalismus, der die Erfassung des bloss
Thatsächlichen gering achtet und für welchen begriffliche Nothwendigkeit das Kriterium des allein wahren Wissens bildet. Aber
man würde irren, wenn man hiernach an ein zwiespältiges Aus-
einanderfallen der Locke'schen Untersuchung denken wollte. Der
Rationalismus, der im vierten Buche mit aller Stärke hervortritt,
fehlt doch auch früher nicht ganz. In nächster Nähe jener oben
angeführten Aussprüche von durchaus empiristischem und sensua-
listischem Gepräge stösst man auf andere, welche die Denknothwendigkeit zum Kriterium der Wahrheit machen, für welche also
die Ueberzeugung, dass unser Denken selbst seine Wahrheit und
Gewissheit verbürge, die Voraussetzung bildet.

Dass es eine Menge von Wahrheiten gibt, denen wir nothwendigerweise zustimmen müssen [2], die einer allgemeinen Zustimmung
begegnen, sobald sie vorgelegt werden [3], dass die obersten speculativen Principien unmittelbar durch sich selbst einleuchten [4], wird in
der gegen die Lehre von den angeborenen Ideen gerichteten Polemik
des ersten Buchs ausdrücklich zugegeben [5]. Kaum ist im ersten

---

[1] Essay IV, 10, §§ 7 und 8.   [2] I, 2, §§ 17 und 18.   [3] § 26.
[4] I, 3, § 1: Those speculative maxims carry their own evidence with them.
[5] Vgl. Campbell Fraser a. a. O. S. 116.

Kapitel die grundlegende Behauptung aufgestellt worden, dass all
unsere Erkenntniss aus Sensation und Reflexion stamme, als in der
Bekämpfung der Cartesianischen Lehre von dem ununterbrochenen
Denken unserer Seele den Erfahrungserkenntnissen die Vernunft-
wahrheiten entgegengestellt und die letzteren eingetheilt werden in
solche, die von selbst einleuchten, und solche, die bewiesen werden
müssen [1]; und in dem gleichen Zusammenhange wird es als unfehlbare Folgerung aus der Thatsache des Denkens bezeichnet, „dass
in uns etwas ist, welches das Vermögen zu denken besitzt." [2] Vielleicht das auffallendste Beispiel aber bildet die Erörterung über die
Begriffe der Substanzen. Ein reiner Empirismus müsste dabei stehen
bleiben, in diesen Begriffen lediglich ein Bündel einfacher Vorstellungen zu erblicken, die wir stets zusammendenken und mit einem
zusammenfassenden Namen bezeichnen. Locke aber fügt hierzu noch
den Gedanken an ein unbekanntes Etwas, auf das wir jene Vorstellungen beziehen, in dem die den letzteren entsprechenden Qualitäten als in ihrem Subjecte haften. Und an den verschiedenen Stellen,
an denen er darauf zu reden kommt, motivirt er diese Annahme
übereinstimmend damit, dass wir jene Ideen oder Qualitäten nicht
als selbständig für sich existirend denken können [3]. Nachdrücklich
vertheidigt er sich gegen den Vorwurf des Bischofs von Worcester,
als ob er das Vorhandensein von Substanzen und die Existenz jenes
unbekannten Trägers der Eigenschaften geläugnet habe. Und auf
die gleiche Denknothwendigkeit, die uns an der Existenz von Substanzen überhaupt festhalten lässt, beruft er sich für die Anerkennung geistiger Substanzen im Unterschiede von körperlichen. Jeder
Act der Sensation, hören wir, „eröffnet uns, wenn gründlich erwogen,
einen Blick in beide Seiten der Natur, die körperliche und die geistige. Denn während ich durch Sehen und Hören erkenne, dass
irgend ein körperliches Wesen ausser mir vorhanden ist, nämlich
das Object der Sensation, erkenne ich mit noch grösserer Gewissheit,
dass ein geistiges Wesen in mir vorhanden ist, welches sieht und
hört. Dieses, muss ich überzeugt sein, kann nicht die Handlung

---

[1] Essay II. 1. § 10: To say, that actual thinking is essential to the soul
and inseparable from it, is to beg what is in question, and not to prove it by
reason.

[2] We know certainly by experience that we sometimes think and thence
draw this infallible consequence, that there is something in us, that has a power
to think.

[3] II, 23, §§ 4. 5. 6.

blosser empfindungsloser Materie sein, noch kann es geschehen ohne
ein immaterielles denkendes Wesen.“ [1]

Diese Beispiele, welche sich ohne Mühe häufen liessen, zeigen
deutlich, dass „ein starkes intellectualistisches Element Locke's ganze
Philosophie durchzieht“ [2]. Aber es ist unrichtig, wenn dies nun so
verstanden werden soll, dass bei Locke der Intellect eine dritte
Quelle von Ideen bezeichne [3]. Gerade seine Stellung der Substanzenlehre gegenüber macht das deutlich. Wir müssen die Existenz eines
unbekannten Substrats annehmen, eine wirkliche Idee aber haben
wir von demselben nicht. Die Behauptung, dass alle unsere Ideen
ausschliesslich aus Sensation und Reflexion stammen, findet nirgendwo eine Einschränkung. Dass wir durch die von jenen beiden unterschiedene Thätigkeit des Geistes zu neuen Denkinhalten gelangten,
lehrt er nirgendwo, und wir haben kein Recht, ihm diese Lehre, im
Widerspruche mit bestimmten Aeusserungen, dennoch zuzuschreiben.
Wenn irgend etwas, so hätte die Erörterung des Begriffs der Ursache ihm Veranlassung geben müssen, jene vermeintliche dritte
Quelle von Ideen zu entdecken oder anzuerkennen. Auch gewinnt
es gelegentlich den Anschein, als befände er sich auf dem Wege
dazu. In dem Kapitel, welches von dem Begriff des Vermögens
(of power) handelt, findet sich der Satz: „Wo immer Veränderung
beobachtet wird, muss der Geist ein Vermögen annehmen,
welches fähig ist, jene Veränderung hervorzurufen, und nicht minder
in dem Dinge selbst die Möglichkeit, die Veränderung an sich zu
erfahren.“ [4] Ebenso könnte der erste Paragraph des Kapitels, welches eigens von Ursache und Wirkung handelt, die Vermuthung erwecken, als solle die Veränderung in der Welt, deren Kenntniss
wir der Erfahrung verdanken, dem Verstande nur den Anlass bieten,
den Begriff der Ursache selbstthätig zu erzeugen. Aber gleich der
zweite Paragraph beginnt völlig unbefangen mit der Versicherung,
dass wir „aus dem, was unsere Sinne in den Einwirkungen der
Körper aufeinander zu entdecken vermögen, den Begriff von Ursache
und Wirkung gewonnen haben“ [5]. Und wenn es auch statt dessen
am Ende des Paragraphen heisst, „dass der Begriff von Ursache
und Wirkung seinen Ursprung (its rise) aus Ideen nimmt, welche
wir durch Sensation oder Reflexion erhalten haben, und dass dies
Verhältniss, wie umfassend es auch ist, zuletzt in ihnen endigt“, so

---

[1] Essay II, 23, § 15; vgl. § 5. [2] McCosh bei Curtis a. a. O. S. 37 Anm.
[3] Curtis S. 35. [4] Essay II, 21, § 4. [5] II, 26, § 1.

ist doch dieser Ausdruck viel zu unbestimmt, als dass man daraus einen Schluss von so weitragender Bedeutung ziehen dürfte.

So gehen in der That in Locke's Essay die beiden Gedankenreihen nebeneinander her, ohne dass es dem Verfasser gelungen wäre, sie in harmonische Einheit zusammenzuarbeiten, möglicherweise, ohne dass er das Bedürfniss hierzu empfunden hätte. Eben darum aber kann es nicht ausbleiben, dass sich an einer wichtigen Stelle eine klaffende Lücke geltend macht.

Bezüglich des Ursprungs der Ideen bleibt es dabei, dass uns die einfachen Ideen als letzte Grundbestandtheile durch äussere und innere Erfahrung gegeben werden und dass unser Verstand aus eigenem Ermessen, wenn auch von Anhaltspunkten in der Erfahrung geleitet, hieraus die complexen Ideen bildet [1]. Nachträglich aber soll er nun zwischen den, wie immer gebildeten Ideen nothwendige Zusammenhänge entdecken, welche ihm zur objectiven Grundlage seiner nothwendigen und allgemeinen Sätze werden, und nun eröffnet sich uns der Ausblick auf Wahrheiten, die gelten, auch wenn nichts in der Welt der Erfahrung ihnen entspricht, auf ewige Wahrheiten, die darum so heissen, weil, wenn immer sie gedacht werden, sie in der gleichen Weise gedacht werden müssen. Aber hier fehlt etwas. Jene Ideen, die hier als die festen und einheitlichen Beziehungspunkte auftreten, zwischen denen unser Geist die nothwendigen Zusammenhänge entdeckt, können unmöglich blosse Aggregate, willkürlich gezogene Summen von Elementarbestandtheilen sein. Vielmehr müssen sie sich bereits vor unserem Geiste als geschlossene, innerlich mit Nothwendigkeit verbundene Einheiten bewähren und als solche, die, weil sie ein zusammengehöriges Ganzes ausdrücken, von allen denkenden Wesen in der gleichen Weise gebildet werden müssen. Die Anwendung des demonstrativen Verfahrens auf Mathematik und Moral setzt voraus, dass die mathematischen und moralischen Begriffe, deren Uebereinstimmung oder Nichtübereinstimmung, Zusammengehörigkeit oder Unvereinbarkeit wir intuitiv er-

---

[1] Ebend. III, 9, § 7: Uniting them without any rule or pattern, it cannot be but that the signification of the name that stands for such voluntary collections, should be often various in the minds of different men, who have scarce any standing rule to regulate themselves, and their notions by, in such arbitrary ideas. Speciell von den moralischen Ideen heisst es III, 11, § 15: being most of them such combinations of ideas as the mind puts together of its own choice . . . they being combinations of several ideas that the mind of man has arbitrarily put together.

fassen sollen, nicht äusserlich und willkürlich zusammengesetzte,
sondern selbst schon intuitiv erfasste, eine Nothwendigkeit aus-
sprechende Gebilde sind. Davon aber ist im Essay nirgends die
Rede. Den aus den Elementen, welche Sensation und Reflexion
geliefert haben, gebildeten Ideen werden Leistungen zugemuthet,
die sie nicht erfüllen können. Sie erscheinen denn in der That auch
als etwas anderes. Es ist beachtenswerth, dass Locke selbst, wo
er die Ideen zu Ausgangspunkten der wissenschaftlichen Erkenntniss im strengen Sinne macht, wiederholt bezüglich ihrer den Vorbehalt äussert: „mögen sie sein, was immer" [1].

Noch an einem andern Punkte tritt der Antagonismus der beiden
nebeneinander hergehenden Tendenzen deutlich an die Oberfläche.
In dem grundlegenden ersten Kapitel des vierten Buches, wo die
Erkenntniss auf das Bereich unserer Ideen eingeschränkt und innerhalb desselben auf die Erfassung des Zusammenhangs und der
Uebereinstimmung oder der Nichtübereinstimmung und des Widerstreits zwischen diesen Ideen zurückgeführt wird, werden vier Arten
oder Weisen dieser Uebereinstimmung oder Nichtübereinstimmung
(agreement or disagreement) unterschieden, nämlich Identität und
Verschiedenheit, Beziehung (relation), Coexistenz oder nothwendige
Verknüpfung und endlich reale Existenz. Die Aufführung dieser
letztern ist nun über die Massen verwunderlich, denn Existenz drückt
doch niemals ein Verhältniss zwischen verschiedenen Ideen aus, vielmehr knüpft die Aussage der Existenz an den Inhalt der Idee an,
um das darin Ausgedrückte als ein Reales, ein von dem Denken
als solchem Verschiedenes und dem Denken gegenständlich Gegen-
übertretendes zu bezeichnen. Wenige Seiten weiter ist denn auch
die Ausdrucksweise geändert und die Rede von der manchen Ideen
zukommenden oder zu ihnen passenden Existenz (actual real existence agreeing to any ideas) [2]. An einer dritten Stelle endlich wird
unter deutlicher Rückbeziehung auf die obige Eintheilung als „vierte
Art unserer Erkenntniss" die „der realen actualen Existenz von
Dingen" aufgeführt und daran die weitere Aufstellung geknüpft,
dass wir von unserer eigenen Existenz eine intuitive, von der Existenz Gottes eine demonstrative Erkenntniss besitzen, während wir
von der Existenz von Dingen ausserdem nur eine sensitive Erkenntniss haben, welche sich nicht über die unseren Sinnen gegenwärtigen
Gegenstände hinaus erstreckt.

---

[1] Essay IV, 11, § 14.   [2] IV, 1, § 7.

Von der Existenz der Aussenwelt ist nun aber bereits in anderem Zusammenhange gehandelt worden, da, wo die Frage nach der Realität unserer Ideen aufgeworfen wurde. Ohne jeden Vorbehalt heisst es an den betreffenden Stellen, dass unsere einfachen Ideen sämmtlich real sind, weil sie von vornherein als in uns geschehende Wirkungen von uns unterschiedener Ursachen gefasst werden. Dass hierin eine Ueberschreitung des Empirismus liege und was von derselben zu halten sei, ist früher besprochen worden [1]. Eine weitere Ueberschreitung des Empirismus liegt darin, dass die in uns geschehenden Wirkungen als die Wirkungen von Substanzen gedacht werden, weil wir blossen Kräften oder Qualitäten keine selbständige Existenz zuschreiben können. Dagegen kam der Empirismus zu seinem Recht, wenn von den complexen Ideen bestimmter Substanzen erklärt wurde, dass ihre Realität nur insoweit gewährleistet sei. als jedesmal die bestimmte Verknüpfung von einfachen Ideen durch die Erfahrung bestätigt werde. Daraus ergab sich die Unmöglichkeit, über die Beschaffenheit der Substanzen allgemeine Urtheile zu bilden. Ich erkenne jetzt mittels der Sinneswahrnehmung eine gelbe, schwere, hämmerbare Substanz und nenne sie Gold. Aber das allgemeine Wesen des Goldes kenne ich nicht, und ich kann nicht wissen, ob alles Gold hämmerbar ist, oder ob jede Substanz, die gelb, schwer und hämmerbar ist, auch Feuerbeständigkeit besitzt. Dass aber die Existenz der einzelnen von mir wahrgenommenen Substanz nicht mit dem denkbar höchsten Grade von Gewissheit behauptet werden könne — dieser Gedanke lag hier überall ganz fern. Eine veränderte Auffassung begegnet uns im elften Kapitel des vierten Buches. Entsprechend der oben angeführten Unterscheidung soll gezeigt werden, dass die Gewissheit, die wir von der Existenz anderer Dinge haben, als eine bloss sensitive, geringer ist als die intuitive, die wir von unserer eigenen Existenz haben, und geringer als die demonstrative. die wir vom Dasein Gottes besitzen.

Aber warum denn ist sie geringer? Wenn wir unsere eigene Existenz intuitiv erkennen sollen, so heisst dies, dass wir mit den Ideen, die wir unserem eigenen innern Leben entnehmen, mit unserem Ich und seinen Zuständen und Thätigkeiten, die Existenz unmittelbar und so verknüpfen, dass wir sie nicht davon abzutrennen im Stande sind. Aber während ich dies schreibe, „kann ich ebenso-

---

[1] S. oben S. 18. 21.

wenig daran zweifeln, dass ich Weiss und Schwarz sehe, und dass
etwas in Wirklichkeit existirt, welches diese Sensation in mir hervorruft, wie ich daran zweifeln kann, dass ich schreibe oder die
Hand bewege" [1]. In dem Momente des actuellen Sinneseindruckes
erkenne ich — das ist Locke's bestimmt ausgesprochene Meinung —
mit völliger Gewissheit die Existenz dessen, was jenen Eindruck
hervorruft. Warum ist dies nun keine intuitive Erkenntniss, wo ich
doch unmittelbar und nothwendig mit der Idee in meinem Bewusstsein die Existenz verknüpfe? Denn das den Sinneseindruck in mir
bewirkende Etwas kann dann, wenn es auf mich einwirkt, nicht
nicht existiren. Ja Locke selbst geht noch einen Schritt weiter.
Dass Dinge, die einmal in unsere Erfahrung traten und von uns
damit als existirend erkannt wurden, in der Vergangenheit wirklich
existirt haben, können wir seiner Meinung nach für zweifellos gewiss halten, solange unsere Erinnerung daran dauert. Oder, wenn
es keine intuitive Erkenntniss sein soll, warum ist es keine demonstrative? Als vermittelnde Ideen in Locke's Sinn könnten die folgenden gelten: Alles, was einen Anfang genommen hat, ist von einer
Ursache hervorgebracht worden. Die Sensation, die jetzt in mir
auftritt, hat einen Anfang genommen; also ist sie von einer Ursache
hervorgebracht. Diese Ursache bin nicht ich, denn die Idee tritt
ohne mein Zuthun in mir auf; also ist Ursache ein von mir verschiedenes Etwas, also existirt im Momente der Sensation ein von
mir Unterschiedenes.

Es ist eine ganz andere Erwägung, durch welche der Werth
unserer Erkenntniss der äusseren Dinge herabgedrückt wird. Wir
können nicht wissen, ob die Substanz, die uns in diesem Augenblicke durch die Sinneswahrnehmung vor-
geführt wurde und an deren Existenz wir im Momente
des Sinneneindruckes nicht zweifeln konnten, im nächsten Augenblicke noch existirt. „Wenn unsere Sinne actuell
irgend eine Idee in unser Bewusstsein (in our understandings) eintreten lassen, so können wir nicht anders als überzeugt sein, dass
zu dieser Zeit irgend etwas in Wirklichkeit existirt, welches unsere
Sinne afficirt und durch diese unserem Wahrnehmungsvermögen
Kenntniss von sich gibt und actuell die Idee hervorruft, welche wir
wahrnehmen. Wir können ihrem Zeugnisse nicht so weit misstrauen,
dass wir zweifeln, ob solche Sammlungen einfacher Ideen, die wir

---

[1] Essay IV, 11, § 2.

mittels unserer Sinne als miteinander verbunden entdeckt haben, auch wirklich miteinander existiren. Aber diese Erkenntniss reicht so weit als das gegenwärtige Zeugniss unserer Sinne, angewandt auf particuläre Objecte, welche sie eben dann afficiren, und nicht weiter. Denn wenn ich eine solche Sammlung von einfachen Ideen, welche man gewöhnlich Mensch nennt, vor einer Minute existiren sah, nun aber allein bin, so kann ich nicht wissen, ob derselbe Mensch jetzt noch existirt; denn zwischen seiner Existenz vor einer Minute und seiner Existenz jetzt besteht kein nothwendiger Zusammenhang." [1] „Wenn ich Wasser in diesem Augenblicke sehe, so ist es eine unfragliche Wahrheit für mich, dass Wasser existirt. Und wenn ich es gestern sah, so wird es gleichfalls immer wahr sein, und solange als mein Gedächtniss es festhält, ein unzweifelhafter Satz für mich, dass Wasser am 10. Juli 1688 existirte, ebenso wie es wahr sein wird, dass eine bestimmte Zahl schöner Farben existirte, welche ich zur selben Zeit an einer Schaumblase auf dem Wasser bemerkte. Aber da jetzt Wasser und Schaum gleicherweise aus meinen Augen entfernt sind, so ist mir nicht sicherer bekannt, dass Wasser jetzt existirt, als dass Schaumblasen und Farben darauf existiren; denn es ist nicht nothwendiger, dass Wasser heute existirt, darum weil es gestern existirte, als dass Schaumblasen heute existiren, weil sie gestern existirten, wenn es auch ausserordentlich viel wahrscheinlicher ist. Denn vom Wasser ist beobachtet worden, dass es in seiner Existenz lange beharrt, während Schaumblasen auf demselben rasch verschwinden." [2]

Es ist der alte Platonische Gedanke von der Unerkennbarkeit der sinnlich-körperlichen Welt, von der es ein wahres Wissen darum nicht geben kann, weil sie in steter Veränderung, in einem unaufhörlichen, haltlosen Vergehen begriffen ist. Ein wahres Wissen gibt es nur mit Hilfe der allgemeinen Begriffe, nur im Bereiche der Ideen.

Vom Dasein Gottes besitzen wir eine völlig zweifellose Erkenntniss, denn sie ist mit Hilfe der Demonstration gewonnen, welche, den nothwendigen Zusammenhängen der vermittelnden Ideen nachgehend, zu der Einsicht hinführt, dass es eine allmächtige und allweise, von Ewigkeit her existirende Welturversache geben muss, dass mit der Idee Gottes die Existenz nothwendig verbunden ist. „Die Erkenntniss der Existenz irgend eines andern Dinges aber können wir nur mittels der Sensation haben. Denn da kein nothwendiger

---

[1] Ebend. IV, 11, § 9.   [2] Ebend. § 11.

Zusammenhang besteht zwischen irgend einer Idee, die jemand in seinem Bewusstsein hat, und wirklicher Existenz, so kann auch niemand die Existenz irgend eines andern Wesens erkennen ausser dadurch, dass dieses durch actuelle Einwirkung auf ihn eine Wahrnehmung von sich hervorruft." [1]

So liegt eine doppelte Fassung des Problems und eine doppelte Lösung vor. Das eine Mal wird nach der Realität unserer Ideen gefragt; indem dieselbe für die einfachen Ideen unbedingt bejaht wird, ist damit die Existenz einer Aussenwelt ganz allgemein anerkannt. Das andere Mal ist die Frage, ob und wann wir die Existenz eines Wesens mit Sicherheit zu erkennen vermögen, dessen Idee in unserem Bewusstsein vorhanden ist. Die Antwort lautet: Wir vermögen es nur dann, wenn wir einen nothwendigen Zusammenhang zwischen dieser Idee und der Existenz wahrnehmen; dies ist der Fall bei uns selbst, denn wir können uns nicht als nicht existirend denken, und es ist der Fall bei Gott, wo die Beweisführung den nothwendigen Zusammenhang darlegt; es ist nicht der Fall bezüglich aller übrigen Dinge, denn hier besteht kein solcher Zusammenhang zwischen den ihnen entsprechenden Ideen und der Existenz. Darum besitzen wir von der Existenz dieser Dinge keine begriffliche, sondern nur eine sinnliche Erkenntniss.

Auch unter dem an erster Stelle erörterten Gesichtspunkte hatte sich die Mangelhaftigkeit unserer Erkenntniss der concreten Dinge herausgestellt. Sie lag darin, dass uns Erfahrung nicht darüber belehren kann, ob Ideenverknüpfungen, deren Realität in einem Falle durch die Sinneswahrnehmung gewährleistet ist, in anderen Fällen in der gleichen Weise wiederkehren werden. Unsere Versuche, die Dinge unter Artbegriffe zu ordnen und allgemeine Sätze über ihre Eigenschaften aufzustellen, gehen deshalb niemals über eine mehr oder minder hoch gesteigerte Wahrscheinlichkeit hinaus. Hier dagegen erscheint die Mangelhaftigkeit unseres Wissens oder die Schwäche des Erkennens als eine Folge der Dinge. Weil sie kein nothwendiges Sein haben, können uns die Sinne nur im Augenblicke der Wahrnehmung von ihrer thatsächlichen Existenz versichern: hieraus aber folgt nichts für ihre Existenz in jedem andern Augenblicke, in dem sie nicht actuell von den Sinnen erfasst werden. Sätze, welche die Existenz von Dingen betreffen, deren Ideen sich in unserem Bewusstsein finden, sind daher stets particulär. Allge-

---

[1] Essay IV, 11, § 1.

meine und gewisse Sätze dagegen sind solche, welche ein zwischen unseren abstracten Ideen bestehendes Verhältniss ausdrücken [1]. „Im erstern Falle ist unsere Erkenntniss die Folge der Existenz des Dinges, welches Ideen in unserem Bewusstsein hervorruft; im letztern ist Erkenntniss die Folge der Ideen (mögen sie sein, was sie wollen), welche in unserem Bewusstsein sich finden und dort allgemeine, gewisse Sätze hervorbringen." [2]

So hat sich die gleich zu Anfang [3] ausgesprochene Vermuthung bestätigt. In Locke's erkenntnisstheoretischen Erörterungen wirken thatsächlich zwei deutlich unterschiedene Tendenzen gegeneinander: der empiristischen hält eine ebenso starke rationalistische die Wage. Die Aufgabe ist nunmehr, nach der Erklärung dieses Sachverhaltes zu suchen.

Locke war im Grunde Gelegenheitsphilosoph, und die Schrift, der er seinen Ruhm verdankt, eine Gelegenheitsschrift. Nach der Universitätsbildung, die ihn ihrer ganzen Einrichtung nach zu einem geistlichen Amte hätte führen sollen, beschäftigten ihn medicinische Studien und medicinische Praxis. Dann wird er Gehilfe und Vertrauter eines hervorragenden Staatsmannes, der ihn in die Geschäfte staatlicher Verwaltung einführt und in die politischen Händel der Zeit verwickelt. Wiederholt und für lange Zeit ist er im Auslande und auf Reisen, überall den Verkehr bedeutender Persönlichkeiten aufsuchend. Zwanzig Jahre lang ist er mit der Ausarbeitung des Essay's befasst, ohne dass während dieser Zeit politische und religiöse, medicinische und naturwissenschaftliche Interessen aufgehört hätten, ihn zu beschäftigen. Von vornherein wird man sonach weit eher anzunehmen haben, dass Eindrücke, die er da oder dort gewonnen, Ansichten, die sich ihm von verschiedenen Seiten und bei ganz verschiedenen Anlässen dargeboten hatten, allmählich zu einem Ganzen zusammenwuchsen, als dass er einen einzigen Grundgedanken mit strenger Consequenz zu einem einheitlichen System entwickelt hätte. Bestimmte Anschauungen in einzelnen Fragen von grundlegender Bedeutung mochten sich ihm längst befestigt haben, ehe er daran dachte, sie wissenschaftlich zu entwickeln und zu begründen und untereinander in Zusammenhang zu bringen; und als er hierzu überging, konnte die Art der Ausführung, die bruchstückweise, durch lange Pausen unterbrochene Ausarbeitung bei dem

---

[1] Ebend. IV, 11, § 13.   [2] Ebend. § 14.   [3] S. 5.

Mangel einer festen Anordnung und eines systematischen Fortschreitens ihn leicht darüber täuschen, dass die von sehr verschiedenen Ausgangspunkten herkommenden Gedanken sich nicht zu einer lückenlosen und widerspruchsfreien Einheit zusammenarbeiten liessen.

Eine genaue und vollständige Geschichte der Entwicklung der erkenntnisstheoretischen Gedanken Locke's wird sich schwerlich herstellen lassen. Immerhin dürfte es als ein Gewinn zu erachten sein, wenn es gelänge, für die beiden im vorhergehenden erörterten Tendenzen den Ursprung in bestimmten Einflüssen aufzuzeigen, die von bestimmten, geschichtlich nachweisbaren Punkten her auf ihn einwirkten.

Die herkömmliche Meinung lässt ihn den empiristischen Gedankengang von Baco und Hobbes herübernehmen; mit welchem Rechte, wird später zu untersuchen sein. Woher aber stammten ihm die anderen, rationalistischen oder intellectualistischen Elemente? An die überlieferte peripatetisch-scholastische Philosophie, durch deren Schule er in Oxford hindurchgegangen war, ist hier nicht zu denken, wenn auch, wie gelegentlich angemerkt wurde, keineswegs alle Tradition bei ihm abgebrochen scheint. Aber das, worin der Rationalismus oder Intellectualismus in der alten Schule in entscheidender Weise zur Geltung kam, die Lehre von den Begriffen des Verstandes, welche ihrem Inhalte nach etwas von den Sinnenbildern specifisch Verschiedenes sind und das innere Wesen der Dinge wiederspiegeln, findet sich bei dem englischen Philosophen nicht; sie ist seiner Denkweise vollkommen fremd. Umgekehrt fehlt dort dasjenige, worin Locke's Rationalismus den am meisten charakteristischen Ausdruck findet, die Lehre von den zwischen den Ideen bestehenden objectiven Beziehungen, welche der Verstand erfasst und in allgemeinen und gewissen Urtheilen ausspricht.

Was Cartesius betrifft, so kann ja nun allerdings, nachdem gezeigt wurde, in welchem Umfange Locke selbst der rationalistischen Denkweise Raum verstattet, nicht länger von der tiefen Kluft die Rede sein, welche die beiden Denker scheide [1]. Aber die inhaltliche Beeinflussung des letztern durch den erstern ist trotzdem weit geringer, als dies neuerlich wohl behauptet wurde [2]. Auch hierüber soll später gehandelt werden. Vorerst gilt es, den Blick auf eine

---

[1] De Fries a. a. O. S. 72: Die beiden Begriffe Rationalismus und Empirismus . . . bezeichnen die gähnende Kluft zwischen beiden Philosophen.

[2] Geil in der S. 3 Anm. 2 genannten Schrift.

Gruppe von Denkern zu werfen, welche, dem England des 17. Jahrhunderts angehörend, in der Geschichte der Philosophie geringe Beachtung zu finden pflegt, weil sie, an den Ergebnissen des grossen
Entwicklungsganges gemessen, ausserhalb desselben zu stehen schien.
Zu Locke ist sie bisher, wenn überhaupt, nur in eine gegensätzliche
Beziehung gesetzt worden. Es wird sich zeigen, dass er mit den
Vertretern dieser Gruppe oder Schule durch zahlreiche Fäden verbunden war, und dass dort der Ursprung des rationalistischen Elementes in der besondern Färbung, in der es bei Locke auftritt, zu
suchen ist.

Zweites Kapitel.

Die Schule von Cambridge.

DER charakteristischste Zug des englischen Revolutionszeitalters ist die ungeheuere Bedeutung, welche den religiösen Fragen zukommt. Die Gegensätze von katholisch und protestantisch, von Episkopalpartei und Puritanerthum sind es, die am tiefsten und nachhaltigsten die Leidenschaften aufregen; theologische Controversen mengen sich unaufhörlich in den Kampf der politischen Mächte. In dem hin und her wogenden Streite sind die Rollen seltsam vertheilt. Während man auf Seite der Episkopalpartei, wo die absolutistischen Tendenzen der Stuarts die längste Zeit Unterstützung gefunden hatten, in religiöser Beziehung einer duldsamen, die verschiedensten Richtungen und Strebungen in der Einheit der Staatskirche umfassenden Denkweise zugeneigt war, vertraten hier die Puritaner, jene energischen Vorkämpfer der bürgerlichen Freiheit gegen absolute Königsgewalt, die engste Gebundenheit, forderten sie Gleichförmigkeit der Lehre, einheitliche Kirchenverfassung und strenge Kirchenzucht. Aber die letzteren hatten kaum den Sieg auf politischem Gebiete davongetragen, als ihnen auf dem religiösen ein Feind im eigenen Lager erwuchs [1]. Derselbe religiöse Enthusiasmus, dem sie ihren Sieg zu verdanken hatten, erzeugte einen wuchernden Sectengeist und kehrte sich gegen die Autoritäten, die ihn in den Dienst ihrer politischen Zwecke genommen hatten. Um dieselbe Zeit, als die im Juli 1643 zusammengetretene Westminster-Synode bemüht war, das puritanische Kirchenthum auf feste und bindende Satzungen zu bringen, wimmelte das Land von Secten. Antiscripturisten, Familisten, Antinomisten, Antitrinitarier, Anabaptisten suchten sich mit gleicher Hartnäckigkeit als die Kinder der Reformation und

---

[1] Für das Folgende ist namentlich zu vergleichen *Tulloch*, Rational theology and christian philosophy in England in the XVII. century. London 1872. Vol. II : The Cambridge Platonists.

Vertreter eines erneuten Christenthums hervorzuthun. Ihre Anhänger
beriefen sich ganz ebenso, wie die Puritaner dies vor ihnen gethan
hatten, auf die ihnen angeblich zur Seite stehende und durch höhere
Erleuchtung vermittelte göttliche Autorität. Ein aus puritanischer
Feder geflossenes gleichzeitiges Actenstück nennt sie „so recht den
Auswurf und die Ausgeburt der verfluchten alten Häresien, welche
schon längst verdammt, todt, begraben und in ihren Gräbern ver-
fault sind" [1]. — Hätten die in Westminster versammelten Theologen
die Macht besessen, so würden sie sicherlich kein Mittel unversucht
gelassen haben, die rings um sie her aufgehende Saat mit Gewalt
niederzutreten; aber diese Macht fehlte ihnen. Das Parlament zeigte
wenig Neigung, auf ihre Vorschläge einzugehen. Wie also sollte
man es anfangen, angesichts jenes überall hervortretenden Subjectivismus, jener einander widerstreitenden Prätensionen, eine religiöse
Uebereinstimmung zu wahren oder die verlorene wiederzufinden?

Es konnte nicht gelingen, solange man mit dem Rechte der
freien Forschung in der Schrift die Verpflichtung des Einzelnen auf
ein bestimmtes dogmatisches Bekenntniss verbinden wollte. Nachdem nun aber der Protestantismus vor allem und am meisten sich
gegen die Anerkennung eines unfehlbaren kirchlichen Lehramtes
aufgelehnt hatte, so blieb nur übrig, unter principieller Anerkennung
der Rechte des Individuums und ausdrücklicher Verwerfung jeder
bindenden Autorität eine möglichst breite Basis der Vereinigung
zu suchen und den Umfang christlicher Gemeinschaft möglichst zu
erweitern. Hierbei konnten zunächst und mochten am häufigsten
kirchlich-politische Motive wirksam sein. Möglichste Sammlung und
Verbindung der zerstreuten und zersplitterten Kräfte lag ebensosehr
im Interesse des staatlichen Regiments, dessen einheitliche Action
durch den Antagonismus der religiösen Parteien gehemmt wurde,
wie in dem der kirchlichen Organisation und ihrer Machtstellung,
sowohl im eigenen Lande als namentlich Rom gegenüber. Motive
solcher Art hatten bereits in einer frühern Periode die irenischen

---

[1] Tulloch S. 9. — Eine davon abweichende Auffassung vertritt Wein-
garten (Die Revolutionskirchen Englands. Leipzig 1868), welcher insbesondere
S. 102 ff. nachzuweisen sucht, dass das „Chaos barbarischer Sectennamen, welche
uns der Presbyterianismus überliefert hat", nur dem „Mangel an innerem Verständniss religiöser Eigenthümlichkeiten" entstamme, „welchen die englische Theologie auch heute noch nicht überwunden hat". Für die Beurtheilung der Aufgabe,
welche die aus dem Kreise der Puritaner hervorgegangenen Latitudinarier von
Cambridge sich stellten, ist dies indessen ohne Belang.

Bestrebungen von Männern wie Hales, Chillingworth, Taylor bestimmt,
die der bischöflichen und royalistischen Seite angehörten und ihren
Sitz in Oxford hatten. Aber auch ein tieferes, geistigeres Interesse
konnte dazu führen, den gleichen Standpunkt einzunehmen. Lebendiges religiöses Empfinden, das jedoch dogmatischer Fixirung abgeneigt war, in Verbindung mit einer mehr wissenschaftlichen und
speculativen Denkweise, konnte sich die Aufgabe stecken, das wahre
Wesen und die innerste Natur der so verschieden aufgefassten Religion ausfindig zu machen und das auszeichnende Merkmal religiöser
Wahrheiten im Unterschiede von subjectiven Träumereien und unwesentlichen Schulmeinungen festzustellen. Auf dem Boden der so
gewonnenen gemeinsamen Grundlage mochte man alsdann hoffen,
überflüssige Controversen zu beseitigen und sich zu friedlicher Arbeit die Hand zu reichen.

Durch den Appell an die Vernunft also sollte vereinigt werden,
was bisher getrennt und feindlich einander gegenüberstand. Denn
die Vernunft ist in allen Menschen die gleiche, was sich vor ihr
bewährt, ist zum mindesten annehmbar, wenn nicht überzeugend, für
alle. Nichts aber konnte sodann einen solchen Appell an die Vernunft erfolgreicher unterstützen als das Hervorkehren der praktischen
Seite der Religion. Man zeige also, dass der richtige Gebrauch der
Vernunft zur Religion hinleite und die richtig verstandene Religion
vernünftig sei. Man führe die Religion ins Leben ein und beweise
gegenüber von Zweiflern und Läugnern den überragenden Werth
des Christenthums durch die That eines wahrhaft christlichen Lebens.
Diesen Weg versuchte eine Reihe hervorragender Theologen der
Universität Cambridge zu gehen, Benjamin Whichcote, John Smith.
Ralph Cudworth und Henry More.

Unter dem Namen der Platoniker von Cambridge pflegen die
beiden Letztgenannten in philosophiegeschichtlichen Werken Erwähnung zu finden: sämmtlich aber gehören sie in erster Linie der Geschichte der Entwicklung des Protestantismus an. Sie sind die Begründer der rationalistischen Theologie in England; die Zeitgenossen
pflegten sie mit dem Namen der Latitudinarier zu bezeichnen.

Bildungsgang, Lebensverhältnisse und freundschaftliche Beziehungen verbanden alle vier zu einem enggeschlossenen Kreise. Whichcote (1610—1683), Smith (1618—1652) und Cudworth (1617—1688)
waren in Cambridge Schüler und mit Ausnahme von Smith auch
Lehrer an dem gleichen Emmanuel College. Whichcote wurde später
Vorstand von King's College, verlor die Stelle nach der Restaura-

tion, stand aber auch nach seiner Entfernung von Cambridge in
engem Verkehr mit den dortigen Freunden und starb bei einem Besuche daselbst in Cudworths Haus. Cudworth wurde 1654 Vorstand
von Christ's College, wo More (1614—1687) im Jahre 1631 als
Schüler eingetreten und im Jahre 1639 Fellow geworden war, um
in dieser Stellung bis zu seinem Tode zu verbleiben. Für alle vier
bildete die Unterweisung der ihrer Obhut anvertrauten jungen Leute.
Studium, Predigt und wissenschaftliche Schriftstellerei den Inhalt
ihres Lebens.

Von Haus aus waren sie sämmtlich Puritaner, dem Siege der
puritanischen Partei verdankten sie zum Theile ihre amtliche Stellung, Cromwell war ihr Protector. Aber das hinderte sie ebensowenig, gegen die fanatische Engherzigkeit der Puritaner Stellung
zu nehmen, wie die Calvinische Lehre von der Verderbtheit der menschlichen Natur sie abhielt, die Kraft der Vernunft zu erheben. Die
Predigt, welche Cudworth am 31. März 1647 vor dem Hause der
Gemeinen hielt, macht seiner Gesinnung alle Ehre. Wenn er darin
freundlicher Milde in der Verkündigung des Evangeliums das Wort
redete; wenn er sich gegen jenen falschen Eifer wandte, welcher
jederzeit bereit ist, Feuer vom Himmel über diejenigen herabzurufen,
deren Meinungen nur um ein geringes von den eigenen abweichen,
während der wahre Eifer uns zwar thätig macht im Dienste Gottes,
niemals aber die Grenzen der Liebe überschreiten lässt: wenn er
von Streitern gegen fremden Aberglauben redet, denen jeder Funke
von Geist und Leben im eigenen Innern abgeht, welche die Bilder
in den Kirchen zerstören, aber sich Götzen im eigenen Herzen auf-
richten, Krieg führen gegen bunte Scheiben, aber unbedenklich böser
Lust fröhnen — so mag mancher unter den Zuhörern solche Worte
nicht gern vernommen haben. Aufgabe der Religion ist ihm nicht,
Meinungen zu verbreiten, mögen sie noch so orthodox sein. und noch
weniger, um diese oder jene Meinung zu streiten, sondern lediglich,
die Menschen zu der Lebensführung Christi zu überreden. Dies ist
„Mark und Kern aller Religion, und ohne dies sind die verschiedenen
Religionen nur ebensoviele Träume". „Christus war vitae magister,
nicht scholae, und der ist der beste Christ, dessen Herz am auf-
richtigsten gegen Himmel schlägt, nicht der, dessen Kopf die fein-
sten Spinnengewebe ausspinnt." [1]

---

[1] Sermon preached before the House of Commons 31st march 1647. Das Angeführte bei Tulloch S. 236 f. Cfr. *James Martineau*, Types of ethical theory
(Oxford 1885) II. 397 f.

So geneigt übrigens die Theologen von Cambridge waren, die
Basis christlicher Vereinigung möglichst breit zu gestalten, über
trennende Unterschiede hinwegzusehen und das Hauptgewicht auf
ein christliches Leben zu legen — eine Schranke gab es für ihren
duldsamen Sinn; den Katholiken gegenüber verwandelte er sich in
schroffe Abweisung. Burnet, dem wir eine beachtenswerthe Würdigung
der von ihnen ausgehenden Bestrebungen verdanken, bemerkt ausdrücklich: „Sie waren alle eifrige Gegner des Papstthums." [1] Von
Whichcote berichtet sein Biograph: „Er verwarf das Papstthum und
was damit nahe verwandt oder Bestandtheil davon, allen Aberglauben
und jede Vergewaltigung der Gewissen." [2] Welches hierüber seine Meinung war, zeigt am besten eines seiner Aphorismen, welches „Papstthum" überschrieben ist und lediglich die herkömmlichen Anklagen
und Vorwürfe zusammenfasst [3]. Gleiches gilt von H. More. Auch
ihn liess an diesem Punkte seine philosophische Ruhe und Sanft-
muth im Stich. Ja er schrieb ein eigenes Werk, um den widerchristlichen Charakter des Papstthums nachzuweisen [4].

Wie aus der Tendenz, die verschiedenen Religionsgenossen-
schaften innerhalb des Protestantismus zu einer umfassenden Einheit zu verbinden, ein religionsphilosophisches Problem wurde, ist
zuvor bemerkt worden. Die Speculation der Schule von Cambridge
trägt demgemäss von vornherein eine durchaus theologische Färbung. Dies entsprach indessen nur dem allgemeinen Charakter der
Zeit. Trotz der Kirchenspaltung und dem Bruche mit der Vergangenheit, welchen das 16. Jahrhundert gebracht hatte, ragten die
Ueberreste der mittelalterlichen Culturperiode mitten in das Leben
des 17. hinein. Noch trug der Weg zur höhern Bildung ein cleri-
kales Gepräge, noch lag die Wissenschaft überwiegend in den Händen der Geistlichkeit, ihre Domäne waren die Universitäten. Und
in welchem Grade theologische Interessen die wissenschaftlich gebildete Laienwelt beherrschten, zeigt als sprechendes Beispiel die
Haltung von Thomas Hobbes, dessen Schriften, obwohl sie die untersten Grundlagen aller religiösen Ueberzeugung bestreiten, einen
religiösen Anstrich tragen und mit biblischen Citaten gespickt sind.

---

[1] Bishop *Burnet's* History of his own time from the restoration of King
Charles II to the treaty of Utrecht (Ausgabe von 1857 in einem Band) S. 129:
They were all very zealous against popery.
[2] Tulloch S. 90.   [3] A. a. O. S. 109 f.
[4] A modest enquiry into the mystery of iniquity: first part, containing a
careful and partial delineation of the true idea of Antichristianism. 1664.

Die Frage nach dem Verhältnisse von Wissen und Glauben, von Philosophie und Theologie hatte die christlichen Denker von allem Anfange an beschäftigt. Nicht immer und überall war die Grenzlinie zwischen beiden Gebieten in übereinstimmender Weise gezogen worden. Der kühnen Hoffnung, dass der vom Glauben erleuchteten Vernunft keine Tiefe der Gottheit undurchdringlich bleiben werde, war ebenso oft die entgegengesetzte Auffassung gegenübergestellt worden, welcher der Werth des Glaubens um so mehr zu steigen scheint, je mehr man die Tragweite der menschlichen Vernunfterkenntniss herabdrückt. Auf ihrem Höhepunkt hatte die Scholastik für diese wie für viele andere Fragen die abschliessende Formel gefunden: Es gibt nur eine Wahrheit, denn Gott ist ihre Quelle; er ist Urheber der Offenbarung, er hat dem Menschen die Vernunft mit ihren Kräften und Gesetzen gegeben. Einen Theil der Wahrheit vermag die Vernunft aus sich selbst zu erkennen; so das Dasein und die wichtigsten Eigenschaften Gottes, so die Bestimmung des Menschen und was unmittelbar damit zusammenhängt. Ein anderer Theil ist uns ausschliesslich durch göttliche Offenbarung mitgetheilt worden; die übernatürlichen Wahrheiten können wir nicht selbst finden, sondern wir müssen sie gläubig hinnehmen; aber auch diese, wenn sie gleich die Vernunft übersteigen, widerstreiten ihr doch nicht. Darum kann der einzelne Forscher sich mit Vertrauen dem Gebrauche seiner Vernunft hingeben: der richtig geleitete wird ihn niemals in Widersprüche mit den Lehren des Glaubens verwickeln. Als Norm und Correctiv aber für die irrthumsfähige Vernunft ist das kirchliche Lehramt aufgestellt und mit göttlichem Beistande ausgerüstet; seinen Aussprüchen sich zu unterwerfen ist Pflicht.

Unter sehr veränderten Umständen unternahmen es jetzt die Theologen von Cambridge, das Verhältniss neuerdings zu bestimmen. An Stelle der kirchlichen Lehrautorität war von dem Protestantismus die alleinige Autorität des in der Bibel niedergelegten Gotteswortes proclamirt worden. Alsbald aber hatte sich die Unmöglichkeit herausgestellt, dem religiösen Subjectivismus Schranken zu setzen. Insbesondere seit dem Siege der Puritaner trat dies hervor, wo überall Propheten und Religionsstifter auftraten, die sich auf die Heilige Schrift beriefen und mehr noch auf die ihnen zu theil gewordene göttliche Erleuchtung. Der Sinn aber, den die Einzelnen dabei herausgefunden, oder die Ueberzeugungen, die sie sich gebildet hatten, erwiesen sich als völlig verschieden.

Wenn die Theologen von Cambridge allen diesen vermeintlichen privaten Inspirationen die allgemeine Norm der natürlichen Menschenvernunft entgegenhielten, so lag darin eine entschiedene Abkehr von dem gesteigerten Supranaturalismus der Reformatoren. Dass dies auch von Anfang an dafür erkannt wurde, geht aus dem Briefwechsel hervor, welchen Whichcote mit Tuckney, seinem ältern Freunde und vormaligen Erzieher, führte. Auch dem letztern wankt der Boden unter den Füssen; aber er kann sich nicht entschliessen, die neue Bahn zu betreten. Am meisten erregt ihm die Art und Weise Anstoss, wie Whichcote und seine Freunde von der menschlichen Natur und Vernunft reden; er erblickt darin ein schriftwidriges Erheben derselben und in der von jenen beliebten Verwerthung der Schriftstelle „Lucerna Domini spiraculum hominis" eine Missdeutung im naturalistischen Sinne [1]. Wohl befanden sich auch in den Reihen der Puritaner Männer von wissenschaftlicher Bildung, aber der Partei als solcher eignete doch eher eine auf Herabsetzung der natürlichen Erkenntniss gerichtete Tendenz, und diese kam gelegentlich auch in extremer Form zum Ausdruck. Schon der blosse Name Vernunft konnte Verdacht erregen und mit dem Makel unchristlicher Gesinnung behaftet erscheinen lassen [2]. Umgekehrt wird in der gesammten Cambridge-Literatur kein Gedanke häufiger wiederholt als der des harmonischen Verhältnisses zwischen Philosophie und Religion, Bildung und Frömmigkeit, Vernunft und Glaube.

Einer scharfen Grenzregulirung waren die Urheber der neuen Bewegung abgeneigt. Sie reden von der vernünftigen Religion und der religiösen Vernunft und übersehen dabei, dass nach Abzug der persönlichen Momente und individuellen Einflüsse, die bei ihnen massgebend waren, nur eine Vernunftreligion übrig bleiben konnte. Wenn Whichcote sagt: „Der Inhalt der Offenbarung übersteigt die Vernunft, aber widerspricht ihr nicht: es ist nur der Gegenstand zu gross für die Enge der menschlichen Auffassungsfähigkeit" [3], so lässt sich dies noch im Sinne der Aelteren verstehen. Das Gleiche gilt von dem Ausspruche John Smiths: „Es ist eine thörichte Einbildung, dass die Religion die Vernunft auslöschen sollte, da die Religion sie vielmehr nur erhabener und kräftiger macht; die am meisten in der Uebung der Religion leben, werden ihre Vernunft am meisten erweitert finden." [4] Andere Aeusserungen aber verrathen, dass die

---

[1] Tulloch S. 65. 69 f. 74. 77.   [2] Cfr. *Culverwell*, Light of nature p. 18.
[3] Tulloch S. 70.
[4] Select discourses by *J. Smith*. To which is added a sermon, preached at

zu Grunde liegende Auffassung eine von jener frühern verschiedene ist; so schon der Satz aus Whichcote's Aphorismen: „Nichts ist so innerlich vernünftig wie die Religion, nichts kann so sich selbst rechtfertigen, nichts wird so wie die Religion durch blosse Vernunft empfohlen." [1] Man sieht, wie der supranaturalistische Charakter der Religion hier im Begriffe ist abgestreift zu werden. In einer zusammenfassenden Charakteristik von John Smith bemerkt Tulloch [2]: „Religion war ihm in keiner andern Gestalt begreiflich denn als Idealisirung und Krönung unserer geistigen Natur. Das Göttliche stellt sich ihm dar als die Ergänzung des Menschlichen." Noch geht die Absicht dahin, die Tragweite der menschlichen Vernunft möglichst zu steigern und möglichst nahe an eine wirkliche Kenntniss der Offenbarungswahrheiten heranzurücken; das Ergebniss aber konnte nur sein, dass man umgekehrt von dem Inhalte der Religion die Bewährung vor der Vernunft verlangte und nur dasjenige festhielt, was von ihr ausgemessen werden kann. „Alle wahre Wissenschaft", predigt Cudworth, „strebt von Natur zu Gott, der ihre Quelle ist, und würde immerfort unsere Seele auf ihren Schwingen dorthin heben, hemmten nicht wir sie und hielten sie nieder in Gottlosigkeit. Alle Philosophie ist für einen weisen Mann, einen in Wahrheit geheiligten Mann, nur Materie für die Theologie" (ὕλη τῆς θεολογίας)." [3] Von H. More sagt Tulloch: „Religion war in der Praxis deutlich das bei ihm, wofür er sie in der Theorie hielt. die Weihe und Vollendung des natürlichen Lebens, die glänzendste und beste Form, die es unter der Inspiration und Leitung des göttlichen Geistes zu erreichen vermag... Er war ein energischer Vertreter der Rechte der Vernunft und hielt es nach dem Ausspruche seines Biographen für eine seiner hauptsächlichsten Sendungen, zu zeigen, wie der christliche und der philosophische Geist sich miteinander verbinden sollen. Die christliche Religion, richtig verstanden, schien ihm das tiefste und auserlesenste Stück Philosophie zu sein, das es gibt." [4] — Wie er selbst ausführt. war es „der hauptsächlichste. wenn nicht

---

the authors funeral by Symon Patrick. Neue Ausgabe von H. G. Williams. Cambridge 1859. Discourse IX, ch. 2, p. 399. — Die erste Ausgabe aus Smiths Nachlass war 1660 von Worthington veranstaltet worden. Die Abhandlung On prophecy findet sich auch in R. Watsons Collection of theological tracts. T. IV. London 1784. Dieselbe war von Leclerc ins Lateinische übersetzt und seinem Commentar zu Jesaias vorangestellt worden.
[1] Tulloch S. 107.   [2] A. a. O. S. 187.   [3] A. a. O. S. 233.
[4] A. a. O. S. 348.

der einzige, Zweck seiner langen und sorgfältigen Studien, die durchgängige Vernünftigkeit des Christenthums zu beweisen, und er wollte
mit Cicero der Vernunft überall folgen, wohin sie ihn führen würde" [1].
Jeder Priester sollte sich bemühen, nach Gelegenheit und Kräften
ebenso ein Mann der Vernunft oder ein Philosoph zu sein. „Die
Vernunft entfernen wollen unter was immer für einem Vorwande,
heisst den Priester entkleiden und ihn seiner Brustplatte berauben
(Anspielung auf das Brustschild des alttestamentlichen Hohenprie-
sters, welches die Vulgata rationale, die Septuaginta λόγιον nennt:
Exod. 29, 14), und, was das schlimmste ist, heisst das Christenthum der besondern Prärogative berauben, welche es vor allen Religionen in der Welt hat, dass es nämlich den Appell an die Vernunft wagt, dem sich alle, die das wahre Interesse der Religion
verstehen. aufs engste anschliessen müssen, da das gegentheilige
Verhalten demselben den Verdacht der Falschheit eintragen und es
mit jedem eitlen Betruge auf gleiche Stufe stellen würde. Denn
man nehme die Vernunft hinweg, und alle Religionen sind gleich
wahr, wie, wenn das Licht entfernt wird, alle Dinge die· gleiche
Farbe haben." [2]

More nimmt allerdings ein von der Vernunft unterschiedenes
höheres Princip der religiösen Erkenntniss an, dessen Vorhandensein
er von der völligen Heiligung des Menschen abhängig sein lässt:
es erscheint als ein Organ unmittelbaren Erfassens der höchsten

---

[1] A collection of philosophical writings by *Henry More* (Antidote against
atheism. Appendix to the said antidote. Enthusiasmus triumphatus. Letters to
Descartes. Immortality of the soul. Coniectura Cabbalistica). 2. ed. London 1662.
Vorausgeschickt ist The preface general; darin p. IV: I conceive Christian religion
rational throughout, and I think I have proved it to be so . . . Which I must
confess was the main, if not the only, scope of my so long and anxious search
into reason and philosophy and without which I have proved but a lazy and remiss
enquirer into the nature of things . . . But having this so eminent a scope in
my view, and taking up that generous resolution of Marcus Cicero, *rationem
quo ea me cunque ducet, sequar*, I make account I began then to adorn my function etc.

[2] Ebend. p. VI: To take away reason, under what fanatick pretense soever,
is to disrobe the priest and despoil him of his breast-plate, and which is worst
of all, to rob Christianity in that special prerogative it has above all other reli-
gions in the world. namely. *that it dares appeal into reason*. Which as many as
understand the true interest of our religion will not fail to stick closely to, the
contrary betraying it to the unjust suspicion of falsehood, and equalizing it to
every vain imposture. Fore take away reason, and all things are alike true, as
the light being removed, all things are of one colour.

Wahrheit[1]; — aber auch so bleibt die höchste religiöse Erkenntniss
ein dem Menschen auf Grund seiner natürlichen, wenn auch vielleicht aussergewöhnlich gesteigerten, Gaben und Vermögen Erreich-
bares, nicht ein ihm durch göttliche Offenbarung und autoritative
Belehrung von aussen Mitgetheiltes.

Dass die Consequenz dieses Standpunktes zu einer besonders
nachdrücklichen Betonung der praktischen Seite des Christenthums
hinführen musste, ist schon zuvor bemerkt worden. Wie Cudworth
in einer seiner Predigten gesagt hatte: „Niemand wird vom Himmel
ausgeschlossen werden, weil er Geheimnisse nicht verstanden hat,
sofern er nur ein aufrichtiges und gutes Herz hatte, bereit, Gottes
Gebote zu erfüllen"[2] — so auch verkörperte sich für More die
Religion weit mehr in dem Leben als in dem Dogma. Sein Wunsch
ging vorzüglich dahin, die Söhne eines streitsüchtigen Zeitalters von
theologischen Controversen zu christlicher Pflichterfüllung zurück-
zurufen[3]. — Aber noch eine zweite Consequenz trat alsbald hervor.
Bei dem Bestreben, innerhalb der christlichen Gemeinschaft möglichst alle trennenden dogmatischen Verschiedenheiten zurücktreten
zu lassen, musste ganz von selbst alles Gewicht auf die letzten
Grundwahrheiten aller religiösen Auffassung fallen. John Smith führt
folgende drei als die Hauptprincipien oder Artikel der religiösen
Wahrheit auf: die Unsterblichkeit der Seele, das Dasein und Wesen
Gottes und die Mittheilung Gottes an die Menschheit durch Christus[4].

---

[1] Ebend. p. VII: I should commend to them that would successfully philoso-
phize, the belief and endeavour after a certain principle more noble and inward
than reason itself, and without which reason will faulter, or at least reach but to
mean and frivolous things. I have a sense of something in me while I thus speak,
which I must confess is of so retruse a nature that I want a name for it, unless
I should adventure to term it *Divine Sagacity*, which is the first rise of successful
reason, especially in matters of great comprehension and moment, and without
which a man is as it were in a thick wood, and may make infinite promising
attempts, but can find no out-let into the open champain, where one may freely
look about him every way without the safe conduct of good genius. P. IX: ...
This intellectual success therefore is from the presence of God, who does move
all things in some sort or other, but residing in undefiled spirit moves it in the
most excellent manner and endues it with that divine sagacity I spoke of, which
is a more inward compendious and comprehensive presentation of truth, ever
antecedaneous to that reason which in theories of greatest importance approves
itself afterwards, upon the exactest examination, to be the most solid and perfect
every way, and is truly that wisdom, which is peculiarly styled the gift of God,
and hardly competible to any but to persons of a pure and unspotted mind.
[2] Tulloch S. 236.   [3] A. a. O. S. 361.   [4] Discourse IV, ch. 1. p. 59.

Nur den beiden ersten hat er die ihnen zugedachte vollständige Bearbeitung wirklich zu theil werden lassen. Allerdings war es sein
früher Tod, was ihn an der Vollendung des dritten Abschnittes
verhinderte; dennoch ist das Verhältniss typisch. Die tiefere Erörterung christologischer Fragen lag nicht in dem Interessenkreis
der Schule; sie begnügte sich mit einer möglichst allgemeinen Denkweise, welche den verschiedenen Auffassungen Raum gewährte und
die Erlösung durch Christus in eine Reihe mit den der Vernunft
zugänglichen Wahrheiten stellte. Weit eingehender aber beschäftigten sie sich mit den beiden anderen Hauptartikeln. Die Erörterung derselben gab ihrem religiösen Gefühle wie ihrem speculativen
Triebe das gleiche Genügen, zudem aber kamen ihnen gerade hierfür von verschiedenen Seiten bedeutsame Anregungen.

Bisher ist ausschliesslich der religiöse oder kirchlich-politische
Ausgangspunkt der Schule betont worden und im Zusammenhange
damit das religionsphilosophische Problem, welches ihnen unmittelbar von dort entsprang. Das tiefere Interesse aber, welches sie dem
letztern entgegenbrachten und welches sie alsbald über die engen
Schranken der Parteitheologie hinausführte, musste sie zugleich mit
den anderweitigen philosophischen Strömungen der Zeit in Berührung bringen. Indem sie sich den von dort kommenden Anregungen
nicht entzogen und zu den aufgeworfenen Fragen Stellung nahmen,
gewannen sie eine Bedeutung und einen Einfluss, welche über die
engsten kirchlichen Kreise und die eigentlich theologischen Fragen
hinausgingen. Dabei bleibt vollkommen bestehen, dass sie den besondern Geist, der sie beseelte, nicht einem bestimmten System zu
verdanken hatten, dem sie sich anschlossen, sondern dass umgekehrt
eben jener Geist, der ihnen von Anfang an eigenthümlich war, sie
mit einzelnen philosophischen Richtungen mehr als mit anderen zusammenbringen musste.

Nach dem Berichte eines Zeitgenossen sah die öffentliche Meinung in England zur Zeit der Restauration in den Theologen von Cambridge die Vertreter einer neuen oder „mechanischen" Philosophie[1].
In dieser Bezeichnung liegt nach der einen Seite der Unterschied
gegen die überkommene peripatetisch-scholastische Schulphilosophie,
nach der andern Seite der Hinweis auf das eben damals mächtig
anwachsende Interesse an Naturwissenschaft und experimenteller
Forschung. In dieser Beziehung ist es bezeichnend, dass Cudworth

---

[1] Tulloch S. 22.

und More bereits im Jahre 1662 in die Royal Society in London
aufgenommen wurden, welche für jene neue, im Geiste Bacons be-
triebene „Philosophie" den Mittelpunkt abgab [1]. Indessen folgten
sie doch hier nur dem allgemeinen Zuge der Zeit: ein näherer Zusammenhang, der sie mit dem Verfasser des Neuen Organon verknüpft hätte, oder gar eine geistige Verwandtschaft mit ihm besteht
nicht. Weder stimmen sie in der schroffen Absage an Aristoteles
und den alten Schulbetrieb mit ihm überein, noch konnten sie für
diejenige Seite der Speculation, die ihnen am meisten am Herzen
lag, bei ihm eine positive Anregung finden. Bacons Auffassung des
Verhältnisses von Philosophie und Theologie, Vernunft und Offenbarung hat mit der Schule von Cambridge nichts gemein, steht vielmehr zu ihr in diametralem Gegensatze. Er hält an dem „altprote-
stantischen Princip des Widerstreits zwischen Vernunft und Glauben"
fest und spricht es geradezu aus, je vernunftwidriger ein göttliches
Mysterium sei, um so mehr müsse es zur Ehre Gottes geglaubt werden.
Aufs strengste will er zwischen Philosophie und der auf göttlicher Offenbarung beruhenden Theologie geschieden wissen; jedes Eindringen der
erstern in das Gebiet der letztern soll verboten sein. Denn eine derartige Grenzüberschreitung zieht als unvermeidliche Folge eine „häre-
tische Religion" auf der einen und eine „phantastische Philosophie" auf
der andern Seite nach sich [2]. Möglich, dass bei dieser Auffassung
auch der Wunsch bestimmend war, alle religiösen Streitigkeiten zu
vermeiden. In der Periode des grössten Ansehens der englischen
Staatskirche konnte er glauben, den Frieden am besten durch reflexionslose Unterwerfung unter die Normen der letztern zu wahren.
Seitdem war aber mit der Aera der Revolution die der Revolutionskirchen und der ins Ungemessene fortwuchernden Sectenbildung ein-

---

[1] Am 4. Juni wurden sie von Wilkins vorgeschlagen, vom 15. Juli datirt
die feierliche Bestätigung der Gesellschaft durch Karl II. und Verleihung von
Corporationsrechten an dieselbe; am 17. September kommen sie mit anderen zusammen ins Scrutinium und werden gewählt. Ihre definitive Organisation erhielt
die Gesellschaft jedoch erst durch ein zweites königliches Schreiben — the second charter — vom 22. April 1663. In der hierauf unterm 20. September aufgestellten Mitgliederliste fehlen beide Namen, unter dem 25. Mai 1664 aber heisst
es: Dr. More was again proposed candidate by Dr. Wilkins and immediately elected,
having been formerly chosen by the first charter. Am 1. Juni wird er eingeführt
und am 8. beschlossen, ihn bis auf weiteres von allen Zahlungen zu entbinden.
Von Cudworth ist nicht mehr die Rede. Cfr. *Birch*, History of the Royal Society
(London 1756) I, 85. 88. 111. 239 f. 427. 437.

[2] Kuno Fischer, Francis Bacon und seine Nachfolger (2) S. 322 ff. 401 f.

getreten; statt reflexionsloser Unterwerfung unter ein bestimmtes
Bekenntniss erstrebte die Schule von Cambridge eine philosophische
Verständigung über den wesentlichen Gehalt der verschiedenen reli-
giösen Bekenntnisse.

Eine natürliche Theologie wollte allerdings auch Bacon bestehen
lassen. Sie soll uns die Erkenntniss Gottes aus seinen Werken ver-
mitteln und die Gottesläugner zurückweisen lehren, während sie von
der göttlichen Heilsordnung und überhaupt von allem, was von
Gottes Willen, d. h. seiner grundlosen Willkür abhängt, nichts zu
erkennen vermag. Aber der Werth dieser natürlichen Theologie
verringerte sich sofort ganz erheblich, wenn Bacon jede wissenschaftliche Erkenntniss des Geistigen für unmöglich erklärte; und parallel
damit geht, dass er zwar die Zwecke in der Natur und die ursprüngliche Anordnung der Naturdinge durch eine zweckthätige Ursache
nicht läugnet, von der wissenschaftlichen Betrachtung dieser Dinge
aber jede Bezugnahme auf zweckthätige Kräfte, auf Geist und Gott
ausschliesst. Welches immer seine persönliche Stellung zum religiösen Glauben gewesen sein mochte, der Anstoss, den er der wissenschaftlichen Forschung gegeben hatte, konnte nur zu einer Entfrem-
dung zwischen diesen beiden führen. Den Theologen von Cambridge
musste im Grunde alles an ihm antipathisch sein [1].

Wesentlich verschieden hiervon war die Stellung, die sie der
Cartesianischen Philosophie gegenüber einnahmen, wenngleich es auch
hier an Spannungen und Entgegensetzungen nicht fehlte. Die Darstellung hat hier in erster Linie an H. More anzuknüpfen, in dessen
Schriften das Verhältniss eine ausgiebige Beleuchtung erhält.

More hatte mit Cartesius in dessen letzten Lebensjahren einen
Briefwechsel angeknüpft [2], in dem er sich als feurigen Bewunderer
des Philosophen einführte, zugleich aber eine Reihe von Bedenken
und Einwendungen erhob, die jedoch, wie er meint, nirgends die
eigentlichen Grundlagen des Systems treffen. Niemand, bemerkt er
im Eingange des ersten Briefes, als nur Cartesius selbst könne er-

---

[1] Tulloch S. 296. Eine Ausnahme macht Culverwell, welcher Bacon
häufig und in ehrender Weise citirt, sich aber auch eine gerechte Beurtheilung
des Aristoteles zu wahren weiss.

[2] More's Briefe sind vom December 1648, März, August und November
1649. Sie wurden nebst den Antworten des Cartesius von Clerselier im
ersten Bande der von ihm veranstalteten Briefsammlung (Paris 1657) veröffentlicht. More fügte die Correspondenz sowohl der englischen (s. oben S. 104
Anm. 1) als der lateinischen Sammelausgabe seiner philosophischen Schriften bei.

messen, welchen Genuss ihm die Lectüre seiner Schriften bereitet
habe. Das Verständniss der herrlichen Lehrsätze habe ihm, dem
Leser, keine geringere Freude verschafft als dem Urheber deren
erste Erfindung; er liebe die geistigen Erzeugnisse desselben, als
ob es seine eigenen wären. Hätte es ihm in der That doch beinahe
vorkommen wollen, als wären sie es wirklich, da er seine Sinne
und Gedanken dahin richtete, wo ihm jener vorangegangen war.
Niemals könne er hoffen, auf etwas seinem Geiste Verwandteres zu
stossen; fremd aber könne es nur den anmuthen, dessen Denken sich
von der Vernunft selbst entfernt habe. Mit Cartesius verglichen
erschienen ihm alle älteren Vertreter der Naturerkenntniss als blosse
Pygmäen. Möge auch jenem selbst an solchen Aeusserungen nichts
gelegen sein, die Erinnerung an den Nutzen wie an den Genuss,
den er aus der Lectüre der Cartesianischen Schriften gezogen habe,
ringe ihm dieses Zeugniss seiner Dankbarkeit ab. Ausserdem aber
wünsche er ihm Kenntniss davon zu geben, dass auch in England
Männer seien, die ihn hochschätzten und die göttlichen Gaben seines
Geistes würdigten und bewunderten. Unter diesen aber sei keiner,
der ihn mehr liebe und seine Philosophie inniger umfassen könne
als der Briefschreiber.

Von den Schriften werden angeführt die „Principia", die „Diop-
trik", die „Meteore" und der „Tractat von der Methode"; von den
Meditationen ist nicht die Rede.

Der Brief ist ein interessantes Actenstück zur Geschichte der
Cartesianischen Philosophie. Er gehört zu den wichtigsten Zeug-
nissen über das Bekanntwerden derselben in England[1]. Ohne Zweifel
war es Cambridge und der Kreis von Männern, zu welchem More
gehörte, wo sie zuerst Wurzel fasste. Dort brauchte man Stützen
für die eigene Denkweise, Nahrung für das erwachte speculative
Interesse, Mittel des Ausdrucks für das, was noch in unklarer
Gährung begriffen sein mochte, oder auch Gegensätze, an denen man
die eigenen Gedanken prüfen und zu grösserer Schärfe entwickeln
konnte. In dem französischen Philosophen, der losgelöst von den
Formeln der Schulphilosophie mit der Energie eines selbständigen
Denkers an die grossen Fragen nach dem Dasein und den Eigenschaften Gottes und der Natur der menschlichen Seele herangetreten

---

[1] Der Abfassungszeit nach früher ist die Erwähnung in Culverwells
Light of nature (1646 verfasst, aber erst 1652 erschienen) p. 203: doch lässt sich
derselben nichts über eine eingehendere Bekanntschaft mit den Schriften und Lehren
des Cartesius entnehmen.

war und die unerschütterlichen Fundamente einer Geisteswissenschaft
zu legen sich bemüht hatte, konnte man das Gesuchte zu finden
glauben. Dazu fesselte an ihm das offene Auge für die Weltwirk-
lichkeit, seine Versuche, die verwickelten Erscheinungen der umgebenden Welt aus einfachen Voraussetzungen zu erklären. Wenn
wir heutzutage gewöhnt sind, in Cartesius vor allem den Begründer
der Philosophie der Neuzeit zu erblicken, und daneben höchstens
noch seiner Verdienste um die Mathematik zu gedenken pflegen, so
bewunderte man im 17. Jahrhundert ganz ebenso den Naturforscher[1].
Dass man sich auch in Cambridge ganz besonders von dieser Seite
der Cartesianischen Schriften angeregt fand, zeigt das Schreiben More's.

Die tiefe Verschiedenheit in dem Wesen des französischen Denkers, dessen scharf analysirender Verstand und vorsichtiges Abwägen
jedem unklaren Mysticismus abhold war, scheint ihm zu Anfang verborgen geblieben zu sein. Aber der ursprüngliche Enthusiasmus
hielt nicht stand, ja es trat sogar ein höchst auffallender Wechsel
der Gesinnung bei More ein. Noch in einem Schreiben vom Jahre
1655 an Clerselier, den Herausgeber der Cartesianischen Briefe, nennt
er die Cartesianische Philosophie die beste Schutzwehr gegen den
Atheismus nächst der Platonischen[2]. Der Brief an einen Ungenannten
dagegen, den er wenige Jahre später der von ihm selbst unternommenen Veröffentlichung des Briefwechsels beigab, ist weit weniger,
was die Ueberschrift erwarten lässt, eine Vertheidigung der Cartesianischen Lehre als vielmehr eine Vertheidigung More's selbst, dem
seine Hinneigung zu derselben zum Vorwurfe gemacht worden war[3].
An Ausdrücken der Bewunderung fehlt es auch jetzt noch nicht,

---

[1] Wie sehr dies alsbald auch in England der Fall war, zeigt ein Durch-
blättern der ersten Jahrgänge der Philosophical Transactions, welche seit 1665
im Auftrage der Royal Society erschienen und in denen überall Cartesius als das
grosse Vorbild und der von glücklichem Erfolge begleitete Entdecker erscheint.

[2] Nec certe solum lectu iucunda est haec Cartesiana philosophia, sed apprime
utilis, quicquid aut mussitent aut deblaterent alii, ad summum illum omnis philosophiae finem, puta religionem . . . Unde si principiis staretur Cartesianis, cer-
tissima esset ratio dux ac methodus demonstrandi et quod Deus sit, et quod anima
humana mortalis esse non possit. Quae sunt illa duo solidissima fundamenta ac
fulcra omnis verae religionis. Haec breviter noto, cum possim et alia bene multa
huc adiicere, quae eodem spectant. Sed summatim dicam, nullam extare philosophiam, nisi Platonicam forte exceperis, quae tam firmiter Atheis viam praecludit
ad perversas istas cavillas et subterfugia quo se solent recipere, quam haec Cartesiana, si penitus intelligatur.

[3] Epistola H. Mori ad V. C. quae apologiam complectitur pro Cartesio, quaeque introductionis loco esse poterit ad universam philosophiam Cartesianam.

aber die Vorbehalte treten schon mit grösserem Nachdrucke auf[1]. Immerhin erscheint hier noch die gegen den Philosophen erhobene Anklage des Atheismus als grundloses Gerede[2]. Ebenso spricht er es noch in der zuerst 1659 erschienenen Abhandlung über die Unsterblichkeit der Seele als einen der christlichen Welt sehr heilsamen Rath aus, es möge die Cartesianische Philosophie in allen Schulen und Universitäten vorgetragen werden[3]. Ein ganz anderer Ton dagegen begegnet in dem Briefe an den Leser, welcher der Ausgabe der Dialoge vom Jahre 1668 vorgedruckt ist. Derselbe rührt, trotz des angenommenen Namens, zweifellos von More her. Hier nun dementirt er geradezu seine frühere Begeisterung und sieht sich im Interesse der Ehre Gottes zur Opposition verpflichtet[4]. Noch schärfer geht er in dem Enchiridion Metaphysicum von 1671 vor. Der frühere Enthusiasmus hat völlig der entgegengesetzten Stimmung Platz gemacht. Die „mechanische Philosophie" ist ihm jetzt durchaus verhasst; von Cartesius und namentlich von dessen Meditationen, die nun hier erwähnt werden, spricht er in den geringschätzigsten Ausdrücken. Der früher so hoch gepriesene Philosoph steht ihm völlig auf einer Stufe mit den Materialisten und Atheisten[5].

---

[1] Quamvis enim incomparabilis philosophus in inventis suis ac ratiociniis plerisque omnibus adeo supra humanam sortem felix sit ac ingeniosus . . .: me tamen natura tam tardo ac haesitabundo ingenio finxit, ut nullius mortalis authoritas mentis aciem ita potuerit unquam perstringere, ut hoc fascino devinctus eis theorematis fidem haberem quorum veritas satis solidis argumentis non sit suffulta, multo minus eis quae propriis animi sensibus ac rationi repugnant. Itaque breviter dicam; tantum abest ut tam avide Cartesiana omnia cruda cocta perinde devorem, ut libere apud te profitendum censuerim, me in illius scriptis observasse nonnulla quae nullo pacto deglutire possum.

[2] Quod ad vagos illos susurros spectat quos spargi ais de Cartesio, quasi de Deo non recte sentiret, nihil eos moror. Novi enim maximorum ac liberrimorum ingeniorum perpetuum fuisse fatum a semidocto vulgo atheismi esse suspecta.

[3] I think it is the most sober and faithful advice that can be offered to the Christian world, that they would encourage the reading of Des-Cartes in all publick schools or universities. In dem Zusatze zu dieser Stelle, welchen er der lateinischen Ausgabe von 1679 beigefügt hat, hält er es für geboten, einen Vorbehalt zu machen, um der möglicherweise aus jenem Rath entspringenden Gefahr vorzubeugen.

[4] Tulloch S. 374. Der Brief ist in die Ausgabe von 1679 nicht aufgenommen. Hier heist es: That so much admired philosopher Renatus Des-Cartes, on whom persons so well versed in philosophical speculations have bestowed so high encomiums, especially a writer of our own.

[5] Quorum quidem (sc. Nullibistarum) festivum illud caput Renatus Cartesius, qui iocularibus suis Meditationibus Metaphysicis ingeniis satis sobriis alias atque

Von Cudworth liegen Aeusserungen über Cartesius aus früherer Zeit nicht vor. In seinem 1671 .vollendeten, aber erst 1678 erschienenen grossen Hauptwerke, dem „Intellectualsystem" [1], nimmt er sozusagen einen mittlern Standpunkt ein. Er will dem französischen Philosophen alle Gerechtigkeit widerfahren lassen. Derselbe habe Physik und Theologie miteinander in Harmonie gesetzt und namentlich in jener Ausgezeichnetes geleistet. Aber seine Philosophie enthalte doch auch höchst bedenkliche Elemente [2]. Wer die Zweckbetrachtung aus der Natur verweisen und alles lediglich auf mechanische Ursachen zurückführen wolle, stehe dem Atheismus schon sehr nahe; jedenfalls beraube er sich des wirksamsten Gottesbeweises, der eben auf die Zweckbetrachtung gegründet ist [3].

Sehr viel bestimmter war von Anfang an die Stellung, in der sich die Philosophen von Cambridge gegenüber von Hobbes befanden. In ihrer leitenden Tendenz von einer in den Zeitverhältnissen begründeten Strömung getragen, stiessen sie hier mit einer andern, weit mächtigern Strömung zusammen. Den von ihnen eingenom-

---

acutis, sed in hac parte ob nimiam Cartesii admirationem nimis cautis, facultates rationales ita luxavit ac distorsit, ut partim ementita ac praestigiosa illius subtilitate, partim autoritate decepti, ea sibi persuaserint verissima clarissimaque esse, quae, nisi hisce praeiudiciis occaecati essent, nunquam existimaturi fuissent possibilia. (Ench. Metaph. cap. 27, n. 2. Opp. philos. I, 307.) Cfr. Praefatio ad lectorem n. 3, ibid. p. 135 sq.; n. 6. 7. 8. 9; n. 10, p. 139: Quid vero? inquies, numquam plane actum est de mechanicis phaenomenon solutionibus universi? Ita prorsus puto de puris putis illis, quales Cartesius Hobbiusque et consimiles philosophi mechanici affectant, quas solas impugno et explodo, non solum tamquam minus pias, sed tamquam ineptissimas et supra quam dici potest falsissimas.

[1] The true intellectual system of the universe, wherein all the reason and the philosophy of atheism is confused. — Ins Lateinische übersetzt und mit Anmerkungen und Zusätzen versehen von Mosheim unter dem Titel: Systema intellectuale huius universi seu de veris naturae rerum originibus commentarii. Lugd. Batav. 1743; ed. 2. 1773. Ich citire nach der letztern.

[2] Systema intellectuale I, 251: Metaphysicam seu theologiam cum physica sociavit et unum integrumque ex utraque philosophia corpus composuit. Atque haec eius physica, si partem intuearis mechanicam, tam apte, scite et composite ab ingeniosissimo viro disposita et descripta est, ut, quin acutissimos veterum, qui hac via ac ratione philosophati sunt, si minus superavit, certe assequutus sit, nullum omnino dubium cuiquam esse queat reliquum. Nihilo tamen minus sunt in hac Cartesii philosophia nonnulla, quae vehementer dignitatem et auctoritatem eius diminuunt.

[3] A. a. O. I, 199 f.; II, 116 ff.; vgl. I, 87. Dazu Rémusat (Histoire de la philosophie en Angleterre depuis Bacon jusqu'à Locke II, 33) und Tulloch S. 248.

menen Standpunkt konnte im besten Falle immer nur eine Elite theilen. Aus der Erbitterung religiösen Streites und dem Lärm der kämpfenden Parteien zogen sie sich in die Stille einer philosophischen Denkweise zurück, welche die Streitpunkte als minder erheblich beiseite liess und sich mit vermehrtem Eifer der Betrachtung und speculativen Durchdringung gewisser Haupt- und Grundwahrheiten hingab. Die Wärme religiösen Empfindens war bei ihnen nicht erloschen, wohl aber war ihnen — mit der einzigen oben bezeichneten Ausnahme — das Bedürfniss polemischer Auseinandersetzung mit anders Denkenden und Empfindenden abhanden gekommen. Viel verbreiteter aber war seit der Mitte des 17. Jahrhunderts in England eine andere Stimmung. Auf die gewaltige Anspannung der Kräfte in den kirchlich-politischen Kämpfen war in naturgemässer Reaction eine Erschlaffung gefolgt. Der Wunsch nach Friede und Eintracht machte sich mit grösstem Nachdrucke geltend; hinter diesen vor allem anzustrebenden Gütern trat der Werth der anderen, für die bisher so leidenschaftlich gestritten worden war, das Recht des Volkes gegenüber der Krone und das Recht der eigenen Ueberzeugung gegenüber einer angemassten Hierarchie, vollkommen zurück. Was man vor allem nöthig hatte, war eine Staatsgewalt, welche, stärker als die streitenden Parteien, jedem Streite ein Ende machte, indem sie jeder subjectiven, friedestörenden Willkür die von ihrer Macht getragene, für alle giltige gesetzliche Norm entgegensetzte. „Von dem chaotischen Anblick einander befehdender Secten, einer verfallenen Kirche und eines staatlichen Gemeinwesens, welches, obzwar stark in den starken Händen, die es regierten, versäumt hatte, sich zu verfassungsmässigen Formen auszugestalten, wandte sich der Geist der Menschen zurück zu den alten Ideen einer Autorität, wie sie vordem das nationale Leben mit festen Banden zur Einheit verknüpft und die Thätigkeit sowohl der Kirche als des Staates controlirt hatte." Der bezeichnendste Vertreter dieses namentlich in den höheren Kreisen eingetretenen Umschwunges ist Hobbes. „Nichts wurzelt tiefer bei ihm als der Widerwille gegen religiösen Eifer und Streitsucht und als die Forderung einer unverletzlichen, den ganzen Umkreis der Religion und Moral ebensowohl als der Politik bindenden Regel." [1]

Aber Hobbes ist weit davon entfernt, die „alten Ideen" einfach zu erneuern. Wenn Tulloch ihn einen „Radicalen im Dienste der

---

[1] Tulloch S. 230.

Reaction" nennt [1] und geneigt ist, in seiner politischen Theorie nur
den mit ungewöhnlicher geistiger Kraft unternommenen Versuch der
Erneuerung alter Irrthümer zu erblicken, so kommt das Neue und
Epochemachende dieser Theorie, dasjenige, was sie zu einem der
wichtigsten Factoren in der Entwicklung des modernen Staatsgedan-
kens gemacht hat, nicht genügend zur Geltung. Ist doch der Satz,
dessen sich noch Staatsmänner des 19. Jahrhunderts im politischen
Kampfe als Waffe bedient haben, der Satz, dass das Gesetz das
öffentliche Gewissen sei, zum erstenmale von Hobbes aufgestellt
worden [2]. Er ist der Begründer des unpersönlichen Staatsabsolutismus. Die Publicisten der Stuarts und diese selbst leiteten die
absolute Gewalt des Königthums aus seiner höhern Weihe, seiner
unmittelbar göttlichen Einsetzung ab. Die absolute Gewalt im Staate
fällt bei ihnen zusammen mit der persönlichen Allgewalt des über
die gemeinen Sterblichen hoch hinausgehobenen Fürsten. Hobbes
dagegen hat nicht nur die missverstandene Theologie, durch welche
dort der Absolutismus gestützt werden sollte, durch eine völlig
naturalistische Philosophie ersetzt, sondern es tritt bei ihm der Staat
an die Stelle des persönlichen Trägers der Staatsgewalt; er, nicht
der Fürst, ist der alles verschlingende Leviathan, dem gegenüber
es kein Recht gibt, weil es ihm gegenüber keine Macht gibt. Der
Staat ist nothwendig. Furcht und Selbsterhaltung, die stärksten
Triebe der Menschennatur, führen zu seiner Aufrichtung. Sie treiben
dazu an, den Frieden zu suchen, wo er gehalten werden kann. Dauernder Friede ist unmöglich, solange jeder Einzelne sich frei seiner
Begierde überlässt und sein uneingeschränktes Recht an allem geltend macht. Er wird nur möglich durch einen Vertrag, in dem
jeder seinen Willen und seine Macht der absoluten Staatsgewalt
ausliefert unter der Bedingung, dass alle das Gleiche thun. Welches
das Organ des Staatswillens ist, ob ein Fürst oder eine Volksver-
sammlung, ist dabei gleichgiltig.

Die Zeitgenossen haben Hobbes Gesinnungswechsel vorgeworfen,
und Thatsache ist ja, dass er im Jahre 1651 das Lager der Roya-
listen verliess, von Paris nach London floh und seinen Frieden mit
der Republik machte [3]. Wenn aber Burnet [4] von ihm sagt: „Er
schrieb sein Buch zuerst zu Gunsten der absoluten Monarchie und
modelte es später um, um der republikanischen Partei gefällig zu

---

[1] Tulloch S. 26.   [2] Leviathan ch. 29.
[3] *Robertson*, Hobbes (London 1886) 66 ff.   [4] A. a. O. S. 128.

sein", so ist der Vorwurf in dieser Gestalt schwerlich begründet.
Ob Königthum oder Republik, ist in seiner Theorie eine Frage von
untergeordneter Bedeutung: das Entscheidende ist die Forderung
der ausschliesslichen, einheitlichen und uneingeschränkten Souveränität der staatlichen Gesetzgebung. Kein Gebiet darf ihr entzogen
werden. Dass man sich den Staatsgesetzen gegenüber auf das Gewissen berufen dürfe, gilt ihm als eine aufrührerische Lehre und
als eine von denen, welche am meisten die Auflösung eines Staatswesens verschulden.

Es kann auf sich beruhen bleiben, ob für Hobbes die politische
Ueberzeugung eine Consequenz seiner allgemeinen philosophischen
Grundansicht bildet, welche, wie bekannt, ein völlig materialistisches
Gepräge trägt, oder ob ihm jene auf Grund seiner Charaktereigen-
schaften und seiner persönlichen Erfahrungen schon feststand, als
er daran ging, sie auf dem allgemeinen Hintergrunde seiner Philosophie zu einer Theorie zu entwickeln, gleichsam mathematisch zu
construiren. Noch weniger kommt darauf an, seine persönliche
Stellung der Religion gegenüber zu erforschen. In seinen Beweisführungen zieht er in weitem Umfange die Heilige Schrift heran,
biblische Sprechweise bringt er mit Vorliebe zur Anwendung: ein
ganzer Abschnitt ist im Leviathan der Erörterung eines christlichen
Staatswesens gewidmet. In Wahrheit aber ist für die Religion in
seiner politischen Theorie ganz ebensowenig eine Stelle wie in seiner
materialistischen Naturlehre. Was er trotzdem mit diesem Namen
benennt, wird kein wirklich Gläubiger mehr dafür erkennen. Lange
bemerkt ganz treffend: „Genau wie Epikur und Lucrez leitet auch
Hobbes die Religion aus Furcht und Aberglauben her; allein während jene eben deshalb die Erhebung über die Schranken der Religion als die höchste und edelste Aufgabe des Denkers hinstellen,
kann Hobbes diesen gemeinen Stoff für die Zwecke seines Staates
sehr wohl verwenden. Seine Grundansicht von der Religion findet
sich in einem einzigen Satze so schlagend, dass man sich über die
unnütze Mühe, die man sich oft mit der Theologie unseres Philosophen gegeben hat, billig wundern muss." Es ist die Stelle im
sechsten Kapitel des Leviathan: „Die Furcht unsichtbarer Mächte,
sei es, dass diese erdichtet, sei es, dass sie durch Tradition überliefert sind, ist Religion, wenn sie von Staats wegen festgestellt,
Aberglaube, wenn sie nicht von Staats wegen festgestellt ist." Der
weitere Zusatz: „Und wenn die erdichtete Macht in Wirklichkeit
so ist, wie wir sie vorstellen, so ist es wahre Religion", hat gar

8 *

keine ernstliche Bedeutung, da es ja doch der Staat bleibt, der festzusetzen hat, welche Religion gelten soll [1].

Ein schärferer Gegensatz gegen die Auffassung der Männer von
Cambridge war nicht zu denken. Sie sehen in der Religion die Vollendung und Krone der vernünftigen Natur des Menschen; hier wird
sie aus einem vernunftlosen Triebe, der Furcht, abgeleitet. Ihnen
galt sie als der grösste und werthvollste Besitz, das Eigenste, was
der Einzelne haben kann; hier hat der Einzelne gar kein persön-
liches Verhältniss zur Religion, denn das Staatsgesetz allein schreibt
vor, was als solche zu gelten hat. Hier kann es daher auch keine
vernünftige Erörterung religiöser Fragen, keine Religionsphilosophie
und keine speculative Theologie geben. Reflexionslose Unterwerfung
ist das einzige, was gefordert wird. Wir haben unserem Verstande
Halt zu gebieten und uns einfach an die Worte anzuschliessen. Auch
wäre es verlorene Mühe, mit Hilfe der Logik eine philosophische
Wahrheit aus religiösen Geheimnissen herauspressen zu wollen, die
ihrer Natur nach unbegreiflich sind. „Denn es verhält sich mit den
Geheimnissen unserer Natur wie mit Pillen; ganz hinuntergeschluckt
heilen sie; zerkaut werden sie zumeist ohne Wirkung wieder aus-
geworfen." [2]

Man sieht, der Respect, welchen Hobbes geflissentlich der Religion gegenüber an den Tag legt, kommt der Sache nach einer
völligen Geringschätzung derselben gleich. Und gerade dies entsprach dem Umschwunge des öffentlichen Geistes zur Zeit der Restauration. Der Widerwille, mit dem man sich von den religiösen
Streitigkeiten der vorangegangenen Periode abgewendet hatte, äusserte
sich nicht nur in der Missachtung und Verspottung dessen, was man
bisher aufs höchste gewerthet hatte, sondern in einem weitverbrei-
teten Misstrauen gegen die höheren, übersinnlichen Wahrheiten überhaupt. Die Menschen begannen an der Realität dessen zu zweifeln,
was zuvor der mächtigste Factor in ihrem Denken und der letzte
Grund der ganzen leidenschaftlichen Erregung gewesen war [3].

Den Bestrebungen der Schule von Cambridge stellte diese Richtung der Zeit eine ganz bestimmte Aufgabe. Eben jene Grundwahrheiten des Christenthums, in denen sie die gemeinsame Basis
für alle Gläubigen zu finden bemüht war, galt es nun, dem Un-

---

[1] Lange, Geschichte des Materialismus (2) I, 244. 283.
[2] Leviathan ch. 32.
[3] Tulloch S. 220 f. Macaulay, History of England I. ch. 2.

glauben gegenüber zu vertheidigen und gegen die directen oder indirecten Angriffe sicherzustellen, welche von einer im tiefsten Grunde widerchristlichen, ja atheistischen und materialistischen Philosophie dagegen gerichtet wurden [1]. Cudworth zumal sah darin die Aufgabe seines Lebens. War es auch ein Irrthum, wenn man in den Thesen, die er im Jahre 1644 behufs Erlangung des Baccalaureats aufgestellt hatte, bereits den bewussten Gegensatz gegen Hobbes erkennen wollte [2], dessen Ideen noch kaum begonnen hatten, ausserhalb eines engen Kreises bekannt zu werden, so sind doch der Bekämpfung dieser letzteren seine beiden Hauptwerke gewidmet, das bereits erwähnte „System" und die Abhandlung über die unveränderlichen Grundlagen der Moral [3].

In dem weitschichtig angelegten, aber trotz seinem grossen Umfange Fragment gebliebenen „System" wendet er sich gegen den Materialismus und Atheismus. Auf die Frage, ob denn in der Gegenwart eine Widerlegung des letztern nothwendig sei, antwortet er mit Plato [4] durch den Hinweis auf die Verbreitung desselben. Und in Athen gab es doch noch Strafgesetze dagegen. „Die Frechheit unseres Jahrhunderts dagegen ist so zügellos und ungebändigt, dass vielleicht niemals Gott mit grösserer Schamlosigkeit gelästert oder mit eifrigerem Fleisse die für ihn beleidigendsten Lehren verbreitet wurden. Sogar jene Corpuscularphilosophie, welche kurz vor Plato's Zeitalter Leucipp, Protagoras und Demokrit ausgedacht hatten, um damit Gott zu beseitigen, ist zu unseren Lebzeiten aus der Hölle zurückgerufen und in solchem Masse als vorzüglich gepriesen worden, als ob niemand Philosoph sein und etwas verstehen könnte, wenn er sie nicht er-

---

[1] Burnet a. a. O. S. 128 (nachdem von Hobbes die Rede gewesen): These were his true principles, though he had disguised them, in order to catch unwary readers. And this set of notions came to spread much. The novelty and boldness of them set many on reading them. The impiety of them was acceptable to men of corrupt minds, which were but too much prepared to receive them, by the extravagancies of the late times. *So this set of men at Cambridge studied to assert, and examine the principles of religion and morality on clear grounds, and in a philosophical method.*

[2] Tulloch S. 29. 203. Robertson a. a. O. S. 215 f. Jodl. Geschichte der Ethik I, 126.

[3] Treatise concerning eternal and immutable morality, erst lange nach dem Tode des Verfassers durch dritte Hand 1731 herausgegeben. — Eine gute Uebersicht über die hauptsächlichsten philosophischen Gedanken von Cudworth bei *J. Martineau*, Types of ethical theory II, 406—424.

[4] Gesetze X, 891 B.

griffe und billigte."[1] Hobbes wird nicht genannt; ihn aber bekämpft
er überall unter dem Namen des Demokrit oder Epikur, und wiederholt wird verständlich genug auf ihn hingedeutet; er ist der „gewisse Schriftsteller der letzten Zeit", der moderne Leucipp oder
Demokrit, der moderne Fatalist u. s. w.[2]

Die persönliche Spitze tritt bei More nicht in gleicher Schärfe
hervor. Als er sein „Gegengift gegen Atheismus" zum erstenmale
im Jahre 1652 herausgab, scheint er noch keine Schrift von Hobbes
gelesen zu haben. Zur Abfassung veranlasst hatte ihn, wie er selbst
erzählt[3], eine Unterhaltung, die er in London mit einigen geistreichen und feingebildeten Männern gehabt und aus der er erfahren
hatte, es gäbe Leute, „welche glaubten, es sei kein Gott". Eine
ausführliche Polemik gegen Hobbes findet sich dagegen in der Schrift
über die Unsterblichkeit der Seele vom Jahre 1659. Der Philosoph
von Malmesbury wird hier, nicht ohne eine gewisse Verbindlichkeit
in den Ausdrücken, als der bedeutendste Vertreter der Meinung eingeführt, dass es keine unkörperlichen Substanzen geben könne[4]. In
der Vorrede zur Metaphysik aber vom Jahre 1671 und in der Vorrede endlich, die er acht Jahre später der lateinischen Sammelausgabe seiner philosophischen Schriften vorangeschickt hat, ergeht

---

[1] Systema intellectuale c. 3, appendix (Dissertatio de natura genitrice) § 30,
ed. Mosheim I, 250; vgl. auch die von S t e i n (Geschichte des Platonismus III, 161,
Anm.) mitgetheilte Stelle, welche den Schluss der Vorrede bildet (a. a. O. I, p. LVI).

[2] C. 2, § 5, I, 99; c. 3, append. § 31, I, 252: At non multo post Cartesii
conatus, qui antiquam de atomis philosophiam nitori suo restituere studuit, na-
turasque corporis expertes professus est, nostrorum temporum Leucippi et Demo-
criti in medium processerunt, atque alterum illud philosophandi ex atomis genus,
quod Deum tollit, atque corpuscula sensu vitaque prorsus vacua unica totius universi principia statuit, renovarunt et ingenio expoliverunt. Qua doctrina stabilita,
non modo de mentium immortalitate, naturis simplicibus et corpore destitutis, iusti
iniustique discrimine, ipso denique Deo conclamatum fuit, verum etiam fieri non
potuit, quin omnes hominum actiones et eventus fato cuidam et naturae necessi-
tati alligarent. — Wie aus der Vorrede hervorgeht, gedachte C u d w o r t h in
Hobbes ursprünglich nur den Fatalisten zu bekämpfen, erkannte dann aber die
Nothwendigkeit, seiner Bekämpfung eine breitere Grundlage zu geben.

[3] In der der lateinischen Ausgabe der philosophischen Schriften voraus-
geschickten Praefatio generalissima.

[4] B. I, ch. 9, n. 2: And truly I do not remember that I ever met with any
one yet, that may justly be suspected to be more able to make good this province
then our countryman Mr. Hobbs, whose inexsuperable confidence of the truth of
the conclusion may well assure any man that duly considers the excellency of
his natural wit and parts, that he has made choice of the most demonstrative
arguments that human invention can search out for the eviction thereof.

er sich in den schärfsten Ausdrücken gegen ihn[1]. — Ein Zusammenhang mit dem veränderten Verhalten Cartesius gegenüber, von dem früher die Rede war, ist nicht zu verkennen. Man gewinnt den Eindruck, als ob More erst allmählich sich von der ganzen Tragweite der Hobbes'schen Aufstellungen überzeugt hätte, als dieselben bereits begonnen hatten, den irreligiösen und immoralischen Tendenzen der Zeit die bequeme Handhabe zu bieten. Gleichzeitig damit wurde ihm dann aber auch die Cartesianische Philosophie verdächtig. Mit wachsender Bestimmtheit identificirte er die naturphilosophischen Ansichten beider Männer, bis endlich die frühere Begeisterung in ausgesprochene Feindschaft umgeschlagen war.

So entschieden sich übrigens Cudworth und More gegen die mechanische Naturerklärung von Cartesius und Hobbes kehren, so wollen sie darum keineswegs auf alle und jede Naturwissenschaft und Naturerklärung verzichten. Insbesondere zeigt sich More als entschiedenen Freund einer wissenschaftlichen, auf Beobachtung und Experiment begründeten Erforschung der Erscheinungen. Er war nicht nur, wie früher bemerkt wurde, Mitglied der Royal Society, sondern stand auch, seiner eigenen Angabe zufolge[2], in freundschaftlichen Beziehungen zu dem berühmten Chemiker Robert Boyle. Noch

---

[1] Enchirid. Metaph. Praefat. n. 11. Praef. generalissima p. XVII, nach einer lobenden Erwähnung Samuel Parkers: qui Epicurum et Hobbium aliosque aut atheos aut scepticos, qui considerationem finis rerum in naturae phaenomenis adeo data opera explodunt, tractavit quibus profecto digni sunt modis. Cum enim huiusmodi homines, quoad hoc, stipites plane, lapidesve inanimes sunt, nisi ex eo, quod inanium gloriolarum auras captant, aliquo modo spirare videantur, stipites inquam larva philosophica, qua imperitum vulgus decipiant, induti, omnino par est et consentaneum ut tractentur non ut philosophi sed ut philosophorum larvae aut impostores, qui cum rationis et intelligentiae usum in rebus optimis maximique momenti perdiderint, digni sunt sane, qui praeter rationes, quae illis ad convictionem obferuntur, quaeque intelligere aut nolunt aut prae mentis hebetudine nequeunt, ea praeterea audiant eisque pungantur, quae percipere possunt . . . irrisiones intelligo iustarumque contumeliarum aculeos, ut de rebus pessimis desinant in posterum inanes efflare glorias et in proprio dedecore exultare. Equidem si hic semper adhiberetur atheos scepticosque tractandi modus, nec ut philosophos eos excipere vellemus, sed ut fatuos hominesque deliros, brevi proculdubio mirum in modum horum monstrorum minueretur numerus. — Auf Grund dieser Stelle, welche bisher, wie es scheint, nicht beachtet wurde, ist Whewells Erzählung von einem Verhältnisse gegenseitiger Werthschätzung zwischen Hobbes und More in das Gebiet der Legende zu verweisen und auch Tullochs Beurtheilung dieses Verhältnisses (a. a. O. S. 365 f.) zu berichtigen.

[2] In den Scholien zur neuen Ausgabe des zuerst 1656 erschienenen Enthusiasmus triumphatus, ad Sect. 58 (Opp. philos. I, 223).

in jener Vorrede zur Metaphysik unterscheidet er demgemäss von
der zum Atheismus führenden mechanischen die experimentelle Philosophie, deren Werth durch die Bekämpfung der erstern in keiner
Weise gemindert werden soll, und ausdrücklich beruft er sich auf
das Vorbild jener hochansehnlichen gelehrten Gesellschaft in London,
deren Arbeiten nicht nur dem Nutzen und der Bequemlichkeit des
Lebens, sondern auch der Erkenntniss und Feststellung höherer
Wahrheiten zu gute kommen[1]. Parallel damit geht bei Cudworth die
Unterscheidung einer guten und einer schlechten Corpuscularphilosophie oder Atomistik. Beide sollen bereits im Alterthum ihre Vertreter gehabt haben; auf der einen Seite Pythagoras, Anaxagoras,
Empedokles, denen sie von dem Phönicier Moschus oder Mochus
zukam; auf der andern Seite Leucipp und Demokrit, Protagoras
und Epikur. Diese letzteren bleiben bei dem Zusammenprallen der
Atome als letztem Erklärungsgrunde stehen, jene ersteren dagegen
leiten alle Bewegungen und Combinationen der körperlichen Elemente
von Gott als der höchsten Ursache ab[2].

Richtige Betrachtung und Erforschung der Natur muss stets
zu Gott hinführen; dies hatte mit Nachdruck schon John Smith
geltend gemacht[3]. Cudworth und More folgen ihm darin, aber sie
können die richtige Methode der Naturerklärung da nicht anerkennen,
wo man ausdrücklich jede Bezugnahme auf die Zweckursache beseitigt wissen will[4]. Und es genügt ihnen auch nicht, wenn man

---

[1] Praef. n. 11: . . . qualem nempe celeberrima regia societas Londinensis
profitetur, et in quo genere multa ac praeclara edidit artis industriaeque suae
specimina, non solum ad communes vitae usus, sed, quod et praesens hoc enchiridion testari potest. ad veritates philosophicas maxime sublimes vereque meta-
physicas eruendas apprime utilia.

[2] Dies macht von § 5 an den wesentlichen Inhalt von c. 1 des Systema aus;
vgl. c. 3, append. § 31. Auch in seinem ethischen Tractat kommt Cudworth hierauf zurück lib. II, c. 2. Vgl. Stein, Geschichte des Platonismus III, 163 f.

[3] Discourse III (On atheism) p. 46: Though a lawful acquaintance with all the
events and phenomena that shew themselves upon this mundane stage, would con-
tribute much to free men's minds from the slavery of dull superstition: yet would
it also breed a sober and amiable belief of the Deity, as it did in all the Pytha-
goreans, Platonists and other sects of philosophers, if we may believe themselves;
and an ingenuous knowledge hereof would be as fertile with religion, as the ignorance thereof, in affrighted and base minds, is with superstition.

[4] Systema intell. c. 5, § 65, II, 119 (mit Bezug auf die Bemerkung des
Cartesius in den Medit. IV, es sei vermessen, Gottes Absichten erforschen zu
wollen): Sed hoc minime in disceptationem vocatur: An nos ii simus, qui latentes
semper praepotentis Dei rationes et arcana consilia eruere, ac in unaquaque re,

etwa den Mechanismus des Naturlaufs nur in letzter Instanz von
der göttlichen Causalität abhängig sein lässt, bei der Erklärung der
einzelnen Erscheinungen aber nur mechanisch wirkende Ursachen
heranzieht. Den zweckmässigen Gebilden, den Erzeugnissen und
Begebenheiten der Natur gegenüber halten sie dieselben für unzuläng-
lich. Auf die hierdurch begründete Forderung eines „Naturgeistes"
und „plastischer Formen" sei indessen nur der Vollständigkeit halber
hingewiesen[1]; für das hier verfolgte Ziel der Untersuchung ist sie
ohne Belang.

Als einen wesentlichen Bestandtheil der wahren Philosophie und
Naturauffassung betrachten sie sodann die Anerkennung geistiger
Wesen. Auch hier ist Hobbes ihr Widerpart, der den Begriff der
Substanz mit dem des Körpers identificirt[2] und geläugnet hatte, dass
jemals jemand mit dem Namen einer geistigen Substanz einen Begriff von wirklichem Inhalte verbunden habe[3]. Cudworth ruft in
seiner Weise die ganze Geschichte der Philosophie zum Zeugniss
dagegen auf und beweist in wiederholten Anläufen die Priorität des
Geistigen vor dem Materiellen. More war ihm darin in verschiedenen Schriften vorausgegangen, namentlich aber handelt er in seinem
metaphysischen Tractat ausführlich von den immateriellen Wesen,
ihrer Existenz und ihren Eigenschaften. Glücklich in der Zurückweisung materialistischer Behauptungen, schwächt jedoch More seine
Position Hobbes gegenüber in doppelter Weise ab, durch die näheren
Angaben, die er über die Natur des Geistigen glaubt machen zu
können, und die Beachtung, die er Spukgeschichten und vermeint-

---

quod praestantissimum est et optimum, perspicere, inde vero postea caussas elicere
queamus, propter quas hoc vel illo modo res omnes factae sint aut fieri debue-
rint? Verum hoc unice in quaestione ponitur: An Deus res quasdam certa ratione et consilio, et utilitatis quidem caussa, aliter fabricatus sit, atque alioquin
natura fortuitusque materiae motus tulisset? Equidem tam me esse hebetem lu-
bens profiteor, ut nullo plane pacto intelligam, quo iure is aut iusto arrogantior
aut nimis curiosus abditorum Dei consiliorum explorator videri queat, qui oculos
decernit a Deo esse ad videndum factos, aures ad audiendum comparatas, ideoque
membra haec, quam fieri poterat, apte et scienter ab eo ad hanc opportunitatem
obtinendam composita esse. — Vgl. oben S. 112 mit Anm. 3.

[1] **Tulloch** S. 269 f. 397. **Stein** a. a. O. S. 116 ff.
[2] Vgl. Obiect II. ad Cartes. meditat.
[3] Leviathan ch. 12: Though men may put together words of contradictory
signification, as *Spirit* and *Incorporeall;* yet they can never have the imagination
of any thing answering to them. Ch. 34: To men that understand the signification of these words, *Substance* and *Incorporeall;* as Incorporeall is taken not for
subtile body, but for *not Body,* they imply a contradiction.

lichen Geistererscheinungen schenkt. Der Begriff des Geistes gilt
ihm als ebenso verständlich wie der des Körpers; seine Merkmale
oder Attribute sind Durchdringlichkeit und Unzertheilbarkeit; in der
erstern wurzeln Selbstbewegung und selbstthätige Zusammenziehung
und Erweiterung. Mit grösstem Nachdrucke wendet er sich gegen
den Cartesianischen Dualismus von ausgedehnter und geistiger Substanz. Wer Gott und den geistigen Wesen jede Ausdehnung ab-
spreche, nehme ihnen in Wahrheit die Existenz; denn was nicht
ausgedehnt sei, sei nirgendwo. Die Vertreter einer solchen Ansicht
benennt er mit dem Spottnamen der Nullubisten. Allerdings soll
eine doppelte Ausdehnung oder ein doppelter Raum unterschieden
werden, ein äusserer, materieller, extensiver, und ein innerlicher,
geistiger, intensiver, welch letztern er mit dem Namen spissitudo
essentialis bezeichnet. Es wird sich später Veranlassung ergeben,
auf diese seltsame Lehre More's zurückzukommen, auf die er selbst
den allergrössten Werth legt und die durch die Einseitigkeit der
Cartesianischen Begriffsbestimmung einen gewissen Schein von Berechtigung gewinnen konnte. Was die Geistererscheinungen betrifft,
so spielen sie in dem Antidotus, dessen drittes Buch damit angefüllt
ist, in der Abhandlung über die Unsterblichkeit und in der Metaphysik
eine Rolle; in der letztern werden sie geradezu in den Vordergrund
geschoben. In einem Briefe an Glanvill vom Jahre 1678 meint More,
derartige Erscheinungen seien eigens dazu gesandt, um „die Hob-
bianer, Spinozianer und den Rest dieses Haufens zu widerlegen";
denn es müsse ihnen aus denselben doch zum mindesten eine gewisse Ahnung hervordämmern, dass es noch andere intelligente
Wesen gebe als die „in Erde und Lehm gekleideten". Trotz des
Spottes kleiner Geister erblicke er daher in der Sammlung wohl be-
glaubigter Berichte von derartigen übernatürlichen Begebenheiten
einen der wahren Religion wie der gesunden Philosophie geleisteten
Dienst; denn die Atheisten fürchteten sich davor „wie der Affe vor
der Peitsche"[1]. Cudworth erscheint in dieser Beziehung weit nüch-
terner, doch hält er es für ein Uebermass atheistischer Voreingenommenheit, wenn man, wie Hobbes, alle derartigen Berichte auf blosse
Einbildung zurückführen will, und auch ihm gilt die unabweisbare
Anerkennung des Thatbestandes im einzelnen Falle als eine der
wirksamsten Stützen des Gottesglaubens[2].

---

[1] Tulloch S. 390. Der Brief ist der vierten Ausgabe von Glanvills
Sadducismus triumphatus vorgedruckt.

[2] Syst. int. c. 5, § 80, II, 142: Quod ad visa seu apparitiones attinet, equi-

Die Widerlegung des Hobbes'schen Materialismus wäre unvollständig, sollte seine letzte Wurzel unangetastet bleiben, die Zurückführung aller Erkenntniss auf die Sinneswahrnehmung als auf ihre
einzige Quelle. Demgemäss wendet sich Cudworth in einem eigenen
Abschnitte seines Werkes auch hiergegen[1]. Den Satz, dass nichts
sich im menschlichen Verstande finde, was nicht zuvor im Sinne
gewesen sei, bezeichnet er als einen solchen, der mehr als alles
andere die Sache der Gottesverächter fördere[2]. Denn auf dem
Standpunkte des Sensualismus könne es keinen Gottesbegriff geben,
derselbe führe somit nothwendig zum Atheismus. Aber jene Lehre
ist auch an sich hinfällig; denn die Sinne lassen uns nicht einmal
von den Gegenständen, die ihrer Wahrnehmung unterliegen, das
wirkliche Wesen erkennen. „Wären die Sinne ganz dasselbe wie
Verstandeseinsicht und Erkenntniss, so würden die, welche Licht
und Farben sehen oder Kälte und Hitze fühlen, das Licht und die
Farben, die Kälte und Hitze und was sonst unsere Sinne trifft und
afficirt, auch erkennen, und es hätte niemals über diese Dinge ein
Streit unter den Philosophen bestehen oder auch eine Untersuchung
angestellt werden können."[3] Von entscheidendem Gewicht aber erscheint ihm namentlich die folgende Erwägung. Wer an den Sinnen
als einziger Erkenntnissquelle festhält, „der muss auch behaupten,
dass das Leben selbst und das Denkvermögen, Verstand, Erkenntniss, Vernunft, Gedächtniss, Wille, Begierde, Dinge also, die von
nichts an Werth und Bedeutung noch auch an realer Existenz übertroffen werden, nichts seien als Laute ohne Sinn und leere Namen.
Ja ich fürchte lebhaft, dass sogar die Sinne und das Einbildungs-
vermögen diesen Lehrern und Autoren sich in nichts auflösen werden.
Denn weder der Sinn noch das Vorstellungsvermögen fallen unter
die Sinne, sondern nur die äusseren Objecte. Oder welcher Sterb-
liche hätte je das Gesicht gesehen, das Gehör gehört, das Gefühl
gefühlt? Oder wer das Gesicht gehört, das Gefühl gesehen?"[4] —

---

dem neminem esse sapientem negaturum arbitror, multa circumferri eius generis
fabulosa et incerta plane, quibus nemo prudens fidem habeat. Attamen omnia
quae referuntur harum rerum, vulgi esse nugas aut virorum sapientum ludos et
inventa putare, id idem ego longius, quam ipsa veritas patitur, a ratione abesse
arbitror. Ib. p. 144: Namque hoc si dederis, esse mentes quasdam invisas, stabili et
permanente natura praeditas, non erit amplius, quod illis respondeas, qui supremam
esse mentem concludunt, ceteris omnibus et toti rerum naturae praesidentem.
[1] L. c. c. 5, § 4 sqq. [2] L. c. c. 5, § 6, p. 24. [3] L. c. c. 5, § 4, p. 22.
[4] L. c. c. 5, § 6, p. 24: Quin etiam ne ipse sensus et imaginandi facultas
his magistris et auctoribus in nihilum occidat, vehementer metuo. Neque enim

So hebt der extreme Sensualismus sich selbst auf, und die unmittelbare Gewissheit, die wir von der Realität der Functionen und Vorgänge unseres innern seelischen Lebens haben, bezeugt, dass es noch etwas mehr als die unter die Sinne fallenden körperlichen Dinge gibt. In seinem ethischen Tractat kommt Cudworth auf den gleichen Gegenstand zurück. Er wiederholt hier zum Theil die Argumente des Systems und betont mit allem Nachdrucke das dem Menschen innewohnende höhere Element, die selbstthätige geistige Kraft, welche ihn von den Thieren unterscheidet und seine Verwandtschaft mit der intelligiblen Welt begründet[1].

Er spricht damit nur eine Auffassung aus, welche bei allen Mitgliedern der Schule von Cambridge von Anfang an lebendig war. Dass alle wahre Erkenntniss aus dem innersten Mittelpunkte der Seele stamme, ist für John Smith die von keinem Zweifel erschütterte Grundlage seiner gesammten Denkweise. In unser eigenes Innere müssen wir einkehren, wenn wir Gott finden wollen[2]. Die Gottverwandtschaft unserer Seele ist der Grund der Gotteserkenntniss; dieselbe besteht in einem Acte geistigen Schauens, welcher die Wahrheit des Geschauten unmittelbar gewährleistet. — Hier ist die Stelle, wo sich der Rationalismus der Schule mit der christlichen Mystik der ältern Zeit berührt, deren Ausdrucksweise Smith in weitem Umfange zur Anwendung bringt. Der erkenntnisstheoretische Standpunkt fällt mit dem ethisch-religiösen zusammen. Dass Heiligkeit des Lebens die beste Vorbereitung zu höherer Erkenntniss sei, ist die gemeinsame Ueberzeugung von Smith, Cudworth und More[3].

---

ipse sensus visque res concipiendi in sensus incurrunt, sed externae tantum res. Quis unquam mortalium visum vidit, auditum audivit, tactionem tetigit? aut quis visum audivit, aut tactionem vidit? ut de reliquis nihil dicam.

[1] Insbesondere im dritten Buch. Der Tractat wurde gleichfalls von Mosheim übersetzt und dem System als Anhang beigegeben.

[2] Discourse I (On the true way or method of attaining divine knowledge) p. 2: The knowledge of divinity that appears in systems and models is but a poor wan light; but the powerful energy of divine knowledge displays itself in purified souls... To seek our divinity merely in books and writings, is to seek the living among the dead: we do but in vain seek God many times in these, where His truth too often is not so much enshrined as entombed: — no; *intra te quaere Deum*, seek for God within thine own soul.

[3] Ibid.: As the eye cannot behold the sun, unless it be sunlike, and hath the form and resemblance of the sun drawn in it; so neither can the soul of man behold God, unless it be Godlike, hath God formed in it, and be made partaker of the divine nature. P. 17: How sweet and delicious that thruth is, which holy and heaven-born souls feed upon in their mysterious converse with the Deity,

Aber man begreift auch, dass für die weitere Entwicklung dieses Standpunktes sich keine Lehrmeinung besser empfehlen konnte als die von angeborenen Ideen. Bei John Smith ist sie sozusagen stillschweigend vorausgesetzt; sie bildet einen integrirenden Bestandtheil seiner gesammten, an neuplatonischen Quellen genährten Denkweise, und sie tritt daher in der charakteristischen Färbung dieser letztern auf. Die den Seelen der Menschen eingeprägten Begriffe sind nur die einzelnen Manifestationen des ihnen eingepflanzten göttlichen Lichtes. „Gott", sagt er, „hat sich so völlig in dem gesammten Leben und der Thätigkeit der Menschenseele ausgeprägt, dass die lieblichen Züge der Gottheit von allen Menschen aufs leichteste in ihrem eigenen Innern gesehen und gelesen werden können." [1] Cudworth wendet sich gegen die Schlussfolgerung, welche manche, wie er sagt, aus der Vielgötterei ableiten wollen, dass nämlich der Begriff Gottes nicht zu den unserer Seele eingeprägten und der Erfahrung vorausgehenden gehöre, indem er mit Aufbietung aller seiner Gelehrsamkeit den Nachweis unternimmt, dass den polytheistischen Verzerrungen der Begriff des einen Gottes zu Grunde liege, und spricht es als seine Ueberzeugung aus, dass durch die Thätigkeit der Erzieher und Lehrer nicht etwa dem Geiste etwas eingepflanzt werde, was ihm zuvor fremd war, sondern nur das schon vorhandene ins helle Licht des Bewusstseins erhoben werde. Blosse Namen und Worte, auch wenn sie hundertmal wiederholt würden, könnten uns niemals den Begriff von Gott hervorrufen, lebten nicht in uns schon ursprünglich die diesen Worten entsprechenden Begriffe [2].

---

who can tell but they that taste it? When reason once is raised, by the mighty force of the Divine Spirit, into a converse with God, it is turned into sense: that which before was only faith well built upon sure principles (for such our science may be), now becomes vision. P. 9: Divinity is not so well perceived by subtile wit as by a purified sense. Vgl. oben S. 105.

[1] Discourse I, p. 14: There are some radical principles of knowledge that are so deeply sunk in the souls of men, as that the impression can not easily be obliterated, though it may be much darkened. P. 16: We must therefore endeavour more and more to withdraw ourselves from these bodily things, to set our soul as free as may be from its miserable slavery to this base flesh: we must shut the eyes of sense, and open that brighter eye of the soul (as the philosopher calls our intellectual faculty), which indeed all have, but few make use of. This is the way to see clearly; the light of the divine world will then begin to fall upon us, and those pure coruscations of immortal and everliving truth will shine into us and in God's own light shall we behold Him. Cfr. Disc. V, ch. 1, p. 127 f.

[2] Syst. int. c. 4, § 11, I, 289: Quare non deesse videas, qui decernunt, eorum sententiam, qui Deum praecipiunt unum et supremum esse, a quo solo universitas

Ausdrücklich huldigt More dieser Lehre. In dem Berichte über
seine religiöse Entwicklung, welchen er der lateinischen Gesammt-
ausgabe seiner philosophischen Schriften vorausgeschickt hat, erzählt
er, wie ihn von früh auf das Gefühl der Gegenwart Gottes begleitet
habe, und er sieht darin den deutlichen Beweis dafür, dass die
Gottesidee angeboren sein müsse. Denn zu jener Zeit sei er von
keinerlei Lehrbegriff oder philosophischer Unterweisung geleitet worden [1]. Und als bereits seine Verehrung für Cartesius und die Cartesianische Philosophie erheblich ins Wanken gekommen war, rechnet
er zu ihren Vorzügen die Anerkennung, dass unser Geist Ideen besitze, die nicht aus den Sinnen geschöpft, sondern geradezu mit ihm
geboren seien [2]. So nimmt er auch hier ausdrücklich Stellung gegen
Hobbes, welcher bekanntlich in seinen gegen die Meditationen gerichteten Einwürfen die Existenz angeborener Ideen ganz allgemein
in Abrede gestellt hatte [3].

Weitaus die vornehmste Stelle aber in dem gegensätzlichen
Verhältniss, in welchem sich die Schule von Cambridge zu Hobbes
befand, nimmt die ethische Frage ein. Ein Doppeltes ist es, was
sie hier von ihm scheidet. Zunächst seine Auffassung vom Menschen, die denselben völlig losgelöst von allem Göttlichen und Gei-

---

haec regatur et gubernetur, minime naturae vocem esse, nec in illis poni notionibus debere, quae mentibus hominum informatae sunt et anticipatae, sed artifi-
ciosum esse dogma, quod aut privata hominum industria et meditatio pepererit,
aut Iudaeorum, Christianorum, Turcorumque publicae leges et instituta credere
iusserint. C. 5, § 75, II, 131: Res autem longe secus se habet. Sonos quidem
vocabulorum, quae pronuntiantur, aures nostrae necessario excipiunt: anima vero
occasionem inde sumit, notiones, sive innatae sint illae, sive adventitiae, quas antea
iam continebat, excitandi; quarum notionum voces et verba, consensione hominum
et voluntate, signa tantum sunt: aut vero notiones illas, quibus ea iam antea
imbuta erat, attentius et distinctius considerandi, versandi, comparandi inter se,
et exequendi. . . P. 132: Quamobrem nisi certe antea in hominum animis exsti-
tissent species, vocibus et verbis, tamquam signis respondentes, si vel centies
narratum fuisset, esse Deum, numquam tamen notionem eius mente concepissent;
neque, creberrime licet repetita, haec definitio: Deus est mens perfectissima, aeterna,
necessario existens, naturae divinae cognitione nos imbuere potuisset.
    [1] P. VI: Quod tamen cum nulla doctrina distinctave ratio aut philosophia
ea aetate me docuerat, sed sensus tantum in me urgebat internus, notitiam hanc
mihi innatam esse plane constare censeo contra surdos sordidosque huius saeculi
philosophastros.   [2] Epistola ad V. C. n. 17.
    [3] Obiectio X: Praeterea ubi dicit, ideam Dei et animae nostrae nobis innatam
esse, velim scire si animae dormientium profunde sine insomnio cogitent; si non,
non habent eo tempore ideas ullas, quare nulla idea est innata, nam quod est
innatum, semper adest.

stigen erscheinen lässt, sodass er aufhört, im Sinne der Philosophen
von Cambridge ganz gewiss aufhört, ein moralisches Wesen zu sein.
Sodann aber, und dies ist das Wichtigere, bekämpfen sie das Arbi-
träre und Irrationale in seiner Ethik, wenn von einer solchen überhaupt noch die Rede sein kann. Hier ist indessen Hobbes nicht
ihr einziger Gegner. In einer Reihe mit diesem stehen vielmehr
einzelne ältere und jüngere Theologen, welche das Sittengesetz ausschliesslich von der freien Willkür des Gesetzgebers abhängig sein
lassen. Allerdings denken dieselben dabei an den göttlichen Gesetzgeber; aber dies begründet keinen wesentlichen Unterschied, denn
auch nach ihrer Meinung bleibt es dabei, dass es kein absolut und
aus sich selbst giltiges Moralgebot gibt.

Demgegenüber hatte bereits Whichcote auf den vernünftigen
und darum nothwendigen und unveränderlichen Charakter des Sittengesetzes hingewiesen. „Der ethische Bestandtheil der Religion", sagt
er in einem seiner Aphorismen, „verändert sich niemals. Moralische
Gesetze sind Gesetze aus sich selbst, auch ohne Sanction durch den
Willen, und ihre Nothwendigkeit entspringt aus den Dingen selbst." [1]
Wäre das Sittengesetz seinem Inhalte wie seiner verpflichtenden
Kraft nach ausschliesslich von dem Willen des Gesetzgebers abhängig, so gäbe es nur positive, keine natürliche Moral; so wäre
das Moralgebot nur insoweit erkennbar, als es durch Satzung kund-
gemacht ist; so könnte es nicht aus der vernünftigen Betrachtung
der Dinge abgeleitet werden. Die Moral aber, schärft Whichcote
ein, ist aus dem Wesen und der vernünftigen Natur der Dinge erkennbar, und ihr Gebot wird anerkannt, sobald es ausgesprochen
wird [2]. — Von der gleichen Voraussetzung geht John Smith aus,
wenn er sich der Unveränderlichkeit der mathematischen und der
ihnen in dieser Beziehung völlig gleichgestellten moralischen Principien bedient, um die Unzerstörbarkeit der geistigen Menschenseele
zu beweisen. Auch die moralischen Axiome gelten ihm als Unter-
pfand einer ewigen Natur [3]. Gerechtigkeit, Weisheit, Güte, Wahrheit und andere sind ihm urbildliche Ideen, welche von der Veränderlichkeit der körperlichen Welt und unserer eigenen nicht berührt
werden. Eben darum dürfen wir auch den freien Willen Gottes
nicht als schrankenlose Willkür fassen. Es gibt eine vernünftige
Ordnung, welche in seinem Wesen gründet und insofern dem Be-

---

[1] Tulloch S. 106.

[2] Morals may be known by the reason of the thing. Morals are owned as
soon as spoken. (Tulloch S. 107.)   [3] Discourse IV, ch. 5, p. 98.

lieben seines Willens und seiner Macht entzogen ist. „Wie Gott
sich selbst nicht als einen andern erkennen kann, als der er in Wirklichkeit ist, so auch kann er nicht wollen, dass er ein anderer sei,
als der er ist, oder auch, dass irgend etwas von den Gesetzen abweichen solle, welche seine eigene ewige Natur und sein Verstand
ihm vorschreibt.“ [1]

In Uebereinstimmung damit bezeichnet es Cudworth geradezu
als eines der Haupt- und Grundprincipien aller moralischen und religiösen Wahrheit, dass den moralischen Ideen ewige Giltigkeit zukommt [2], im Gegensatze zu der Ansicht mittelalterlicher Nomina-
listen — er nennt später als solche Occam, Peter von Ailly und
Andreas von Newcastle — und anderer Theologen, die von den
Anschauungen derselben durchtränkt sind. Der Unterschied von
gut und bös. recht und unrecht beruht nicht auf dem blossen
Willen des Gesetzgebers; er ist in der Natur begründet, und daher
kann Gott den Menschen gar nicht bestimmen, etwas zu thun, was
an sich böse ist [3]. In seinem ethischen Tractat kommt Cudworth
ausführlich auf die Frage zurück, und schon der Titel, den er demselben gegeben hat, „Ueber die Ewigkeit und Unveränderlichkeit der
Moral“, beweist den grossen Werth, den er ihr beilegt. Neben den

---

[1] Discourse V, ch. 2, p. 137: We must not conceive God to be the freest
agent, because he can do and prescribe what He pleaseth. and so set up an absolute will which shall make both law and reason, as some imagine. For as God
cannot know Himself to be any other than what indeed He is; so neither can He
will Himself to be any thing else than what He is, or that any thing else should
swerve from those laws which His own eternal nature and understanding prescribe
to it. For this were to make God free to dethrone Himself, and set up a liberty
within Him, that should contend with the royal prerogative of His own boundless
wisdom.

[2] Syst. intell. Praef. p. XLII: Omnis verae religionis divinique cultus
salus et incolumitas, meo quidem iudicio, tribus nititur potissimum praeceptis et
fundamentis. Quorum quidem hoc primum: Est omnino Deus quidem seu natura
infinite potens et rationis particeps... Alterum: Hic Deus ipsa natura sua iustus
ac bonus est. Est aliquid φύσει καλόν καί δίκαιον, in se ex omni aeternitate iustum
et iniustum. quod nullo modo mutari potest: nec propterea omnia, quae iusta vel
iniusta dicuntur. voluntate tantum, praecepto et arbitrio sancita sunt. Postremum:
Est aliquid ἐφ' ἡμῖν, seu in potestate nostra positum . . .

[3] L. c. p. XLIII: Divina haec natura bonitate ac iustitia gaudet interiori,
nec discrimen honesti ac inhonesti, boni ac mali ab arbitrio eius et voluntate
unice duci debet, sed ex ipsa eius natura fluit: ex quo cogitur, Deum nullo modo
impellere aut inducere posse homines, ut, quae mala sunt et prava in se, commit-
tant et faciant.

älteren Vertretern der von ihm bekämpften Doctrin erscheint hier insbesondere auch Cartesius [1].

In der That hatte dieser in Beantwortung einer der Einwendungen gegen seine Meditationen, die er an sechster Stelle zusammenfasst, die schrankenlose Allmacht und den freien Willen Gottes so weit überspannt, dass es hiernach ewige Wahrheiten in dem hergebrachten Sinne dieser Bezeichnung, Wahrheiten, die immer und nothwendig gelten, weil ihr Gegentheil unmöglich ist, nicht geben kann. Nicht auf Grund der Natur des Dreiecks, sondern weil Gott es so wollte, sind die Winkel im Dreieck gleich zwei Rechten. Kein Ding, kein Gesetz und keine Ordnung, keine Wahrheit und kein sittlicher Werth soll von dem freien Schöpferwillen Gottes unabhängig, alles vielmehr das, was es ist, nur durch diesen geworden sein. Wenn auch Cartesius die Consequenzen dieser Ansicht auf dem ethischen Gebiete, dem er ja überhaupt nur geringe Aufmerksamkeit zuwandte, nicht selbst gezogen hatte, so lässt sich annehmen,

---

[1] Responsiones sextae n. 6: Repugnat Dei voluntatem non fuisse ab aeterno indifferentem ad omnia quae facta sunt, aut unquam fient, quia nullum bonum, vel verum (C u d w o r t h a. a. O. II, 638 liest irrigerweise malum), nullumve credendum, vel faciendum, vel omittendum fingi potest, cuius idea in intellectu divino prius fuerit, quam eius voluntas se determinarit ad efficiendum ut id tale esset. . . Nempe, exempli causa, non ideo voluit mundum creare in tempore, quia vidit melius sic fore, quam si creasset ab aeterno: nec voluit tres angulos trianguli aequales esse duobus rectis, quia cognovit aliter fieri non posse etc. Sed contra, quia voluit mundum creare in tempore, ideo sic melius est, quam si creatus fuisset ab aeterno: et quia voluit tres angulos trianguli necessario aequales esse duobus rectis, idcirco iam hoc verum est, et fieri aliter non potest atque ita de reliquis. Ferner ebend. n. 8: Nec opus etiam est quaerere qua ratione Deus potuisset ab aeterno facere, ut non fuisset verum bis quatuor esse octo, fateor enim id a nobis intelligi non posse. Das Gleiche spricht er auch in seiner Antwort auf die Objectionen G a s s e n d i ' s zur fünften Meditation aus: Ego non puto essentias rerum, mathematicasque illas veritates, quae de ipsis cognosci possunt, esse independentes a Deo; sed puto nihilo minus, quia Deus sic voluit, quia sic disposuit, ipsas esse immutabiles et aeternas. Auch in seinen Briefen kommt Cartesius mehrfach und in verschiedenen Wendungen darauf zurück; vgl. den 110. und 115. Brief des ersten und den 6. Brief des zweiten Theiles der Briefsammlung. — T u l l o c h (S. 288 f.) hat die Frage nicht in ihrer ganzen Bedeutung gewürdigt, weit besser M a r t i n e a u (a. a. O. S. 416), welcher treffend bemerkt: It was fortunate for the opponents of the paradox, that Descartes pushed it further to its logical terminus and maintained that nothing was true or false except by the Will of God, so that it was at His option to make the three angles of a triangle equal to two right angles or to any other number. This unflinching adhesion to their favourite doctrine operated like a caricature upon the worshippers of the 'Omnipotent decrees'.

dass andere, die sich zu derselben bekannten, die Autorität des französischen Philosophen gerade hier voll Eifers anzurufen pflegten. Cudworth lässt sich dadurch nicht beirren. Seiner Gewohnheit entsprechend nimmt er die Frage in ihrem ganzen Umfange in Angriff. Er zeigt, wie durch die Annahme jener Behauptung der Satz des Widerspruchs, die Grundlage aller sichern Erkenntniss und jeder Beweismöglichkeit, aufgehoben werde. Denn wenn Gott nach Willkür machen könnte, dass die Dinge ohne jede Rücksicht auf die Natur des Guten und Gerechten gut oder böse, gerecht oder ungerecht wären, so wäre kein Grund, warum wir nicht annehmen sollten, dass er auch die Dinge schwarz machen könnte ohne Schwärze, weiss ohne Weisse, gleich oder ungleich ohne Gleichheit und Ungleichheit [1]. Gottes Macht ist unbegrenzt, sofern er die Dinge nach freier Wahl zur Existenz berufen kann. Existiren sie aber, so sind sie das, was sie sind, nicht nach Willkür und freier Wahl, sondern auf Grund ihrer Natur und mit dem, was nothwendig aus dieser ihrer Natur folgt [2]. Und darum ist auch nichts gut oder böse, gerecht oder ungerecht aus freier Wahl, sondern auf Grund seiner eigenen Natur. Man wendet ein, dass Gott oder die berufene menschliche Autorität durch positive Gesetzgebung etwas, was an sich weder vorgeschrieben noch verboten ist, zu einem Pflichtgemässen oder Unerlaubten machen könne und somit doch die Norm des sittlichen Handelns von der Entscheidung ihres Willens abhänge. Richtig ist allerdings, dass ein an sich Indifferentes durch positive Satzung zu einem verbindenden Gebote oder Verbote gemacht werden kann, niemals aber, auch nicht durch den Willen Gottes, kann der Charakter einer Handlung, die bereits einen in der Natur der Sache begründeten Werth oder Unwerth hat, in sein Gegentheil verkehrt werden [3]. Und auch in jenem ersten Falle stammt die Verpflichtung nicht aus der blossen Willkür des Gesetzgebers, sondern aus seinem in der natürlichen Gerechtigkeit und Billigkeit begründeten Rechte des Befehlens, welches eine dem einzelnen Gebote oder Verbote vorausgehende Verpflichtung zum Gehorsam auf seiten der Unterthanen einschliesst [4].

---

[1] De aeterna et immutabili rei moralis natura I, c. 2, § 1, l. c. II, 634.

[2] Ibid. § 2. Cfr. Syst. intell. c. V, § 21, l. c. II, 42 sq.

[3] § 5, p. 637: Sic potius constituamus, necesse est: Nullam legem positivam, qualiscunque demum sit, facere posse, ut res quaedam bona vel mala, iusta vel iniusta fiat, quum non ipsa antea natura talem fecerit.

[4] § 3, p. 634: Si omnia rite circumspiciamus et ponderemus, manifestum

Mit dieser wohlbegründeten Ausführung wird nun auch „jener neueste Schriftsteller über Ethik und Politik" getroffen, welcher nicht nur die „physikalischen Hypothesen des Demokrit und Epikur", sondern auch deren ungereimte Behauptungen auf dem ethischen Gebiete erneuert hat [1]. Cudworth bezieht sich in seiner Polemik gegen Hobbes auf bestimmte Stellen aus der Schrift De cive und dem Leviathan. Es ist trotzdem behauptet worden, dass er sich von falschen Vorstellungen leiten lasse. Hobbes lehre gar nicht, dass die bürgerliche Autorität die Moral schaffe und allein die Norm derselben aufstelle. Nur das lehre er, dass es ohne die Staatsgewalt keine geordnete Entwicklung des sittlichen Lebens und keine Sicherheit und Gewähr für die Beobachtung der sittlichen Gesetze gebe. Dass auch er den Ursprung dieser letzteren aus der Natur herleite, gehe aus seiner häufigen Erwähnung der natürlichen Gesetze hervor, denen er ausdrücklich Unveränderlickeit zuschreibe [2]. — Man ersieht hieraus, dass Hobbes auch heute noch nicht aufgehört hat, durch seine zweideutige Schreibweise die Leser zu täuschen.

Es gibt im Systeme des Hobbes keine sittlichen Anlagen und keine natürlichen Sittengesetze. Furcht und der Trieb der Selbsterhaltung sind die ausschliesslichen Motive der menschlichen Handlungen. Beide im Vereine treiben dazu an, Friede zu suchen, wo er gehalten werden kann. Die Vernunft lässt die Bedingungen erkennen, von denen die Erreichung dieses Zieles abhängt, und eine ideale Vernunft, die sich ja beliebig annehmen lässt, muss natürlich diese Bedingungen mit einer jeden Irrthum und jeden Zweifel ausschliessenden Zuverlässigkeit erkennen. Die Forderungen dieser recta ratio, ihre Aussprüche in Bezug auf das, was um des angestrebten Zieles willen zu thun oder zu lassen ist, nennt Hobbes mit dem alten Namen der lex naturalis [3]. Zu sittlichen Gesetzen aber fehlt ihnen

nobis fiet, in ipsis etiam illis legibus. quae positivae nominantur, non solam legislatoris voluntatem efficere, ut quae illis rogata sunt et mandata iusta fiant et debita, aut obligationem aliquam ad obediendum producere, sed naturalem potius iustitiam et aequitatem alteri quidem ius et auctoritatem imperandi conferre, alteri officium obediendi et parendi imponere. Quocirca. id quod probe velim observari. qui leges ferunt, nunquam velle sese in iis significant, ut haec vel illa res iusta fiat aut iniusta, licita vel illicita, aut ut homines ad obediendum obligati sint, sed postulant tantum, ut hoc vel illud aut fiat aut omittatur, illisque poenas et supplicia comminantur, qui secus fecerint. Cfr. Syst. intell. cap. V, sect. 5. § 35. p. 609 sqq.   [1] § 4, p. 631.   [2] Tulloch S. 296 ff.
[3] De cive c. I, n. 1: Quae sint societatis sive pacis humanae conditiones, hoc est, mutato tantum nomine, quae sint naturae leges fundamentales ostendemus.

nicht weniger als alles: die Freiheit, denn der Mensch ist in seinen
Handlungen so wenig frei wie irgend ein Agens in einem Natur-
processe; das Sollen, denn von Furcht und Begierde getrieben ergreift sie der Mensch als Mittel zur Erhaltung des Friedens oder
zur Förderung seiner Wohlfahrt[1]: die Verkündigung und Sanction
durch eine höhere Autorität, denn im Naturzustande folgt doch ein
jeder nur den Aussprüchen seiner eigenen Vernunft[2], mögen sie nun
mit denen jener idealen oder absoluten Vernunft übereinstimmen oder
nicht. Es kann daher Hobbes auch nicht einfallen, Abweichungen
vom Naturgesetz zur Schuld zu stempeln. Eine Schuld soll in der
That nur vorliegen. wo jemand behauptet, etwas gehöre zu seiner
Selbsterhaltung, von dem er weiss. dass es nicht dazu gehört[3]. Ein
unmöglicher Fall, da keiner im Stande ist. gegen sein egoistisches
Interesse anzugehen. und im Naturzustande jeder thun darf, was ihm
dieses Interesse zu fordern scheint.

Nicht nur ihrer Sicherstellung nach, sondern auch ihrem Inhalte
nach entstehen somit bei Hobbes die Normen des Sittlichen erst im
Staate. Sätze wie die, dass die Naturgesetze unveränderliche seien
und niemals erlaubt sein könne. was sie verbieten, noch unerlaubt.
was sie befehlen, ändern daran nichts[4]. Sie müssen nur dazu dienen,
die eigentliche Tendenz der Lehre zu verhüllen oder minder ab-
schreckend zu machen. Denn die Quelle der natürlichen Gesetze,
jene recta ratio, schwebt völlig in der Luft. Gegeben sind immer
nur die Gesetze der Machthaber oder die Dictamina der Einzel-
vernunft. Ein Widerspruch der einen oder anderen gegen das natürliche Gesetz müsste auf einer falschen Ableitung oder Schlussfolgerung beruhen: die Entscheidung aber über die Richtigkeit oder
Unrichtigkeit der Ableitung steht ausschliesslich der staatlichen Autorität zu, der Fall eines Widerstreites zwischen ihren Satzungen
und den Forderungen des natürlichen Gesetzes ist also wiederum
ein ganz unmöglicher. Hält man mit diesem Sachverhalt die Aus-

---

C. 2, n. 1: Est igitur lex naturalis: Dictamen, rectae rationis circa ea, quae agenda
vel omittenda sunt ad vitae membrorumque conservationem, quantum fieri potest
diuturnam.

[1] Ibid. c. III, n. 33: Naturae autem quas vocamus leges, cum nihil aliud
sint, quam conclusiones quaedam ratione intellectae, de agendis et omittendis;
lex autem, proprie atque accurate loquendo, sit oratio eius, qui aliquid fieri vel
non fieri aliis iure imperat, non sunt illae leges, quatenus a natura procedunt.

[2] L. c. c. I, n. 7.   [3] L. c. c. I, n. 10, annotatio.

[4] L. c. c. XIV, n. 2.

sprüche zusammen, dass es Sache des Staates sei, zu bestimmen, was Gerechtigkeit und was Ungerechtigkeit sei [1]: dass die Obrigkeit durch ihren Befehl das Befohlene zum Gerechten, durch ihr Verbot das Verbotene zum Ungerechten mache [2]; dass nichts an sich gut oder böse sei und eine allgemeine Norm des Guten und Bösen aus der Natur der Dinge sich nicht ableiten lasse [3] — so rechtfertigen sich die Vorwürfe, welche Cudworth gegen Hobbes erhebt, in ihrem ganzen Umfange, und ·man kann ihm nur Dank wissen, wenn er dem extremen Positivismus desselben die aller Satzung vorangehende vernünftige Ordnung und die in der Natur der Dinge und der Welteinrichtung begründete objective Norm des Sittlichen mit Nachdruck hervorhob.

Richtig ist allerdings, dass damit noch nicht die ganze Wahrheit gesagt und die sittliche Verpflichtung nicht gleichbedeutend ist mit logischem Zwange [4]. Auch hängt sodann mit der Frage nach der Natur des Sittlichen die andere nach der Glückseligkeit und dem Zweck des Menschenlebens enge zusammen. Während Cudworth diese Seiten unberührt lässt, kommen sie bei More in seinem „Handbuch der Ethik" zur Erörterung. Auch er aber — und hierauf kommt es in dem vorliegenden Zusammenhange vor allem an — hebt dabei den vernünftigen Gehalt der sittlichen Norm hervor, die eben darum auch von der Vernunft erkannt werden kann [5]: auch er stellt die obersten ethischen Begriffe in eine Reihe mit denen der Logik, Mathematik und Metaphysik [6].

In der Charakteristik der Schule hat bisher keine Erwähnung gefunden, was in der Regel als ihr hervorstechendster Zug angesehen wird, ihr Platonismus. Indessen ist, wenn man von den Platonikern von Cambridge redet, die Bezeichnung, wie Rémusat mit Recht bemerkt [7], nicht allzu wörtlich zu nehmen, nicht so sehr darum, weil keiner von ihnen den wirklichen Platonismus in seinen auszeichnen-

---

[1] L. c. c. XVII, n. 10.

[2] L. c. c. XII, n. 1: Reges igitur legitimi quae imperant. iusta faciunt imperando, quae vetant vetando iniusta.

[3] Leviathan ch. 6: These words of Good, Evill, and Contemptible, are ever used with relation to the person that useth them: There being nothing simply and absolutely so; nor any common Rule of Good and Evill, to be taken from the nature of the objects themselves.

[4] Martineau a. a. O. S. 421.

[5] Tulloch S. 397 ff. Monroe Curtis a. a. O. S. 17.

[6] Anhang zum Antidotus c. II, n. 5.

[7] Histoire de la philosophie en Angleterre II, 4.

den Lehren systematisch vorgetragen hat, sondern vielmehr deswegen, weil sie sich seiner zwar als eines Werkzeugs und Hilfs-
mittels bedienten, nicht aber von da die ursprünglichen treibenden
Motive entnahmen. Wenn Whichcote und seine Freunde sich voll
Eifers dem Studium der Schriften Plato's hingaben und daher bereits
von Tuckney den Vorwurf hören mussten, dass sie darin mehr als
in der Heiligen Schrift zu Hause seien[1], so mochten sie zunächst
nur danach gegriffen haben als nach einem Mittel weiterer und
tieferer Bildung. Alsdann aber fesselte sie, wie zahlreiche ähnlich
gestimmte Leser vor ihnen und nach ihnen, der wunderbare Zauber
jener Schriften. Sie erfuhren an sich, was schon Justinus Martyr
schildert[2]: „Mich ergriff gewaltig die Erkenntniss des Unkörperlichen, und die Betrachtung der Ideen beflügelte meinen Verstand,
und in meiner thörichten Befangenheit hoffte ich alsbald Gott selbst
anzuschauen." In der That zeigt sich ja Plato nicht nur getrieben
von dem tiefsten, energischsten und nachhaltigsten Streben nach
Erkenntniss der Wahrheit, sondern diese Wahrheit erscheint zugleich
als etwas, nach dem die Seele nur zu greifen braucht, um es zu
erfassen, oder vielmehr, das ihr zu theil werden muss, wenn sie sich
nur erst von allen Irrungen und Trübungen der sinnlich-körperlichen
Welt losgelöst hat. Das ganze System ist erfüllt von dem Zuge
nach dem Göttlichen und zugleich getragen von der lebendigen Ueberzeugung, dass dieses Göttliche der Seele als ihr eigenster Besitz unmittelbar gewährleistet sei. Denn alles andere, was ist, ist nur in
Abhängigkeit von dem allein wahrhaft Seienden, Uebersinnlichen,
Ewigen. Die Transscendenz des Göttlichen, die Priorität des Idealen
vor dem Realen, des Geistigen vor dem Körperlichen bilden die
Grundpfeiler der Platonischen Weltanschauung. Gerade das also
fanden die Theologen von Cambridge hier mit festester Zuversicht
bejaht, was sie im Kampfe mit dem andringenden Materialismus zu
vertheidigen hatten. Die Werthschätzung Plato's mochte ihnen dabei
um so höher steigen, je deutlicher der Gegensatz gegen Hobbes für
sie hervortrat. Um so enger mochten sie sich an den Platonismus
anschliessen, je wichtiger ihnen der Kampf gegen den Demokritis-
mus wurde.

Auch ist das Verhältniss hiermit noch nicht erschöpft. Mit den
Theologen der ersten Jahrhunderte mochten sie die Verwunderung
darüber theilen, welch vortreffliches Gefäss den Lehren des Christen-

---

[1] Tulloch S. 67.   [2] Dial. adv. Tryphonem c. 2.

thums in der Platonischen Philosophie bereitet sei; mit manchen aus
ihnen waren sie bereit, dieselbe auch inhaltlich so nahe als möglich
an die christliche Offenbarung heranzurücken, und zugleich mussten
die speculativen Versuche der in der Schule Plato's gebildeten kirchlichen Schriftsteller der ersten Jahrhunderte, deren Studium sie eifrig
betrieben, sie durch den Reiz des Ursprünglichen, der ihnen anhaftet,
aufs lebhafteste anregen. So konnten sie selbst vielleicht und konnten
andere glauben, dass sie als die ersten dem Protestantismus eine
eigene Speculation und Philosophie begründen würden. Wenn die
protestantische Theologie in England und anderwärts vielfach in den
Geleisen der Scholastik fortwandelte, wenn insbesondere die scholastische Philosophie noch fast allerwärts die Schulen beherrschte, so
musste doch das Unnatürliche eines solchen Sachverhaltes je länger
je mehr empfunden werden. Denn trotz aller Entartung und allen
Auswüchsen stand eben doch die scholastische Philosophie mit der
alten kirchlichen Theologie im engsten Zusammenhange, und dieser
Zusammenhang trat nur um so deutlicher hervor, wenn man jene
Auswüchse zu beseitigen und, nach dem Ausspruche von Leibniz,
das Gold von der Spreu zu sondern bestrebt war. Eine Erneuerung des christlichen Platonismus oder der platonisirenden christlichen Speculation der ersten Jahrhunderte konnte sonach in prote-
stantischen Gelehrtenkreisen als der geeignetste Ersatz der alten
Schultheologie und Schulphilosophie erscheinen, konnte insbesondere
den Männern von Cambridge so erscheinen, gerade weil sie geneigt
waren, den Inhalt der Platonischen Gedanken möglichst nahe an die
christliche Lehre heranzurücken. Denn dadurch wurde ihnen Plato
der erwünschte Bundesgenosse in ihrem Bestreben, eine religiöse Gemeinschaft ohne Zwang und dogmatische Formulirung auf der Basis
eines von der Vernunft durchleuchteten Christenthums zusammen-
zuführen. Aufgeben wollten sie ja den Inhalt der Offenbarung nicht,
nur sollte derselbe nicht als ein autoritativ festgestellter Lehrbegriff
gelten wollen. Als einen Schatz von alles andere überragendem Werthe
sollte ihn die geläuterte Vernunft aller ernstlich Strebenden unter göttlichem Beistande erfassen und erwählen. Platonismus bedeutete ihnen
Harmonie von Religion und Philosophie im Sinne der alexandrinischen
Schule, bedeutete zugleich die eigenthümliche Verbindung von Rationalismus und Mystik, wissenschaftlicher Forschung und Ueberschwäng-
lichkeit, wie sie namentlich bei H. More charakteristisch hervortritt.

Dass sie nun in alledem einer vielfachen Täuschung unterlagen,
ist offenbar. Auch in der Geschichte der Philosophie gilt, dass sich

ein einmal durchlaufener Entwicklungsprocess nicht, als hätte er
nicht stattgefunden, einfach beiseite setzen lässt. Was Plato an
Bestandtheilen von dauerndem Werthe dem Besitzthume des menschlichen Geistes hinzugefügt hatte, war schon in den Jahrhunderten
des ausgehenden Alterthums nicht mehr ausschliessliches Eigenthum
einer Schule geblieben. Gleiches gilt von den Versuchen der Kirchenväter, mit Hilfe der eklektischen Zeitphilosophie, dann des Neuplatonismus, den Inhalt der christlichen Offenbarungslehre speculativ
zu durchdringen und systematisch auszugestalten. Von Justin dem
Martyrer führt die fortschreitende Entwicklung durch die Apologeten
des zweiten Jahrhunderts, durch die Schule von Alexandrien, durch
die grossen Väter des dritten und vierten Jahrhunderts hinüber zu
der mittelalterlichen Scholastik, zu Anselmus und Thomas von Aquin.
Wandte man sich zu den Anfangsstadien zurück, so konnten die
ungewohnte Form des Gedankenausdrucks und Stimmung und Farbe
jener Originalwerke den Schein eines noch unaufgeschlossenen Neuen
erwecken, aber eben nur den Schein. Inhaltlich neue Elemente,
welche für das philosophische Denken des siebzehnten Jahrhunderts
zu fruchtbaren Keimen oder tragfähigen Stützen hätten werden können,
liessen sich weder dem antiken noch dem christlichen Platonismus
abgewinnen.

Der gleiche Mangel an geschichtlichem Verständniss zeigt sich
in der kritiklosen Vermischung Plato's und der Neuplatoniker. Von
dem grossen Abstande, der beide voneinander trennt, scheint den
meisten kaum eine Ahnung aufgedämmert zu sein. Von den Kirchenvätern übernahmen sie sodann die Meinung, dass Plato seine Lehre
mittelbar von Moses erhalten habe, und gewannen dadurch mit jenen
die Möglichkeit, die erstere möglichst enge an die alttestamentliche
Offenbarung anzunähern. Ausführlich behandelt Cudworth im vierten
Kapitel des Intellectualsystems die Platonische Trinität und bewundert die göttliche Vorsehung, durch deren Veranstaltung es geschehen
sei, dass die Wahrheit von den drei Personen in Gott lange vor
Christi Geburt die bedeutendsten Philosophen zu Anhängern gehabt
habe [1]. Ein weiterer Beleg dieser Kritiklosigkeit ist es, dass jedenfalls More gewillt scheint, auch das Wahre und Richtige an der
Atomenlehre auf Moses und die Offenbarung zurückzuführen. Wie
Cudworth hält er sich an eine werthlose Angabe aus dem Alter-
thume, wonach der älteste Vertreter jener Lehre der noch vor dem

---

[1] Stein a. a. O. S. 175.

trojanischen Kriege lebende Phönicier Moschus oder Mochus gewesen
sei. Während aber Cudworth im System die von anderen behaup-
tete Gleichsetzung dieses fabelhaften Phöniciers mit Moses oder
wenigstens die hierdurch vermittelte Ableitung der Atomenlehre aus
der Offenbarung ablehnt[1], wird beides von More bereitwillig acceptirt[2].

Dieser Mangel an Kritik bekundet sich übrigens keineswegs nur
gegenüber einzelnen historischen Fragen. sondern durchzieht ihre gesammte Denkweise. Trotz dem wiederholten Lobe, welches More
der experimentellen Forschung spendet, dürfte er schwerlich im
Stande gewesen sein, eine bestimmte Erscheinung rein für sich, ohne
Beimischung vorgefasster Meinungen und subjectiver Ausdeutung,
wiederzugeben.

Damit hängt die ganze Art ihrer Schriftstellerei zusammen. Wie
sie das Fremde nicht losgelöst von der eigenen Auffassungsweise zu
bieten vermögen, so bringen sie die eigenen Gedanken jederzeit unter
Heranziehung aller möglichen und unmöglichen Gewährsmänner.
Bereits bei John Smith zeigen sich die Anfänge, bei Cudworth und
More aber erreicht die Sucht zu citiren einen solchen Grad, dass
lange Abschnitte ihrer Werke sich wie ein Mosaik aus Stellen fremder
Autoren ansehen und der eigene Gedanke des Verfassers nur mit
Mühe herausgefunden werden kann.

---

[1] Syst. intell. c. I, § 10, l. c. I, 19: Seldenus autem Arcerii. qui Iam-
blichum edidit, sententiam probat coniicientis, Mochum hunc ipsum esse Mosen,
celeberrimum Iudaeorum legislatorem. . . Vereor, ne, si qui sunt inter atomorum
tutores plus iusto ingeniosi, illi haec argumento esse disputent. ipso iure divino
sapientiam suam niti, atque a supremo Numine ad hominum vitam permanasse.
At his ego nullo modo assentior; qui nemini credo licere philosophiae cuiusdam
origines coelo repetere, eamque hoc nomine mentibus hominum aeternae legis ac
decreti immutabilis instar imponere. Omnis nimirum philosophia. ut ego quidem arbitror, a ratione proficiscitur, non vero a patefactione: atque Deus hanc omnem rem
animae nostrae viribus et facultatibus commisit, ut, si verum meditando invene-
rimus, voluptatem inde illam, quae cum veritatis coniuncta solet esse inventione.
percipiamus. Nobis igitur nihil hic propositum est aliud, quam ut hoc teste planum
faciamus, doctrinam, cuius res hic agitur, Democrito vetustiorem, non vero hominis impii, Deumque negantis inventum esse. — Es ist klar, dass die eigentliche
Bedeutung der Identificirung jenes Mochus mit Moses eben in der Zurückführung
der von demselben entlehnten Lehre auf göttliche Offenbarung beruhte. Um so
auffallender ist, dass in dem ethischen Tractat, der übrigens nicht von Cudworth
selbst herausgegeben wurde, jener Identificirung zugestimmt wird. (II, c. 4. § 2.
l. c. II. 650.)

[2] Appendix to the defence of the philosophick Cabbala ch. I. n. 8.

Ihr sogenannter Platonismus würde den Theologen von Cambridge höchstens eine Erwähnung in der Gelehrtengeschichte, aber keine Stelle in der Geschichte der Philosophie eingetragen haben. Diese verdanken sie dem Nachdrucke, mit dem sie gegenüber den empiristischen und materialistischen Richtungen der Zeit das intellectualistische oder, wenn man lieber will, rationalistische Element in der Erkenntniss hochgehalten haben.

Dieses Urtheil bestätigt sich, wenn man den Blick von den bisher allein betrachteten Hauptvertretern der Schule auf eine Reihe von Männern lenkt, welche, mit jenen in einem mehr oder minder engen Zusammenhange stehend, dabei eine gewisse Freiheit und Eigenart bekunden. Was sie mit ihnen und untereinander verbindet, ist das Vertrauen, das sie zu der menschlichen Vernunft und zur Vernünftigkeit der Welt haben.

Nathanael Culverwell mag zuerst genannt werden. Er war Calvinist wie sie alle und Puritaner wie, wenigstens ihrem Ursprunge nach, die meisten von ihnen. Seine Ausbildung erhielt er im Emmanuel College zu Cambridge, wo Whichcote Fellow war und John Smith sein drei Jahre früher eingetretener Studiengenosse. Später war er gleichfalls dort Fellow und hielt eine Zeitlang die regelmässigen Predigten in der Kapelle. Daraus entstand sein Hauptwerk „Ueber das natürliche Licht", schon 1646 verfasst, aber erst 1652, wie es scheint ein Jahr nach seinem Tode veröffentlicht[1]. Die Zeit seiner Geburt ist unbekannt; über seinen letzten Lebensjahren liegt ein gewisses Dunkel[2].

Inhalt und Form der genannten Schrift würden hinreichen, Culverwell in enge Beziehung zu der Schule von Cambridge zu setzen, auch wenn ihn seine Lebensumstände nicht in die nächste Nähe ihrer Vertreter gebracht hätten. Er selbst bezeichnet als das Ziel, welches ihn bei der Abfassung geleitet habe, die Klarstellung des Verhältnisses zwischen Vernunfterkenntniss und Glaube; was er aber bringt, ist in erster Linie eine Apologie der Vernunft. „Vernunft und Glaube entspringen aus derselben Lichtquelle, und beide treffen in dem nämlichen Ziele zusammen, der Verherrlichung desjenigen, von dem ihr Schein ausgeht, und der Glückseligkeit und Wohlfahrt derjenigen, auf welche sie scheinen." „Die Vernunft schmähen heisst den Himmel schelten, heisst den Gott der Vernunft missachten und die Schön-

---

[1] Eine neue Ausgabe erschien in Edinburg 1857 unter dem Titel: Of the light of nature. A discourse by N. Culverwell edited by John Brown.
[2] Tulloch S. 414. Rémusat a. a. O. S. 256.

heit seines Ebenbildes in Frage ziehen."[1] „Gott hat allen Menschen-
kindern vernünftige Seelen eingehaucht, als ebensoviele Lichter, sie
zu erleuchten und bei dem Aufsuchen ihres Schöpfers wie auch in
der Entdeckung anderer niederer Wesen und endlich ihrer selbst zu
leiten."[2] Das ist seiner Meinung zufolge der Sinn jenes Verses aus
den Sprichwörtern, dessen häufige Anwendung und Ausdeutung bei
Whichcote den Tadel Tuckney's hervorgerufen hatte[3] und welchem
Culverwell den Titel seines Buches entnimmt; denn die „Leuchte des
Herrn" bedeutet nichts anderes als das natürliche Licht der Vernunft[4], und die Absicht des Verses ist somit „eine kurze Empfeh-
lung des natürlichen Lichtes oder des Lichtes der Vernunft"[5]. Die
göttliche Offenbarung ist niedergelegt in der Heiligen Schrift, deren
Sinn der Einzelne unter göttlichem Beistand mit Hilfe der Vernunft erkennt.

Wo Culverwell diesen letztern Gedanken entwickelt, zeigt er
deutlich den Optimismus der Schule, welcher über die Schwierigkeiten und Divergenzen der Schriftauslegung leichten Schrittes hinweg-
geht, die allgemeine Menschenvernunft als einigendes Princip erklärt,
schliesslich aber einem jeden das Recht zusprechen muss, bei dem
stehen zu bleiben, was ihn seine Vernunft als Inhalt der Offenbarung
erkennen lässt[6]. Religiöse Polemik fehlt nicht ganz in dem Werke;
sie wendet sich gegen Arminianer, Socinianer und Antinomisten,
namentlich aber gegen die katholische Kirche, der gegenüber Culverwell die gleiche abweisende Haltung an den Tag legt wie die
übrigen Mitglieder der Schule[7].

---

[1] Light of nature p. 17 f.   [2] Ibid. p. 29.   [3] Oben S. 102.
[4] Light of nat. p. 32.   [5] Ibid. p. 31.
[6] Ibid. p. 219: If men were tuned and regulated by reason more, there
would be more concord and harmony in the world. As man himself is a sociable
creature, so his reason also is a sociable light... If they could scatter all those
clouds that soil and discolour the face and brightness of it; would there be such
fractions and commotions in the State, such schisms and ruptures in the Church,
such hot and fiercy prosecutions of some trifling opinions? etc. — P. 230: The
judgment of one wise, enlightened, spiritualized Christian is more to be attended
to than the votes and suffrages of a thousand gainsayers; because this is unde-
niable, that God may give to one that eye, that light, that discerning power,
which He does deny to many others. It is, therefore, a piece of excessive vanity
and arrogancy in Socinus, to limit and measure all reason by his own. — Nor
does this put an uncertainty in reason, but only a diversity in the improving of it.
One lamp differs from another in glory.
[7] L. c. p. 58 f. 210 ff. 216 f.; dazu Rémusat a. a. O. I, 258.

Mit älterer und neuerer Literatur wohl vertraut, beweist er
ein grösseres Mass von Kritik, wenn er sich gegen die Ableitung
der gesammten griechischen Weisheit von den Juden erklärt. Warum
von den Juden entlehnen, was die eigene Vernunft die Heiden erkennen liess?[1] Wo er auf erkenntnisstheoretische Fragen zu sprechen kommt, nimmt er Veranlassung, sich mit englischen Vorgängern,
wie Herbert von Cherbury und Lord Brook, auseinanderzusetzen.
Seine eigene Meinung scheint nicht ganz frei von Unklarheit. Einerseits nämlich bekämpft er die Lehre von den angeborenen Ideen.
Plato, meint er, „hätte ebensogut solch eingepflanzte Ideen und
Keime des Lichtes für das äussere Auge erfinden können wie für
das des Geistes"[2]. Wir brauchen nur auf uns zu reflectiren, um
einzusehen, dass wir nichts dergleichen mit auf die Welt bringen.
„Untersucht nur eure eigenen Gedanken, geht nur selbst mit eurem
Innern zu Rathe, sagt uns, wann es geschah, dass das Licht zuerst
in euch entsprang. Hattet ihr derartige Begriffe, da ihr zuerst zur
Existenz kamt? Hattet ihr solch eingeborene Ideen in der Wiege?
Wurden sie mit euch geschaukelt, da ihr schlieft? Oder dachtet
ihr damals über die Sätze nach: das Ganze ist grösser als der Theil;
nichts kann zu gleicher Zeit sein und nicht sein?"[3] Möge man
uns doch ein Verzeichniss dieser vermeintlich angeborenen Wahrheiten geben![4] Müsste nicht vor allen die Idee Gottes angeboren
sein? In Wirklichkeit aber erkennen wir Gott nur in dem Spiegel
seiner Geschöpfe[5]. Erkenntniss entsteht nur aus der Vergleichung
und Beobachtung der Gegenstände[6]; angeboren sind uns nur die
Vermögen, zu erkennen und zu schliessen[7], die aber, um zur Thätig-

---

[1] Light of nat. p. 91 ff.   [2] Ibid. p. 123.   [3] Ibid. p. 125 f.

[4] P. 126: Let us but see a catalogue of all these truths you brought with
you in the world.

[5] P. 127: But if it were at all to be granted, that the soul had many stamps
and characters upon it, that it had any implanted and engrafted 'ideas', it were
chiefly to be granted that it hath the connate notion of a Deity, that pure and
infinitely refined entity, abstracted from all appearance of matter. But mark how
the great doctor of the Gentiles convinces them of 'what may be known of God'.
He doth not set them a searching their connate species, but bids them look in the
glass of the creatures.

[6] P. 126: The mind having such gradual and climbing accomplishments,
doth strongly evince that the true rise of knowledge is from the observing and
comparing of objects, and from thence extracting the quintessence of such principles as are worthy of all acceptation.

[7] P. 128: No other innate light, but only the power and principle of knowing
and reasoning is the candle of the Lord. Dies sei auch die Meinung Lord Herberts.

keit überzugehen, der Anregung durch die äusseren Gegenstände
bedürfen[1]. Aristoteles hat recht, wenn er lehrt, dass die Seele ursprünglich eine leere Tafel ist, auf welcher nichts geschrieben steht,
solange nicht die Objecte auf den „aufnehmenden Verstand" ein-
gewirkt haben; er hat ebenso recht, wenn er die Sinneswahrnehmung als die Grundlage aller Erkenntniss bezeichnet[2].

Andererseits aber ist die blosse Fähigkeit, passiv aufzunehmen,
was ihr von aussen geboten wird, keineswegs das, was er der Seele
zuschreiben will. Die eigentliche Quelle der Erkenntniss soll doch
in ihr liegen; die Platoniker hatten recht, wenn sie den Geist des
Menschen für die Leuchte des Herrn hielten; sie irrten nur bezüglich des Zeitpunktes, da sie angezündet wird[3]. Und so spricht er
denn bald von ursprünglich in der Seele gelegenen Keimen, die zur
Entwicklung gebracht werden[4], bald geradezu von „klaren und un-
auslöschlichen Grundsätzen, ersten und elementaren Begriffen, die
dem Wesen des Menschen aufgeprägt und eingedrückt" sind[5]. Insbesondere beruft er sich auf dieses innerliche Princip, auf das natürliche Licht der Vernunft, wo es sich um die Erkenntniss der moralischen Wahrheiten handelt[6]. In ihm erfassen wir das natürliche
Sittengesetz, aus welchem zuletzt alle bindende Kraft menschlicher
Gesetzgebung stammt[7]. Bei der weitern Durchführung schliesst sich

---

[1] P. 130, als die Ansicht Herberts, der sich aber Culverwell offenbar
anschliesst.

[2] P. 125: Aristotle did not antedate his own knowledge, nor remember the
several postures of his soul, and the famous exploits of his mind before he was
born; but plainly professed, that his understanding came naked into the world.
He schows you a 'blank sheet'... This makes him set open the windows of sense,
to welcome and entertain the first dawnings etc. P. 202: The first rudiments
of certainty were drawn by sense; the completing and consummating of it was
in the understanding. P. 184: Man's knowledge naturally enters in at the gate
of sense.   [3] P. 132.   [4] P. 109.

[5] P. 81: There are stamped and printed upon the being of man some clear
and indelible principles, some first and alphabetical notions, by putting together
of which it can spell out the law of nature. There are scattered in the soul of man
some seeds of light, which fill it with a vigorous pregnancy, with a multiplying
fruitfulness, so that it brings forth a numerous and sparkling posterity of secon-
dary notions.

[6] Ibid.: These first and radical principles are wound up in some such short
bottoms as these: 'We must seek good, and avoid evil'; 'we must seek happiness';
'do not do to others what you do not wish to have done to yourself'. And reason,
thus, by warming and brooding upon these first and oval principles of her own
laying ... does thus 'hatch the law of nature'.

[7] P. 89: Though the formality of human laws do flow immediately from the

hier Culverwell enge an die überlieferte Lehre, an Thomas von Aquin und Suarez, an, die wiederholt von ihm citirt werden, und betont mit ihnen den objectiv-vernünftigen Charakter des sittlichen Gesetzes, das darum in der Natur der Dinge begründet ist, weil es nur einen Theil des gesammten, die ganze Weltordnung befassenden, ewigen Gesetzes bildet und wie diese sein Mass in dem unveränderlichen Wesen Gottes hat[1]. Das natürliche Gesetz wird einem jeden durch die Stimme der Vernunft verkündet, bestätigt aber wird es durch die Uebereinstimmung der Völker, welche sich ohne Vereinbarung oder Vertrag in der Anerkennung der grundlegenden Principien des sittlichen Lebens begegnen[2]. Diese obersten Principien sind so unmittelbar einleuchtend, dass sie gar nicht verkannt werden können, während in betreff der abgeleiteten Sätze, der einzelnen Regeln und Vorschriften, die sich zu jenen als nähere oder entferntere Folgerungen verhalten, auch der Irrthum mehr oder minder leicht Zugang findet[3].

Die verpflichtende Kraft des natürlichen Gesetzes leitet sodann Culverwell mit seinen scholastischen Gewährsmännern her aus dem Willen des göttlichen Gesetzgebers[4]. Wenn er auch diese Seite der Frage scharf hervortreten lässt — weit schärfer, als dies bei Cudworth geschieht — und in gelegentlichen Ausdrücken die alles überragende Souveränität des göttlichen Willens betont[5], so ist doch kein Grund, ihn auch hier des Schwankens zwischen zwei entgegengesetzten Standpunkten zu zeihen[6]. Richtig ist nur, dass für Cul-

---

power of some particular men, yet the strength and sinew of these laws is founded in the law of nature. Cfr. p. 52.

[1] P. 54: By this great and glorious law, every good action was commanded, and all evil was discountenanced and forbidden from everlasting. According to this rigteous law, all rewards and punishments were distributed in the eternal thoughts of God. At the command of this law all created beings took their several ranks and stations, and put themselves in such operations as were best agreeable and conformable to their beings. Cfr. p. 48. 50 ff. 66. 68 f. 71. 160.

[2] P. 109. [3] P. 117.

[4] P. 54: The life and vigour of this law sprang from the will of God Himself; from the voluntary decree of that eternal Lawgiver, minding the public welfare of being.

[5] P. 62: The first and supreme Being has so full and infinite a liberty, as cannot be bounded by a law. P. 74: The most high and sovereign Being, even God Himself, does not subject Himself to law; though there be some actions also most agreeable to His nature, and others plainly inconsistent with it, yet they cannot amount to such a power, as to lay any obligation upon Him, which should in the least notion differ from the liberty of His own essence.

[6] Rémusat a. a. O. I, 262 f.

verwell, wie der Gegensatz gegen Hobbes, so auch die Veranlassung
fehlte, jede Bezugnahme auf den göttlichen Willen zu vermeiden,
um nicht den Schein zu erwecken, als wolle er das ewige und unveränderliche Gesetz doch zuletzt wieder der Willkür ausliefern.
Hiervon aber kann in der That in keiner Weise bei ihm die Rede
sein. Ausdrücklich bekennt er sich zu dem Satze, dass das natürliche Gesetz verbietet, was in sich selbst ein Uebel ist, und nicht
erst durch sein Verbot etwas zu einem Uebel macht, und dass überhaupt der oberste Massstab für den moralischen Charakter der Handlungen in den unveränderlichen Wesenheiten der Dinge begründet
ist [1]. Gott war frei, zu schaffen oder nicht zu schaffen, diese oder
eine andere Welt zu schaffen; nachdem er aber einmal diese bestimmte Welt und den Menschen in seiner Natur und Beschaffenheit ins Dasein rief, so konnte er ihm nur solches gebieten, was
dieser Natur entspricht, und verbieten, was ihr zuwider ist [2].

Reicht Culverwell in die Zeit des ersten Anfanges hinauf und
steht er auch seinen Lebensverhältnissen nach in nächster Nähe
neben den Begründern der Schule, so gehört dagegen Joseph
Glanvill (1636—1680) bereits der jüngern Generation an und
dem weitern Kreise derjenigen, die von dem Einflusse ergriffen
wurden, der von Cambridge ausging. Wo seiner in den Werken
zur Geschichte der Philosophie überhaupt gedacht wird, pflegt man
ihn wohl als einen Skeptiker und Vorläufer von Hume zu bezeichnen,
nicht völlig mit Recht, wie sich sogleich zeigen wird. Ein Zög-
ling der Universität Oxford, beklagte er es später, dass er nicht in
Cambridge gewesen sei, wo die neue Philosophie in grösserer Achtung stehe. Bereits in jungen Jahren [3] wurde er Mitglied der Royal
Society, welche in ihm einen eifrigen Bewunderer und Vertheidiger

---

[1] P. 76 ff.

[2] P. 78: God had the very same liberty whether He would create a world
or not, but if He will create it, and keep it in its comeliness and proportion, He
must then have a vigilant and providential eye over it; and if He will provide
for it, He cannot but have a perfect and indefective providence agreeable to His
own wisdom, and goodness, and being; so that if He will create such a being as
man, such a rational creature, furnished with sufficient knowledge to discern between some good or evil, and if He will supply it with a proportionate concourse
in its operations, He cannot then but prohibit such acts as are intrinsically pre-
judicial and detrimental to the being of it; neither can He but command such acts
as are necessary to its preservation and welfare.

[3] Am 14. December 1664; cfr. *Birch*, History of the Royal Society
I, 500.

fand [1] und deren Bestrebungen er selbstthätig sowie durch Organisation einer regelmässigen wissenschaftlichen Correspondenz zu fördern suchte [2]. Eine enge Freundschaft verband ihn mit H. More.
Dieselbe gründete sich nicht nur auf die Uebereinstimmung in gewissen Hauptpunkten, welche die charakteristischen Merkmale der
Latitudinarier von Cambridge bildeten, Glanvill theilte vielmehr
auch in vollem Umfange More's spiritistische Illusionen [3].

Wie völlig er mit der Grundtendenz der Schule von Cambridge
sympathisirte, zeigt sich vielleicht am deutlichsten in einem Aufsatze
aus seinen letzten Lebensjahren über „antifanatische Religion und
freie Philosophie" [4]. Derselbe gibt sich als eine Fortsetzung von
Bacons Atlantis und erzählt von einem Besuche in Bensalem, einer
himmlischen Gegend — an angelical country —, und dem glücklichen Zustande der Religion daselbst. Unter der Verkleidung der
Religionsdiener von Bensalem charakterisirt er deutlich die rationa-

---

[1] Er widmete ihr seine Erstlingsschrift, von der sogleich die Rede sein wird,
und schrieb zur Ergänzung von Sprats Geschichte der Royal Society: Plus ultra:
or, the progress and advancement of knowledge since the days of Aristotle; in
an account of some of the most remarkable late improvements of practical useful
learning. London 1668. Die Schrift und die gesammte Thätigkeit der Gesellschaft wurde aufs heftigste angegriffen von Henry Stubbe, einem Arzt von
Warwick, wogegen Glanvill 1671 in zwei Schriften replicirte; vgl. Birch a. a. O.
II, 198 Anm., und 279 Anm. Von dem Ansehen, welches Glanvill in der Royal
Society genoss, zeugt der Nekrolog bei Birch a. a. O. IV, 58 ff.

[2] Birch a. a. O. II, 200. 313. 393. 394 f. 410. 411.

[3] Sein Hauptwerk nach dieser Richtung ist: Sadducismus triumphatus, or
full and plain evidence concerning witches and apparitions, in two parts, the first
treating of the possibility, the second of their real existence (1681), in vielen Auflagen erschienen, auch ins Deutsche übersetzt. Ein Abschnitt von More's Enchiridion metaphysicum ist darin aufgenommen. Der erste Theil erschien ursprünglich allein unter dem Titel: A blow at modern Sadducism, womit Some
philosophical consideration touching the being of witches and witchcraft, angeführt bei Rémusat a. a. O. II, 196, identisch zu sein scheint.

[4] Essays on several important subjects in philosophy and religion by Joseph
Glanvill. London 1676. Die Sammlung enthält folgende Aufsätze: 1) Against
confidence in philosophy, eine Umarbeitung der alsbald näher zu erwähnenden
Erstlingsschrift; 2) Of scepticism and certainty, in der Hauptsache neu verfasst;
3) Modern improvements of knowledge, eine neue Bearbeitung von Plus ultra;
4) The usefulness of philosophy to theology, identisch mit der früher erschienenen
Philosophia pia; 5) The agreement of reason and religion, eine Predigt, welche
unter anderem bereits als Anhang der eben genannten Schrift veröffentlicht
worden war; 6) Against Sadducism in the matter of witchcraft, gleichfalls schon
früher erschienen und vermuthlich mit einer der in der vorigen Anmerkung erwähnten Schriften identisch; 7) Antifanatick theology and free philosophy.

listischen Theologen von Cambridge, die er bewundert und zu denen
er selbst gehören will. Sie haben den an den Universitäten herkömmlichen Studiengang mit Beifall und Erfolg durchlaufen, aber
sie halten sich nicht für vollkommen. sobald sie mit der Wissenschaft bekannt geworden sind, die in Systemen besteht. Vielmehr
wandten sie sich von da zu der Beschäftigung mit den Originalschriften der alten Autoren, auch derer, die vor Aristoteles lebten,
soweit Ueberreste davon erhalten sind. Freien Geistes betrachten
sie die von jenen Männern aufgestellten Grundsätze als blosse Hypothesen. Mit besonderem Eifer lasen sie den göttlichen Plato, aber
sie machten sich auch mit den eigenen Werken des Aristoteles bekannt und dadurch mit dem Unterschiede, der zwischen der echten
Aristotelischen Lehre und den Ausdeutungen der Commentatoren
oder den Streitsätzen der Schule besteht; ebenso lasen sie Cicero
und Plutarch. Sie waren jedoch weder so pedantisch noch solch
abergläubische Verehrer des Alterthums, dass sie die Fortschritte
der spätern Zeit verachtet hätten. Sie waren sich bewusst, dass
die Wissenschaft der Vervollkommnung bedarf und der Entwicklung
fähig ist, und sie blickten daher mit dem gleichen Eifer vorwärts
auf die Modernen, die sich zu ihrer Zeit damit befassten. die Mängel
der Alten aufzudecken, indem sie vernachlässigte Theorien wieder
aufnahmen und durch neue Gedanken und Anschauungen ergänzten.
Sie nahmen Kenntniss von allen Fortschritten auf dem Gebiete der
Anatomie, der Mathematik. Naturgeschichte und Mechanik; keine
neue Entdeckung wurde gemacht, die sie sich nicht anzueignen versucht hätten[1]. Auf solche Weise vorbereitet, wandten sie sich sodann zum Studium der Theologie. Auch hier „hielten sie es nicht
für genug, einige wenige Systeme zu kennen und den correcten
Lehrbegriff ihrer Zeit zu besitzen und sich durch Aneignung von
Kanzelton und Phraseologie für das Predigtamt vor dem Volke zu
befähigen. Vielmehr studirten sie die Geschichte der Kirche und
die Väter der ersten drei Jahrhunderte. Sie spähten darin aus nach
der Lehre und Praxis der Anfangszeit. indem sie bedachten, dass
die Religion in jenen ursprünglichen Zeiten am reinsten gewesen
sein müsse"[2]. „Sie forschten der Vernünftigkeit der grossen Principien der Religion nach und bereiteten sich dadurch vor, um mit
Atheisten, Ungläubigen und Enthusiasten zu streiten. von denen das
Zeitalter angefüllt war."[3] .Sie waren der Ueberzeugung, dass die

---

[1] Antifanatick theology p. 8 f.   [2] Ibid. p. 9 f.   [3] Ibid. p. 10.

Wahrheit, wenn ihr nur eine unparteiische Untersuchung zu theil
werde, den Sieg davon tragen müsse."[1] „Ihren eigenen Meinungen
waren sie nicht so zugethan, dass sie dieselben auch als bindend
für andere angesehen hätten, noch waren sie von dem allgemeinen
Eifer angesteckt, Propaganda für eine jede Wahrheit zu machen,
die sie selbst zu erkennen glaubten... Ihre hauptsächliche Absicht
war, die Menschen gut zu machen, nicht in Begriffen geschult und
kenntnissreich (not notional and knowing)... Um das Zeitalter von
seiner Thorheit zu heilen, waren sie eifrig bemüht, den Menschen
zu Gemüthe zu führen, dass die Vernunft ein Zweig und Strahl der
göttlichen Weisheit ist, das Licht, welches Gott in unseren Seelen
angezündet, und das Gesetz, das er in unsere Herzen eingeschrieben
hat; dass die Offenbarungen Gottes in der Schrift denen nicht widersprechen können, die er in unsere Natur eingesenkt hat, und dass
der Glaube selbst ein Act der Vernunft ist, aufgebaut auf die beiden vernünftigen Grundsätze, dass es einen Gott gibt, und dass
wahr ist, was er sagt."[2]

Die gleichen Gedanken führt er anderwärts in eigenem Namen
aus. Vernunft und Glaube befinden sich in voller Harmonie. Soll
die Vernunft nicht gehört werden, so kann Gottes Dasein und die
Autorität der Schrift nicht bewiesen werden, und die Grundlage
unseres Glaubens ist zerstört. Philosophie ist das beste Mittel, die
Religion gegen den Atheismus, Sadducäismus, Aberglauben und Enthusiasmus zu schützen, und die Meinung, dass die Vernunft der
Religion feindselig sei, nur die Folge eines in früher Jugend einge-
impften Vorurtheils oder eines unklaren Denkens. Es ist eine Forderung der Vernunft, dass, was immer Gott sagt, geglaubt werden
muss, auch wenn wir die Art und Weise, wie es sich verhält, nicht
begreifen können. Aus diesem Grundsatze folgt, dass man im Stande
ist, jeden Glaubensartikel zu vertheidigen, sobald man ihn als ge-
offenbart zu erweisen vermag, und dass es vom Standpunkte der
Philosophie aus thöricht ist, gegen die Existenz von etwas, was
wohl bezeugt ist, aus der Unbegreiflichkeit des Sachverhaltes argu-
mentiren zu wollen[3]. — In der nähern Begründung dieser letztern

---

[1] Antifan. theol. p. 13.

[2] Ibid. p. 17. Vgl. auch die deutliche Anspielung S. 16: They grew up
amongst the sects; they were born and bred in that age, which they could not
help etc.

[3] Philosophia pia; or a discourse of the religious temper and tendencies of
the experimental philosophy, which is professed by the Royal Society. To which

Aufstellung lenkt sodann Glanvill in einen Gedankengang ein, der ihm eigenthümlich und namentlich für sein erstes schriftstellerisches Auftreten charakteristisch ist.

Glanvills früheste und wohl auch seine bedeutendste Schrift ist die Scepsis scientifica, ein Essay über die Eitelkeit des Dogmatismus[1]. Bereits in der die Stelle eines Vorworts vertretenden Anrede an die Royal Society schildert er in beredter Weise die Unwissenheit der Menschen. Das gleiche Thema führt er sodann durch die ganze Schrift durch, vielfach in rhetorisch gehobener Sprache, bald in allgemein gehaltenen Wendungen, bald mit deutlicher polemischer Spitze. Wir wissen nichts von den Dingen, die uns umgeben, nichts von uns selbst. Die Verbindung der Seele mit dem Leibe ist uns unbegreiflich; weder Cartesius noch Kenelm Digby noch H. More haben das Problem zu lösen vermocht. „Der Dogmatiker weiss nicht, wie er es anfängt, seinen Finger zu bewegen oder mittels seiner Zunge articulirte Laute hervorzubringen."[2] Wie soll die unausgedehnte, selbst nicht in Bewegung befindliche Seele den körperlichen Leib in Bewegung setzen? Aber nicht minder unbegreiflich ist uns das Zustandekommen der Empfindungen. Wie können Bewegungen und Veränderungen der körperlichen Welt die Seele, eine völlig anders geartete Substanz, treffen? Die Körper können nur durch Bewegungen wirken, Bewegungen können nur von Ausdehnung und Materie aufgenommen werden: wie sollen wir uns die Seele materiellen Einwirkungen unterworfen denken? Und doch überzeugen uns die unmittelbar sich aufdrängenden Empfindungen, überzeugt uns insbesondere der Schmerz, dass eine solche Einwirkung thatsächlich statthat[3]. Was wissen wir über das Zustandekommen der regelmässig gebildeten Krystalle, was über das der unendlich zweckmässigen Organismen? Sie können kein Werk des Zufalls

---

is annexed a recommendation and defence of reason in the affairs of religion. By Joseph Glanvill. London 1671.

[1] The vanity of dogmatizing, or confidence in opinions, manifested in a discourse of the shortness and uncertainty of kowledge. London 1661. Eine neue Bearbeitung erschien vier Jahre später unter dem Titel: Scepsis scientifica or confessed ignorance, the way to science; in an essay of the vanity of dogmatizing and confident opinion. With a reply to the exceptions of the learned Thomas Albius. London 1665. Das Buch, dessen ausserordentliche Seltenheit Hallam, Lecky und Rémusat beklagen, während Tulloch es ziemlich verbreitet fand, ist von Owen 1885 neu herausgegeben worden. Cfr. Dictionary of national biography t. XXI. — Die folgenden Citate beziehen sich auf die Ausgabe von 1665.

[2] Cap. 1. 3. 4.   [3] Cap. 5. p. 21.

sein; aber wie sie in ihrer festen Artbestimmtheit zu stande kommen,
wissen wir nicht, und keiner der unternommenen Erklärungsversuche
reicht aus, auch nicht die Annahme einer besondern plastischen Kraft[1].

Aber Glanvill bleibt nicht dabei stehen, die Unzulänglichkeit
unseres Wissens an diesen und anderen Beispielen zu illustriren,
sondern sucht mehr systematisch die Gründe derselben aufzudecken.
Was er über die Beeinflussung unserer Urtheile durch unsere Nei-
gungen, über Gewohnheit und Erziehung und die übermässige Verehrung von Autoritäten, insbesondere des Alterthums, vorbringt,
mag auf sich beruhen. Wichtiger ist, was er über die Sinneswahrnehmung, als die nothwendige Voraussetzung aller Erkenntniss,
geltend macht. Weil wir an dieselbe gebunden sind, so stellen wir
uns auch immaterielle Gegenstände sinnlich vor, und wo uns die
Sinnesvorstellungen gänzlich im Stiche lassen, hört jedes Begreifen
auf. „Lasse man die, welche anderer Meinung sind, ihre Vorstellungen durchgehen. Wenn sie eine bestimmte Erkenntniss von Seins-
weisen antreffen, für welche ihnen weder der äussere noch der innere
Sinn den leisesten Wink gegeben haben, so mag man ihnen auch
zutrauen, dass sie Wahngebilde wirklich machen."[2] Dazu sind unsere
Sinne dürftig und beschränkt gegenüber der Feinheit und Mannigfaltigkeit der Natur; nur das Gröbere ist ihnen zugänglich, die
feineren Zusammenhänge bleiben ihnen verborgen; sie sind endlich
vielfachen Täuschungen unterworfen[3]. Ganz besonders aber tritt
die Unzulänglichkeit unseres Wissens hervor, wenn wir uns die Anmassung der Dogmatisten vergegenwärtigen. Sie behaupten, die
wahren, unmittelbaren und nothwendigen Ursachen der Dinge zu
kennen[4]. Aber dies ist unmöglich. Nirgends bietet sich eine Ursache als solche unserer Einsicht unmittelbar dar; wir erschliessen
sie vielmehr aus ihrer Wirkung, und zwar schliessen wir nur daraus,
dass ein Ding die Ursache eines andern sei, weil dieses der stete
Begleiter des erstern ist, denn der Vorgang der Causalität selbst fällt
nicht unter die Sinne. Jener Schluss aber von der begleitenden
Verknüpfung auf einen ursächlichen Zusammenhang ist sehr unsicher
und führt oft genug zu offenbarer Täuschung[5]. Dazu kommt, dass

---

[1] Cap. 6.   [2] Cap. 4, p. 17; cap. 9, p. 50.   [3] P. 51 sqq.
[4] Cap. 23, p. 142: It is the knowledge of things in their true, immediate,
necessary causes.
[5] Ibid. p. 142: All knowledge of causes is deductive: for we know none by
simple intuition, but through the mediation of their effects. So that we cannot
conclude any thing to be the cause of another, but from its continual accompanying

die Dinge und Ereignisse, die wir erklären wollen, mit anderen in einem vielfältigen und unentwirrbaren Zusammenhange stehen. Bei der Verbindung und Vermischung der vielen und verschiedenartigen Dinge miteinander und untereinander kann sich niemand vermessen, die genauen Gründe jedes einzelnen Ereignisses mit Bestimmtheit anzugeben. Und ein wirkliches demonstratives Wissen ist ja nur da vorhanden, wo wir einsehen, dass ein gegentheiliges Verhalten unmöglich ist. Davon aber kann im Bereiche der Naturerkenntniss schlechterdings keine Rede sein [1]. Worin die europäischen Forscher die grösste Absurdität erblicken, das mag den chinesischen als eine berechtigte Behauptung gelten. Ja, was der gesammten Menschheit als unmöglich erscheint, kann für die Metaphysik und Naturwissenschaft der Engel sehr wohl möglich sein [2]. Im Bereiche der Naturerkenntniss haben alle Erklärungen nur einen hypothetischen Charakter, und es ist ein seltsames Verkennen der Tragweite unseres Wissens, wenn wir behaupten, dass hier etwas nothwendig so geschehen müsse, wie es unseren Principien entspricht, und das Gegentheil unmöglich sei [3].

In diesem Sinne hatte er gleich zu Anfang den zuversichtlichen Behauptungen der philosophischen Systematiker und disputirsüchtigen Dogmatisten die von der Royal Society geübte Zurückhaltung nachdrücklich gegenübergestellt. Aber der nothgedrungene Verzicht auf ein wirkliches Begreifen der uns umgebenden und in ihrer Thatsächlichkeit unbestreitbaren Ereignisse hat ihm nur, wie bereits zuvor angedeutet, einen apologetischen Werth. Was sich unseren Sinnen unmittelbar darstellt oder durch die Vernunft erwiesen ist, das muss geglaubt werden, wenn wir auch eine ausreichende Erklärung des Sachverhalts nicht besitzen. Dieser Grundsatz regelt zugleich unser Verhalten gegenüber den Geheimnissen des Glaubens. Auch sie müssen geglaubt werden — sobald erwiesen ist, dass sie ꜱ als Bestandtheile der göttlichen Offenbarung zu gelten haben. Gerade die „freie, erfahrungsmässige Philosophie" befestigt diese Ueberzeugung, indem sie den Forscher tagtäglich mit unzähligen Dingen

---

it: for the *causality* itself is *insensible*. But now to argue from a concomitancy to a causality is not infallibly conclusive: yea in this way lies notorious delusion.

[1] Ibid. p. 143 sq.

[2] Ibid. p. 145: The grossest absurdities to the philosophies of Europe may be justifiable assertions to that of China: and it is not unlikely, but what's impossible to all humanity may be possible in the metaphysicks and physiology of angels. [3] Ibid. p. 155; Appendix p. 13. 72.

in der Schöpfung bekannt macht, die er nicht erklären kann, deren
wirkliche Existenz ihm aber durch die Sinne bezeugt ist[1].

Weit schärfer als bei den bisher betrachteten Philosophen tritt
bei Glanvill ein Gegensatz gegen den mittelalterlichen Aristotelismus
heraus. Man wird nicht fehl gehen, hierin eine Nachwirkung des
in Oxford geübten Schulbetriebs zu erblicken, der ja auch andere
vor ihm und neben ihm mit der gleichen Abneigung erfüllte. In
der Scepsis scientifica begründet er in aufeinanderfolgenden Kapiteln
eine ganze Reihe von Vorwürfen: die Aristotelische Philosophie bestehe lediglich in Worten und nähre nur unfruchtbare Streitsucht;
sie wisse die Erscheinungen nicht zu erklären; sie sei untauglich zu
neuen und nutzbringenden Entdeckungen für die Bedürfnisse des
täglichen Lebens, wie solche die neue Philosophie verheisse; sie sei
im Widerspruche mit der Theologie und mit sich selbst[2].

Mit Cudworth und More theilt er dagegen die schroffe Opposition gegen Hobbes. Dem von diesem letztern vertretenen „mechanischen Atomismus" stellt er mit ihnen die gute und richtige, weil
an der Erschaffung der Materie durch Gott festhaltende Corpuscularphilosophie entgegen, die auch er aus dem Orient ableitet[3].
Wenn er die Ursache der Sinnesempfindungen in Bewegungen und
körperlichen Eindrücken erblickt, so verwahrt er sich doch dagegen,
dass man hierbei mit Hobbes jede Betheiligung einer immateriellen
Seele ausschliesse[4], und keine schlimmere Anklage weiss er gegen

---

[1] Philosophia pia p. 81: This is a maxim of reason, that whatever God saith
is to be believed, though we cannot comprehend the manner of it, or tell how
the thing should be. By this axiom, whoever has proved the revelation, may de-
fend the article, and it is an absurdity in philosophic reasoning to argue against
the being, that is well attested, from the unconceivableness of the manner how
it is. . . P. 82: What is an evident object of sense or clearly proved by reason,
ought to be believed, though there are things in the theory and manner of it
unconceivable. And by using the same we are safe in all the mysteries of faith,
that are well proved to be so.

[2] Scepsis scientifica p. 111 sqq.

[3] Philosophia pia p. 109: This, as far as we know any thing of elder times,
was the ancient philosophy of the world, and it does not in the least interfere
with any principle of religion. Thus far I dare say I may undertake for most of
the corpuscularian philosophers of our times, excepting those of M. Hobbes his
way. — Cfr. Scepsis scientifica. Appendix p. 89.

[4] Scepsis scientifica p. 64: The best philosophy (the deserved title of the
Cartesian) derives all sensitive properties from motion and impression. . . Not that
the formality of it consists in material reaction, as Master Hobbs affirms, totally
excluding any immaterial concurrence: but that the representations of objects to

einen wissenschaftlichen Gegner zu erheben, als dass dieser mit
seinen Ansichten dem Verfasser des Leviathan die Hand reiche[1].
Charakteristisch ist die Art, wie er sich mit Cartesius abfindet.
Für ihn legt er in allen seinen Schriften eine enthusiastische Verehrung an den Tag: seine Philosophie wird geradezu als „die beste"
bezeichnet, deren fruchtbare Principien der Welt die Wege künf-
tigen Glücks geöffnet haben[2]. Wäre jenem wunderbaren Manne ein
längeres Leben vergönnt gewesen, so hätten wir die tiefsten Ein-
blicke in die Naturvorgänge erhoffen dürfen[3]. Aber — und eben
hierdurch trennt er ihn von den bekämpften Dogmatisten — „obwohl der grosse Geheimschreiber der Natur, der wunderbare Cartesius, alle Philosophen vor ihm unendlich weit übertroffen hat durch
seine ins Einzelne gehende analytische Beschreibung des Weltgebäudes,
so nimmt er doch seine Principien nur für Hypothesen und behauptet
niemals, dass die Dinge wirklich oder nothwendig so sind, wie er
sie annimmt, sondern er verlangt nur, dass man seine Principien
zulassen möge als zweckdienlich, um die Erscheinungen aufzulösen,
und als passende Annahmen für den praktischen Gebrauch". Denn
eine ausschliessende und zweifellose Erklärung zu geben, kann sich
niemand vermessen. „Zu sagen, dass die Principien der Natur nothwendig so sein müssen, wie unsere Philosophie sie aufstellt, heisst
der Allmacht Gottes Grenzen setzen und die unendliche Macht und
Weisheit in unsere armseligen Masse einengen."[4]

So bedeutet die „wissenschaftliche Skepsis", welche Glanvill
zur Geltung bringen will, nur die Anerkennung, dass es ein demonstratives Wissen im strengen Sinne von den Naturdingen und Naturprocessen nicht geben kann, dass vielmehr die Erklärungsversuche,
welche auf diesem Gebiete aufgestellt werden, nur für Hypothesen
von grösserer oder geringerer Wahrscheinlichkeit gelten dürfen, dass
dagegen eine auf die Erfahrung gestützte und auf die Vermehrung
der Erfahrungsthatsachen gerichtete Beschäftigung mit der Natur

---

the soul, the only animadversive principle, are conveyed by motions made upon
the immediate instrument of sense.

[1] In der der Scepsis scientifica angehängten Abhandlung gegen Thomas Albius (White) p. 29: I suppose our learned author will not think it for his credit,
to be told, that he is in the very rode of the Hobbian hypothesis... I say, who
ever considers, how *these* symbolize, yea, and are one with the main principles of
that irreligious philosophy, must, without an excess of charity, suppose our philosopher to shake hands with the Leviathan.

[2] Oben S. 150 Anm. 4. Scepsis scientifica p. 133.   [3] Scepsis scient. p. 36.

[4] Ibid. p. 155; cfr. Appendix p. 13. 72.

den grössten Erfolg für das praktische Leben verspreche. Und nicht nur das; in Uebereinstimmung mit John Smith. Cudworth und H. More hält auch Glanvill dafür, dass das von richtigen Voraussetzungen geleitete Studium der Natur der Religion positive Dienste leiste, denn die Betrachtung der Werke führt zur Anerkennung ihres Urhebers — ein Gedanke. der namentlich in der Philosophia pia allseitig durchgeführt wird.

Wenn sich daher hie und da Aeusserungen finden, welche einen weitergehenden Skepticismus zu verrathen scheinen. so ist darauf kein Gewicht zu legen. An einer Stelle bemerkt der Verfasser selbst, er habe nur darum einen Zweifel erhoben. um die Dogmatisten aus ihrer Sicherheit zu rütteln[1]. Ausserdem aber bezeichnet er zwei Gebiete der Wissenschaft, auf denen jene skeptische Zurückhaltung nicht mehr am Platze ist, weil hier wirkliches und unzweifelhaftes Wissen sich findet. Es sind dies die Mathematik und die Theologie. deren Lehren in unerschütterlichen Principien begründet sind. Die Angriffe der Atheisten wie die Thorheiten der Enthusiasten müssen an der festen Grundlage scheitern. welche die Vernunft den religiösen Wahrheiten bereitet. Und was die Mathematik betrifft, so hat, wer ihre Gewissheit bezweifelt. „eine Dosis Nieswurz" nöthig. Aber der Dogmatist hat keinen Grund, sich dieser Zugeständnisse zu rühmen. Denn die Theologie blieb überhaupt bei der angestellten Prüfung der Tragweite unserer wissenschaftlichen Erkenntniss ausser Frage. und was die Mathematik betrifft. so ist unsere Wissenschaft auf diesem Gebiete nicht danach angethan. uns stolz zu machen. „denn was sie uns kennen lehrt. sind nur Zahlen und Figuren. Dinge. die wir selbst hervorgebracht haben: über die Werke unseres Schöpfers aber lässt sie uns in Ungewissheit"[2]. Immerhin tritt an dieser Stelle,

---

[1] Scepsis scientifica cap. 26, p. 160 sq.

[2] Ibid. cap. 24, p. 152: Now I intend not any thing here to invalidate the certainty of truths either mathematical or divine. These are superstructed on principles that cannot fail us, except our faculties do constantly abuse us. Our religious foundations are fastened at the pillars of the intellectual world. and the grand articles of our belief as demonstrable as geometry. Nor will either the subtile attempts of the resolved atheists, or the passionate hurricanoes of the wild enthusiasts any more be able to prevail against the reason our faith is built on, than the blustering winds to blow out the sun. And for mathematical sciences, he that doubts their certainty, has need of a dose of hellebore. Nor yet can the dogmatist make much of these confessions in favour of his pretended science; for our discourse comes not within the circle of the former, and for the later, the knowledge we have of the mathematics has no reason to elate us; since by them

trotz der gemachten Einschränkung, der bisher allein zum Ausdrucke gekommenen sensualistischen eine rationalistische Tendenz gegenüber. Des weitern nöthigt die Anerkennung der Thatsache, dass wir nicht nur das Vermögen haben, Vorstellungen miteinander zu verbinden und die Gleichheit oder Verschiedenheit der Objecte zu erkennen, sondern dass wir auch auf dem Wege des Schlussverfahrens zu festen Ueberzeugungen kommen, zu der Annahme oberster, durch sich selbst einleuchtender Principien des Schliessens. Diese letzteren, welche recht eigentlich als die Wesensbestandtheile der vernünftigen Natur gelten sollen, nennt Glanvill, indem er nun wieder völlig in die Wege der Philosophen von Cambridge einlenkt, „eingeborene Sätze" [1]. Und so kann er nun trotz seines scheinbaren Skepticismus oder Sensualismus mit ihnen in der Werthschätzung der Vernunft wetteifern, in der er ganz ebenso wie sie die Verbündete des Glaubens [2] und die siegreiche Gegnerin des sectirerischen Enthusiasmus erblickt. Mit aller Schärfe wendet er sich gegen diesen letzern [3]; auch scheint er zeitweise persönlich unter fanatischem Eifer gelitten zu haben [4].

Das ethisch-metaphysische Problem, welches, wie gezeigt wurde, in dem Kampf der Schule gegen Hobbes eine hervorragende Rolle spielte, wird in Glanvills eigenen Schriften nicht besonders erörtert. Um so mehr ist dies der Fall in der von ihm durch einen vorgedruckten Brief in die Oeffentlichkeit eingeführten, aber erst nach seinem Tode, im Jahre 1682, erschienenen Abhandlung „Ueber Wahrheit" von George Rust. Indem er den bereits im Jahre 1670 als Bischof von Dromore in Irland verstorbenen Verfasser als einen der ersten Begründer der von der Universität Cambridge ausgegangenen Richtung feiert, bekräftigt er selbst nochmals seine Zugehörigkeit zu derselben. Rust seinerseits wird nicht müde, in immer neuen Wendungen auszuführen, dass es Wahrheiten gebe, welche, in den „gegenseitigen Beziehungen und Verhältnissen der Dinge" begründet, von Gottes Willen unabhängig sind. Gott kann das, was an sich böse ist, nicht durch ein Gebot seines Willens gut und verdienstlich machen [5].

---

we know but numbers and figures, creatures of our own, and are yet ignorant of our maker's.

[1] Ibid. p. 72: Congenite propositions, which I conceive to be the very essentials of rationality.

[2] P. 76: Reason and faith are at perfect unisons.

[3] Ebend. und Philosophia pia p. 56.

[4] Dict. of national biogr. t. XXI.   [5] Tulloch S. 433 ff.

Man kann zweifelhaft sein, ob und in welcher Weise Isaak
Barrow mit der Schule von Cambridge in Beziehung zu setzen ist.
Burnet erwähnt ihn nicht. Geboren 1630, war er seit 1649 Fellow
des Trinity College, bekleidete unter der Restauration eine Zeitlang
eine Professur der griechischen Sprache in Oxford, war dann Professor der Mathematik am Gresham College in London, welches damals mit Cambridge und Oxford rivalisirte, und seit 1663, als der
erste dieses Faches, Professor der Geometrie in Cambridge. Im
Jahre 1669 legte er dieses Amt zu Gunsten des grossen Isaak Newton
nieder, zum Theil, weil er sich durch dasselbe in der Ausübung seines
geistlichen Berufes gehindert fand. Als Mathematiker hochgeschätzt,
gewann er doch seinen grössten Ruhm als Prediger. Seit 1672
Vorsteher des Trinity College, starb er 1680. Tillotson hielt ihm
die Grabrede und gab seine theologischen Werke heraus[1].

Tulloch nennt Barrow die einzige hervorragende Persönlich-
keit des damaligen Cambridge, die von der neuen Bewegung fast
gar nicht ergriffen worden sei. Er habe zu jenen kühnen und selbständigen Geistern gehört, welche sich ihre eigenen Wege bahnen[2].
Aber wir wissen, dass er in persönlicher Beziehung zu Whichcote
stand, welcher sich um 1654 eifrig aber vergebens bemühte, ihm
eine Professur der griechischen Sprache in Cambridge zu verschaffen.
Und wenn damals der Vorwurf des Arminianismus gegen ihn erhoben wurde, ein Vorwurf, den auch Tuckney gegen Whichcote erhoben hatte, so wird man nicht fehlgehen mit der Vermuthung, dass
er den religiösen Standpunkt der Latitudinarier theilte. Seine Predigten bestätigen dieselbe[3]. Sie legen Nachdruck auf die praktische
Seite des Christenthums und erheben den Werth der Vernunft. Ohne
irgendwo im Ausdrucke die Grenzen der Orthodoxie zu überschreiten,
zeigen sie doch nirgends das Bestreben, die Grenzlinie scharf zu
markiren. Barrow, sagt Rémusat, „behauptet nichts über die Trinität, was nicht orthodox wäre, aber er führt auch nicht alles an,
was zur Orthodoxie gehört. Er nennt Christus den Sohn Gottes,
aber dass er ihn irgendwo Gott nenne, ist zu bezweifeln. Ihn nicht
für einen Trinitarier zu halten, wäre vermessen; aber offenbar schien
ihm in der Interpretation des Dogmas eine gewisse Freiheit zu-
lässig, und er wünschte nicht, diejenigen vom Schosse der Kirche
auszuschliessen, welche die Formeln des Athanasianischen Glaubens-
bekenntnisses nicht wörtlich nahmen"[4].

---

[1] Diction. of national biogr. III, 299.   [2] A. a. O. S. 88.
[3] Rémusat a. a. O. S. 67 ff.   [4] A. a. O. S. 71.

Dürfen wir hiernach mit einer gewissen Wahrscheinlichkeit annehmen, dass er in kirchlich-politischer Hinsicht der Auffassung
gehuldigt habe, welche den Umfang christlicher Gemeinschaft und
Zusammengehörigkeit möglichst weit zu greifen wünschte, so ist
vielleicht auch das beachtenswerth, dass er gleich den Theologen
von Cambridge das Bedürfniss fühlte, den Gegensatz gegen die
katholische Kirche deutlich hervortreten zu lassen; er schrieb ein
Buch gegen die Ansprüche des Papstthums. Fehlen mochte ihm
allerdings der begeisterte Aufflug seiner platonisirenden Freunde,
dabei aber auch die Illusionen und Unklarheiten, welche damit in
Verbindung standen. Mit ihnen bekannte er sich zu der Lehre von
angeborenen Ideen [1], und wenn Worthington, der Herausgeber von
Smiths Abhandlungen, ihn einen „freien Philosophen" nennt [2], so
wird man daran erinnert, dass Glanvill mit dem Namen der freien
Philosophie die neue, von, dem überlieferten Aristotelismus unabhängige, an Erfahrung und Naturwissenschaft sich anlehnende Richtung verstand. Aber auch der von Glanvill mit besonderem Nachdruck vertretene Gedanke findet sich bei ihm, die Beschäftigung mit
der Natur nöthige uns anzuerkennen, dass gar vieles wahr — weil
wirklich — ist, was wir nicht begreifen können, ja was wir für
unmöglich halten würden, wenn es uns nicht durch die Thatsachen
bezeugt wäre [3]. Mag es daher auch nicht angehen, Barrow zu den
eigentlichen Vertretern der Schule zu zählen, so verbinden ihn doch
zahlreiche verwandte Züge mit denselben.

Es erübrigt, ein kurzes Wort über Edward Fowler und Simon Patrick zu sagen, von denen jener 1691 Bischof von Gloucester, dieser zuerst Bischof von Chichester, dann von Ely wurde.
Fowler veröffentlichte 1670 eine Schrift unter dem Titel: „Principien und Handlungsweise gewisser gemässigter Theologen der Kirche
von England, welche Latitudinarier genannt werden. Eine freie
Unterredung zwischen zwei vertrauten Freunden." [4] In Patrick vermuthet man den Verfasser einer andern zeitgenössischen Schrift,
welche gleichfalls die Theologen von Cambridge behandelt und auf
welche oben gelegentlich Bezug genommen wurde [5]. Sie führt den
Titel: „Kurzer Bericht über die neue Secte der Latitudinarier, zu-

---

[1] Rémusat a. a. O. S. 69.   [2] Ebend. S. 65.   [3] Ebend. S. 69.
[4] The principles and practice of certain moderate divines, called Latitudi-
narians, in a free discourse. 1670. 1671. 1679.   .
[5] S. 106.

gleich mit einigen Reflexionen über die neue Philosophie", und erschien zuerst 1662. — Beide Männer sind Angehörige der Schule,
wenn auch nur Patrick seine gesammte Ausbildung in Cambridge
gefunden hatte. Fowler veröffentlichte 1671 ein Werk über die
Absicht des Christenthums. Er gerieth darüber in eine Polemik mit
John Bunyan, dem berühmten Verfasser von „Des Pilgers Fortschritt",
wobei er sich als streitbarer Kämpe, wenn auch nicht als ein tiefer
Denker bewies. Der Latitudinarismus begann in ihm einen andern
Charakter anzunehmen, er wurde „praktisch, politisch und ehrgeizig".

Patrick stand in enger persönlicher Verbindung mit Whichcote
und Smith, More und Cudworth und zeigt grössere Verwandtschaft
mit ihrer Art und Sinnesweise. Auch ihm aber fehlt die philosophische Vertiefung. „Die Luft der Theologie von Cambridge nahm
er mit; sie weht durch seine praktischen Schriften und seine Predigten; aber er hat nichts gethan, ihre Gedanken weiterzuführen
oder fruchtbarer zu gestalten." „Er ist Prediger. Controversialist,
Schriftausleger und Bischof, aber in keiner Weise Philosoph." [1]

Man braucht sich über einen solchen Ausgang nicht zu verwundern. Der ursprüngliche Geist der Schule war getragen von
der persönlichen Eigenart der Stifter. Sie waren Männer von starkem
religiösen Empfinden und zugleich echte Gelehrtennaturen. Ihre aus-
geprägte Friedensliebe, mochte sie auch mit dem erstern enge zusammenhängen, fand doch in dieser ihrer Gesammtanlage den stärksten Rückhalt. Weltabgeschieden lebten sie ihren Studien, ihren
wissenschaftlichen und religiösen Interessen, ihrem erzieherischen
Berufe in dem fest geschlossenen Kreise der Collegen und der zu
unterweisenden Jugend. Was ihnen Theorie und Herzenssache zugleich gewesen war, die Zusammenfassung aller christlichen Bekenntnisse auf breitester Basis, mit einzigem Ausschlusse des Katholicis-
mus, das bildete nunmehr den wichtigen Bestandtheil eines politischen Programms, wurde jetzt von jenen Prälaten der Staatskirche
vertreten, welche die Thronbesteigung Wilhelms von Oranien be-
günstigten und bei denen dieser seine Stütze fand. Damit veränderte
sich naturgemäss die Art und Weise des Ausdrucks wie der Begründung. Die platonisirende Religionsphilosophie und die schwer-
fällige Gelehrsamkeit mussten gleichmässig in Wegfall kommen.
Was übrig blieb, war entweder ein ziemlich inhaltloser Gemeinplatz
oder das Signal zu einer fortschreitenden Entwicklung, welche am

---

[1] Tulloch S. 437 ff. 440.

Ende zu völliger Aushöhlung des dogmatischen Christenthums führen musste.

Dies trifft indessen nur die kirchenhistorische Seite: die Schule von Cambridge bildet ein bedeutsames Glied in der Geschichte des theologischen Rationalismus. Im vorangehenden ist jedoch die Ansicht bestimmend gewesen, dass ihr auch eine Stelle in der Geschichte der Philosophie zukomme, und es erhebt sich die Frage, welches ihr Erfolg nach dieser Seite hin war. Dass ihr Platonismus den Keim lebensfähiger Weiterentwicklung nicht enthielt, wurde bereits bemerkt. Anders aber war es mit jenem philosophischen Rationalismus, zu dem sie sich bekannten und für welchen der Platonismus nur die Hülle und nachträgliche Stütze bildete. In dem Kampfe gegen Materialismus, Sensualismus und Moralpositivismus, der sich für More und Cudworth zu einem Kampfe gegen Hobbes und die von ihm vertretenen Ansichten gestaltete, hatten sie mit allem Nachdrucke das Vorhandensein einer höhern, über die unmittelbare Sinneswahrnehmung hinausragenden Wahrheit und einer ursprünglichen, alle Dinge umfassenden vernünftigen Ordnung betont. Der Werth ihrer Aufstellungen nach dieser Seite wurde nicht beeinträchtigt, er trat im Gegentheile nur um so deutlicher hervor, wenn man sie von allem überflüssigen Ballast abgelegener Gelehrsamkeit, allem halt- und geschmacklosen Beiwerke loslöste, womit die Platoniker von Cambridge sie umgeben hatten. In ihnen bestand der positive Ertrag, den ihre Bestrebungen der philosophischen Weiterentwicklung bieten konnten.

Ein anderes hing damit zusammen. Jene Aufstellungen waren ihrem innersten Gehalte nach weder neu noch ·das ausschliessliche Eigenthum jenes engen Kreises von Männern, sondern sie gehörten seit den Tagen des Alterthums zu den Bestandstücken einer jeden intellectualistischen und rationalistischen Philosophie. Aber hier traten sie unter der Einwirkung veränderter Verhältnisse und neuer Bedürfnisse in neuen Formen auf. Wenn es auch nicht gelingen konnte, die Autorität des Aristoteles durch die Plato's zu verdrängen, so trug doch das Aufkommen einer neuen Schule mehr dazu bei, den mittelalterlichen Aristotelismus zu beseitigen, als blosse Bestreitung der überkommenen Schulphilosophie dies vermochte. Gewann die neue Schule überhaupt einen über den engsten Kreis hinausgreifenden Einfluss, wurden jene von ihr so energisch in den Vordergrund geschobenen Wahrheiten von anderer Seite aufgenommen und weitergeführt, so blieb dabei freilich vieles zurück, was

den Männern von Cambridge persönlich von besonders hohem Werthe
gewesen war: aber auch der Zusammenhang mit der alten Schule
war nun völlig aufgegeben, und die Weiterführung konnte nur geschehen in enger Fühlung mit dem, was die Gegenwart bewegte,
mit Empirie und Naturwissenschaft und unter der Einwirkung der
neuen philosophischen Gedanken, welche das Ausland erzeugt und
denen die Männer von Cambridge zuerst in England Aufnahme gewährt hatten, mochte diese Einwirkung nun eine positiv befruch-
tende oder eine gegensätzlich anregende sein.

Drittes Kapitel.

Locke und die Schule von Cambridge.

MAN hat eine Ironie des Schicksals darin gefunden, dass Locke seine letzten Lebensjahre im Hause der Lady Masham, Cudworths Tochter, zugebracht hat. Es entspricht dies der in Deutschland herkömmlichen Auffassung, welche Locke, den Sensualisten und ersten Begründer der englischen Aufklärung, in schroffen Gegensatz zu dem Spiritualismus oder auch Mysticismus von Cudworth stellt. Aber selbst dann, wenn diese Auffassung berechtigt wäre und der Gegensatz in dieser Schärfe bestünde, so läge die Ironie nicht da, wo jene Bemerkung sie sucht. Denn das Auffallende wäre nicht, dass Locke am Ende seiner Tage in einem Kreise Aufnahme gefunden hätte, von dem er durch seine Ansichten so völlig getrennt war, sondern dass er diese Ansichten ausbildete, obwohl ihn mit jenem Kreise seit vielen Jahren zahlreiche und enge Beziehungen verbanden. Dies wird sofort deutlich, wenn man die verschiedenen Angaben zusammenstellt, welche sich bisher an getrennten Orten zerstreut fanden.

Locke entstammte einer puritanischen Familie, sein Vater hatte seine Thätigkeit als Sachwalter unterbrochen, um als Officier in das Parlamentsheer einzutreten. Aber die Engherzigkeit der puritanischen Theologie und des gesammten puritanischen Wesens scheint der Sohn frühzeitig abgelegt zu haben. Derjenige seiner Lehrer in Oxford, dem er vor den übrigen seine besondere Achtung zollte und mit dem er auch späterhin noch freundschaftlich verbunden blieb, der Orientalist Edward Pococke, war der ausgesprochenste Royalist an der ganzen Universität[1]. Gerade aber wer, aus dem Lager der Puritaner kommend, dem Geiste der Duldsamkeit huldigte, theologischen Controversen abgeneigt war und allen Nachdruck auf das den verschiedenen christlichen Denominationen Gemeinsame legte, musste

---

[1] *Campbell Fraser*, Locke p. 10.

sich zu den Latitudinariern von Cambridge hingezogen fühlen, zumal
wenn ihn Bildungsgang und Umgebung, wie dies bei Locke während seines Aufenthaltes in Oxford die längste Zeit der Fall war,
auf die Beschäftigung mit religiösen Fragen hinwiesen [1]. So erscheint es denn keineswegs als zufällig, wenn wir hören, dass
Whichcote's Predigten in der Zeit nach der Restauration seine ver-
traute Lectüre bildeten [2]. Persönliche Mittheilungen über Sinnesart
und Bestrebungen jenes Kreises mochte er ungefähr um dieselbe
Zeit durch Wilkins erhalten haben. Dieser, Cromwells Schwager,
in Oxford erzogen und seit 1648 daselbst Rector des Wadham
College, war 1659 durch den Sohn des Protectors an die Spitze des
Trinity College zu Cambridge gestellt worden, kehrte aber bereits
im nächsten Jahre von dort zurück [3]. Er war ein Mann von viel-
seitigen Gaben und Kenntnissen, Mathematiker und eifriger Anhänger
der neu aufkommenden experimentellen Naturwissenschaft und eines
der ältesten und hervorragendsten Mitglieder der Royal Society [4].
Im Jahre 1668 zum Bischof von Chester ernannt, starb er bereits
vier Jahre später, 1672.

Burnet führt Wilkins ausdrücklich unter den Latitudinariern
von Cambridge auf, in einer Reihe mit Whichcote, Cudworth und
More. denen er sich angeschlossen habe, um „bessere Gedanken zu
verbreiten, die Menschen aus dem Parteigetriebe herauszuführen und
ihnen die engen Begriffe und abergläubischen Vorstellungen und die
Schroffheit in Bezug auf ihre Meinungen zu benehmen" [5]. Es wird
trotzdem richtig sein, dass er zu der Schule als solcher nicht ge-

---

[1] *Fox Bourne*, Life of John Locke I, 77: It would seem, that he became less
rather than more of a puritan under the puritan rule at Oxford. Many, if not
most of his friends, as far as we know, were churchmen. There is nothing to
show that he ever shared their extreme views; but there is also nothing to show
that he ever had much sympathy with the dominant party on religious, as apart
from political, matters. There cannot be much doubt that he already held the
opinions, to some extent at any rate, of those latitudinarian members of the church
who were rising in importance under the living and posthumous influence of such
men as Chillingworth, Cudworth and Tillotson.

[2] *Campbell Fraser* l. c. p. 16: His religious as well as his metaphysical disposition always attracted him to theology. His revulsion from Presbyterian dog-
matism and Congregationalist fanaticism favoured friendly connection with latitudinarian Churchmen. Soon after the Restoration, Whichcote, the Cambridge divine,
was his favourite preacher.

[3] *Wood*, Athenae Oxonienses II, 370.

[4] Sein Nekrolog bei B i r c h a. a. O. III, 67.

[5] History of his own time p. 127.

zählt werden darf, deren speculative Interessen er ebensowenig
theilte wie ihren Platonismus[1]. Aber er theilte die Ansichten von
Duldung und aufgeklärter Religiosität, wie sie in Cambridge im
Schwunge waren, und mag Locke, der in Oxford zu seinen Schülern
gehörte und dessen Gedanken über Religion und Kirchenthum sich
in einer ähnlichen Richtung bewegten, mit Interesse für die Vertreter jener Ansichten erfüllt haben[2].

Im Jahre 1667 verliess Locke Oxford, um zu Lord Ashley, dem
spätern Lord Shaftesbury, nach London zu ziehen. Hier traf er
mit John Mapletoft zusammen, einem alten Kameraden von der
Westminster-Schule, der nach Cambridge gegangen war, dort seine
wissenschaftliche Ausbildung und in dem genannten Jahre den medicinischen Doctorgrad erworben hatte und nun in London eine Zeitlang als Arzt practicirte, ehe er in den geistlichen Stand eintrat.
In Cambridge hatte er freundschaftliche Beziehungen mit Whichcote,
Isaak Barrow, Tillotson und Patrick angeknüpft, und allem Anscheine
nach war er es, der Locke mit den drei zuletzt Genannten in Verbindung brachte[3].

Von Isaak Barrow ist oben die Rede gewesen. Ueber sein
Verhältniss zu Locke sind wir durch diesen selbst unterrichtet. In
einem Briefe an Mapletoft aus Montpellier beklagte er den im Jahre
1677 erfolgten Tod Barrows als den Verlust eines hervorragenden
Freundes[4]. — Tillotson, der berühmte Kanzelredner und spätere
Erzbischof von Canterbury, war Wilkins Schwiegersohn. Er hatte

---

[1] Tulloch S. 442.

[2] *Fox Bourne* l. c. I, 309: Bishop Wilkins . . . had been one of his teachers
at Oxford, and, till his death in 1672, had been his associate in schemes for
church comprehension. — Wilkins veröffentlichte 1668 An essay towards a real
character and a philosophical language. Nach *Wood* (Athenae Oxonienses II, 370) war
er zur Abfassung dieser Schrift durch das um einige Jahre ältere Werk von Dalgarn:
Ars signorum, vulgo character universalis et lingua philosophica (London 1661),
veranlasst worden, welches ihm im Manuscript vorgelegen habe. Leibniz erwähnt beide Bücher in den Nouveaux essais, livre III, K. 2, § 1 (vgl. ausserdem Trendelenburg, Ueber Leibnizens Entwurf einer allgemeinen Charakteristik. Historische Beiträge zur Philosophie III, 7 f.); dass Locke in seinen im
dritten Buche des Essays niedergelegten Untersuchungen über die Sprache eine
Anregung durch die Schrift seines Lehrers Wilkins erfahren hätte, ist nicht ersichtlich. Die Royal Society setzte eine Commission nieder, welche dieselbe prüfen
und einen Bericht erstatten sollte "for the furthering and facilitating the practice
of what is therein aimed at" (Philos. Transactions Nr. 35 vom 18. Mai 1668).
Das Ergebniss wird nicht mitgetheilt.

[3] Fox Bourne a. a. O. S. 211 f.   [4] Ebend. S. 371.

seine Erziehung in Cambridge genossen, und für die Verehrung,
welche er Whichcote, dem ersten Begründer der nach dieser' Universität benannten Schule, entgegenbrachte, legt die Leichenrede, die
er ihm gehalten hat, Zeugniss ab. Aber er war kein Mann der
Speculation und des gelehrten Studiums, sondern ein Mann des
praktischen Lebens, Prediger und Politiker, und in einflussreichen
Stellungen bestrebt, die von seinen Lehrern angenommenen Grundsätze im Kirchenregiment zur Geltung zu bringen. Was er wünschte,
war eine solche Ausgestaltung der englischen Staatskirche, dass sie
nicht eine Religionsgesellschaft neben anderen, sondern Nationalkirche
würde, in der alle christlichen Gemeinschaften mit Ausnahme völlig
excentrischer Dissenters und — wie nicht anders zu erwarten —
der römischen Katholiken Platz fänden. Mit Locke verband ihn
eine enge, bis zu seinem im Jahre 1694 erfolgenden Tode andauernde
Freundschaft [1], aus der ihm in späteren Jahren wohl ein Vorwurf
gemacht wurde [2]. Beide pflegten sich in dem „Hauptquartier der
Latitudinarier" zu treffen, in dem Hause des reichen Kaufmanns
und Philanthropen Thomas Firmin, der, ursprünglich Calvinist, sich
den Arminianern angeschlossen hatte, mit allen aufgeklärten Theologen der Zeit in Verbindung stand und späterhin für die Verbreitung unitaristischer Schriften thätig war [3].

Von Simon Patrick und seiner Zugehörigkeit zur Schule von
Cambridge war oben die Rede. Im Jahre 1670 hielt er die Leichenrede auf Thomas Grigg, einen nahen Verwandten von Locke, der
damals im Begriffe gestanden hatte, die höchsten Staffeln in der
englischen Hierarchie zu ersteigen [4]. Dass Locke selbst dauernd
mit ihm in Beziehung stand, geht aus einem Briefe an Griggs Wittwe
aus dem Jahre 1689 hervor [5]. — Ob er auch Fowler in jener frühern
Periode schon kennen gelernt hatte, ist nicht zu ersehen: ein Brief
aus seinem letzten Lebensjahre an Anthony Collins erwähnt einen
Besuch des Bischofs von Gloucester im Hause der Lady Masham [6].

Ueber Locke's Beziehungen zur Familie Cudworth gibt eine neu
aufgefundene Correspondenz aus den Jahren 1681 bis 1683 Auf-
schluss. Vorher war nur ein dem letztgenannten Jahre angehöriger
Brief Locke's an Thomas Cudworth, Lady Mashams Bruder, bekannt [7]; auch dieser war allerdings bereits ein vollgiltiges Zeugniss

---

[1] Fox Bourne a. a. O. II, 237 f.   [2] Rémusat a. a. O. II. 80.
[3] Ueber ihn Fox Bourne a. a. O. I, 310 f.; II. 239 f. 355. 405.
[4] Ebend. I, 261.   [5] Ebend. II, 149.
[6] Ebend. II, 544.   [7] Ebend. I, 474 f.

dafür, dass der Aufnahme, welche Locke am Abende seines Lebens im Hause der Tochter fand, eine vieljährige Freundschaft mit der Familie vorangegangen war. Ein landsmannschaftliches oder nachbarliches Verhältniss lag ihr zu Grunde. Cudworth und Locke stammten beide aus der Grafschaft Somerset, und beiden war die Freundschaft mit der Familie Clarke in dem ebendort gelegenen Chipley gemeinsam. Die Briefe, welche Locke mit den Mitgliedern der letztern wechselte, sind noch vorhanden, und in ihnen ist fast immer auch von den Cudworth die Rede, wenn auch niemals ausdrücklich von Rudolf Cudworth, ihrem Haupte [1]. Nach dem im Jahre 1688 erfolgten Tode dieses letztern zog die Wittwe zu ihrer Tochter nach Oates, wo sie im November 1695 starb. Mehr als vier Jahre, seit Februar 1691, lebte sie dort mit Locke unter einem Dache [2].

Aber die persönlichen Verbindungen, auf welche hier Nachdruck zu legen ist, sind damit noch nicht erschöpft. Bekanntlich stand Locke während seines Aufenthaltes in Holland von 1683 bis 1689 in engem Verkehr mit den dortigen Remonstranten, insbesondere mit Philipp van Limborch und Jean Leclerc [3]. Der erstere war einer der hervorragendsten und gelehrtesten arminianischen Theologen, der Biograph des Episcopius und Herausgeber seiner Werke, wie auch sein Nachfolger als Professor an der theologischen Lehranstalt in Amsterdam. Ebenda hatte auch Leclerc eine Stelle gefunden, nachdem er aus Genf geflohen war und dem strengen Calvinismus den Rücken gekehrt hatte. Im Jahre 1686 begann er die Herausgabe der Bibliothèque Universelle, die sich rasch eine europäische Bedeutung erwarb und in der Locke mit seinen ersten schriftstellerischen Versuchen an die Oeffentlichkeit trat. Mit beiden Männern unterhielt er auch nach seiner Rückkehr nach England sehr enge Beziehungen. Innerliche Berührung aber und persönliche Verbindungen bestanden seit langem zwischen den holländischen Arminianern und den Latitudinariern in Cambridge. Wenn Whichcote den dahin gerichteten Vorwurf Tuckney's mit der Behauptung zurückwies, dass er nicht einmal das Hauptwerk jener Secte, die Apologie des Episcopius, gelesen habe [4], so war doch nicht zu verkennen, dass seine eigenen Gedanken sich vielfach ganz in der gleichen Richtung bewegten. Und er stand darin keineswegs allein.

---

[1] *Campbell Fraser*, Locke p. 62.   [2] Ibid. p. 217.
[3] *Van der Hoeven*, De Ioanne Clerico et Philippo a Limborch. Amstelod. 1843.
[4] Tulloch II. 71. 81.

Limborch erzählt in einem Briefe vom Jahre 1662 auf Grund des Berichtes eines in England reisenden Deutschen, dass in Cambridge bei einer akademischen Feierlichkeit die These aufgestellt worden sei, Arminius sei kein Neuerer, sondern vielmehr der Erneuerer der alten Wahrheit; der Neuerer sei Calvin [1]. Das wichtigste Zeugniss aber liegt vor in einem Briefe, welchen Cudworth im Jahre 1668 an Limborch richtete. Aus demselben geht hervor, dass es gerade die tiefsten Ueberzeugungen der Männer von Cambridge waren, welche sie in das Lager der Remonstranten hinübergeführt hatten [2]. — Wie Cudworth, so waren auch Whichcote und More mit Limborch befreundet, und wahrscheinlich waren es seine Beziehungen mit der Familie des erstern, welche Locke bei ihm einführten.

---

[1] Van der Hoeven l. c. II, 87.

[2] Ibid. p. 39. — In dem Briefe, von dem leider nur Bruchstücke mitgetheilt werden, heisst es (ibid. p. 136): Quod meipsum attinet, fateor me aliena (Calvinistica) dogmata fere cum materno lacte suxisse, iisque in primoribus adolescentiae annis penitus imbutum fuisse; nihilominus vicit vis veritatis, et omnia praeiudiciorum repagula perrupit. Movebat imprimis quod viderem omnes antiquiores Philosophos, non modo Peripateticos, sed etiam Platonicos, quorum lectione interdum delectabar, constanter asserere τὸ ἐφ᾽ ἡμῖν. Sed cum res ethicas attentius considerarem et evidenter perciperem *boni et mali moralis naturas esse prorsus immutabiles, nec revera ab ipsius Dei arbitrio pendere* (cum hoc discrimen honestorum et turpium potius ab immutabili natura Dei derivandum sit), non poteram Deo adscribere horrenda ista decreta, quibus ex mere beneplacito homines insontes vel ad culpas et peccata aeternis cruciatibus luenda inevitabiliter damnaret. Nec quicquam mihi certius constabat, quam horum decretorum assertores ipsius peccati naturam penitus evertere. Quapropter cum quindecim abhinc annis doctoratus gradum capesserem, magna veritatis fiducia fretus in publicis comitiis hanc thesin in me suscepi defendendam: dari boni et mali rationes aeternas et immutabiles. (Dies also, und nicht, wie Tulloch und nach ihm Jodl [Geschichte der Ethik I, 126] u. a. annehmen, der früh erkannte Gegensatz gegen Hobbes, war das Motiv bei der Aufstellung jener Thesen; s. oben S. 117.) Quidam ex doctoribus tunc pro more opposituris, qui Calvino erant addictissimi, mihi ipsi in privatis colloquiis fatebantur, se non audere fidem huic dogmati derogare, quamvis male metuebant, ne eo tandem haec res procederet, ut Calvinismi sui dilectissimi fundamenta everteret; quasi veritas posset veritatem labefactare. Et ex eo tempore quam plurimi in academia nostra, huius unius (ut puto) veritatis evidentia moti, in Remonstrantium castra transiere. Quapropter, cum nuper integrum systema Ethicum meditarer, animus mihi erat in eo copiose de bono et malo, iusto et iniusto φύσει disputare; verum cum postea intelligerem amicum meum et collegam Morum eodem tempore editurum tractatum Ethicum, ne simul in eandem arenam, quasi de gloria certaturi, descendere videremur, ab incoepto destiti. — Cfr. *Fox Bourne* l. c. II, 8; ein Brief Limborchs über sein Verhältniss zu Cudworth, nach dem Tode desselben geschrieben, ebend. p. 228.

Seinem Freunde Clarke verdankte er dagegen die Bekanntschaft mit dem reichen Quäker und Büchersammler Benjamin Furley, in dessen Haus in Rotterdam er ein Jahr verlebte und mit dem er auch späterhin im Verkehr blieb [1]. Der religiöse Standpunkt desselben war freilich von dem Locke's, seiner übrigen holländischen Freunde wie der Latitudinarier in Cambridge sehr verschieden. Dennoch fehlte es auch hier nicht an einem Bindeglied. More, so wenig Zuneigung er selbst zu den Quäkern empfand, bewahrte doch eine warme Freundschaft für Lady Conway, seine ehemalige Schülerin, welche sich der Gemeinschaft derselben angeschlossen hatte. Wiederholt besuchte er sie in Ragley, ihrem Wohnorte; mehrere seiner Schriften sind dort verfasst. Bei ihr traf er mit dem jüngern van Helmont zusammen, der, wie es scheint, vorübergehend Hausarzt bei der Lady war und dessen seltsames, vielgestaltiges Wesen ihm Interesse einflösste [2]. Eben diesen Franz Mercurius van Helmont fand Locke in der Umgebung Furley's, und zwar als einen Freund, dem er sich gerne gefällig erwies [3].

Es ist keineswegs unwichtig, allen diesen Dingen nachzugehen. Denn Locke bildete seine Ansichten weit weniger aus Büchern als im Verkehr mit Menschen. Versucht man also die Einflüsse festzustellen, welche für die Ausbildung seines Gedankengebäudes bestimmend wurden, so werden die persönlichen Beziehungen, in denen er sich bewegte, hierfür die wichtigsten Anhaltspunkte geben.

In einem Briefe, welchen Lady Masham nach Locke's Tod an Limborch schrieb, heisst es von diesem: „Er ward geboren und vollendete seine Studien zu einer Zeit, als in England der Calvinismus im Schwunge war" — eine Periode, welche der Schreiberin völlig der Vergangenheit anzugehören schien —, „und er pflegte", führt sie fort, „von den Meinungen, an welche ich in Cambridge, auch unter den Theologen, jederzeit gewöhnt war, als von etwas ihm Neuem und Fremdem zu sprechen. Da er in den Jahren, welche seinem Aufenthalte in Holland vorangingen, wenig Gemeinschaft mit unseren Geistlichen hatte, so nehme ich an, dass die Meinungen, die dort im Umlauf waren, ihm weit mehr zusagten und weit vernünftiger schienen als irgend etwas, das er gewohnt gewesen war von englischen Theologen zu hören. Was aber auch immer die Ursache gewesen sein möge, ich weiss, dass er seit seiner Rückkehr nicht nur mit

---

[1] Campbell Fraser a. a. O. S. 77. Fox Bourne a. a. O. II. 58 ff.
[2] Tulloch S. 327 ff. [3] Fox Bourne a. a. O. II, 64.

grosser Liebe von seinen Freunden in Holland gesprochen hat, sondern auch von der gesammten Vereinigung der Remonstranten und
in Bezug auf die von diesen aufgestellten Ansichten." [1]

Diese Ausführungen haben insofern eine gewisse Bedeutung,
als die Briefschreiberin offenbar nicht daran dachte, sich in den
Gegensatz zu ihrem Vater und seinem Kreise zu setzen, in welchem
man sie in der Neuzeit vielfach hat erblicken wollen [2]. Auch die
Zeitgenossen wussten von einem solchen nichts. Als Limborch durch
Locke von dessen Uebersiedelung nach Oates Kenntniss erhalten
hatte, antwortete er in einem Briefe vom Mai 1691, welcher mit
dem Ausdruck der wärmsten Verehrung für Cudworth den der Freude
darüber verbindet, dass die Tochter den Geist des Vaters geerbt
habe [3]. Im übrigen wird man die thatsächlichen Angaben der
Lady nicht allzu wörtlich nehmen dürfen, da sie mit anderen und
begründeten nicht in Einklang zu setzen sind. Sie selbst berichtet,
dass ihre wirkliche Bekanntschaft mit Locke erst nach dessen Rückkehr von Holland, im Jahre 1689, begonnen habe, wenn sie ihn
auch schon vor seiner Abreise dorthin, etwa seit dem Jahre 1682,
öfters gesehen habe [4]. Nun aber wissen wir, dass er schon 20 Jahre
früher ein eifriger Leser von Whichcote's Predigten gewesen war
und seit mindestens einem Decennium und bis zu seiner Reise nach
Holland mit Mapletoft, Tillotson, Barrow und Patrick in persönlichem
Verkehr stand.

Damit soll nun selbstverständlich nicht die Meinung ausgesprochen werden, als ob er nach Anschauungsweise und Sinnesart
in eine Reihe mit Whichcote, Smith, More und Cudworth zu stellen
wäre. Im Gegentheile wird man behaupten müssen, dass die eigentliche Grundstimmung seines Wesens im Zusammenhang mit der
Verschiedenheit seiner gesellschaftlichen Stellung und seiner Berufs-
thätigkeit ihn von jenen Männern unterscheiden musste. Sie waren
Theologen in amtlichen Stellungen, Prediger, und führten im übrigen
ein weltabgeschiedenes Gelehrtenleben. Locke dagegen war Laie:
trotz des regen Interesses, das er theologischen Fragen entgegenbrachte, hatte er es abgelehnt, ein geistliches Amt zu übernehmen.
Er war in politische Geschäfte und Händel verwickelt, vielgereist
und in reger Berührung mit Menschen der verschiedensten Stände.

---

[1] Bei Campbell Fraser a. a. O. S. 226.
[2] So auch Fox Bourne a. a. O. I, 477 f., Rémusat a. a. O. II, 40 f.
Vgl. dagegen Tulloch S. 228 und Martineau a. a. O. S. 403 f.
[3] Bei Fox Bourne a. a. O. II, 223.   [4] Ebend. I, 477.

Man begreift, dass schon hierdurch seine Ansichten, selbst wo sie sich inhaltlich mit denen der Theologen von Cambridge deckten, eine andere Färbung, mindestens eine andere Form des Ausdrucks, annehmen mussten. Für das Uebermass von Gelehrsamkeit, womit sie ihre Ausführungen zu befrachten pflegten, ihren Platonismus und Neuplatonismus, ihre patristischen oder gar kabbalistischen Studien hatte er keinen Sinn. Er strebte überall nach Erkenntniss der Dinge, die Kenntniss fremder Lehrmeinungen hatte für ihn nur geringen Werth. Er wollte mit eigenen Augen sehen, selbstthätig denken und selbständig urtheilen[1]; der Wunsch zu wissen, was andere gedacht haben, wird von ihm gelegentlich sogar als ein Hinderniss wirklicher Erkenntniss bezeichnet[2]. Er ist seiner ganzen Anlage nach Forscher, nicht Gelehrter, und auch wo sich seine Ansichten inhaltlich mit denen anderer decken, gewinnen sie doch in seinem Munde ein originales Gepräge.

Dazu tritt eine charakteristische Verschiedenheit des kirchenpolitischen Standpunktes. Die Männer von Cambridge legten grosses Gewicht auf das Band der kirchlichen Einheit und wünschten nur das Bekenntniss der englischen Nationalkirche so weitherzig und allumfassend zu gestalten, dass die verschiedenen christlichen Vereinigungen darin Platz finden könnten. Locke dagegen stand ursprünglich auf völlig individualistischem Standpunkte. Hatte der Protestantismus überhaupt die Lehre von der Kirche als der von Christus gestifteten Heilsanstalt aufgegeben, so legte er seinerseits auch keinen Werth auf das geschichtlich gewordene Kirchenwesen seines Vaterlandes. Ein kleiner, nicht zur Veröffentlichung bestimmter Aufsatz mit der Ueberschrift „Sacerdos", dessen Abfassung in das Jahr 1667 verlegt wird, wendet sich scharf gegen die Ansprüche jedweder Priesterschaft auf eine höhere Lehrautorität oder gar auf besondere Functionen und Begabungen[3]. In der gleichen Richtung bewegen sich die vermuthlich aus den Jahren 1680 oder 1681 stammenden, durch Stillingfleets Schrift über „die Unvernünftigkeit der Trennung" veranlassten Ausführungen mit der Aufschrift: „A defence of Nonconformity"[4]. Sein Kirchenbegriff, wenn von einem solchen gesprochen werden kann, war ursprünglich durchaus

---

[1] Essay I, 4, § 23.

[2] Vgl. den Aufsatz "Study" bei Lord King I, 171, und was Erdmann (Archiv für Geschichte der Philosophie II, 111 f.) aus anderen Aeusserungen des Philosophen beibringt.

[3] Bei Fox Bourne a. a. O. I, 157 ff.   [4] Ebend. S. 458 ff.

voluntaristisch. In dem ersten Briefe „über Toleranz" wird er
folgendermassen bestimmt: „eine freie Vereinigung von Menschen,
welche aus eigener Wahl zusammentreten, um Gott zum Heile ihrer
Seelen öffentlich in der Weise zu verehren, die sie für die gott-
wohlgefällige halten" [1]. Zeitlebens bewahrte er eine gewisse Vorliebe für private religiöse Gesellschaften, welche, durch Uebercin-
stimmung der Ansichten zusammengeführt, die Form des Gottes-
dienstes und die Mittel gegenseitiger Erbauung nach eigenem Ermessen
festsetzten. Aber eine entschiedene Annäherung an den Standpunkt
seiner Freunde ist doch unverkennbar.

In dieser Beziehung ist schon gleich der Abschnitt über Häresie
und Schisma beachtenswerth, den er dem Briefe über Toleranz an-
gehängt hat und der zu dem übrigen nicht recht passen will. Denn
während in dem Haupttheil der religiöse Individualismus ohne Einschränkung vertreten wird, tritt hier plötzlich der Werth eines christlichen Gemeinwesens hervor, im Gegensatze gegen Absplitterung
und Spaltung. Dabei ist zu beachten, dass die Hauptgedanken des
Briefes schon in einem nicht für die Veröffentlichung bestimmten
Aufsatze aus dem Jahre 1667 enthalten sind, jener Zusatz dagegen
dort fehlt [2]. In der spätern Periode, als die Frage der Toleranz ein
politisches Problem geworden war, an dessen Lösung Locke gemeinsam mit den Latitudinarier-Bischöfen Burnet, Tillotson und Fowler
arbeitete, musste die ursprüngliche Verschiedenheit des Standpunktes
noch mehr zurücktreten, da es sich dabei nicht nur um die bürgerliche Duldung, sondern namentlich auch um die Einbeziehung der
Dissenters in den Rahmen der Staatskirche handelte [3]. Dass sich
Locke, solange er in Oxford im Universitätsverbande lebte, dem
herkömmlichen allgemeinen Gottesdienste nicht entzog, ist ohne weiteres anzunehmen; dass er in dem letzten Abschnitte seines Lebens
regelmässig daran theilnahm, wird ausdrücklich bezeugt [4]. Ganz im
Sinne der Theologen von Cambridge ist es sodann, wenn er nicht
nur den Atheisten, sondern auch den Katholiken die Duldung ver-
weigert und überhaupt den letzteren gegenüber eine scharf abweisende Haltung an den Tag legt.

---

[1] Ecclesia mihi videtur societas libera hominum sponte sua coëuntium ut
Deum publice colant eo modo quem credunt numini acceptum fore ad salutem ani-
marum. (In der Ausgabe in zehn Bänden, die aber nur die englische Uebersetzung der Toleranzepistel hat, VI, 13.)

[2] Bei Fox Bourne a. a. O. I, 174 ff.

[3] Campbell Fraser a. a. O. S. 253.   [4] Ebend. S. 224.

Wichtiger aber als diese allmähliche Annäherung an den kirchenpolitischen Standpunkt der Latitudinarier ist die Uebereinstimmung
mit ihnen in grundlegenden Fragen der religiösen Lehre. Wie sie
hatte auch Locke den von der Familie überkommenen Calvinismus
mit einem entschiedenen Rationalismus vertauscht, ohne darum die
Anerkennung der göttlichen Offenbarung aufzugeben. Dieselbe ist
niedergelegt in der Bibel. Was Bestandtheil der Offenbarung bildet.
muss geglaubt werden, ist als Ausspruch Gottes nothwendigerweise
wahr. Darüber aber, was als Offenbarung zu gelten habe, kann
nur die Vernunft entscheiden, und nichts, was zu ihr gehört, kann
mit der Vernunft in Widerspruch stehen. Vernunft, so wird im
vierten Buche des Essays ausgeführt[1], „ist natürliche Offenbarung,
durch welche der ewige Vater des Lichtes und die Quelle aller Erkenntniss der Menschheit denjenigen Theil der Wahrheit mittheilt,
welchen er ihren natürlichen Fähigkeiten zugänglich gemacht hat.
Offenbarung ist natürliche Vernunft, erweitert durch eine neue Reihe
von Aufschlüssen, welche Gott unmittelbar mitgetheilt hat und deren
Wahrheit die Vernunft gewährleistet, indem sie Zeugnisse und Beweise dafür liefert, dass sie von Gott stammen. Wer also die Vernunft hinwegnimmt, um Raum für die Offenbarung zu schaffen. der
löscht beider Licht aus und thut ganz das Gleiche, wie wenn er
jemanden überreden wollte, seine Augen auszustechen, um so besser
das entfernte Licht eines unsichtbaren Sternes mit Hilfe eines Tele-
skops aufzufassen." [2]

Hier begegnet nicht nur der Grundgedanke der Religionsphilosophen von Cambridge, wonach die Offenbarung wesentlich als
Ergänzung oder Steigerung der natürlichen· Vernunfterkenntniss
aufzufassen ist, sondern auch das im letzten Satze gewählte Bild
erinnert deutlich an ihre Ausdrucksweise. Wo Culverwell für den
Vernunftgebrauch in Sachen der Religion und für die der Vernunft
bei aller ihrer Mangelhaftigkeit zuzuerkennende Bedeutung eintritt,
ruft er aus: „Thörichte Menschen! Wollen sie ihre Augen ausreissen.
weil sie nicht in die Sonne in ihrem Glanz und in ihrer Herrlich-
keit hineinschauen können? Wenn die Vernunft nicht in das Aller-
heiligste einzutreten und durch den Vorhang hindurchzudringen ver-

---

[1] Ch. 19, § 4.

[2] So that he that takes away reason to make the way for revelation, puts
out the light of both, and does much what the same, as if he would persuade
a man to put out his eyes, the better to receive the light of an invisible star by
a telescope.

mag, kann sie dann nicht vielleicht Vorhalle am Tempelthor sein und Thürhüter im Hause Gottes?"[1] Ganz ebenso hatte More ausgeführt, dass die Vernunft von der Erforschung der göttlichen Wahrheit ausschliessen nichts anderes heisse als das Licht zerstören, durch welches sie allein erkannt werden kann. Er vergleicht ein solches Verfahren mit der Handlungsweise von Leuten, die, in der Nacht mit Fackeln, Lichtern und Laternen reisend, ihr erborgtes Licht auslöschen, weil sie es im Vergleiche zu dem lieblichen und heitern Glanz des Tages geringschätzen und lieber im Dunkeln wandern und in den nächsten Graben fallen als gemächlich mit dem Lichte, das sie besassen, weiterzugehen[2].

Es ist wichtig, hier nochmals den springenden Punkt mit aller Schärfe hervorzuheben. Dass zwischen Vernunftwahrheit und Offenbarung kein Widerspruch bestehe noch bestehen könne, war die Lehre der mittelalterlichen Theologen gewesen. Ihre Ergänzung fand dieselbe jedoch in der Anerkennung des kirchlichen Lehramtes, welches gegenüber der irrthumsfähigen Vernunft der Einzelnen den Inhalt der göttlichen Offenbarung autoritativ festsetzt. Seitdem der Protestantismus die freie Forschung des Einzelnen in der Schrift zum Princip erhoben hatte, war auch jene Lehre ins Schwanken gekommen. Im Namen eines gesteigerten Supranaturalismus wurde der Vernunft der Krieg erklärt, oder man suchte die beiden Gebiete des Wissens und Glaubens so völlig auseinanderzuhalten, dass kein

---

[1] Light of nature p. 21: Vain men! will they pluck out their eyes because they cannot look upon the sun in his brightness and glory? What though reason cannot reach to the depths, to the bottoms of the ocean, may it not therefore swim and hold up the head as well as it can? What though it cannot enter into the 'holy of holies', and pierce within the veil, may it not, notwithstanding, lie in the porch, at the gate of the temple called Beautiful, and be a doorkeeper in the house of its God?

[2] A brief discourse of enthusiasm sect. 54: While they would by their wild rhetorick dissuade men from the use of their rational faculties under pretence of expectation of an higher and more glorious light, do as madly, in my mind, as if, a company of men travailing by night with lincks, torches and lanthorus, some furious orator amongst them should ... so befool them into a misconceit of their present condition, comparing of it with the sweet and chearful splendor of the day, as thereby to cause them, through impatience and indignation, to beat out their lincks and torches and break a-pieces their lanthorns against the ground, and so choose rather to foot it in the dark with hazard of knocking their noses against the next tree they meet, and tumbling into the next ditch, than to continue the use of those conveniant lights, that they had in their sober temper prepared for the safety of their journey.

Weg von dem einen zum andern hinüberführte. Gleichzeitig aber
hatte eben jener supranaturalistische Standpunkt unter Berufung
auf die dem Einzelnen zu theil werdende Erleuchtung des heiligen
Geistes zu einer wachsenden Zersplitterung des christlichen Gemeinwesens in allerhand Secten und Sondergemeinden geführt. Es war
die Hoffnung, freilich auch die Illusion, der Theologen von Cambridge, dieser Zersplitterung durch die Berufung auf die in allen
Menschen gleichartige Vernunft begegnen und hierdurch dem über-
handnehmenden Subjectivismus eine für alle giltige objective Wahrheit entgegenhalten zu können.

Locke folgt ihnen hierin. Wenn er der Vernunft die Entscheidung darüber zuschreibt, was als Offenbarung zu gelten habe, so
liegt darin ein doppelter Gegensatz, einmal gegen den „infallibilis
scripturae interpres" der Katholiken, gegen den er in einem seiner
nicht für die Oeffentlichkeit bestimmten Aufsätze protestirt[1], und
sodann gegen die Willkür schwärmerischer Secten. Gegen letztere
hatte More im Jahre 1656 seinen Enthusiasmus triumphatus veröffentlicht[2], worin er mit freilich sehr unzulänglichen Mitteln die
Erleuchtung der angeblichen Propheten auf pathologische Zustände
zurückführt, mit dem ausdrücklichen Vorbehalte jedoch, dass von
seiner Erörterung der fromme Enthusiasmus heiliger und aufrichtiger Seelen nicht getroffen werden solle[3]. Die Abhandlung fand
den vollen Beifall Glanvills[4], der sich in seinen Schriften gleichfalls wiederholt gegen die Enthusiasten wendet[5]. Enthusiasmus ist
ihm ein falscher Begriff von Inspiration; das Unheil, das durch denselben angerichtet wurde, liegt am Tage und bedarf keiner langen

---

[1] Fox Bourne a. a. O. I, 161 f. Vgl. Essay I, 4, § 12.

[2] E. tr., or a brief discourse of the nature, causes, kinds and cure of enthusiasm. Wieder abgedruckt in der Sammelausgabe von 1662 und neuerdings in
lateinischer Uebertragung in den Opera philos. 1679.

[3] Sect. 63 führt aus, "that the devotional enthusiasm of holy and sincere
souls has not at all been taxed in all this discourse".

[4] Scepsis scientifica p. 76: The most of mankind is led by opinionative impulse and imagination is predominant and ungrounded credulity is cry'd up for
faith; and the more vigorous impressions of phancy for the spirit's motions. These
are the grand delusions of our age and the highest evidence of the imagination's
deceptions. This is the spirit that works in the children of phancy; and we need
not seek to remoter resolutions. But the excellent Dr. H. More hath follow'd
enthusiastick effects to their proper origine, and prevented our endeavours of
attempting it. His discourse of enthusiasm compleatly makes good the title; and
'tis as well a victory, as a triumph.   [5] Oben S. 153.

Schilderung. Sein Ursprung ist pathologischer Art, wie in Anlehnung an More ausgeführt wird [1].

Als Locke den Essay zum drittenmale herausgab, fügte er einen Abschnitt über den Enthusiasmus bei [2]. Man wird kaum bezweifeln können, dass er hierzu durch jene Vorgänger direct oder indirect angeregt wurde. Wie sie will er ein bekanntes Uebel der Zeit bekämpfen, das er mit ihnen als die Folge eines überhitzten Gehirnes ansieht und welches darin besteht, dass die Menschen ihre völlig grundlosen Phantasien, deren Ursprung ihnen nicht zu deutlichem Bewusstsein kommt, auf unmittelbare Erleuchtung zurückführen und ihnen mit um so grösserer Zähigkeit anhängen, je weniger sie vernünftige Rechenschaft davon geben können. Wie Glanvill sieht er das Merkmal des Enthusiasmus gerade in dieser Stärke der subjectiven Ueberzeugung, welcher keinerlei Beweis für die Wahrheit des Geglaubten zur Seite steht. Auch Locke aber will nicht läugnen, „dass Gott die Seelen der Menschen erleuchten kann und manchmal wirklich erleuchtet, indem er sie gewisse Wahrheiten erfassen lässt oder sie zu guten Handlungen antreibt durch unmittelbare Beeinflussung und Unterstützung des heiligen Geistes" [3]. Ob dies aber der Fall ist, darüber kann nicht die Ueberzeugung des Einzelnen die Entscheidung treffen, wie stark sie auch sein .mag. „Dies kann allein das geschriebene Wort Gottes ausser uns oder jene Norm und Regel der Vernunft (that standard of reason), die uns mit allen Menschen gemein ist." Seine Ausführungen aber stehen hoch über denen von More und Glanvill, da er sie nicht mit den Mitteln unzulänglicher physiologischer Erkenntniss, sondern an der Hand seiner psychologischen Analyse und auf dem Grunde seiner erkenntnisstheoretischen Feststellungen unternimmt [4].

---

[1] Philosophia pia p. 56: Enthusiasm is a false conceit of inspiration, and all the bold and mistaken pretensions to the spirit in our days, are of this sort. What particular religion hath suffered from it, would be too long to reckon upon this occasion; it will be enough to say, in an age that hath so much and such sad experience of it, that enthusiasm hath introduced much phantastry into religion and made way for all imaginable follies and even atheism itself.

[2] Eben jenes 19. Kapitel des vierten Buches, dem die oben S. 169 Anm. 2 mitgetheilte Stelle entstammt.   [3] A. a. O. § 16.

[4] Lange (Geschichte des Materialismus [2] I, 307) schreibt: „Locke hatte den Enthusiasmus wesentlich im ungünstigen Sinne behandelt als Quelle der Schwärmerei und der Selbstüberhebung, als schädliches, dem vernünftigen Denken schlechthin entgegengesetztes Product eines erhitzten Gehirns. Es entspricht dies ganz der starren und sterilen Prosa seiner gesammten Weltanschauung. Shaftes-

Was sich vor der Vernunft als Wahrheit ausweist, weil es intuitiv einleuchtet oder demonstrativ begründet werden kann, das braucht nicht erst auf besondere höhere Mittheilung zurückgeführt zu werden. Was wir um deswillen als wahr gelten lassen sollen, weil es göttlicher Mittheilung entstammt, muss den Beweis dieses seines Ursprungs erbringen. Während aber feststeht, dass nichts, was wirklich göttlicher Offenbarung verdankt wird, der Vernunft widersprechen kann, so kann es doch Bestandtheile der Offenbarung geben, welche in dem Sinne über die Vernunft hinausgehen, dass die letztere sie weder aus eigenen Mitteln hätte auffinden können noch im Stande ist, das durch Offenbarung Mitgetheilte völlig zu begreifen. Wie die Schule von Cambridge hält Locke fest an der alten Unterscheidung zwischen dem, was wider, und dem, was über die Vernunft ist. Das Uebervernünftige bildet, wo es auf Offenbarung beruht, den eigentlichen Gegenstand des Glaubens[1]. Auch der Gedanke der alten Theologie wird von Locke noch festgehalten, dass die Offenbarung eine Reihe von Wahrheiten enthalte, welche an und für sich nicht über die Tragweite der menschlichen Vernunft hinausgehen, welche aber darum mitgetheilt werden mussten, weil sie, obwohl von massgebender Bedeutung für die Lebensführung aller, doch immer nur von einzelnen aus eigener Kraft und von diesen nur mit Mühe und Anstrengung gefunden werden, und weil es diesen einzelnen, solange sie sich nur auf die Vernunft berufen können, an der nöthigen Autorität gebricht, um der von ihnen gefundenen Wahrheit bei den übrigen, die ihren Forschungen und Beweisen nicht zu folgen vermögen, zur Annahme zu verhelfen[2]. —

bury wird hier von seinem poetischen Sinne richtiger geleitet als Locke von seinem Verstande. Er sieht in der Kunst, im Schönen etwas, das sich in der Locke'schen Psychologie nirgends sonst unterbringen lässt als bei dem geschmähten Enthusiasmus, und dessen Werth und Würde ihm doch über jeden Zweifel erhaben ist. Lange wirft hier zwei verschiedene Dinge durcheinander. Um den Enthusiasmus, aus dem die Schöpfungen des Künstlers hervorgehen, handelt es sich für Locke nicht; er bekämpft unter diesem Namen eine bestimmte geschichtliche Erscheinung seiner Zeit und nur diese. Derselbe Shaftesbury, den er ihm entgegensetzt und der sonst dem Freund seines Grossvaters und Erzieher seines Vaters keineswegs immer gerecht wird, sagt (in einer von Curtis a. a. O. S. 55 angeführten Stelle): I wonder to hear him censured so much by any Church-of-England men, for advancing reason, and bringing the use of it so much into religion; when it is by this only that we fight against the enthusiasts, and repel the great enemies of our Church. (Characteristics I, first letter to a student.)

[1] Essay IV, 18, § 7.
[2] The reasonableness of Christianity. Works VII, 135 ff.

Der Gegensatz gegen die katholische Auffassung beginnt bei der
Frage, was als göttliche Offenbarung zu gelten habe. Wer wie
Locke und die Religionsphilosophen von Cambridge, dem Standpunkte
des Protestantismus entsprechend, von der Autorität eines Lehramtes
nichts wissen will, aber auch die Berufung auf die dem Einzelnen
zu theil werdende Erleuchtung als trügerisch erkannt hat, kann nicht
umhin, ausschliesslich an die Entscheidung der Vernunft zu appelliren.

In der letzten Periode von Locke's Leben traten bekanntlich
die theologischen Fragen noch mehr in den Vordergrund seiner Be-
schäftigungen. Fünf Jahre nach dem Erscheinen des Essays veröffentlichte er seine Schrift über „die Vernünftigkeit des Christenthums".
Als den wesentlichen Inhalt der neutestamentlichen Offenbarung —
und damit zugleich die eigentliche und alleinige Grundlage der christlichen Gemeinschaft — bezeichnet er darin die Lehre, dass Christus
der Messias sei. Ob und wie weit er sich im Verlaufe der Untersuchung von den Ansichten eines Whichcote, Smith, More und Cudworth, eines Barrow und Tillotson entfernte, ob er hier und anderwärts von den Lehrmeinungen anderer Theologen beeinflusst wurde,
kann auf sich beruhen. Richtung und Tendenz, die er darin verfolgte, theilt er mit jenen Männern. In dem vernünftigen, d. h. dem
als solchen von der Vernunft erkannten und nirgendwo der Vernunft widerstreitenden Inhalt der christlichen Offenbarung soll die
breite Basis für eine allumfassende christliche Gemeinschaft gefunden
werden. Sie hätten daher auch jene weite Bekenntnissformel, die
sich ihm nunmehr herausstellte, nicht wohl ablehnen können — obwohl thatsächlich Hobbes dieselbe zuerst und vor Locke in dieser
Weise aufgestellt hatte [1].

Nächst ihrer Uebereinstimmung mit der Vernunft war es vor
allem die Bedeutung für das sittliche Leben, worin die Schule von
Cambridge den Werth der christlichen Religion erblickte. Der Weg
zum Himmel, so führte Cudworth in einer seiner Predigten aus, „ist
eben und leicht, wenn wir nur ehrbare Herzen besitzen; wir bedürfen nicht vieler gelehrter Untersuchungen und Schuldistinctionen.

---

[1] Leviathan ch. 43: The (Unum Necessarium) onely article of faith, which
the Scripture makes simply necessary to salvation, is this, that *Jesus is the Christ*.
— Auf die von Stillingfleet erhobene Anklage, dass er seinen Inbegriff des
Christenthums von Hobbes entlehnt habe, erklärte Locke: I did not know the
words were there nor anything like them, nor do I know it now any further than
as I believe them to be there from his quotation. Cfr. *Elwood Ernest Worcester*,
The religious opinions of John Locke. Leipziger Dissertation 1889.

Christus kam nicht. uns mit verfänglichen Spitzfindigkeiten zu verwickeln und zu verwirren oder unsere Köpfe durch diese Speculationen in Verwirrung zu setzen und uns mittels harter und schroffer
Vorstellungen in das Himmelreich zu geleiten. Niemand wird jemals darum vom Himmel ausgeschlossen werden, weil er Geheimnisse nicht verstand. wenn er nur ein ehrbares und gutes Herz
hatte, bereit, Christi Gebote zu erfüllen" [1]. Ganz ebenso zählt Locke
unter den Errungenschaften, die wir der Ankunft Christi verdanken,
vor allem dies auf. dass er uns das beste und vollständigste System
der Sittenlehre in autoritativer und zugleich für alle Menschen fass-
barer Weise mitgetheilt habe. „Das Evangelium ist nicht für die
Gelehrten, ist nicht voll Speculationen und Spitzfindigkeiten, voll
dunkler Ausdrücke und abstracter Begriffe, sondern es ist ein Evangelium für die Armen. einfach und fasslich; so war es in den Predigten Christi und der Apostel." [2] Bestimmter noch bezeichnet er
in einem nicht für die Veröffentlichung bestimmten Aufsatz mit der
wenig zutreffenden Aufschrift „Error", der sich vielfach in den
gleichen Gedanken bewegt. als „den richtigen und einzigen Weg. die
Rechtgläubigkeit zu bewahren, den aufrichtigen und stetigen Vorsatz
eines guten Lebens" [3].

Locke's religiöser Standpunkt ist von den Zeitgenossen und in
der Folge sehr verschieden beurtheilt worden. Die Vertheidiger
wie die Bekämpfer des Christenthums haben sich gleichmässig auf
ihn berufen, und zumal in dem alsbald nach seinem Tode ausbrechen-
den Streite um den sogenannten Deismus haben sich die Vertreter wie
die Gegner desselben auf seine Autorität berufen [4]. Locke war bei
Lebzeiten eifrig bestrebt, den Freidenker Toland von sich abzuschüt-
teln, dessen Buch „Das Christenthum ohne Geheimniss" den ersten
Anstoss zu der Bewegung gab. Kein Zweifel, dass er sich selbst
mit aufrichtiger Ueberzeugung zu den Vertheidigern des offenbarungs-
mässigen Christenthums zählte. Und doch haben die Vertreter der
englischen wie der französischen Aufklärung in ihm ihren Begründer
und ihr eigentliches Haupt verehrt [5].

[1] Tulloch S. 236.

[2] Mit diesen Worten fasst Lechler (Geschichte des englischen Deismus
S. 172) die Schlussgedanken von Locke's Reasonableness of Christianity zusammen.
Vgl. Campbell Fraser a. a. O. S. 256, Worcester a. a. O. S. 32 (4).

[3] Bei Fox Bourne a. a. O. I, 308.

[4] Lechler a. a. O. S. 179. Campbell Fraser S. 257. Jodl a. a. O. S. 149.

[5] *Leslie Stephen*, History of the English thought in the XVIII century (1876)

Darin scheint ein Widerspruch zu liegen, aber die Erklärung
gibt sich leicht. Locke theilt die Illusion der rationalistischen Theologen seiner Zeit. Barrow, Cudworth und ihre Gesinnungsgenossen
„rationalisiren" in dem ehrlichen Glauben, dass sie damit nur den
wahren Sinn der von ihnen erklärten Lehre herausheben und ihn
von menschlicher Zuthat befreien. Dem Materialismus des Hobbes
stellen sie eine philosophische Theologie gegenüber, die sich noch
eben in orthodoxen Formeln ausdrücken liess. In ihrem aufrichtigen Bestreben, eine philosophische Religion zu construiren, ent-
ging ihnen die Möglichkeit, dass eine derartige Religion eines Tages
aufhören könnte, christlich zu sein. Einer der am meisten gelesenen
und bewunderten Schriftsteller der Zeit war Tillotson. Dass es
Form und Sprache seiner Predigten gewesen wäre, was ihn so
populär machte, ist nicht anzunehmen: es war vielmehr der Umstand,
dass er den herrschenden Gesinnungen der Zeitgenossen den deutlichsten Ausdruck gab. Er wird nicht müde, die katholische Lehre
von der Nothwendigkeit eines mit unfehlbarer Autorität ausgestat-
teten Lehramtes zu bekämpfen und die Verschiedenheit der Anschauungen in religiösen Dingen als etwas Unvermeidliches, aber
auch Ungefährliches hinzustellen. In diesem Kampfe gegen Rom
schmiedete er die Waffen, welche die Späteren gegen die Autorität
der Bibel kehrten. Anthony Collins konnte sagen, alle Freidenker
sähen in Tillotson ihr Haupt[1].

Der Deismus bezeichnet ein weiteres Stadium in der fortschreitenden Entwicklung des Rationalismus in England: Locke und die
Theologen von Cambridge gehören einem frühern an, aber die Entwicklung ist eine völlig consequente. Gegenüber der vielfältigen Zersplitterung der religiösen Meinungen hofften die letzteren das ver-
einigende Band und die gemeinschaftliche Grundlage in dem wesent-

---

I, 94: Locke, though his manifest irritation at the charge (dass nämlich zwischen
ihm und Toland ein innerer Zusammenhang bestehe) made his conduct to Toland
rather harsh, was unmistakably free from the slightest complicity, direct or indirect,
in any attack upon the authenticity of the Christian revelation. Locke's candour
breathes in every line of his work. He has an unmistakable right to his place in
that roll-call of eminent believers which is thundered from pulpits against the
pride of the infidel. No child or clergyman of the present time could accept the
plenary inspiration of the Scriptures with a simpler faith, than this intellectual
progenitor of the whole generation of eighteenth-century iconoclasts — the teacher
of Toland and Collins, the legitimate precursor of Hume and of Condillac, the
philosopher before whom Voltaire is never tired in prostrating himself with un-
wonted reverence. [1] Ibid. I, 74 f.

lichen Inhalte der christlichen Offenbarung zu finden, den die Vernunft
als solchen erkennt und die verschiedenen christlichen Vereinigungen
übereinstimmend anerkennen. Ihr Programm war ein vernünftiges
Christenthum. Aber weshalb sollte man hierbei stehen bleiben, warum
nicht weiter vordringen bis zu dem, was die Vernunft als gemeinsame Ueberzeugung aller Menschen überhaupt erkennt? An die
Stelle eines vernünftigen Christenthums, welches der Natur der Sache
nach doch immer nur eine Minderheit umfasst haben würde, trat
so als ein neues Ideal die für alle gleichmässig giltige Religion der
Vernunft [1].

Will man in dem Gange dieser Entwicklung Locke eine besondere Stelle anweisen, so könnte man dieselbe — abgesehen von dem
persönlichen Einflusse auf Collins, mit dem ihn in den letzten Lebensjahren eine enge Freundschaft verband — darin erblicken, dass seine
Art, theologische Fragen zu behandeln, wie seine gesammte Weise
des Redens und Denkens, jedes clericale Gepräge abgelegt hatte und
eben darum geeignet war, die Erörterung derselben in die weitesten
Kreise der gebildeten Laienwelt zu tragen. Auf den „weltlichen
Geist“, der in dem Essay ausgebreitet sei, führt Cousin [2] zu einem
grossen Theil den Erfolg des Werkes zurück, und bereits Shaftesbury hatte geäussert, er kenne keinen Schriftsteller, der so wie
Locke dazu beigetragen habe, die Philosophie in die gebildete Welt
einzuführen und sie den eleganten Cirkeln annehmbar zu machen,
die sie in ihrer frühern Gestalt perhorrescirt haben würden [3].

Im vorangehenden ist der Nachweis erbracht worden, dass
Locke, weit entfernt, wie eine oberflächliche Betrachtung vermuthen
lassen könnte, von der Schule von Cambridge durch einen ausschliessenden Gegensatz getrennt zu sein, vielmehr durch zahlreiche
persönliche Beziehungen mit derselben verknüpft und durch viel-
fache Uestimmung in religiöser Beziehung verbunden war.
Damit eröffnet sich Raum für die Annahme, dass auch eine gewisse
Beeinflussung seiner Gedanken von dorther stattgefunden haben
könne, und es ergibt sich die Aufgabe, zu untersuchen, ob sich aus
Locke's Schriften directe oder indirecte Zeugnisse für eine Bekanntschaft des Verfassers mit den Werken oder mit charakteristischen
Lehrmeinungen der Schule von Cambridge entnehmen lassen.

Ausdrücklich erwähnt wird Cudworths Intellectualsystem in
den „Gedanken über Erziehung“, wo vom Studium der Naturphilo-

---

[1] Ibid. I, 85.   [2] A. a. O. S. 59.   [3] Monroe Curtis a. a. O. S. 55.

v. Hertling, John Locke.   12

sophie die Rede ist. Locke empfiehlt es denen, die sich genauer
mit den Ansichten der Alten bekannt zu machen wünschen; der
gelehrte Verfasser habe darin die Meinungen der griechischen Philosophen mit so viel Genauigkeit und Urtheil gesammelt und erläutert,
dass seiner Meinung nach nirgendwo anders die Principien, von
denen sie ausgegangen, und die Hypothesen, durch die sie in verschiedene Lager getheilt worden seien, besser eingesehen werden
könnten [1]. — Das anerkennende Urtheil ist sicher beachtenswerth [2].
Nur lässt sich daraus kein Schluss auf die Factoren ziehen, welche
bei Ausgestaltung der im Essay niedergelegten Ansichten mitwirkten.
Denn jene Abhandlung, aus welcher später Rousseau seine hauptsächlichsten pädagogischen Gedanken schöpfte, ist zwar aus Briefen
entstanden, welche Locke während seines Aufenthaltes in Holland
an Edward Clarke in Chipley schrieb [3]; sie erhielt aber ihre für die
Oeffentlichkeit bestimmte Gestalt erst im Jahre 1693, drei Jahre
nach dem Erscheinen des philosophischen Hauptwerkes [4]. Viel wichtiger ist der Umstand, dass sich im Essay selbst Spuren aufzeigen
lassen, welche auf eine solche Bekanntschaft hinweisen.

Einzelne Spuren dieser Art sind bereits oben angedeutet worden. In der Erörterung des Verhältnisses zwischen Vernunft und
Offenbarung fanden sich Anklänge an Culverwell und More, um
von dem erst später hinzugefügten Kapitel über den „Enthusiasmus" abzusehen, welches unzweifelhaft auf More und Glanvill zu-
rückweist.

Culverwells früher besprochene Schrift über das Licht der Natur
lässt sich ihrer ganzen Anlage nach als eine Paraphrase des Verses

---

[1] Some thoughts concerning education § 193: He that would look farther
back, and acquaint himself with the several opinions of the ancients may consult
Dr. Cudworth's Intellectual System, wherein that very learned author had with
such accurateness and judgment collected and explained the opinions of the Greek
Philosophers, that what principles they built on, and what were the chief hypotheses that divided them, is better to be seen in him, than anywhere else I know.

[2] In der gleichen Schrift findet sich auch eine anerkennende Erwähnung
Worthingtons, des Herausgebers von John Smith, welcher von Burnet unter
den Theologen von Cambridge mit aufgeführt wird (Tulloch S. 122. 426 ff.).

[3] Campbell Fraser a. a. O. S. 329.

[4] Eine Erwähnung Cudworths findet sich auch in Locke's Replik auf des
Bischofs von Worcester Beantwortung seines zweiten Briefes, Works IV, p. 281:
That I made not an improper, nor unjustifiable use of the word certainty, in contra-
distinguishing it thus to faith, I think I have an unquestionable authority, in the
learned and cautious Dr. Cudworth etc. Die Replik ist datirt: Oates, 4. Mai 1698.

aus den Sprichwörtern ansehen [1], dessen häufige Verwerthung durch Whichcote seinem streng calvinistisch gesinnten Freunde zum Anstoss gereichte [2]. Der Vers, der eine Art von Losungswort der Rationalisten von Cambridge bildete, findet bei Locke wiederholt Anwendung. In der Einleitung zum Essay, da, wo er bemüht ist, eine richtige Würdigung unseres Erkenntnissvermögens anzubahnen, welche sich gleich weit von Ueberschätzung seiner Tragweite wie von skeptischer Verzagtheit entfernt hält, bemerkt er: „Es würde ein ebenso unverzeihlicher als kindischer Eigensinn sein, wollten wir die Vorzüge unserer Erkenntniss unterschätzen und es unterlassen, sie zu den Zwecken, zu denen sie uns gegeben ist, auszubilden, aus dem Grunde, weil es gewisse Dinge gibt, die ihre Tragweite übersteigen. Es würde keine Entschuldigung für einen trägen und mürrischen Diener sein, der sein Geschäft nicht bei Kerzenlicht besorgen wollte, wenn er anführte, es fehle ihm der helle Sonnenschein. Die Leuchte, die in uns aufgerichtet ist, scheint hell genug für alle unsere Aufgaben." [3]

Vollständiger noch ist die Herübernahme des biblischen Ausdrucks an einer andern Stelle. Dort ist die Rede von Schwierigkeiten, welche einer wissenschaftlichen Ausgestaltung der Moral durch das leidenschaftliche Treiben und den Mangel an Wahrheitssinn unter den Menschen bereitet werden. „Solange die Parteien ihre Meinungen allen aufzwingen, die sie in ihre Gewalt zu bringen vermögen, ohne ihnen zu gestatten, die Wahrheit oder Falschheit derselben zu prüfen, und solange sie der Wahrheit kein freies Spiel in der Welt verstatten, noch den Menschen die Freiheit, danach zu suchen, kann man keine Fortschritte in dieser Richtung erhoffen. Der unterjochte Theil der Menschheit könnte fast überall in ägyptischer Sklaverei ägyptischer Finsterniss entgegensehen, wäre nicht die Leuchte des Herrn von ihm selbst im Geiste der Menschen aufgerichtet, welche völlig auszulöschen in keines Menschen Macht steht." [4] — Man wird sich hiernach nicht

---

[1] Auf der Rückseite des Titelblattes findet sich der Vers im hebräischen Wortlaut und in zehn verschiedenen Uebersetzungen.

[2] Oben S. 102.

[3] I, 1, § 5: The candle, that is set up in us, shines bright enough for all our purposes.

[4] IV, 3, § 20: . . . were not the candle of the Lord set up by Himself in men's minds, which it is impossible for the breath or power of man wholly to extinguish.

wundern, demselben Ausdruck auch späterhin in der Schrift über
die Vernünftigkeit des Christenthums wieder zu begegnen. Dort
wird gegen Ende die Frage aufgeworfen, welches die Lage und die
Aussicht derer sei, welche weder von der Verheissung noch von der
Ankunft des Messias etwas erfahren haben und daher gar nicht im
Stande sind, an ihn zu glauben. Sie werden an das Licht der Vernunft verwiesen, welches alle, die sich daran wenden, die Güte und
Barmherzigkeit Gottes erkennen lasse. „Wer sich dieser Leuchte
des Herrn insoweit bedient, dass er findet, was seine Pflicht ist,
kann nicht umhin, auch den Weg zur Versöhnung und Verzeihung
zu finden, wenn er seine Pflicht verletzt hat." [1]

Während aber der oftmalige Gebrauch dieses Wortes nur im
allgemeinen auf die Theologen von Cambridge hinweist, führen andere Spuren weiter.

Im dreizehnten Kapitel des zweiten Buches behandelt Locke
die „einfachen Modi des Raumes", besser gesagt: die einfachen Vorstellungen, welche räumliche Bestimmungen ausdrücken, Grösse,
Entfernung, Ort. Die Untersuchung verdient die Vorwürfe nicht,
welche Cousin in überreichem Masse dagegen erhebt; ebensowenig
aber wird sie irgend jemand befriedigen können, weder dem Inhalte
noch der Form nach. Locke dringt hier so wenig wie anderwärts
in die Tiefe der Probleme. Wiederholt werden weiterreichende
Fragen durch die blosse Aufstellung einer Gegenfrage abgewiesen [2].
Deutlich treten in diesem Abschnitte die Mängel hervor, welche nach
des Verfassers eigener Angabe auf die Art und Weise zurückzuführen sind, in der das Werk allmählich und bruchstückweise
zu Stande gekommen ist. In § 27, welcher das Ergebniss der vorausgehenden Erörterung zusammenfasst, heisst es: „Mag man in
betreff der Existenz des Vacuums denken, was man will, dies ist
für mich klar, dass wir eine deutliche Idee vom Raume haben,
unterschieden von der Festigkeit (solidity), wie wir eine von Festigkeit haben im Unterschiede von Bewegung, oder von Bewegung im
Unterschiede vom Raume. . . Dagegen, ob irgendwer im Raume nur
eine Relation erblicken will, welche aus der Existenz anderer, in
einer gewissen Entfernung befindlicher Dinge entspringt, oder ob
man der Meinung ist, die Worte des weisen Königs Salomon: ‚Der

---

[1] He that made use of this *candle of the Lord*, so far as to find what was
his duty, could not miss to find also the way of reconciliation and forgiveness,
when he had failed of his duty. (Works VII, 133.)

[2] II, 13, §§ 15. 16. 17. 21.

Himmel und die Himmel der Himmel umfassen dich nicht', und die
noch nachdrücklicheren des inspirirten Philosophen, des hl. Paulus:
‚In Ihm leben wir, bewegen wir uns und sind wir', seien wörtlich
zu nehmen, — überlasse ich dem Ermessen eines jeden." — Zwei
Meinungen über die objective Natur des Raumes werden hier zur
Wahl gestellt, ohne dass Locke eine Entscheidung träfe. Die eine
geht dahin, der Raum sei nichts als eine Relation der Dinge; die
andere begnügt er sich, nur ganz von ferne durch zwei biblische
Citate [1] anzudeuten.

Die Auseinandersetzung im Essay findet ihre Ergänzung in den
Aufzeichnungen, welche Locke während seines Aufenthaltes in Frankreich gemacht hat und die sich als Vorarbeiten zu der endgiltigen
Redaction seines Hauptwerkes darstellen. Dreimal ist in ihnen vom
Raume die Rede: in einem kurzen Eintrag ins Reisejournal vom
26. März 1676 und in zwei umfangreicheren aus den Jahren 1677
und 1678. Wir erfahren aus ihnen, dass Locke damals, als er
diese Aufzeichnungen machte, selbst sich zu der Ansicht bekannte,
der Raum an sich sei nichts als eine Relation. Es heisst dort:
„Was Entfernung oder Abstand betrifft, so meine ich, dass dies die
Relation zweier Körper oder Wesen ist, welche näher oder entfernter voneinander sind. . . . Immer, wenn wir von Entfernung
reden, nehmen wir zuerst einige reale Wesen an, welche getrennt
voneinander existiren. Alsdann aber, ohne Rücksicht auf diese
Annahme und auf die Relation, welche sich daraus ergibt, . . . sind
wir geneigt, diesen Raum als eine Realität, ein positives Etwas zu
betrachten, welches ohne die Dinge existirt, während es doch, wie
mir scheint, nichts ist als eine reine Relation." [2] Die Erörterung
der Relation ist vielleicht geeignet, „ein wenig Licht in die grosse
Dunkelheit zu bringen, welche so viel Streit bezüglich der Natur
des Raumes veranlasst hat, ob er etwas ist oder nichts, geschaffen
oder ewig. Wenn wir nämlich vom Raume sprechen als von der
abstract gedachten Entfernung (distance), so scheint mir dies eine
reine Relation zu sein. . . Betrachten wir darin aber die Entfernung
oder den Raum zwischen den äussersten Enden eines zusammenhängenden Körpers, dessen zusammenhängende Theile den ganzen
dazwischen liegenden Raum ausfüllen oder von denen dies angenommen wird, so nennen wir dies Ausdehnung, und man erblickt
darin eine positive inhärirende Eigenschaft des Körpers, weil sie

[1] 3 Reg. 8, 27 und Act. Apost. 17, 28.   [2] Bei Lord King II, 176 f.

nämlich immer damit verbunden ist. . . Mir dagegen, ob man nun
den Körper in seiner ganzen Masse betrachtet oder in seinen kleinsten Theilchen, scheint dies nichts zu sein als die Relation des Ab-
standes der äussersten Enden."[1] Die ausdrücklich hieraus gezogene
Consequenz ist, dass der reine Raum, der Raum unabhängig von
Körpern und Körpertheilen, in Wahrheit nichts ist. „Eingebildeter
Raum (imaginary space) scheint mir nicht mehr ein Etwas zu
sein als eine eingebildete Welt. Denn wenn ein Mensch und seine
Seele zurückbliebe, während die ganze Welt vernichtet wäre, so
wäre ihm das Vermögen geblieben, sich in seiner Einbildung entweder die Welt vorzustellen oder die Ausdehnung, die sie hatte,
was dasselbe ist mit dem von ihr eingenommenen Raume. Aber
das beweist nicht, dass der eingebildete Raum ein wirkliches Ding,
ein Etwas ist. Denn Raum oder Ausdehnung, in Gedanken getrennt
von Materie oder Körper, scheint nicht mehr reale Existenz zu
haben als Zahl oder irgend etwas, das gezählt wird. Ebenso gut
könnte jemand sagen: die Zahl des Sandes am Meere existire wirklich und sei etwas auch nach Vernichtung der Welt, als: der Raum
oder die Ausdehnung des Meeres existire oder sei etwas nach der
Vernichtung."[2] „Weil wir aus unserer Bekanntschaft mit körperlichen Dingen die Ideen von Gestalt und Grösse der Oberfläche einer
Kugel von einem Fuss Durchmesser gewonnen haben, so sind wir
geneigt, uns einzubilden, der Raum, wo die Kugel sich befindet, sei
in Wirklichkeit etwas und habe eine reale Existenz vor und nach
der Existenz der Kugel in ihm. In Wahrheit aber ist er nichts
Wirkliches und stellt daher auch der Anwesenheit eines Körpers in
ihm kein Hinderniss und keinen Widerstand entgegen. Wir aber,
indem wir uns der Idee einer physischen Kugel bedienen, sind geneigt, in ihm etwas Wirkliches und in diesem bestimmten Umfange
Ausgedehntes zu erblicken, und das sind nun eben die vielumstrittenen eingebildeten Räume — these are properly the imaginary
spaces which are so much disputed of."[3]

Ob Locke die damals vertretene Ansicht späterhin aufgegeben
hat, kann hier unerörtert bleiben. Im Essay liegt der Nachdruck
auf der Untersuchung des Inhalts unserer Idee vom Raume und dem
Nachweise ihrer Verschiedenheit von der Idee des Körperlichen.
Von den „eingebildeten Räumen" ist an der angezogenen Stelle nicht

---

[1] Bei Lord King II, 179 f.   [2] Ebend. I, 123.
[3] Ebend. II, 176.

weiter die Rede; die Frage nach der Existenz eines leeren Raumes wird wiederholt als nicht zur Sache gehörig abgewiesen.

Wie aber steht es mit jener zweiten, im Essay nur durch die beiden Bibelstellen angedeuteten Auffassung vom Raume? Auch hierüber bringen jene älteren Aufzeichnungen einige Angaben. In dem Eintrage von 1677 führt Locke folgendes aus: „Ist es möglich, das Nichts zu setzen oder in unseren Gedanken alle Arten von Dingen von jeglicher Stelle zu entfernen, dann ist dieser eingebildete Raum in der That nichts und bezeichnet nicht mehr als die baare Möglichkeit, dass ein Körper dort existire, wo (zur Zeit) keiner ist. Ist es unmöglich, das reine Nichts zu setzen oder unsere Gedanken dahin zu erstrecken, wo kein Ding ist oder wir keines als vorhanden setzen können, so muss dieser körperleere Raum etwas sein, was zu dem Wesen der Gottheit gehört. Möge es nun das eine oder das andere sein; die Idee, welche wir davon haben, entnehmen wir der Ausdehnung der Körper, welche unter unsere Sinne fallen, und nachdem diese Idee von Ausdehnung sich in unserm Bewusstsein festgesetzt hat, sind wir fähig, durch Wiederholung derselben in unseren Gedanken, indem wir weder Körper noch Undurchdringlichkeit damit verknüpfen, Räume in der Einbildung vorzustellen, wo keine Körper sind, — welche eingebildeten Räume, wenn wir alle anderen Dinge als abwesend setzen, das reine Nichts sind und lediglich eine Möglichkeit, dass Dinge dort existiren. Ist es nun nothwendig, dass ein Wesen dort existire, so muss es Gott sein, dessen Wesen wir auf diese Weise ausgedehnt, aber nicht undurchdringlich machen: möge nun aber das eine oder das andere sein, jedenfalls scheint sich Ausdehnung in Gedanken von Körper trennen zu lassen u. s. w." [1]

Beachtet man, dass Locke in der Ansicht, welche den körperlosen, aber als real gesetzten Raum mit dem Wesen Gottes zusammenbringt, eine Folge aus der angenommenen Unmöglichkeit erblickt, das reine Nichts zu setzen, so wird man nicht umhin können, noch eine weitere Aeusserung aus dem Jahre 1678 heranzuziehen. Dort ist von zwei Einwendungen die Rede, welche voraussichtlich der Behauptung entgegengestellt werden würden, Raum im allgemeinen bezeichne kein wirkliches Ding, sondern die blosse Vorstellung der Möglichkeit körperlichen Daseins. Der eine Ein-

---

[1] Bei Lord King II. 178.

wand ist der der Cartesianer, welche Raum und Körper für die
nämliche Sache erklären; der andere will geltend machen, „dass der
Raum, der des grösser und kleiner fähig ist, nicht eigentlich nichts
sein kann" [1]. Locke läugnet die Voraussetzung: der allen bestimmten Dingen vorangehende Raum ist des grösser und kleiner nicht
fähig; und er versucht eingehend darzulegen, wie das Missverständniss entstehen konnte.

Aus jenen älteren Aufzeichnungen lässt sich nicht entnehmen,
ob Locke nur eine unter bestimmten Voraussetzungen von ihm selbst
gezogene Consequenz erörtern will oder eine von irgendwem wirklich aufgestellte Lehre im Auge hat. Die Worte im Essay dagegen
weisen deutlich auf das letztere hin. Thatsächlich hat die ange-
deutete Lehre ihren Vertreter in H. More [2].

Unter den Bedenken und abweichenden Ansichten, die er in
seinem Briefwechsel mit Cartesius geltend gemacht hatte, nimmt die
Lehre vom Raum die erste Stelle ein. Mit der Gleichsetzung von
Materie und Ausdehnung kann er sich schlechterdings nicht be-
freunden. Auch Gott und den Engeln kommt Ausdehnung zu, diese
reicht in der That ganz ebenso weit wie das Sein. Dass insbesondere Gott eine ihm eigenthümliche Ausdehnung zugeschrieben werden müsse, scheint ihm zweifellos aus seiner Allgegenwart und All-
wirksamkeit hervorzugehen. Natürlich aber muss dieselbe von der
Ausdehnung des Körpers oder der Materie unterschieden werden [3].
Cartesius hatte die Möglichkeit eines leeren Raumes bestritten und
behauptet, wenn Gott vermöge seiner Allmacht jeglichen Inhalt
aus einem Gefässe entferne, so müssten die Wände des Ge-
fässes zusammenschlagen [4]. More läugnet die Consequenz; die Aus-

---

[1] Bei Lord King II, 182. [2] S. oben S. 122.
[3] Epistola prima H. Mori ad R. Cartesium (Epistolarum P. I, ep. 66): Primo,
definitionem materiae seu corporis instituis multo quam par est latiorem. Res
enim extensa Deus videtur esse atque Angelus, imo vero res quaelibet per se
subsistens; ita ut eisdem finibus claudi videatur extensio atque essentia rerum
absoluta, quae tamen variari potest pro essentiarum ipsarum varietate. Atque
equidem quod Deus extenditur suo modo, hinc arbitror patere, nempe quod sit
omnipraesens, et universam mundi machinam singulasque eius particulas intime
occupet. Quomodo enim motum imprimeret materiae, quod fecisse aliquando, et
etiamnum facere, ipse fateris, nisi proxime quasi attingeret materiam universi,
aut saltem aliquando attigisset? Quod certe nunquam fecisset, nisi adfuisset ubique singulasque plagas occupavisset. Deus igitur suo modo extenditur atque ex-
panditur, ac proinde est res extensa.
[4] Principia philosophiae II, 18.

dehnung Gottes, welche dazwischen liegt, würde jenen Erfolg verhindern[1].

Cartesius war von Anfang an wenig geneigt, hier mehr als
einen Wortstreit zu erblicken. Wolle jemand die Allgegenwart
Gottes eine Art Ausdehnung nennen, so möge er es thun; Ausdehnung im hergebrachten und eigentlichen Sinne aber sei dies natürlich nicht, denn niemals könnten ihr diejenigen Eigenschaften beigelegt werden, welche wir in völliger Deutlichkeit bei jedem wirklichen Raume wahrnehmen[2]. More aber liess sich dadurch nicht
irre machen. Man müsse eben zwischen körperlicher Ausdehnung
und Ausdehnung überhaupt unterscheiden, auch die Gott und den
geistigen Wesen zukommende habe alsdann als eine wirkliche und
eigentliche zu gelten[3]. Diese Lehre gehört ganz und gar zu den
integrirenden Bestandtheilen seines Gedankenganges: an verschiedenen Stellen seiner Schriften kommt er darauf zurück: eine besondere Erörterung hat er ihr im sechsten, siebenten und achten
Kapitel des Enchiridion Metaphysicum gewidmet.

Die Nöthigung, einen von der beweglichen Materie unterschiedenen unbeweglichen Raum im Sinne einer selbständigen Realität
anzunehmen, wird dort unter anderm daraus abgeleitet, dass sonst
Gott die Materie nicht habe endlich erschaffen können.
„Denn es ist uns unmöglich, eine endliche Materie vorzustellen, die
nicht von allen Seiten von einem unendlichen Ausgedehnten umgeben wäre.“[4] Des weitern wird insbesondere auf die Nothwendigkeit hingewiesen, Abstände und Zwischenräume anzunehmen, und die
entgegenstehende Meinung der Cartesianer mit zahlreichen Argumenten bekämpft. Daran schliesst sich als das Wichtigste und das
eigentliche Ziel der Untersuchung die Begründung des Satzes, jenes
erwiesene, von der beweglichen Materie unterschiedene, unbewegliche Ausgedehnte sei jedenfalls etwas Wirkliches, wenn nicht etwas

---

[1] Epistolarum P. I, ep. 66: Secundo, quando innuis ne virtute quidem divina
fieri posse ut proprie dictum existat vacuum, et si omne corpus ex vase tolleretur,
quod latera necessario coirent; ista profecto mihi videntur non solum falsa, sed
minus consona antecedentibus . . . divinam contendo interiacere extensionem.

[2] Epistolarum P. I, ep. 67: Ego vero non soleo quidem de nominibus disputare, atque ideo si ex eo quod Deus sit ubique dicat aliquis eum esse quodammodo
extensum, per me licet. Atqui nego veram extensionem, qualis ab omnibus vulgo
concipitur, vel in Deo vel in Angelis, vel in mente nostra, vel denique in ulla
substantia, quae non sit corpus, reperiri.

[3] Epistola secunda H. Mori (Epist. I, 68).

[4] Cap. 6, n. 2. Opp. I, 158.

Göttliches. Die von dem vulgus philosophorum aufgestellte Behauptung, es sei nur etwas Eingebildetes, wird nachdrücklich bestritten. Wie dürfte man ein mit solch göttlichen Namen Geschmücktes für etwas bloss Eingebildetes halten? Jenes von der Materie unterschiedene, unermessliche und unbewegliche Ausgedehnte ist eine rohe oder undeutliche Darstellung der göttlichen Wesenheit[1].

Dass es aber wirklich diese Lehre H. More's war, welche Locke im Auge hatte, dafür ergeben sich bestimmte Anhaltspunkte. Wie aus den angeführten Stellen hervorgeht, gilt ihm die fragliche Ansicht als eine irrige Schlussfolgerung aus dem Satze, dem reinen Nichts könnten keinerlei Attribute beigelegt werden; im Essay begnügt er sich, dieselbe durch biblische Citate anzudeuten. Beides konnte ihm durch eine Stelle der Vorrede zur zweiten Auflage von More's Enchiridion ethicum nahegelegt sein. Dort heisst es, nachdem die Unzulässigkeit und Unhaltbarkeit der Cartesianischen Gleichsetzung von Raum und Materie hervorgehoben wurde: „Hieraus folgt, wenn wir auf Cartesius hören wollen, der uns so oft den Satz einprägt, dem Nichts komme keine Eigenschaft zu, dass diese unbewegte und nothwendige Ausdehnung gleichfalls eine Wesenheit oder eine Substanz ist. Und da diese nicht körperlicher Art sein kann, weil sie nämlich den Körper oder die Materie überall durchdringt, so bleibt nur übrig, dass sie unkörperlich oder ein Geist ist, oder, wenn man lieber will, der Umfang irgend eines unermesslichen

---

[1] Cap. 8, n. 8: Neque enim reale dumtaxat . . . sed divinum quiddam videbitur hoc extensum infinitum ac immobile . . . postquam divina illa titulis qui examussim ipsi congruunt enumeravimus; qui et ulteriorem fidem facient, illud non posse esse nihil, utpote cui tot tamque praeclara attributa competunt. Cuiusmodi sunt quae sequuntur, quaeque Metaphysici Primo Enti speciatim attribuunt. Ut *unum*, simplex, immobile, aeternum, completum, independens, a se existens, per se subsistens, incorruptibile, necessarium, immensum, increatum, incircumscriptum, incomprehensibile, omnipraesens, incorporeum, omnia permeans et complectens, ens per essentiam, ens actu, purus actus. . . Dieselben werden im folgenden einzeln erörtert, worauf es nr. 13 heisst: Unde profecto sagaci cuilibet ingenio religionem fore in posterum spero, rem tam divinis decoratam nominibus tamquam imaginarium nescio quid apud se in animo suo concipere, utpote qua nulla quidem dari potest vesanior aut insulsior imaginatio. In nr. 15 endlich heisst es: Immensus hic locus internus, sive spatium a materia realiter distinctum quod animo concipimus, est rudior quaedam ὑπογραφή, confusior quaedam et generalior repraesentatio essentiae sive essentialis praesentiae divinae, quatenus a vita atque operationibus praeciditur. Nulla enim horum attributorum quae recensuimus vitam atque operationem divinam spectare videntur, sed nudam illius dumtaxat essentiam vel existentiam. Vgl. auch n. 4 und n. 7.

Geistes. Da aber die Nothwendigkeit, zu existiren, nur Gott allein zukommt, so muss dieser unermessliche Umfang, den wir als nothwendig existirend begreifen, kein anderer sein, als der göttliche selbst, in dem wir leben, uns bewegen und bestehen."[1]

Andere Spuren führen sodann auf die Annahme einer Bekanntschaft Locke's mit dem Briefwechsel zwischen More und Cartesius oder wenigstens mit den daselbst entwickelten Gedanken. In der Erörterung des Essay, von welcher hier ausgegangen wurde, am Schlusse von § 21, findet sich die auffallende Aeusserung, diejenigen, welche Ausdehnung und Materie identificirten, müssten die letztere unendlich setzen, wenn sie es auch nicht gerne aussprächen, — these men must either own, that they think body infinite, though they are loth to speak it out, or else affirm, that space is not body. Dieselbe findet ihre Erläuterung in More's erstem Brief. Mit anderen hatte dieser Anstoss an der Ausdrucksweise des Cartesius genommen, der die Ausdehnung der körperlichen Welt nur als grenzenlos (indefinita), nicht als unendlich (infinita) bezeichnet hatte. More erblickt in jener Ausdrucksweise nur eine Ausflucht oder eine absichtliche Verschleierung und sucht den Philosophen zu einer präcisern Stellungnahme zu nöthigen; dabei deutet er an, es möge nur die Furcht, der Materie Unendlichkeit zuzuschreiben, die Veranlassung zu jener Ausdrucksweise gewesen sein[2].

In dem zweiten Briefe sodann, wo More die Antworten des Cartesius der Reihe nach einer Kritik unterzieht, soll die Realität des Leeren unter anderm daraus erwiesen werden, dass dasselbe durch bestimmte Masseinheiten, nach Ellen oder Ruthen gemessen

---

[1] Opp. I, 5: Unde porro sequitur, si Cartesium audire velimus, qui toties nobis inculcat illud dictum, *nihili nullam esse affectionem*, quod immobilis haec atque necessaria extensio sit etiam essentia quaedam sive substantia. Quae cum corporea esse non possit, ut quae corpus sive materiam ubique penetrat, relinquitur ut sit incorporea sive spiritus, vel, si malles, immensi cuipiam spiritus amplitudo. Cum vero necessitas existendi nulli rei praeterquam Deo soli competere potest, oportet immensam hanc amplitudinem, quam deprehendimus necessario existere, non aliam esse quam ipsam divinam, in qua vivimus, movemur et subsistimus. — Der Hinweis auf Cartesius und jenen Satz auch Enchirid. metaph. cap. 8, n. 4.

[2] Epist. I, 66: Quarto, indefinitam tuam mundi extensionem non intelligo. Extensio enim illa indefinita vel simpliciter infinita est, vel tantum quoad nos. Si intelligis extensionem infinitam simpliciter, cur mentem tuam obscuras vocabulis nimium suppressis ac modestis? ... Atque sane eo magis hic admiror modestiam tuam atque metum, quod adeo tibi caves a materiae infinitudine etc.

werden könne[1]. Eben dieses Argument berücksichtigt Locke in
der Aufzeichnung aus dem Jahre 1678. Ein Theil der Stelle wurde
bereits angeführt[2]. Gegen die Annahme, wonach unter Raum im
allgemeinen nur die Möglichkeit körperlicher Existenz verstanden
wird, wendet man von anderer Seite ein, der Raum, der des grösser
und kleiner fähig ist, könne nicht nichts sein. Locke fährt fort:
„Hierzu sage ich, dass der allen bestimmten Dingen vorangehende
Raum des grösser oder kleiner nicht fähig ist. Das Missverständniss
liegt darin, dass wir, gewöhnt an die Ideen von Fuss, Elle, Meile
u. s. f., leicht Ideen hiervon da anwenden können, wo unserer Annahme nach keine Körper sich befinden, selbst jenseits der Grenzen
der Welt; aber dass wir Ideen in unserem Kopfe haben, beweist
nichts für die Existenz eines Dinges ausser uns. Aber man wird
sagen: Ist nicht der Raum von einem Fuss jenseits der äussersten
Grenze des Universums kleiner als der Raum einer Elle? Ich antworte: Ja, die Idee des einen, welche ich dorthin versetze, ist grösser
als die Idee der anderen; aber dass dort irgend ein realiter existirendes Ding ist, läugne ich. Ich läugne, dass die Behauptung
oder Einbildung eines Raumes von einem Fuss oder einer Elle jenseits der Grenzen der Welt etwas mehr bedeute, als dass ein Körper
von einem Fuss oder einer Elle (wovon ich die Idee habe) dort existiren könnte."[3]

Auch in der wiederholten Erwähnung der „eingebildeten Räume"
— imaginary spaces — lässt sich vielleicht eine Bezugnahme auf
H. More erkennen. Der Ausdruck entstammt der späten Scholastik.
Das Vorhandensein eines Leeren galt in den Schulen nicht als etwas
innerlich Unmögliches, wohl aber als etwas durch die Einrichtung
der Welt thatsächlich Ausgeschlossenes. Ist aber jenseits der äussersten Grenze dieser letztern nichts Reales mehr vorhanden, so existiren leere Räume nur in der Vorstellung, sie haben keine Realität,
sondern sind lediglich eingebildet[4]. Cartesius fand den Ausdruck
vor, aber seiner Auffassung gemäss, wonach Ausdehnung und Körper
sich decken und wonach die körperliche Materie sich grenzenlos
überallhin ausdehnt, ging er zu dem Ausspruche fort, dass die sogenannten eingebildeten Räume in der That wirkliche seien. d. h.

---

[1] Epist. I. 68: Amplitudo nihili puta vacui per ulnas vel orgyas mensu-
rari potest.

[2] Oben S. 183 f.   [3] Bei Lord King II, 182.

[4] Vgl. beispielsweise *Philippus a S. Trinitate*, Summa philosophica (1654)
1, II, q. 19, a. 2.

dass überall da, wo wir Raum vorstellen, in der That erfüllter Raum vorhanden sei [1]. Ausführlicher bemerkt Antoine le Grand, der ganz besonders für die Verbreitung der Cartesianischen Philosophie in England thätig war: „Die Leute haben gemeint, es gebe ausgedehnte leere Räume, bevor in der Natur Körper vorhanden sind, und in welchen diese nachträglich Platz finden, so wie auch jetzt manche Philosophen nach Schaffung der Welt irgendwelchen Raum jenseits der Grenzen derselben muthmassen, dem sie den Namen des eingebildeten geben, weil er nur Ausbreitung besitzt und keinen Körper einschliesst. Diese Philosophen sprechen offenbar in sehr uneigentlicher Weise, denn alles das, was nach Länge, Breite und Tiefe ausgedehnt ist und worin Theile aufgezeigt werden können, durch deren Abstand oder Dazwischenliegen die Körper weiter oder näher voneinander entfernt sind, kann nicht ein eingebildeter, sondern muss ein wahrer und wirklicher Körper genannt werden." [2] Hobbes dagegen hatte sich ausdrücklich gegen die Cartesianische Ansicht erklärt und den Raum, abgesehen von den darin befindlichen Dingen, als eine blosse Einbildung bezeichnet [3].

More's Standpunkt ist von beiden verschieden. Mit den Cartesianern behauptet er, dass die vermeintlichen imaginären Räume vielmehr etwas Wirkliches seien; er entfernt sich von ihnen, indem er diese Wirklichkeit nicht auf die jeden Raum erfüllende und in Wahrheit mit ihm sich deckende körperliche Materie, sondern auf die göttliche Wesenheit zurückführt. Ebenso nachdrücklich, wie er gegen die Cartesianer für das Vorhandensein eines körperfreien Raumes eintritt, ebenso nachdrücklich bekämpft er die in den Schulen hergebrachte und von Hobbes beibehaltene Meinung, ein solcher Raum existire nur in der Einbildung. Er staunt über die Schwerfälligkeit oder den Eigensinn derer, die seinen Argumenten keinen Glauben schenken, und überbietet sich in immer neuen Beweisversuchen. An ihn also und seine Gegner in diesem Punkte mag Locke gedacht haben, als er die Stelle von den vielumstrittenen eingebildeten Räumen

---

[1] Princ. philos. II, 21: Cognoscimus praeterea hunc mundum sive substantiae corporeae universitatem nullos extensionis suae fines habere. Ubicunque enim fines illos esse fingamus, semper ultra ipsos aliqua spatia indefinit* extensa *non modo imaginamur, sed etiam vere imaginabilia, hoc est realia esse, percipimus;* ac proinde etiam substantiam corpoream indefinite extensam in iis contineri.

[2] *Antonii le Grand* Institutiones philosophiae secundum principia Renati Descartes. Pars IV, cap. 13.

[3] B a u m a n n , Die Lehre von Raum, Zeit und Mathematik I, 271 ff.

niederschrieb. Wer die Gegner waren[1] und ob sie ihre Argumente in Schriften niedergelegt oder nur in mündlicher Discussion vorgebracht hatten, kann dabei füglich auf sich beruhen.

Locke also, dies jedenfalls dürfte durch das Vorangehende bewiesen sein, kannte More's Lehre vom Raum. Sie war ihm nahe genug getreten, um ihn zu veranlassen, sich damit auseinanderzusetzen, und was vielleicht am meisten Beachtung verdient, er tritt derselben keineswegs von vornherein mit einer schroffen Abweisung entgegen. Im Gegentheile, die Meinung, dass auch einem geistigen Wesen Ausdehnung zukommen könne, gilt ihm keineswegs für so völlig unglaubhaft, dass er sie nicht gelegentlich zu einer polemischen Abwehr gegen die Cartesianer verwendete. Denn offenbar ist so die folgende Stelle zu verstehen[2]: „Diejenigen, welche behaupten, Raum und Körper seien identisch, bringen folgendes Dilemma: Dieser (nämlich der von Locke und anderen von dem Körper unterschiedene Raum) ist entweder etwas oder nichts. Ist nichts zwischen zwei Körpern, so müssen sie einander nothwendigerweise berühren. Wird zugegeben, der Raum sei etwas, so fragen sie, was er sei, ob Körper oder Geist? Hierauf antworte ich mit einer Gegenfrage: Wer sagt ihnen denn, dass es nur körperliche Wesen gibt oder geben kann, welche nicht denken, und denkende, welche nicht ausgedehnt sind? Das ist nämlich alles, was sie unter den Bezeichnungen Geist und Körper verstehen." Der schroffen Entgegensetzung von Denken und Ausdehnung wird die Möglichkeit entgegengehalten, dass beide Attribute vereinigt vorkommen, dass es also im Sinne More's geistige und darum doch ausgedehnte Substanzen geben könne[3].

---

[1] Samuel Parker kann nicht wohl dazu gehören. Zwar bedenkt er den reformirten französischen Theologen David Derodon (1600—1664), dem er eine der More'schen völlig verwandte Annahme zuschreibt, hierfür mit nicht eben glimpflichen Ausdrücken (Tentamen physico-theologicum. 1665. p. 398); von More dagegen spricht er wiederholt mit grosser Achtung (Tentamen p. 157; Disputationes de Deo et providentia divina. 1678. p. 295) und beruft sich auf das Enchiridion metaph. in seiner Befehdung des Cartesius (Disputationes p. 324. 326. 343). More selbst, der stets von einer Mehrheit von Gegnern und gegnerischen Argumenten spricht (cfr. Enchirid. metaph., scholia in cap. 8, Opp. I, p. 170 sq.), führt eine Schrift De mole et fimbria universi an, deren ungenanntem Verfasser er mit sichtbarer Achtung begegnet; es ist, wie aus Wood (Athenae Oxonienses II, 618) zu ersehen, die nicht gegen ihn, sondern gegen Parkers Tentamen gerichtete Schrift von *Nathanael Fairfax* (1637—1690), A treatise of the bulk and selvedge of the world. 1674. [2] Essay II, 13, § 16. [3] Man könnte geneigt sein, auch II, 15, § 2 und 17, § 20 heranzuziehen,

Auf More weisen sodann zwei Stellen des Essay, an denen Locke die Lehre von der Präexistenz der Seele als eine solche erwähnt, die zu seiner Zeit Vertreter hatte. Ganz ebenso wie bezüglich der zuvor erörterten Raumlehre geschieht die Erwähnung in der Weise, dass Locke sich der Lehre gegenüber weder ablehnend noch zustimmend ausspricht, sodann aber gelegentlich von ihr als von einem immerhin möglichen Standpunkte aus argumentirt. Im ersten Kapitel des zweiten Buches führt die Frage, wann unsere Seele anfängt, Ideen zu haben, auf die Cartesianische Lehre, dass die Seele immer denke. Locke beginnt seine Bestreitung derselben mit dem Satze: „Ob man anzunehmen habe, dass die Existenz der Seele den ersten Rudimenten der körperlichen Organisation und den Anfängen des leiblichen Lebens v o r a u s g e h t oder ihnen gleichzeitig ist oder erst später nachfolgt, überlasse ich der Discussion derer, die mehr über diesen Gegenstand nachgedacht haben." [1] Die zweite Erwähnung findet sich in der höchst unglücklichen Abhandlung über „persönliche Identität", welche Locke der zweiten Auflage des Essay einschaltete [2]. Dort führt er aus, dass die Anhänger der Präexistenzlehre die Möglichkeit zugeben müssten, dass eine immaterielle Substanz, ohne aufzuhören als die nämliche fortzuexistiren, die gesammte Erinnerung ihres frühern bewussten Lebens verlieren könne, so dass schlechterdings nichts von dem, was sie auf sich bezieht und sich zurechnet, in jene frühere Periode hineinreicht, und schon Leibniz nennt sofort als Vertreter jener Meinung H. More [3]. Dieser handelt davon in seinen Dialogen und in der

um so mehr, als an der erstern Stelle wiederum 3 Reg. 8, 27 citirt wird. Alsdann würde sogar folgen, dass Locke, der 1677 und 1678 den Raum für eine blosse Relation hielt, dagegen im Essay II, 13, § 27 diese Meinung neben der von More vertretenen zur Wahl stellt, selbst inzwischen sich dieser letztern zugeneigt habe. Allein bei schärferem Zusehen ergibt sich, dass an den beiden angeführten Stellen von etwas anderem die Rede ist. Es ist etwas anderes, anzunehmen, dass der Raum, auch wo alle körperlichen Dinge aufhören, nicht absolut leer und darum absolut nichts sei, weil ihn nämlich die Unermesslichkeit Gottes e r f ü l l t, und etwas anderes, im Sinne More's zu sagen, der Raum sei confusior quaedam et generalior repraesentatio essentiae divinae, und Gott und den geistigen Wesen eigne gleichfalls Ausdehnung.

[1] Essay II, 1, § 10.　　[2] C a m p b e l l F r a s e r a. a. O. S. 236 f.
[3] Essay II, 27, § 14: The question seems to me, to build on this, whether the same immaterial being, being conscious of the actions of its past duration, may be wholly stripped of all the consciousness of its past existence and lose it beyond the power of ever retrieving again: and so as it were beginning a new account from a new period, have a consciousness that cannot reach beyond this

Schrift von der Unsterblichkeit der Seele und führt eine lange Reihe von Gewährsmännern dafür an, unter den griechischen Philosophen nicht nur Pythagoras und Plato, sondern auch Aristoteles, sodann die ägyptischen Gymnosophisten, die indischen Brahmanen, die persischen Magier, vor allen aber Philo und die gelehrten Juden. In der Weisheit Salomonis soll sie sich finden, Christus sie nicht zurückgewiesen haben; Augustin, Basilius, Gregor von Nazianz sollen ihr wohlwollend gegenüberstehen, Clemens von Alexandrien, Origenes, Synesius, Arnobius, Prudentius sich ausdrücklich dazu bekennen. Von den drei Ansichten über den Ursprung der Seele widerspreche der Creatianismus der Reinheit Gottes, der Traducianismus der Immaterialität der Seele; es bleibe sonach nur die Präexistenzlehre übrig, die sich zugleich als eine wichtige Stütze des Vorsehungsglaubens herausstelle. Denn sie erkläre das so überaus verschiedenartige Schicksal der Menschen, namentlich auch ihr verschiedenes Verhalten in religiöser und moralischer Hinsicht. Ausdrücklich wird dabei auch die Frage behandelt, wie es komme, dass unsere Seele sich ihres frühern Zustandes nicht mehr erinnere [1]. — Dass Glanvill der gleichen Lehre zuzuneigen scheint, kann bei seiner ganzen Geistesrichtung nicht verwundern [2].

Eine Bekanntschaft Locke's mit Lehren und Anschauungen, welche für den Kreis der philosophirenden Theologen von Cambridge charakteristisch sind, darf hiernach als erwiesen gelten. Nunmehr

---

new state. All those who hold pre-existence, are evidently of this mind, since they allow the soul to have no remaining consciousness of what it did in that pre-existent state, either wholly separate from body, or informing any other body; and if they should not, it is plain, experience would be against them. Wenige Zeilen weiter heisst es: Suppose a Christian Platonist or Pythagorean etc. Leibniz in den Nouveaux Essais bemerkt zu dieser Stelle (ed. Erdmann p. 281 a): Feu Monsieur Henri Morus, théologien de l'église Anglicane, était persuadé de la préexistence, et a écrit pour la soutenir. Ebenso verweist er auf diesen in der Theodicee p. 526 (Erdmann). — Locke erzählt ebendaselbst, er sei einst mit einem Manne zusammengetroffen, who was persuaded, his soul had been the soul of Socrates, und fügt hinzu: This I know, that in the post he filled, which was no inconsiderable one, he passed for a very rational man; and the press has shewn that he wanted not parts or learning. Die Vermuthung, dass er hierbei an den jüngern van Helmont gedacht habe, dem er im Hause des Quäkers Furley begegnet war (s. oben S. 165), wird von Leibniz bestätigt, der an den beiden angeführten Stellen denselben ausdrücklich nennt.

[1] Dialogi divini Opp. 1, 752 sq. Immortalitas animae lib. II, cap. 12. 13; ibid. II, 365 sq. (in der englischen Ausgabe von 1662 p. 110 ff.).

[2] Scepsis scientifica p. 3.

soll gezeigt werden, dass Locke sich gelegentlich da, wo er eigene
Ansichten vorträgt, so enge mit den von jenen Männern vertretenen berührt, dass man nicht umhin kann, an eine Herübernahme
oder eine Beeinflussung zu denken.

Ein Umstand, der jedem auffallen muss, welcher an die Lectüre des Essays mit der herkömmlichen Vorstellung von Locke's
Empirismus und Sensualismus herantritt, ist der breite Raum, welcher
darin von Engeln und Geistern eingenommen wird[1]. Wenn daselbst
an mehr als zwei Dutzend Stellen mehr oder minder ausführlich
von ihnen die Rede ist; wenn Locke sich nicht nur bemüht, den
Begriff des Geistigen klarzustellen, sondern sich auch verschiedent-
lich in Fragen und Vermuthungen über die Natur und Bethätigungsweise jener höheren Wesen ergeht; wenn er namentlich nicht müde
wird, die Vollkommenheit ihrer Erkenntniss im Vergleiche mit der
unsrigen zu preisen, so wird man sofort an den besondern Nachdruck erinnert, mit welchem Cudworth und More in ihrem Kampfe
gegen Hobbes und den Materialismus der Zeit für die Anerkennung
der Realität eines unkörperlichen Seins eingetreten waren[2]. Von
ihnen unterscheidet sich Locke, wie nicht anders zu erwarten, durch
die grosse Zurückhaltung, die er der Thatfrage gegenüber einnimmt.
„Dass wir Ideen von Geistern haben, lässt uns noch nicht erkennen,
dass irgend ein Ding dieser Art ausser uns existirt, oder dass es
endliche Geister oder andere geistige Wesen ausser dem ewigen
Gotte gibt. Wir sind durch die Offenbarung und verschiedene andere
Gründe veranlasst, mit Sicherheit zu glauben, dass es solche
Geschöpfe gibt; aber da unsere Sinne nicht fähig sind, sie zu entdecken, so fehlen uns die Mittel, sie in ihrer besondern Seinsweise
zu kennen. Denn wir vermögen aus der Idee, die wir von solchen
Wesen in unserem Bewusstsein haben, ebensowenig zu erkennen,
dass es realiter existirende endliche Geister gibt, als jemand aus den
Ideen, die er von Feen oder Centauren hat, zu der Erkenntniss gelangen kann, dass diesen entsprechende Dinge in Wirklichkeit existiren."[3] Sicher ist die Existenz des unendlichen göttlichen Geistes;
darüber lässt Locke nirgendwo einen Zweifel[4]. Die Annahme, dass
das von Ewigkeit her bestehende Wesen Materie sein könne, gilt
ihm als in sich widersprechend[5]. Nicht so bestimmt lauten seine

---

[1] Worcester (l. c. p. 48) bemerkt: Locke has a great deal to say about
angels. They crop up indeed quite unexpectedly in the Essay and in various
other places in his writings.   [2] S. oben S. 121.   [3] Essay IV, 11, § 12.
[4] IV, 3, § 27; vgl. II, 23, § 19.   [5] IV, 3, § 6.

Aeusserungen in betreff der menschlichen Seele. Ausser Streit zwar
ist ihm zufolge, „dass wir in uns etwas haben, was denkt"[1]; und
wenn, wie er wiederholt einschärft, der Begriff des Geistigen überhaupt der Reflexion auf unsere eigenen seelischen Zustände und
Thätigkeiten seinen Ursprung verdankt, so scheint der Schluss auf
die Geistigkeit dieser unserer Seele unmittelbar nahegelegt, und ver-
schiedentlich wird denn auch bei der Erörterung über die geistigen
Wesen auf dieselbe Bezug genommen[2]. An jener bekannten Stelle
aber, welche Voltaire's übertriebenes Lob[3] und dafür anderwärts
nicht selten ebenso übertriebenen Tadel gefunden hat, führt Locke
aus, dass Gottes Allmacht die Fähigkeit, zu denken, auch einem
materiellen Systeme habe verleihen können[4]. Sehen wir indessen
hiervon ab und fragen wir nach der Realität etwaiger von der
Menschenseele einerseits und Gott andererseits verschiedener geistiger
Wesen, so hören wir an der zuvor mitgetheilten Stelle, dass uns
dieselbe in zuverlässiger Weise durch die Offenbarung verbürgt,
ausserdem aber auch durch Vernunftgründe wahrscheinlich gemacht
werde. Dass wir keine Ideen und keine Namen für verschiedene
Arten von Engeln oder intelligenten Wesen über uns haben, ist kein
Argument gegen ihre Existenz[5]; umgekehrt dagegen scheint die Einrichtung des Weltganzen dieselbe zu fordern. Es ist nicht unmöglich
sich vorzustellen, so führt Locke an einer Stelle des dritten Buches
aus, „noch ist es der Vernunft widersprechend, dass es viele Arten
von Geistern gibt, ebenso verschieden voneinander durch bestimmte
Eigenschaften — von denen wir freilich keine Ideen haben —, als
die Arten der sinnfälligen Dinge durch Eigenschaften unterschieden
sind, die wir kennen und an ihnen beobachten. Dass es sogar mehr
Arten von intelligenten Geschöpfen gibt, welche über uns stehen,
als sinnfällige und körperliche unter uns, erscheint deshalb wahrscheinlich, weil wir in der gesammten körperlichen Welt keine Lücken
und Spalten sehen. Abwärts von uns schreitet die Stufenleiter nur
ganz allmählich und in einer continuirlichen Reihe von Dingen voran,
welche sich auf den einzelnen Stufen nur ganz wenig voneinander
unterscheiden". Fliegende Fische einerseits und Wasservögel andererseits verbinden die Region der Luft mit der des Wassers; die Am-

---

[1] Essay IV, 3, § 6: It is past controversy that we have something in us
that thinks.

[2] An der vorige Anmerkung citirten Stelle und IV, 10, § 19.

[3] Vgl. den 13. Brief der Lettres sur les Anglais.

[4] Essay IV, 3, § 6.   [5] I, 4, § 9.

phibien bilden das Bindeglied zwischen den Wasserthieren und den Landthieren. „Das animalische und das vegetabilische Reich sind so enge miteinander verbunden, dass, wenn man das niederste Wesen des einen und das höchste des andern herausgreift, kaum ein bedeutender Unterschied bemerkbar ist. Und so finden wir ununterbrochen, bis wir zu den niedersten und am wenigsten organisirten Theilen der Materie gelangen, jederzeit die verschiedenen Arten aneinander angereiht und in fast unmerkbaren Graden voneinander unterschieden. Und wenn wir nun die unendliche Macht und Weisheit des Schöpfers betrachten, so haben wir Grund anzunehmen, es entspreche der wunderbaren Harmonie des Universums und den grossen Absichten wie der unendlichen Güte des Baumeisters, dass die Arten der Geschöpfe ebenso in sanften Stufen von uns aus aufwärts steigen zu seiner unendlichen Vollkommenheit hin, wie wir sie thatsächlich abwärts steigen sehen. Und ist dies wahrscheinlich, so haben wir weiter Grund überzeugt zu sein, dass es viel mehr Arten von Geistern über uns gibt als Geschöpfe unter uns, da wir an Graden der Vollkommenheit viel weiter von dem unendlichen Wesen Gottes entfernt sind als von der untersten und am meisten dem Nichts angenäherten Stufe des Seins." [1]

Welche Bedeutung aber diese Erwägung für Locke hat, erhellt vollständig erst aus dem Zusammenhange, in welchem er später, im sechzehnten Kapitel des vierten Buches, nochmals darauf zurückkommt. Dort ist die Rede von den Gründen und Graden der Wahrscheinlichkeit, mit denen wir uns begnügen müssen, aber auch vernünftigerweise begnügen können, wo ein wirkliches Wissen, d. h. ein Einblick in den nothwendigen Zusammenhang der Begriffe oder eine unmittelbare Erfahrung nicht mehr zu gewinnen ist. Verschiedene Gruppen von Erkenntnissobjecten werden aufgeführt, welche hierher gehören, die Existenz, Natur und Bethätigungsweise der immateriellen Wesen, Geister, Engel, Teufel, aber auch die von materiellen Dingen, welche wegen ihrer Kleinheit oder ihrer zu weiten Entfernung unserer Sinneswahrnehmung entzogen sind: sodann der eigentliche Hergang in den meisten Naturerscheinungen, bei denen wir zwar die Wirkungen sehen, die Ursachen aber uns unbekannt bleiben. Hierauf wird der Analogieschluss als das einzige Hilfsmittel bezeichnet, das uns auf diesen Gebieten zu mehr oder minder wahrscheinlichen Annahmen führen könne. „So be-

---

[1] Essay III, 6, § 12.

obachten wir, dass das blosse heftige Aneinanderreiben zweier
harter Körper Hitze hervorbringt, und wir haben darum Grund zu
der Annahme, dass, was wir Hitze und Feuer nennen, in einer hef-
tigen Bewegung der unmerkbar kleinen Theile des brennenden
Stoffes besteht. Oder wir beobachten, dass die verschiedenen Licht-
brechungen durchsichtiger Körper die verschiedenen Farbenerschei-
nungen in unseren Augen hervorrufen, und dass die verschiedene
Anordnung und Lage der Theile an der Oberfläche gewisser Körper,
wie Sammet, gewässerte Seide und dergleichen, dasselbe bewirken,
und wir halten es darum für wahrscheinlich, dass Farbe und Glanz
der Körper in ihnen selbst nichts ist als die verschiedene Zusammenordnung und Lichtbrechung ihrer kleinen unwahrnehmbaren Theile.
So finden wir in allen Theilen der Schöpfung, welche menschlicher
Beobachtung zugänglich sind, eine stufenweise Verknüpfung des
einen mit dem andern ohne grosse oder erkennbare Lücken zwischen
ihnen, so dass die grosse Mannigfaltigkeit der Dinge, die wir in der
Welt erblicken, so enge verbunden erscheint, dass es nicht leicht
ist, die Grenzen zu entdecken, welche die verschiedenen Ordnungen
von Wesen scheiden. Wir entnehmen daraus den Grund zu der
Ueberzeugung, dass die Dinge in eben solchen allmählichen Stufen
und Graden der Vollkommenheit aufwärts steigen... Indem wir
eine allmähliche Stufenfolge in den Theilen der Schöpfung beobachten, welche unterhalb des Menschen sind, so kann die Regel der
Analogie es wahrscheinlich machen, dass auch in den Dingen über
uns und jenseits unserer Beobachtung das gleiche Verhältniss statt-
findet, und dass es verschiedene Ordnungen von intelligenten Wesen
gibt, die uns in verschiedenen Graden der Vollkommenheit übertreffen und zu der unendlichen Vollkommenheit des Schöpfers empor-
steigen in Stufen und Unterschieden, von denen jedes einzelne Glied
nicht durch einen grossen Abstand von dem andern getrennt
wird." [1]

In dieser ganzen Erörterung interessirt hier einzig die Stellung,
welche Locke den Speculationen über die geistigen Wesen zuweist.
Sie erscheinen ihm wissenschaftlich gleichwerthig mit den theoretischen Vorstellungen, den Erklärungsversuchen und Hypothesen
der Naturforscher, und er macht keinerlei Vorbehalt, welcher
ihre Bedeutung irgendwie herabminderte. Demgemäss wird denn
auch im letzten Kapitel des Werkes, wo von der Eintheilung der

---

[1] Essay III, 6, § 12.

Wissenschaften die Rede ist und als Gegenstände der Naturphilosophie ganz allgemein die Dinge bezeichnet werden, „wie sie in
ihrem eigenthümlichen Wesen, ihren Constitutionen, Eigenschaften
und Thätigkeiten sind", ausdrücklich hinzugefügt, es sei hierbei nicht
nur an Materie und Körper zu denken, sondern auch an Geister,
„welche ganz ebensowohl ihre eigenthümlichen Naturen, Constitutionen und Thätigkeiten besitzen als die Körper" [1].

Noch mehr. Oben wurde erwähnt, dass namentlich More und
Glanvill durch den grossen Werth, den sie der Anerkennung einer
geistigen Realität beilegten, dazu verführt wurden, den Berichten
über Geistererscheinungen allzu bereitwillig Glauben zu schenken [2].
Dass Locke nicht gewillt war, ihnen hierin ohne weiteres zu folgen,
wurde bereits bemerkt und ist nach seiner ganzen Sinnesart nicht
anders zu erwarten. Aber er nimmt doch auch keineswegs von
vornherein eine schlechthin ablehnende Stellung allen derartigen
Berichten gegenüber ein, sondern er hält sie für hinreichend beachtenswerth, um gelegentlich eine Vermuthung über jene geistigen
Wesen daran zu knüpfen, die er zwar selbst als „extravagant" bezeichnet, die ihm aber in methodischer Hinsicht wichtig erscheint.

Wo die Rede davon ist, dass unsere erkennenden Fähigkeiten
bei aller Beschränktheit doch für die uns vorgezeichneten menschlichen Zwecke ausreichen und am besten unseren Gesammtverhält-
nissen entsprechen, wird die Frage erörtert, welche Steigerung oder
Bereicherung unserer Kenntnisse eine Veränderung unserer Organe
im Gefolge haben würde. Locke bittet um Erlaubniss, eine seltsame Vermuthung, die er hege, aussprechen zu dürfen. „Da wir
einigen Grund haben anzunehmen (wenn man dem Bericht über Dinge, von denen unsere Wissenschaft keine
Rechenschaft geben kann, irgend welchen Glauben beimessen will), dass Geister sich Körper von verschiedener Grösse, Gestalt und Zusammenfügung der Theile
beizulegen im Stande sind, so dürfte der grosse Vortheil, den

---

[1] Essay IV. 21. § 2: The knowledge of things, as they are in their own
proper beings, their constitutions, properties and operations, whereby I mean not
only matter and body, but spirits also, which have their proper natures, constitutions and operations as well as bodies. This, in a little more enlarged sense of
the word, I call φυσική, or natural philosophy. The end of this is bare speculative
truth, and whatsoever can afford the mind of man any such, falls under this
branch, whether it be God Himself, angels, spirits, bodies, or any of their affec-
tions, as number and figure etc.   [2] S. oben S. 122.

einige unter ihnen vor uns voraushaben, darin liegen, dass sie sich
Organe der Sensation und Perception zu bilden und zu gestalten
vermögen, welche ihrer jedesmaligen augenblicklichen Absicht und
den Verhältnissen der Objecte entsprechen, die sie betrachten wollen." [1]

Erinnert bereits dieser Gedanke an die Art und Weise, in der
sich More, insbesondere im Enchiridion Metaphysicum, mit den geistigen Substanzen beschäftigt hatte, so weist eine weitere Spur
deutlich auf seine und seiner Freunde literarische Gepflogenheit hin.
Locke legt, wie angegeben wurde, in der Regel keinen Werth darauf,
seine Ansichten durch die Anführung fremder Autoritäten zu stützen,
und von einem eingehenden Studium der ältern christlichen Literatur ist bei ihm nichts zu finden. In welchem Grade dagegen
beides bei den Platonikern von Cambridge der Fall war, ist früher
hervorgehoben worden. Um so mehr Beachtung verdient daher die
kurze Bemerkung, welche Locke jener Erörterung am Schlusse bei-
fügt: „Wenigstens braucht die Meinung, dass die Engel manchmal
Leiber annehmen, uns nicht zu schrecken, da einige von den ältesten und gelehrtesten Kirchenvätern zu glauben scheinen, dass dieselben Leiber haben." Hiermit kann man dann noch die Vermuthung zusammenhalten, welche Locke im weitern Verlaufe des Kapitels [2] ausspricht, „dass geschaffene Geister nicht völlig von der
Materie getrennt seien, weil sie nämlich zugleich activ und passiv
sind. Der reine Geist — fügt er hinzu —, nämlich Gott, ist nur
activ, die reine Materie nur passiv; jene Wesen sind beides, activ
und passiv, vermuthlich, um an beidem theilzunehmen" [3].

Wichtiger noch ist ein anderes. An der soeben besprochenen
Stelle fährt Locke weiter: „Sei dem wie immer, ich denke, wir
haben ebenso viele und klare Ideen in Bezug auf den Geist, als wir
in Bezug auf den Körper haben. Die Substanz ist uns bei beiden

---

[1] Essay II, 23, § 11.   [2] Ebend. § 28.

[3] Auch John Smith meint im IV. Discourse (l. c. p. 69): We shall take
the common distinction of all substantial being for granted, viz. that it is either
body, and so divisible, and of three dimensions; or else it is something which is
not properly a body or matter, and so has no such dimensions as that the parts
thereof should be crowding for place, and justling one with another, not being
all able to lodge together, or run one into another: and this is nothing else but
what is commonly called spirit. Though yet we will not be too critical in depri-
ving every thing which is not grossly corporeal of all kind of extension. — Mit
weitschweifiger Gelehrsamkeit wird die Frage von Cudworth im Syst. intell.
(cap. 5, sect. 3) behandelt. Insbesondere finden sich hier auch ausführliche Mittheilungen über die Ansichten der Kirchenväter.

unbekannt; die Idee des Denkens ist ebenso klar bei dem Geiste
als die der Ausdehnung bei dem Körper; die Mittheilung von Bewegung durch einen Act des Denkens, die wir dem Geiste zuschreiben, ist ebenso evident wie die durch Stoss, die wir dem
Körper zuschreiben. Constante Erfahrung lässt uns beides annehmen, obwohl unser beschränkter Verstand keines davon begreifen kann." [1]

Die Behauptung, dass unser Begriff von einer geistigen Substanz mindestens ebenso klar sei wie der einer körperlichen, spricht
er wiederholt aus. In § 22 wird eine Vergleichung ausdrücklich
zu dem Zwecke angestellt, um zu entscheiden, welche von beiden
Ideen grössere Dunkelheit einschliesst. „Ich weiss," sagt hier
Locke, „dass Leute, deren Gedanken in die Materie versenkt sind
und die so ihre Geister (minds) den Sinnen untergeordnet haben,
dass sie selten über etwas darüber Hinausliegendes nachdenken,
bereit sind zu sagen, dass sie ein denkendes Wesen nicht zu begreifen vermögen — was vielleicht auch wahr ist. Aber ich behaupte, wenn sie es recht erwägen, so können sie auch ein ausgedehntes Ding nicht begreifen." Zur Begründung wird ausgeführt,
dass wir die Substanz in dem einen Falle so wenig kennen wie in
dem andern, und das Wie bei der Ausdehnung ebensowenig als das
Wie bei dem Denken. Die Cohäsion der Theile ist nicht zu erklären. Will man sie aus dem Drucke ableiten, den der umgebende
Aether auf den festen Körper ausübt, so fragt es sich, worauf die
Cohäsion der Aethertheile beruhen soll. Aber jene Erklärung ist
überhaupt unmöglich. „Bei näherer Prüfung stellt sich die primäre
und vermeintlich am Tage liegende Qualität des Körpers als ebenso
unbegreiflich heraus wie irgend etwas, das sich auf unsere Seelen
bezieht; eine feste, ausgedehnte Substanz als ebenso schwer zu begreifen wie eine denkende, immaterielle, was immer für Schwierigkeiten einige dagegen erheben wollten." [2] Schliesslich heisst es:
„Wenn der Begriff des immateriellen Geistes vielleicht gewisse
Schwierigkeiten enthält, die nicht leicht gelöst werden können, so
haben wir deshalb nicht mehr Grund, die Existenz solcher Geister
zu läugnen oder zu bezweifeln, als wir Grund haben, die Existenz
des Körpers zu bezweifeln. Denn der Begriff des Körpers ist mit
einigen sehr grossen Schwierigkeiten behaftet, die vielleicht niemals
von uns erklärt oder verstanden werden können. Man möge in

---

[1] Essay II, 23, § 28.   [2] Ebend. § 26.

unserem Begriffe von Geist etwas anführen, was verwickelter und
dem Widerspruche näher wäre, als was eben der Begriff des
Körpers einschliesst: die unendliche Theilbarkeit und die begrenzte
Ausdehnung — was uns, ob wir es nun zugeben oder läugnen, zu
Consequenzen treibt, die unmöglich erklärt und auf in sich haltbare
Vorstellungen gebracht werden können. Consequenzen, die grössere
Schwierigkeit und mehr anscheinende Absurdität mit sich führen
als irgend etwas, was aus dem Begriffe einer immateriellen erkennenden Substanz folgen kann. . ." [1] „Wir haben hiernach ebenso-
viel Grund, uns bei unserem Begriffe des immateriellen Geistes zu
beruhigen, als bei unserem Begriffe vom Körper, und bei der Existenz
des einen ebensowohl als bei der des andern. Es ist kein grösserer
Widerspruch, dass das Denken getrennt und unabhängig von der
Materie existiren soll, als dass Festigkeit getrennt und unabhängig
vom Denken existiren soll; beides sind eben einfache und voneinander unabhängige Ideen. Und da wir in uns ebenso klare und
deutliche Ideen vom Denken wie von der Festigkeit besitzen, so
weiss ich nicht, warum wir nicht ebensogut zugeben können, dass
ein denkendes Ding ohne Festigkeit existirt, also ein immaterielles,
wie ein festes ohne Denken, also Materie, namentlich, da es nicht
schwieriger ist zu begreifen, wie Denken ohne Materie existiren, als
wie die Materie denken sollte." [2]

Diese Auseinandersetzung ist nicht mehr lediglich ein Zeugniss
für das bei einem Empiristen befremdliche Interesse, welches Locke
der Erörterung der geistigen Wesen entgegenbringt, sie enthält zwei
positive Behauptungen, welche für seinen philosophischen Standpunkt
von Wichtigkeit sind. Die erste besagt, mit einer deutlich erkenn-
baren polemischen Spitze: „Der Begriff des Geistigen enthält keinen
Widerspruch": die zweite: „Der Begriff des Körpers enthält mindestens ebenso grosse Schwierigkeiten als der des Körpers." Die
erste stellt sich in ausdrücklichen Gegensatz zu Hobbes, der im
zwölften Kapitel des Leviathan behauptet hatte, man könne zwar,
wenn man von Geistern im Sinne von unkörperlichen Substanzen
rede, Wörter von einander widersprechender Bedeutung zusammensetzen, niemals aber sich einen ihnen entsprechenden Begriff machen [3].
Mit der zweiten adoptirt er völlig die Argumentation More's, der
mit einer von Locke nicht übertroffenen Bestimmtheit
die Unerkennbarkeit der Substanz als solcher lehrt

———
[1] Essay II, 23, § 31.   [2] Ebend. § 32.   [3] S. oben S. 121 Anm. 3.

und im Zusammenhange damit behauptet. dass der Begriff des Geistes nicht schwieriger zu begreifen sei als
der irgend eines andern Dinges, und die vergleichs-
weise grössere Schwierigkeit im Begriffe der Materie,
ebenso wie Locke, aus der Theilbarkeit derselben ableitet[1].

Die Ausbeute, welche die Behandlung der geistigen Wesen bei
Locke für den Nachweis eines positiven Zusammenhanges mit der
Schule von Cambridge liefert, reicht indessen noch weiter. An den
bisher erörterten Stellen beruhten Locke's Aeusserungen über die
Menge und Vollkommenheit jener Wesen in erster Linie auf den
Berichten und Erwähnungen des Alten und Neuen Testaments. Das
öfters angeführte Argument aus der geordneten Stufenfolge des
Universums zeigt einen durchaus ursprünglichen Charakter, und es
ist kein Anlass. dasselbe aus fremden Quellen herzuleiten. Anders
dagegen steht es mit einem Ausdruck, welchen Locke an zwei zu-
sammengehörenden Stellen im dritten Kapitel des vierten Buches
kurz hintereinander gebraucht. Darin, so hören wir an der ersten

---

[1] Antidote against Atheism I, ch. 4, n. 2 (l. c. p. 14): If the difficulty of
framing a conception of a thing must take away the existence of the thing itself, there will be no such thing as a body left in the world, and then will all
be Spirit, or nothing. For who can frame so safe a notion of a body, as to free
himself from the intanglements that the extension thereof will bring along with
it? For this extended matter consists of either invisible points, or of particles
divisible in infinitum. Take which of these two you will (and you can find no
third), you will be wound into the most notorious absurdities that may be. — N. 3
(l. c. p. 15): For mine own part, I think the nature of a. Spirit is as conceivable
and easy to be defined as the nature of any thing else. For as for the very essence or bare substance of any thing whatsoever, he is a very novice in speculation that does not acknowledge that utterly unknowable; but for the essential
and inseparable properties, they are as intelligible and explicable in a Spirit as
in any other subject whatsoever. — Immortality of the soul I, ch. 2, axiome 8 (l. c.
p. 19): The subject or nacked essence or substance of a thing is utterly unconceivable to any of our faculties. For the evidencing of this truth there needs
nothing more than a silent appeal to a man's own mind, if he does not find it so;
and that if he takes away all aptitudes, operations, properties and modifications
from a subject, that his conception thereof vanishes into nothing, but into the
idea of a mere undiversificated substance; so that one substance is not then di-
stinguishable from an other, but onely from accidents or modes, to which properly belongs no subsistence. Ch. 3 n. 2 (l. c. p. 21): I appeal to any man that
can set aside prejudice, and has the free use of his faculties, whether every term
in the definition of a Spirit be not as intelligible and congruous to reason, as in
that of a body. Cfr. ch. 6, n. 5.

derselben, „sind die intellectuelle und die sensible Welt
— the intellectual and sensible world — völlig gleich, dass bei beiden der Theil, welchen wir sehen (um den wir wissen), nicht im
Verhältniss steht zu dem, welchen wir nicht sehen" [1]. Ausführlicher
besagt die zweite: „Wir ersehen hieraus auf den ersten Blick, wie
wenig unsere Erkenntniss im Verhältniss steht zu dem gesammten
Umfange der materiellen Dinge. Erwägen wir dazu noch die unendliche Zahl von Geistern, welche möglich, vermuthlich sogar
wirklich sind, von unserer Erkenntniss aber noch weiter abliegen,
von denen wir keine Kunde haben und von deren verschiedenen Ordnungen und Arten wir uns keine deutlichen Ideen bilden können,
so werden wir finden, dass dieser Grund der Unwissenheit uns fast
die ganze intellectuelle Welt in einem undurchdringlichen
Dunkel verbirgt, eine Welt, die sicher grösser und schöner
ist als die materielle." [2]

Man wird ohne weiteres zugestehen, dass die Erwähnung der
„intellectuellen Welt" Erinnerungen wachruft, welche weit von dem
empiristischen oder sensualistischen Gedankengange abführen, von
welchem man Locke nicht selten ausschliesslich geleitet glaubt. Bei
der Ausbildung des Begriffes vom κόσμος νοητός hatten die platonische
Ideenlehre, die stoische Lehre von den in der Welt wirkenden vernünftigen Kräften und die alttestamentliche Engellehre zusammen-
gewirkt. Von Philo mochte ihn Clemens Alexandrinus übernommen
haben, um ihn bereits in jener frühen Periode der christlichen
Speculation zuzuführen [3]. Seine eigentliche Bedeutung aber hatte
er im Neuplatonismus gefunden. Die Schönheit der intelligibeln
Welt war von Plotin in einer eigenen Schrift gefeiert worden [4].
Dem christlichen Aristotelismus dagegen war der Begriff fremd, und
zu denen der überlieferten Schulphilosophie gehört er nicht; den unkritischen Erneuerern des Platonismus aber lag es um so näher,
auch ihn zu erneuern, je wichtiger es ihnen war, der materialistischen Läugnung die Anerkennung geistiger Realitäten entgegenzu-
stellen. Wenn somit Locke sich wiederholt seiner bedient, so könnte
man darin einen Anklang an diejenigen Bestrebungen der Männer

---

[1] Essay II, 23, § 23.
[2] Ebend. § 27; vgl. § 30. Eine Erwähnung der intellectual world auch II.
12, § 1.
[3] Stromata V, 14, 94, p. 253 Sylb.
[4] Zeller, Philosophie der Griechen V (3), 530 ff. 532 mit Anm. 6. Vgl.
S. 362 mit Anm. 5 und 8.

von Cambridge erblicken, mit welchen er sonst am wenigsten gemein hatte, an ihren Platonismus.

Aber jene ganze Stelle, an der der Ausdruck sich findet, verdient Beachtung. Das dritte Kapitel des vierten Buches handelt von dem Umfange unserer Erkenntniss. In systematischem Fortschritt werden die Grenzen festgestellt, welche sich daraus ergeben, dass unsere Erkenntniss nicht weiter reichen kann, als wir erstens Ideen besitzen und zweitens die zwischen den Ideen bestehenden Uebereinstimmungen und Nichtübereinstimmungen wahrnehmen. Da diese Wahrnehmung entweder auf Intuition oder auf Demonstration oder auf Sensation beruht, so ergeben sich weiterhin Schranken aus der in der Natur der Dinge begründeten Enge des Bereiches, in welchem Intuition möglich ist, aus dem Mangel an den erforderlichen Gliedern und Mitteln der Demonstration, endlich aus der geringen Tragweite unserer Sinne, und es zeigt sich somit, dass der Umfang unserer Erkenntniss noch enger ist als der Umfang unserer Ideen. Mit § 7 beginnt eine zweite Betrachtung, welche eine positive Ergänzung der ersten bringt. Es soll untersucht werden, welcherlei Beziehungen zwischen Ideen wir zu erfassen vermögen, unter Zugrundelegung der vier Gesichtspunkte: Identität, Coexistenz, Relation und reale Existenz. Die Untersuchung findet ihren Abschluss in § 21, welcher die bekannte Aufstellung enthält, dass wir von unserer eigenen Existenz eine intuitive, von der Existenz Gottes eine demonstrative, von der der übrigen Dinge nur eine sensitive Erkenntniss besitzen.

In § 22 hebt jedoch die Untersuchung abermals an: „Da unsere Erkenntniss so beschränkt ist, wie ich gezeigt habe, so wird es vielleicht einiges Licht bezüglich des gegenwärtigen Zustandes unseres Geistes geben, wenn wir ein wenig nach der dunkeln Seite schauen und unsere Unwissenheit in Augenschein nehmen [1]. Da dieselbe unendlich grösser ist als unsere Erkenntniss, so mag dies zur Beseitigung des Wortstreites und zur Bereicherung nützlicher Kenntnisse dienen, wenn wir nach gewonnener Einsicht, wie weit wir klare und deutliche Ideen besitzen, unsere Gedanken auf die Betrachtung derjenigen Dinge beschränken, welche innerhalb des Bereiches unseres Erkenntnissvermögens liegen, und nicht in der anmasslichen Meinung, dass nichts über unsere Fassungskraft hinausgehe, in den dunkeln Abgrund stürzen, wo wir weder Augen haben, zu sehen, noch Ver-

---

[1] .. if we look a little into the dark side, and take a view of our ignorance.

mögen, irgend etwas wahrzunehmen. Um sich von der Thorheit
eines solchen Unterfangens zu überzeugen, braucht man nicht weit
zu gehen. Wer überhaupt etwas weiss, weiss dies vor allem, dass
er nicht nöthig hat, lange nach Beweisen seiner Unwissenheit zu
suchen. Die geringfügigsten und alltäglichsten Dinge, die in unsern
Weg kommen, haben dunkle Seiten, in welche der schärfste Blick
nicht einzudringen vermag. Der klarste und umfassendste Verstand
denkender Menschen wird durch jedes Theilchen Materie verwirrt
und in Verlegenheit gesetzt [1]. Wir werden uns um so weniger
wundern, dies so zu finden, wenn wir die Gründe unserer Unwissenheit erwägen, als welche nach dem Gesagten hauptsächlich drei er-
funden werden: Mangel an Ideen, Mangel an erkennbarer Verknüpfung
zwischen den in unserem Besitz befindlichen Ideen, endlich Mangel
an Entwicklung (tracing) und Prüfung unserer Ideen" — was dann
im folgenden näher ausgeführt wird. Hiervon war nun aber bereits
im Anfang des Kapitels die Rede gewesen, und so scheint eine jener
Wiederholungen vorzuliegen, an denen im Essay kein Mangel ist
und die auch bei der Art und Weise, wie er zu stande kam, der
häufigen Unterbrechung und gelegentlichen Wiederaufnahme der Arbeit nicht verwundern können. In dem vorliegenden Falle aber ist
es vielleicht möglich anzugeben, woher Locke die Anregung kam,
der bereits zum Abschlusse gebrachten systematischen Untersuchung
einen Paragraphen anzuhängen, welcher durch den Gang derselben
nicht geboten war und ihren hauptsächlichsten Gedanken und Ergebnissen nichts Neues hinzufügt.

Der Paragraph liest sich wie eine Reminiscenz aus Glanvills
Scepsis scientifica. Klingt schon vielleicht der vollständige Titel des
Buches [2] in den angeführten Worten nach, so noch deutlicher, was
daselbst sogleich in der Einleitung als Ziel und Weg der Erörterung
angegeben wird. Den zuversichtlichen Behauptungen eines anmassen-
den Dogmatismus will der Verfasser jene Zurückhaltung gegenüber-
stellen, welche allein Aussicht auf wirklich erspriessliche Bereicherung unseres Wissens gibt, zugleich aber auch allein der Beschränktheit unseres Erkenntnissvermögens entspricht. Gerade die scheinbar

---

[1] He that knows any thing, knows this in the first place, that he need not
seek long for instances of his ignorance. *The meanest and most obvious things
that come in our way have dark sides, that the quickest sight cannot penetrate into.
The clearest and most enlarged understandings of thinking men find themselves puzzled
and at a loss, in every particle of matter.*

[2] S. oben S. 147, Anm. 1.

einfachsten und gewöhnlichsten Dinge gehen völlig über unsern Horizont hinaus [1].

Nicht minder auffällig sind die Anklänge in den folgenden Paragraphen, in denen die nochmals aufgenommene Untersuchung weitergeführt wird. Zugleich aber lässt sich der Abstand erkennen, welcher den nüchternen und verständigen Locke von Glanvills unreifem Wesen trennt. Die Ausführungen des letztern stehen untereinander in ziemlich losem Zusammenhange. Wo er nicht, was häufig der Fall ist, sich in rhetorischen Declamationen ergeht, hält er mit Vorliebe den von ihm bekämpften Dogmatisten einzelne wirklich oder vermeintlich unlösbare Probleme vor, seltener grundsätzliche Erwägungen. Nach beiden Richtungen lassen sich Spuren einer Einwirkung auf Locke erkennen. Um uns den engen Umfang unserer Ideen zu veranschaulichen, verweist dieser auf den weit grössern, über welchen möglicherweise andere Geschöpfe in anderen Theilen des Universums verfügen, unterstützt durch Sinne und Kräfte, welche weit vollkommener sind als die unseren. „Wer die unendliche Macht, Weisheit und Güte des Schöpfers aller Dinge betrachtet, wird Grund zu dem Gedanken finden, dass dieselbe nicht ausschliesslich auf ein so unbedeutendes, niedriges und schwaches Geschöpf wie den Menschen verwandt wurde, welcher aller Wahrscheinlichkeit nach das niedrigste aller denkenden Wesen ist." [2] — Aehnlich stellt Glanvill unserer Unzulänglichkeit die weit umfassendere Einsicht der Engel gegenüber. Was reinen Geistern leicht wäre, ist uns, die wir an den Körper gebunden sind, schwer [3].

Unter den Beispielen für jene Art der Unwissenheit, welche aus mangelnder Einsicht in die zwischen unseren Ideen bestehenden Beziehungen entspringt, führt Locke die Einwirkung der äusseren Bewegungsvorgänge auf uns in der Sinneswahrnehmung und ebenso den bewegenden Einfluss der Seele auf den Leib an. Es ist offenbar, heisst es bei ihm [4], „dass Grösse, Gestalt und Bewegung der

---

[1] Whatever I look upon within the amplitude of heaven and earth, is evidence of human ignorance; *for all things are a great darkness to us, and we are so unto our selves: the plainest things are as obscure as the most confessedly mysterious; and the plants we tread on, are as much above us, as the stars and heavens.* The things that touch us are as distant from us, as the pole; and we are as much strangers to our selves, as to the inhabitants of America. On review of which, me thinks, I should begin anew to describe the poverty of our intellectual acquisitions and the vanity of bold opinion.

[2] Essay II, 23, § 23. [3] S. oben S. 149, Anm. 2. [4] Essay II, 23, § 28.

uns umgebenden Körper in uns verschiedene Sinnesempfindungen bewirken, wie die von Farben, Tönen, Geschmäcken und Gerüchen,
von Vergnügen und Schmerz u. s. w. Diese mechanischen Affectionen
von Körpern haben schlechterdings keine Verwandtschaft mit den
Ideen, die sie in uns hervorbringen (denn es besteht kein erkennbarer Zusammenhang zwischen einem Stoss von irgend einer Art
Körper und der Empfindung einer Farbe oder eines Geruches, die
wir in unseren Seelen finden), und so können wir auch von solchen
Wirkungen, unabhängig von unseren Erfahrungen, keine Kenntniss
haben und nicht anders darüber philosophiren als über Wirkungen,
hervorgebracht durch die Einrichtung eines unendlich weisen Urhebers, welche unsere Fassungskraft vollkommen übersteigt. Wie
wir die Ideen der sensibeln secundären Qualitäten, die wir in unserem
Bewusstsein haben, in keiner Weise von körperlichen Ursachen ableiten können, noch auch eine Correspondenz oder einen Zusammenhang zwischen ihnen und jenen primären Qualitäten aufzufinden im
Stande sind, welche sie, wie die Erfahrung zeigt, in uns hervorrufen,
so ist auf der andern Seite auch die Einwirkung unserer Seele auf
unsern Körper ebenso unbegreiflich.“ — Die gleichen Punkte hatte
Glanvill mit besonderem Nachdruck als Belege unserer Unwissenheit
geltend gemacht[1], und auch er bemerkt bereits, dass Hitze, Kälte
und die verwandten Qualitäten nicht etwas bezeichnen, was sich in
dieser Weise in den Körpern fände, sondern direct nur die leidenden
Zustände in uns[2]. Dabei ist es für die Geschichte der Philosophie
beachtenswerth, dass er die hier vorgetragene Lehre als eine von
der allgemeinen durchaus abweichende bezeichnet.

　　Im folgenden Paragraphen verallgemeinert Locke das Problem.
„Der Zusammenhang und die Continuität der Theile der Materie,
das Hervorbringen von Empfindungen der Farben und Töne in uns
durch Stoss und Bewegung, ja sogar die eigenen Gesetze und die

---

[1] Scepsis scientifica ch. 2: The dogmatist knows not how he stirs his finger,
nor by what act or method he directs his tongue in articulating sounds into voyces.
Ch. 5: We can give no account of the manner of sensation. . . How the soul by
mutation made in matter, a substance of another kind, should be excited to action,
and how bodily alterations and motions should concern that which is subject to
neither, is a difficulty, which confidence may sooner triumph on, than conquer.
Cfr. ch. 12, p. 64.

[2] Ibid. ch. 12, p. 65: What we term heat and cold and other qualities, are
not properly, according to philosophical rigour, in the bodies, their efficients, but
are rather names expressing our passions, and therefore not strictly attributable
to any thing without us.

Mittheilung der Bewegung sind Dinge, in denen wir keinen natürlichen Zusammenhang mit einer der in unserem Besitz befindlichen Ideen erblicken und die wir darum lediglich der Willkür und dem Wohlgefallen des weisen Baumeisters zuschreiben können. Es ist wohl nicht nöthig, hier die Auferstehung der Todten, die zukünftige Beschaffenheit unserer Erde und andere Dinge dieser Art zu erwähnen, von denen jeder anerkennt, dass sie gänzlich von der Anordnung eines freien Urhebers abhängen. Von den Dingen, die, soweit unsere Beobachtung reicht, constant in regelmässigem Verlaufe betroffen werden, mögen wir schliessen, dass sie nach einem ihnen vorgezeichneten Gesetze thätig sind, einem Gesetze jedoch, das wir nicht kennen. Deshalb können wir, obgleich Ursachen stetig wirken und Wirkungen constant aus ihnen fliessen, dennoch, weil ihre Zusammenhänge und gegenseitigen Abhängigkeiten sich nicht in unseren Ideen entdecken lassen, nur eine erfahrungsmässige Kenntniss von ihnen haben. Von alledem ist es leicht zu entnehmen, in welche Dunkelheit wir eingehüllt sind und wie wenig es ist, was wir von dem Seienden und den vorhandenen Dingen zu erkennen fähig sind. Und deshalb werden wir unserer Erkenntniss kein Unrecht thun, wenn wir bescheidentlich bei uns selbst denken, dass wir so weit von der Fähigkeit entfernt sind, die gesammte Natur des Universums und all die Dinge, die in ihm enthalten sind, begreifen zu können, dass wir einer philosophischen Erkenntniss der Körper, die uns umgeben oder einen Theil von uns bilden, nicht fähig sind."

Was Locke hier unter philosophischer Erkenntniss versteht, ist früher ausführlich erörtert worden[1]. Es ist eine Erkenntniss, bei der wir, ohne an die jedesmalige Einzelerfahrung gebunden zu sein, aus den klar und deutlich erkannten Begriffen die nothwendigen Zusammenhänge erfassen. Hätten wir eine solche Erkenntniss von der Natur, so müssten wir einsehen, weshalb ein bestimmtes Ding oder Ereigniss als die Ursache ein anderes bestimmtes Ding oder Ereigniss als seine Wirkung nach sich ziehe; wir könnten vor aller den Zusammenhang bestätigenden Erfahrung die Ursachen nach vorwärts in ihre Wirkungen, die Wirkungen nach rückwärts in ihre Ursachen verfolgen. In Wahrheit aber kann davon keine Rede sein, vielmehr ist es nur die Erfahrung, die uns eine constante Verknüpfung der Ereignisse zeigt. Es bleibt uns nur übrig, darin eine von dem Schöpfer getroffene Einrichtung zu erblicken: von einem

---

[1] S. oben S. 78 ff.

innerlichen und nothwendigen Zusammenhang wissen wir nichts.
Den Gegensatz hierzu, dessen auch Locke an der Stelle ausdrück-
lich erwähnt, bildet die mathematische Erkenntniss. Die Summe
der Winkel eines geradlinigen Dreiecks muss gleich sein zwei
Rechten; keine Willkürmacht vermag dies zu ändern, jedes andere
Verhalten ist unmöglich [1].

Was Locke in Bezug auf die Dinge und Vorgänge der Natur
philosophische Erkenntniss nennt, nennt Glanvill Wissenschaft im
Sinne der Dogmatisten. Er definirt sie als „Erkenntniss der Dinge
in ihren wahren, unmittelbaren, nothwendigen Ursachen [2] und schickt
sich an, den Nachweis zu erbringen, dass es für uns eine solche
nicht gibt. Zweierlei wird geltend gemacht: erstens, dass wir kein
anderes Mittel haben, ein Ding als die Ursache eines andern zu erkennen, als dass das eine stets von dem andern begleitet wird, eine
Erkenntniss, die auf einer keineswegs untrüglichen Schlussfolgerung
beruht; zweitens, dass ein Beweis und ein zweifelloses Wissen nur
da vorhanden ist, wo man ein gegentheiliges Verhalten als unmöglich erkannt hat, eine Erkenntniss, die uns kaum irgendwo zu theil
wird. Die nähere Erörterung führt auf den tiefsten Punkt des Problems. „Alle Erkenntniss von Ursachen ist abgeleitet, denn wir
kennen keine durch einfache Anschauung, sondern nur durch Vermittlung der Wirkungen. Wir können also von keinem Dinge anders-
woher schliessen, dass es die Ursache von einem andern ist, als
daraus, dass es dasselbe beständig begleitet; denn die Ursächlichkeit
selbst ist nicht sinnlich wahrnehmbar. Nun aber aus einer Beglei-
tung eine Ursächlichkeit zu folgern, ist nicht unfehlbar beweisend,
ja es liegt sogar auf diesem Wege offenbare Täuschung." [3] Hätten
wir beispielsweise nie einen hellen Himmel und nie die kleineren
Himmelslichter gesehen, dagegen stets wahrgenommen, dass das
Ende des Tages von Wind begleitet war, würden wir dann nicht
den als einen offenbaren Sceptiker bezeichnet haben, welcher geläugnet hätte, dass zwischen dem Aufhören des Tages und dem Erheben des Windes ein causaler Zusammenhang stattfinde? [4]

---

[1] Essay II, 23, § 29: The idea of a right-lined triangle necessarily carries
within it an equality of its angles to two right ones. Nor can we conceive this
relation, this connection of these two ideas to be possibly mutable, or to depend
on any arbitrary power, which of choice made it thus, or could make it otherwise. But the coherence and continuity of the parts of matter etc.

[2] Scepsis scientifica p. 142; oben S. 148 mit Anm. 4.

[3] Oben S. 148 mit Anm. 5.

[4] For suppose, for instance, we had never seen more sun, than in a cloudy

Wegen dieser Aeusserungen ist Glanvill wohl als Vorläufer Hume's bezeichnet worden, und wenn nach dem Vorangehenden angenommen werden darf, dass Locke die Scepsis scientifica kannte und von ihr angeregt oder beeinflusst war, so könnte man sagen, dass Glanvill die Consequenzen aus Locke's Standpunkt an dieser Stelle schärfer gezogen habe als Locke selbst.

Dass der letztere die Schwierigkeiten im Begriffe der Causalität nicht völlig gewürdigt habe, ist längst hervorgehoben und nicht zu bestreiten. Aber ein Umstand darf hier nicht übersehen werden. An der jetzt der Erörterung unterliegenden Stelle handelt es sich nicht mehr um den Ursprung des Begriffs der Causalität, sondern um die Einsicht, dass es eine apriorische Erkenntniss des im einzelnen zwischen bestimmten Dingen bestehenden Causalzusammenhanges nicht gebe. Diese Wahrheit bleibt bestehen, ob man nun mit Hume den Causalbegriff förmlich streicht, ob man ihn wie Locke der innern Erfahrung ohne weiteres glaubt entnehmen zu können, ob man in ihm nur den Ausdruck einer gesetzlichen Function unseres Denkens erblickt oder dem letztern die Fähigkeit zuschreibt, in und mit der sinnlichen Erfahrung den Begriff des Ursacheseins als einen Begriff von objectivem Gehalte zu erfassen. Diese Wahrheit bezeichnet für Locke wie für Glanvill eine Schranke unseres Erkennens. Indem er sie als solche geltend macht und sie zugleich auf den allgemeinen Satz zurückführt, dass eine streng wissenschaftliche Erkenntniss überall da versagt, wo wir keine gegenseitigen Beziehungen zwischen unseren Ideen entdecken, unterlässt er es, seine Ableitung des Begriffs der Ursache einer nochmaligen Prüfung zu unterwerfen, wofür ihm möglicherweise jene Stelle bei Glanvill die Veranlassung hätte bieten können — wenn er sie freilich auch nicht, wie wir heutzutage, in dem nachträglich darauffallenden Lichte der Hume'schen Untersuchung erblicken konnte.

Die dritte Quelle unserer Unwissenheit sollte die ungenügende Erforschung und Prüfung unserer Ideen sein. Man erkennt alsbald, dass hier nicht, wie bei den beiden ersten, eine ein für allemal allen Menschen gleichmässig gesetzte Schranke aufgezeigt wird, sondern nur ein Hinderniss, welches sich dem möglichen Fortschritte der Wissenschaft je nach dem in grösserer oder geringerer Stärke ent-

---

day; and that the lesser lights had never appeared: let us suppose the day had always broke with a wind, and has proportionably varied, as that did: had not he been a notorious sceptick, that should question the causality?

gegenzustellen pflegt. Eben darum konnte auch in den ersten grundsätzlichen Abschnitten des Kapitels hiervon nicht die Rede sein, und
der Eindruck bestätigt sich, dass wir in den §§ 21—30 einen nachträglich hinzugefügten, durch eine äussere Anregung veranlassten
Excurs vor uns haben. Nach der kurzen Bemerkung, dass die Unwissenheit in der Mathematik bei vielen nicht auf dem Mangel an
Fähigkeit, sondern auf dem Mangel einer sorgfältigen Prüfung ihrer
Ideen zum Zwecke der Aufsuchung der erforderlichen Beweismittel
beruhe, wird der schlechte Gebrauch der Worte als dasjenige bezeichnet, was ganz besonders von der Prüfung der Begriffe abzuhalten·
pflege. „Es ist unmöglich, dass die Menschen jemals die Uebereinstimmung oder Nichtübereinstimmung der Ideen selbst wahrhaft
aufsuchen oder mit Sicherheit entdecken werden, solange ihre Gedanken umherflattern oder ausschliesslich an Lauten und zweifel-
haften und ungewissen Bezeichnungen haften. Die Mathematiker
sehen in ihren Gedanken von den Namen ab und gewöhnen sich,
die Ideen selbst, die sie betrachten wollen, ihrem Geiste vorzustellen
und nicht blosse Töne an ihrer Statt, und sie haben dadurch einen
grossen Theil jener Verwicklung, jenes Lärms und jener Confusion
vermieden, welche auf anderen Gebieten der Erkenntniss so sehr
den Fortschritt der Menschheit aufgehalten haben."

Auch hier konnte das Buch Glanvills den Anlass geben, das
anderwärts bereits genugsam behandelte Thema — das ganze dritte
Buch ist damit angefüllt — nochmals in diesem Zusammenhange
zu berühren. Dass bei Glanvill der Gegensatz gegen die überlieferte
peripatetisch-scholastische Schulphilosophie in grösserer Schärfe her-
vortrete, ist oben erwähnt worden [1]. Fünf Kapitel sind ihrer Bekämpfung gewidmet. Unter den dagegen erhobenen Anklagen stehen
die beiden, dass sie sich überwiegend mit Worten befasse und in
einer streitsüchtigen Disputirkunst aufgehe, an erster Stelle [2]. Wir
können, so lesen wir in diesem Zusammenhange, „mit Sicherheit
keine Schlüsse ziehen, ausser aus klar erkannten Prämissen, und
diese können nicht so erkannt werden, ausser mittels deutlicher Erfassung der Worte, welche ihre Bestandtheile bilden. Wo also diese
unsicher oder zweideutig sind, müssen auch unsere Behauptungen

---

[1] S. 150.
[2] Scepsis scientifica p. 111 werden sechs Vorwürfe gegen die Aristotelische
Philosophie erhoben: 1. that it is merely verbal and 2. litigious. That 3. it gives·
no account of phænomena, nor 4. doth it make any discoveries for the use of
common life. That 5. it is inconsistent with Divinity and 6. with it self.

ebenso sein, und mit unseren Folgerungen kann es nicht besser
stehen. **Einer der Gründe für die unbestrittene Gewissheit der mathematischen Wissenschaften ist daher,
dass sie auf klaren und feststehenden Bedeutungen
von Namen aufgebaut sind, welche keine Zweideutig-
keit oder nichtssagende Dunkelheit zulassen.** Mit der
Aristotelischen Philosophie steht es dagegen ganz anders."[1] Dieselbe hat sich eben darum auch unfähig zu neuen Entdeckungen
erwiesen[2].

Aber die Spuren einer inhaltlichen Berührung der im Essay vor-
getragenen Ansichten mit Aeusserungen Glanvills reichen noch über
die bisher ausschliesslich erörterte Stelle hinaus. Es mag Zufall
sein, dass zwei von den drei Beispielen leerer und nichtssagender
Definitionen, welche Locke im vierten Kapitel des dritten Buches anführt[3], die der Bewegung und des Lichtes, auch bei Glanvill als
Belege unnützen Schulgeschwätzes stehen[4]. Grössere Beachtung verdient jedenfalls, wenn unter den Gründen, welche eine wissenschaftliche Erkenntniss der Dinge aus ihren Ursachen verhindern, von ihm
die durchgängige Verknüpftheit der Dinge untereinander aufgeführt
wird. Bei der Verbindung und Vermischung der vielen und verschiedenartigen Dinge miteinander und untereinander könne sich
niemand vermessen, die genauen Gründe jedes einzelnen Ereignisses mit Bestimmtheit anzugeben[5]. — Locke hat diesen Gedanken
aufgegriffen und im sechsten Kapitel des vierten Buches nachdrücklich und allseitig entwickelt[6]. — Das grösste Gewicht aber möchte
vielleicht auf die Uebereinstimmung der beiden Männer in betreff
der Mathematik zu legen sein. Für Glanvill wie für Locke ist sie
Muster und Vorbild wissenschaftlicher Gewissheit, für beide aber

---

[1] P. 119: We cannot conclude with assurance, but from clearly apprehended
premises; and these cannot be so conceived, but by a distinct comprehension of
the words out of which they are elemented, so that where these are unfixed or
ambiguous, our propositions must be so, and our deductions can be no better.
One reason therefore of the uncontroverted certainty of mathematical science is,
because it is built upon clear and settled significations of names, which admit of
no ambiguity or insignificant obscurity. But the Aristotelian philosophy is quite
otherwise. . .

[2] Ch. 21: Aristotelian philosophy inept for new discoveries . . . P. 133:
. . . We expect greater things from neoterick endeavours. The Cartesian philosophy in this regard hath shewn the world the way to be happy.

[3] Essay III, 4, §§ 8. 9.   [4] Scepsis scientifica p. 114. 115.

[5] S. oben S. 149.   [6] S. oben S. 43 ff.

14*

mindert sich ihr Werth um deswillen, weil ihnen die Gegenstände
der mathematischen Erkenntniss lediglich als Gebilde unserer subjectiven Denkthätigkeit gelten. An einer oben schon angeführten
Stelle warnt Glanvill vor einer Ueberschätzung ihrer Tragweite:
„Was sie uns kennen lehrt, sind nur Zahlen und Figuren, Dinge,
die wir selbst hervorgebracht haben; über die Werke unseres Schöpfers
aber lässt sie uns in Unwissenheit." [1]

Im vorangehenden wurde das Ziel verfolgt, einen Zusammenhang zwischen Locke und der Schule von Cambridge wahrscheinlich
zu machen. Zu diesem Ende sind die zahlreichen persönlichen Beziehungen hervorgehoben worden, die ihn mit hervorragenden Gliedern ihres engern und weitern Kreises verbanden, und die vielfachen
Berührungspunkte seiner religiösen Anschauungen mit den ihren.
Sodann wurde gezeigt, dass nicht nur charakteristische Lehren der
Schule im Essay eine mehr oder minder ausdrückliche Erwähnung
finden, sondern dass auch einzelne Ansichten, welche Locke daselbst
in eigenem Namen vorträgt, ebenso von Vertretern jener Schule
ausgesprochen worden waren. Damit ist die Grundlage gewonnen,
von der aus ein weiterer Schritt gewagt werden darf. Bisher handelte es sich um ein Zusammentreffen in Detailbestimmungen. Nunmehr soll gezeigt werden, dass Locke an einem entscheidenden Punkte
seines Denkens von jener Seite her in massgebender und folgen-
reicher Weise beeinflusst worden ist.

Die Untersuchung des ersten Kapitels hat herausgestellt, dass
der philosophische Gedankenzusammenhang Locke's kein einheitlicher
ist, sondern in ihm zwei verschiedene Tendenzen. die empiristische
und die entgegengesetzte intellectualistische oder rationalistische,
nebeneinander und gegeneinander gehen. Nimmt man an, worauf
später zurückzukommen ist, dass die empiristische diejenige war,
die ihn ursprünglich in der Erörterung philosophischer Probleme
leitete, so erhebt sich die Frage nach dem Ursprunge jener andern,
der ersten entgegenlaufenden. Wie sich gezeigt hat, findet dieselbe
ihren deutlichsten Ausdruck in der Stellung zu dem theologischen
Grundproblem, und so könnte man die Meinung hegen, dass lediglich die anerzogenen oder im Glauben aufgenommenen religiösen
Ueberzeugungen für die rationalistische Gedankenreihe Antrieb und
Ausgang geboten hätten. Stand ihm die Anerkenntniss der Existenz

---

[1] S. oben S. 152 mit Anm. 2.

Gottes von vornherein fest und wollte er dann nachträglich den
Weg bezeichnen, auf welchem der menschliche Geist zu derselben
gelangt, so musste er selbstverständlich eine Richtung einschlagen,
welche von der des Empirismus weitab lag. Das blosse Vorhandensein rationalistischer Elemente in dem Gesammtzusammenhange seiner
Gedanken bedurfte alsdann einer weitern Erklärung nicht. Anders
ist es aber, wenn diese Elemente eine bestimmte eigenartige Gestalt
aufweisen, welche aus ihrer Natur und der Aufgabe, die sie erfüllen
sollen, allein noch nicht folgt. Alsdann ergibt sich die Frage, was
den Empiristen veranlasste, die als nothwendig befundene Ergänzung
seiner erkenntnisstheoretischen Annahmen in dieser besondern Form
und Fassung zu suchen. Und wenn sich nun zeigen lässt, dass eben
diese Form und Fassung für den Kreis von Denkern charakteristisch
ist, mit welchem Locke in vielfacher, theilweise enger Berührung
stand, so wird der Schluss die grösste Wahrscheinlichkeit besitzen,
dass er von ihnen jene Elemente übernommen habe, welche seiner
empiristischen Grundansicht widerstreiten und aus seiner religiösen
Ueberzeugung allein nicht ableitbar sind.

Der am meisten charakteristische Zug in Locke's Rationalismus
ist früher ausführlich erörtert worden. Eine von der Bestätigung
durch die Einzelerfahrung unabhängige, die Grenzen möglicher Erfahrung überspringende, allgemein giltige und gewisse Erkenntniss
soll sich da finden, wo wir Einsicht haben in das zwischen unseren
Ideen bestehende und mit ihnen gegebene Verhältniss[1]. Die Wahrnehmung blosser Identität oder Verschiedenheit unserer Ideen kann
niemals eine Erweiterung unseres Wissens bringen; die Coexistenz
derselben lässt sich nur aus der Erfahrung · entnehmen und nur
innerhalb der Grenzen des wirklich Erfahrenen mit Sicherheit behaupten. Verschieden von beiden ist der in der Natur der Ideen
begründete und von ihr unabtrennbare Hinweis der einen auf die
andere, eine Beziehung von positivem Inhalt, welche wir entweder
sofort durch Intuition erfassen oder mit Hilfe scharfsinnig erdachter
Methoden entdecken und demonstrativ zur Geltung bringen[2]. Locke
bedient sich verschiedener Ausdrücke, um diese zwischen den Ideen
bestehenden objectiven Beziehungen oder Zusammenhänge zu bezeichnen[3]; dass ihm die Ideen selbst zu etwas ganz anderem werden

---

[1] S. oben S. 70 ff. 87.   [2] S. oben S. 63 f.

[3] Am häufigsten steht agreement or disagreement (Essay IV, 1, §§ 2. 3. 6. 9;
2, §§ 1. 2. 3. 4. 5. 6. 7. 9 und an vielen anderen Stellen); demnächst connection
(15, § 1; 17, § 4 u. ö.); sodann relation, relations (1, § 5; 3, §§ 3. 18; 12, § 3),

müssen, als was sie in den grundlegenden Kapiteln des zweiten
Buches bedeuten, dass wir im Grunde weder an die dort aufgeführten
einfachen noch an die in freier Willkür gebildeten complexen Ideen
denken dürfen, ist gleichfalls früher hervorgehoben worden [1]. Jene
Ideen, welche untereinander durch bedeutungsvolle Beziehungen verknüpft sind, Beziehungen, welche ebenso wie die Ideen selbst von
jedem denkenden Subjecte, das sie erfasst, in gleicher Weise begriffen und die eben darum in ein für allemal giltigen Behauptungen
ausgesprochen werden, müssen selbst irgendwie gegebene, von der
Willkür des einzelnen Subjects unabhängige, die Vielheit ihrer Bestimmungen durch ein einleuchtendes Gesetz der Nothwendigkeit
verknüpfende Gebilde sein. Nur wenn jede einzelne Idee sich unserem
Geiste als eine objectiv nothwendige Synthese darstellt, gilt auch
von den zwischen ihnen wahrgenommenen Beziehungen, dass sie nicht
anders gedacht werden können als so, wie wir sie denken.

Keine Spur deutet darauf hin, dass Locke selbst dies erkannt
und anerkannt hätte. An die Stelle der zufälligen und gegeneinander
gleichgiltigen Vorstellungen, veranlasst durch die von den äusseren
Sinnen erfahrenen Eindrücke oder die Bethätigungen des seelischen
Lebens, oder entstanden durch willkürliche Combination der so gewonnenen Elemente, tritt völlig unvermittelt ein zusammengehöriges
System von Beziehungspunkten, eine gegliederte Welt der Ideen.
Aber so neu und fremdartig diese Denkweise erscheint, wenn man
sie an den empiristischen Aufstellungen misst, so wichtig und be-
deutungsvoll wird sie in dem weitern Aufbau des Gedankengebäudes.
Der strenge Begriff der Wissenschaft, die verschiedenen Grade der
Gewissheit, die Erkenntniss der werthvollsten Wahrheiten wird damit
in Zusammenhang gebracht. Man würde annehmen müssen, dass
an dieser Stelle ein anders gerichteter, der empiristischen Tendenz
entgegengesetzter Einfluss auf Locke stattgefunden habe, selbst wenn
man nicht im Stande wäre, den Ursprung desselben aufzufinden.
Waren es aber die Religionsphilosophen von Cambridge, deren Einfluss er hier unterlag und deren Denkweise er acceptirte, so ist
freilich von vornherein zu erwarten, dass das feierliche Gepräge und

---

habitudes (11, § 14), habitudes and relations (1, § 9; 3, § 18; 12, §§ 6. 8),
relations and correspondencies (12, § 9), habitudes and correspondencies (3, § 19),
correspondence or connection (3, § 28), habitudes and connections (3, § 29), connections and dependencies (3, § 29; 6, §§ 10. 11). natural dependence (6, § 7),
discernable connection or repugnancy (6, § 15), necessary dependence and visible
connection (3, § 14) u. s. w.   [1] S. oben S. 87 f.

die Erinnerung an ältere tiefsinnige Speculationen, in Verbindung womit die letztere sich bei ihnen findet, bei der Herübernahme verloren ging. Gerade dieser Verlust konnte alsdann dazu beitragen, dass die Entlehnung auch nachträglich sich nicht als solche erkennbar machte. Auf welchem Wege dieselbe geschah, ob infolge des Studiums einer bestimmten Schrift oder durch den persönlichen Verkehr mit solchen, denen jene Denkweise geläufig war, kann dabei auf sich beruhen.

H. More spricht an verschiedenen Stellen von den die Ideen verbindenden und in ihnen begründeten Beziehungen und bedient sich zu ihrer Bezeichnung ganz derselben Ausdrücke wie Locke. Dabei denkt er aber nicht nur an die Ideen in unserem Bewusstsein, sondern in der Weise des alten christlichen Platonismus identificirt er die objective Welt der Ideen mit der Vernunft und Weisheit Gottes, dem göttlichen Logos. Der göttliche Intellect umfasst gleichsam mit einem einzigen Blicke den ganzen Umfang der in ihm beschlossenen Ideen, sammt den aus dem Inhalte derselben mit Nothwendigkeit entspringenden gegenseitigen Beziehungen und Verhältnissen der Uebereinstimmung oder Nichtübereinstimmung, der Abhängigkeit oder Unabhängigkeit. Unserer abgeleiteten menschlichen Vernunft dagegen eignet nur eine successive und fortschreitende Erkenntniss, auch sie aber erfasst mit den deutlich erkannten Ideen zugleich die zwischen ihnen bestehenden Beziehungen und darin die Grundlage aller wahren Wissenschaft und Beweisführung[1].

---

[1] Enthusiasmus triumphatus sect. 54 (l. c. p. 39): Assuredly that spirit of illumination which resides in the souls of the faithful, is a principle of the purest reason that is communicable to the humane nature. And what this spirit has, he has from Christ . . . who is the eternal λόγος, the all-comprehending wisdom and reason of God, wherein He sees through the natures *and ideas of all things, with all their respects of dependency and independency, congruity and incongruity, or whatever habitude they have one to another, with one continued glance at once.* — Antidote against atheism I, ch. 8, n. 7 (l. c. p. 23): . . . *the natural dependencies and correspondencies* of our innate ideas and conceptions. — Coniectura Cabbalistica, preface n. 3 (l. c. p. 2): For my own part, reason seems to me to be so far from being any contemptible principle in man, that it must be acknowledged in some sort to be in God Himself. For what is the divine wisdom but that steady comprehension *of the ideas of all things, with their mutual respects one to another, congruities and incongruities, dependences and independences? which respects do necessarily arise from the natures of the ideas themselves;* both which the divine intellect looks through at once, discerning thus the order and coherence of all things. And what is this but ratio stabilis, a kind of steady and immovable reason, *discovering the connexion of all things* at once? But that in us is ratio

Glanvill spricht nur gelegentlich und ziemlich unbestimmt von
dem logischen Zusammenhang der Dinge[1]; mehr ist davon die Rede
in der von ihm herausgegebenen Schrift von George Rust[2]. Hier
wird die Wahrheit in der Erkenntniss auf die Wahrheit in den
Dingen zurückgeführt; unter der letztern aber sollen eben „die nothwendigen gegenseitigen Beziehungen und Verhältnisse der Dinge"
verstanden werden. Die Dinge sind, was sie sind, und können ohne
Widerspruch nicht anders sein, und ihre Zusammenhänge und Beziehungen untereinander sind unveränderlich. Unsere Erkenntniss
ist also nur dann eine wahre, wenn sie mit der klaren Erfassung
der den Dingen entsprechenden Ideen zugleich die gegenseitigen Beziehungen derselben untereinander ergreift[3].

Die stete Wiederkehr der gleichen Ausdrücke beweist, dass
man es hier mit einem Fundamentalartikel der Schulüberzeugung zu
thun hat. Die Frage ist nur, ob derselbe nicht dort mit anderen
Lehren und Anschauungen unlösbar verbunden ist, denen Locke
völlig fremd und abgeneigt gegenüberstand. Wenn John Smith,
„vielleicht der reichste Geist und jedenfalls der beste Schriftsteller
der Schule", die höhere Erkenntniss auf die Bethätigung eines specifischen Organs zurückführt und als eine Art geistigen Schauens
schildert, wenn er völlig in Sinn und Sprechweise der alten Mystiker
die eigentliche und allein wahre Gotteserkenntniss der verstandes-
mässigen, bloss äusserlichen gegenüberstellt, so bezeichnet dies ohne
Zweifel einen diametralen Gegensatz zu der Denkweise Locke's[4].
Und hatte sich nicht Cudworth mit allem Nachdrucke gegen denselben Satz gewendet, dessen Erweis umgekehrt für Locke einen
der hauptsächlichsten, wenn nicht geradezu den hauptsächlichsten,
unter den im Essay verfolgten Zielpunkten bildet, den Satz, dass
sich nichts im menschlichen Bewusstsein finde, was nicht seinen

---

mobilis, or reason in evolution, we being able to apprehend things only in a successive manner one after another. But so many as we can comprehend at a time,
*while we plainly perceive and carefully view their ideas, we know how well they
fit, or how much they disagree one with another*, and so prove or disprove one
thing by another; which is really a participation of that divine reason in God.

[1] Philosophia pia, p. 70, wird die Meinung, die Vernunft sei der Religion
feindlich, zurückgeführt auf den Mangel of clear thoughts and ability to state
things distinctly and to understand their dependencies and sequels.

[2] S. oben S. 153.

[3] . . . mutual respects and relations of things, necessary mutual respects
and relations of things. Tulloch S. 435. 436. — Die kleine, nur 40 Seiten umfassende Schrift hat mir nicht vorgelegen.　　　[4] S. oben S. 124.

Durchgang durch den Sinn genommen hat? Kein anderer Satz sollte nach der Meinung Cudworths mehr als dieser den Atheismus befördern [1]. Wenn also bisher gerade dies die Absicht war, Locke in den religiösen und philosophischen Gedankenkreis der Schule von Cambridge hineinzurücken, so scheint doch, was das Erkenntniss- problem betrifft, ein so weiter Abstand der Auffassungen vorzuliegen, dass die Annahme einer Beeinflussung nach dieser Seite auf die stärksten Zweifel stossen müsste.

Aber diese Zweifel lassen sich beseitigen. Die Betonung des empiristischen oder sensualistischen Moments musste für Locke nicht nothwendig den Charakter eines trennenden Gegensatzes gegen die Schule von Cambridge gewinnen, nachdem dasselbe bereits vor ihm von Glanvill ausdrücklich aufgenommen worden war. Die Ueber- zeugung, dass wir in unserer Erkenntniss an die Sinneswahrneh- mung gebunden sind, und all unser Wissen uns nur durch die Ver- mittelung der Sinne zukommt, wird wiederholt von diesem dahin gewendet, die Beschränktheit unseres Wissens und Erkennens dar- zuthun [2]. An einer Stelle, die auch im Ausdruck eine gewisse Aehn- lichkeit mit Locke verräth, schildert er das Verfahren, wenn wir versuchen, uns einen Gegenstand begreiflich zu machen, der nicht unter unsere Sinne fällt. Wir nehmen alsdann unsere Zuflucht zu dem Gedächtnisse, dem „Vorrathshause vergangener Wahrnehmungen", und sehen zu, ob wir dort eine Vorstellung finden, die wir dem „äussern oder innern Sinne" verdanken und die wegen der Ver- wandtschaft des Gegenstandes geeignet ist, uns die Vorstellung jenes ersten zu ermöglichen. Finden wir nichts derart, so kommen wir auch nicht zu der gesuchten Vorstellung; denn wir können uns eine solche schlechterdings nicht bilden, ausser mit Hilfe von Elementen, die uns die Sinne vermittelt haben [3].

---

[1] S. oben S. 123.

[2] Scepsis scientifica ch. 9, p. 50; ch 26: All our science comes in at our senses.

[3] Ch. 4, p. 17: To credit the unintelligibility both of this union and motion (der Seele in Bezug auf den Leib), we need no more than to consider that when we would conceive any thing which is not obvious to our senses, we have re- course to our memories, *the storehouse of past observations:* and turning over the treasure that is there, seek for something of like kind, which hath formerly come within *the notice of our outward or inward senses.* So that we cannot conceive any thing that comes not within the verge of some of these, but either by like experiments which we have made, or at least by some remoter hints which we receive from them. And where such are wanting, I cannot apprehend how the

Aber auch bei Cudworth trifft die Absage, wenn man näher
zusieht, gar nicht den von Locke eingenommenen Standpunkt. Der
Grund seiner Gegnerschaft liegt nicht auf dem erkenntnisstheoretischen, sondern auf einem andern Gebiete; seine Bestreitung des
Sensualismus bildet nur ein Glied in dem Kampfe gegen den Atheismus und Materialismus. Wenn der Sinn die einzige Erkenntnissquelle bildet, so sind die Namen der geistigen Kräfte Worte ohne
Bedeutung, so ist unser seelisches Leben unserer Erkenntniss schlechterdings entzogen, denn dasselbe lässt sich weder sehen, noch hören,
noch betasten [1]. Wie Locke diesem Einwande begegnet, ist bekannt.
Gibt es auch keine Erkenntniss als diejenige, deren Bestandtheile
wir der Erfahrung verdanken, so ist doch die Erfahrung eine doppelte; neben die Wahrnehmungen der äusseren Sinne tritt das Inne-
werden der eigenen seelischen Zustände und Thätigkeiten, neben die
Sensation die von Locke sogenannte Reflexion.

Sollte die Vermuthung zu weit gehen, dass es eben jenes von
Cudworth und neben ihm auch von den übrigen Bekämpfern des
Materialismus verwerthete Argument war, was ihm zur Aufstellung
und nachdrücklichen Betonung dieser zweiten Form oder Quelle der
Erfahrung die Veranlassung gab?

Für dieselbe spricht sicherlich der Eifer, mit welchem Locke
zu zeigen bemüht ist, dass wir die Elemente, aus denen unsere Begriffe von geistigen Wesen mit Einschluss des höchsten, göttlichen
Geistes bestehen, der Reflexion verdanken [2]. Auch Glanvill hatte an
der angeführten Stelle dem äussern Sinn einen innern Sinn an die
Seite gesetzt. Dem Cudworth'schen Argumente war damit der An-
griffspunkt entzogen, ein ausreichendes Mittel zur Lösung der sich
darbietenden erkenntnisstheoretischen Fragen freilich nicht gefunden.

Aber es ist nothwendig, nochmals zu jener Lehre von den zwischen den Ideen sich findenden objectiven und unveränderlichen Beziehungen zurückzukehren. Dieselbe bildete bei den Philosophen von
Cambridge keineswegs eine blosse Reminiscenz, ein überkommenes
Bruchstück älterer Speculation, sondern einen Lehrsatz von grundlegender Bedeutung und entscheidender Tragweite. Zu den Ueber-

---

thing can be conceived. — Cfr. Essay II, 10, § 2: . . . memory, which is as it
were the store-house of our ideas.   [1] S. oben S. 123 f.
    [2] Essay II, 23, § 36: Being capable of no other simple ideas, belonging to
any thing but body, but those which by reflection we receive from the operation
of our minds, we can attribute to spirits no other but what we receive from
thence. Vgl. III, 6, § 11; IV, 3, §§ 17. 27 und an anderen Stellen.

zeugungen, die sie gegenüber den von Hobbes verkündeten Ansichten
vor allem zu sichern wünschten, gehörte, wie früher gezeigt wurde,
die Anerkennung einer objectiven, jeder Willkürmacht entzogenen
sittlichen Norm. Cudworth zumal hatte auch diese Frage sogleich
in ihrer ganzen Breite und Tiefe aufgegriffen und sich nicht nur
gegen die theologischen Moralpositivisten der ältern und neuern
Zeit, sondern auch gegen Cartesius gewendet, welcher in Ueberspan-
nung des Begriffes der göttlichen Allmacht die sogenannten ewigen
Wahrheiten aufgehoben hatte. Damit bereitete er sich den Boden,
um mit Erfolg gegen Hobbes vorzugehen und die absolute Geltung
der obersten sittlichen Grundsätze, unabhängig von dem Befehle
einer bestimmten staatlichen Obrigkeit, siegreich zu vertheidigen.
Selbst der Wille Gottes kann nicht die Verpflichtung erzeugen, etwas
zu thun, was nicht in seiner eigenen Natur moralisch gut und gerecht ist[1].

Nach der gleichen Richtung gehen die oben angeführten Sätze
von George Rust, wenn sie in ihrem Zusammenhange betrachtet
werden. Ausdrücklich betont er, dass jene „natürlichen Beziehungen
und Verhältnisse der Dinge" dem göttlichen Willen entzogen sind.
Könnte Gott den logischen Zusammenhang der Dinge ändern, so
wäre der wissenschaftlichen Erkenntniss jede Grundlage entzogen.
Ebenso konnte Gott nicht anordnen, dass die Verdammniss der Unschuldigen als ein Mittel seiner Verherrlichung gelte und der Weg
des Menschen zur Glückseligkeit durch Bosheit und Laster führe[2].

Hiernach erhebt sich die Frage, ob die Anerkennung von unveränderlichen Zusammenhängen und Beziehungen zwischen den Ideen
bei Locke die gleiche Bedeutung habe[3]. Muss sie bejaht werden,

---

[1] S. oben S. 128 ff.

[2] Tulloch p. 435: "Can Infinite Wisdom itself make the damning of all
the innocent and the unspotted angels in heaven a proportionate means to declare
and manifest the unmeasurableness of His grace, and love, and goodness towards
them? Can lying, swearing, envy, malice, nay, hatred of God and goodness itself, be made the most acceptable service of God, and the readiest way to a man's
happiness? For all these consequences seem to the author to follow from the
denial that there are things, or, in his own language, "mutual respects and relations of things", irrespective of the Divine Will. "If the nature of God be such
that his arbitrarious imagination, that such and such things have such and such
natures and dependencies, doth make these things to have those natures and dependencies, then He may as easily unimagine that imagination. . . Contradictions
are true if God will understand them so, and then the foundation of all knowledge is taken away."

[3] Wenn bei Rust von einem Zusammenhange der Dinge, bei Locke von

so liegt darin nicht nur eine nochmalige Bestätigung des oben aufgezeigten Sachverhalts, wonach die rationalistische Tendenz im Essay
auf den Einfluss der Schule von Cambridge zurückzuführen ist, sondern zugleich der Beweis, dass dieser Einfluss sich nicht auf das
erkenntnisstheoretische Gebiet beschränkte, sondern für Locke's ethische
Ueberzeugungen mitbestimmend geworden ist.

Bekanntlich hat Locke ethische Fragen nur gelegentlich berührt;
zu der Ausarbeitung eines systematischen Werkes, welches seine
Freunde von ihm erhofften, kam er nicht. Als er den Plan definitiv
aufgab, verwies er auf das Neue Testament als auf das beste und
vollständigste Lehrbuch der Moral[1]. Was aber Locke's geschichtliche Wirkung betrifft, so ging dieselbe auch auf dem ethischen
Gebiete nach einer ganz andern Richtung, nicht gegen Hobbes, sondern mit Hobbes parallel. Eine Uebertreibung zwar ist es, wenn
Mandeville mit seiner frechen Läugnung der Tugend als Locke's
consequenter Nachfolger bezeichnet wird, thatsächlich aber kam die
Bekämpfung der Lehre von angeborenen praktischen Grundsätzen
im Erfolge einer Bekämpfung der absoluten Moral gleich. Auf Ge-
nerationen hinaus hat das dritte Kapitel des ersten Buches des
Essays den Vertretern des Nützlichkeitsprincips Argumente geliefert,
und der ethische Utilismus und Hedonismus, den man dem Werke
entnahm, trug ganz wesentlich dazu bei, die erkenntnisstheoretischen
Ansichten des Verfassers im Sinne des äussersten Sensualismus zu
verstehen[2].

Wie kann man an ein allverbindliches Sittengesetz glauben,
wenn das, worin die Menschen die Regel ihres Verhaltens erblicken,
bei den verschiedenen Völkern ein ganz verschiedenes Gepräge trägt?
wenn die einen für erlaubt, ja für verdienstlich halten, was den
anderen als ein verabscheuungswürdiger Greuel erscheint?[3] Und
wo liegt in Wirklichkeit die Quelle der praktischen Grundsätze, von
denen auch in civilisirten Ländern der Einzelne seine Lebensführung

---

dem der Ideen die Rede ist, so ist hierauf kein Gewicht zu legen. Cfr. *Locke*,
Conduct of understanding § 30: ... *knowledge consists only in perceiving the habitudes and relations of ideas one to another*, which is done without words. § 32:
... *there is a correspondence in things and agreement and disagreement in ideas*,
discernible in very different degrees, and there are eyes in men to see them if
they please.

[1] Brief an Molyneux vom 30. März 1696.
[2] *Leslie Stephen*, History of English thought in the XVIII. century II, 80 ff. 83.
[3] Essay I, 3, § 9 ff.

bestimmen lässt? War es nicht vielleicht im gegebenen Falle „der Aberglaube einer Amme oder die Autorität eines alten Weibes"? [1] — Nun ist ja allerdings die Spitze dieser Ausführungen gegen die Meinung gerichtet, als ob die Principien des sittlichen Lebens dem Bewusstsein der Menschheit als ein unverlierbares Besitzthum ursprünglich eingeprägt wären. Wären sie dies, so müssten sie natürlich von allen in gleicher Weise anerkannt, für alle gleichmässig bestimmend sein. Jene Polemik führt daher an sich noch nicht über die alte, in den Schulen überlieferte Auffassung hinaus, wonach unsere Vernunft die obersten Principien nicht von Anfang an fertig vorfindet, sondern nur die Fähigkeit besitzt, sie zu entdecken. Freilich scheint dieselbe durch eine völlig sensualistische Ableitung dieser Principien ergänzt werden zu sollen. Angeboren, so wird .in unmittelbarem Zusammenhange damit ausgeführt, ist dem Menschen das Verlangen nach Glück und der Abscheu vor Unglück und Elend; diese sind es, die als die wahren praktischen Principien unaufhörlich unser Handeln beeinflussen [2]. In einem nicht zur Veröffentlichung bestimmten Aufsatze „über Ethik im allgemeinen", welcher vielleicht als eine Vorarbeit zu dem ins Auge gefassten ethischen Tractate anzusehen ist [3], bilden „diese beiden grossen Triebfedern der menschlichen Handlungen" den Ausgangspunkt, und die Begriffe von Gut und Uebel werden hier und anderwärts ausschliesslich mit Freude und Schmerz in Verbindung gebracht. Wir nennen Gut, heisst es im Essay, „was geeignet ist, Freude in uns zu verursachen oder zu vermehren oder Schmerz zu mindern, oder auch uns den Besitz eines andern Gutes oder die Abwesenheit eines Uebels zu verschaffen. Wir nennen im Gegentheil Uebel, was geeignet ist, Schmerz hervorzurufen oder zu vermehren, oder uns eines Gutes zu berauben" [4]. Dabei wird ausdrücklich kein Unterschied gemacht zwischen den Empfindungen von Freude und Schmerz, welche durch körperliche Zustände, und denen, welche durch geistige Thätigkeiten

---

[1] Essay I, 3, § 22: Doctrines, that have been derived from no better authority, than' the superstition of a nurse or the authority of an old woman, may, by length of time and consent of neighbours, grow up to the dignity of principles in religion or morality.

[2] Ibid. § 3: Nature has put into man a desire of happiness and an aversion to misery: these indeed are innate practical principles, which (as practical principles ought) do continue constantly to operate and influence all our actions.

[3] Bei Lord King II, 122 ff. Vgl. Fox Bourne II, 281.

[4] Essay II, 20, § 2; vgl. 28, § 5.

veranlasst werden [1]. Der höchste Grad des einen ist, was wir Glückseligkeit, der höchste Grad des andern, was wir Unseligkeit nennen,
und des Menschen eigenstes Geschäft besteht darin, das eine zu
suchen und das andere zu fliehen [2].

Nur erhebt sich hier die uralte Frage, wo beides zu finden ist.
Eine Aufzeichnung unter den nachgelassenen Papieren, welche vor
das Jahr 1667 zu setzen sein dürfte [3], macht den keineswegs neuen
Versuch, die Antwort durch die Unterscheidung zwischen vorüber-
gehenden und andauernden Freuden zu finden. Zu den letzteren,
welche dann natürlich die allein wahren sind, werden Gesundheit,
Reputation, wissenschaftliche Erkenntniss, Wohlthun und die Erwartung der ewigen Seligkeit gerechnet. „Ich werde also — mit
diesen Worten schliesst die höchst nüchterne, um nicht zu sagen
philiströse, Betrachtung — stets alle lasterhaften und gesetzwidrigen
Freuden meiden, weil eine solche Herrschaft über meine Leidenschaft
mir eine grössere anhaltende Freude gewährt als irgend welche
Genüsse dieser Art und mich dazu von allerhand Uebeln befreit,
die ich später zu erleiden hätte, wenn ich einer gegenwärtigen Ver-
suchung unterlegen wäre. Alle unschuldigen Zerstreuungen und
Vergnügungen, insofern sie zu meiner Gesundheit beitragen und mit
meiner Ausbildung, meinem Stande und meinen übrigen mehr so-
liden Freuden der Erkenntniss und Reputation vereinbar sind, will
ich geniessen, weiter aber nicht, und darüber werde ich sorgfältig
wachen, dass mich nicht die Schmeichelei eines gegenwärtigen Ver-
gnügens betrügt und mir den Verlust eines grössern einträgt." [4]

Eine haltbare Grundlage für eine wissenschaftliche Moral liess
sich von daher selbstverständlich nicht gewinnen, und Locke hat
die hier ausgesprochenen Gedanken, wie es scheint, nicht weiter
verfolgt. Er ist ebenso weit davon entfernt, in die Richtung ein-
zulenken, welche später Bentham und Mill eingeschlagen haben, und
kennt jenen Optimismus nicht, welcher auch auf dem moralischen
Gebiete in dem freien Spiel der Kräfte die einzige Bedingung der
vollkommensten Harmonie erblickt und dafür hält, dass es hinreiche,
die Menschen über ihren wahren Vortheil aufzuklären, damit sie
alsbald ihr Leben dementsprechend ordnen. Im Gegentheil, jene
allein angeborenen Principien des menschlichen Handelns, das Streben nach Lust und die Flucht vor Unlust, würden, sich selbst über-

---

[1] Essay II, 20, § 5.   [2] II, 21, § 42.   [3] Fox Bourne I, 164.
[4] Bei Lord King II, 120; Fox Bourne a. a. O.

lassen, seiner Meinung nach alle Moralität zerstören. Es bedarf des Gesetzes, welches die Begierde einengt und durch die Belohnungen und Strafen, die es verheisst, das Uebergewicht gewinnt über den Anreiz, welchen die Gesetzesverletzung möglicherweise ausübt [1].

Hiermit ist nun aber zugleich der Punkt erreicht, an dem der hedonistische und selbstische Gedankengang von einem ganz andern gekreuzt wird. Die Moral steht für Locke in dem denkbar engsten Zusammenhang mit dem Glauben an Gott und die Unsterblichkeit der Seele. Vorzüglich charakteristisch hierfür ist eine Niederschrift, welche sich in dem Reisejournal unter dem Datum des 8. Februar 1677 findet. Das eigentliche Thema derselben ist die Tragweite der menschlichen Erkenntniss. In einer Weise, die an verwandte Ausführungen Glanvills erinnert, wird zunächst auf die erfolgreiche Bethätigung unserer Kräfte im Gebiete derjenigen Wissenschaften hingewiesen, welche den Bedürfnissen des materiellen Lebens dienen, sodann auf die ausreichende Erkenntniss der Pflichten des sittlichen Lebens [2]. Folgendermassen aber wird der Weg beschrieben, auf dem diese letztere uns zu theil wird. Wenn der Mensch alles besitzt, was ihm die Erde bieten kann, ist er doch nicht befriedigt; darin liegt der deutliche Hinweis auf einen andern, bessern Zustand im Jenseits. Die Möglichkeit eines solchen muss von allen zugegeben werden, ebenso, dass Glück oder Unseligkeit desselben davon ab-

---

[1] Essay I, 3, § 13: Principles of actions indeed there are lodged in men's appetites, but these are so far from being innate moral principles, that if they were left to their full swing, they would carry men to the overturning of all morality. Moral laws are set as a curb and restraint to these exorbitant desires, which they cannot be but by rewards and punishments, that will over-balance the satisfaction any one should propose to himself in the breach of the law.

[2] Bei Lord King I, 161: Our minds are not made as large as truth, nor suited to the whole extent of things; amongst those that come within its reach, it meets with a great many too big for its grasp, and there are not a few that it is fair to give up as incomprehensible. It finds itself lost in the vast extent of space, and *the least particle of matter puzzles it with an inconceivable divisibility;* and those who, out of a great care not to admit unintelligible things, deny or question an eternal omniscient spirit, run themselves into a greater difficulty by making an eternal and intelligent matter. Nay, our minds, whilst they think and move our bodies, *find it past their capacity to conceive how they do the one or the other.* This state of our minds, however remote from the perfection whereof we ourselves have an idea, ought not, however, to discourage our endeavours in the search of truth, *or make us think we are incapable of knowing any thing, because we cannot understand all things* etc.

hängt, in welcher Weise wir in dieser Zeit der Prüfung unser Leben ordnen. Die Anerkenntniss einer jenseitigen Vergeltung aber ist mit der Anerkenntniss Gottes gegeben, und diese letztere wird uns durch das Zeugniss der Schöpfung so unmittelbar nahegelegt, dass jeder dazu kommen muss, der nur seine Erkenntnisskräfte gebrauchen will. Gott nicht finden heisst ihn nicht finden wollen. Nur wer unter keinem Gesetze leben will, zieht die Existenz eines obersten Herrschers und eines allgemeinen Gesetzes in Zweifel; nur wer der Verantwortung über sein irdisches Leben entgehen möchte, bezweifelt die Existenz eines zukünftigen [1].

Eine Verbindung der religiösen Grundüberzeugung mit der sensualistischen Tendenz, welche Gut und Uebel ausschliesslich in der empfundenen Lust und der empfundenen Unlust erblickt, scheint nun auf einen Standpunkt hinzuführen, welcher dem der Schule von Cambridge gerade entgegengesetzt ist. Der moralische Charakter unserer Handlungen beruht, so hören wir, ganz allgemein gesprochen, auf ihrem Verhältnisse zu einem Gesetze. Bei dem Worte Gesetz aber sollen wir an eine solche Einrichtung denken, vermöge welcher nach dem Willen und durch die Macht des Gesetzgebers eine bestimmte Weise des Handelns zur Lust, eine andere, die darum mit der Uebertretung des Gesetzes gleichbedeutend ist, zur Unlust führt [2]. Moralisch gut wäre hiernach eine Handlung, wenn sie belohnt, moralisch böse, wenn sie durch das Gesetz bestraft wird. Eine Pflicht ferner soll nur da bestehen und zur Anerkenntniss gelangen, wo ein Gesetz besteht, das durch Strafmittel einengt [3]. Ist nun die höchste Norm das göttliche Gesetz, so scheint sich zu ergeben, dass nicht nur der Grund der Verpflichtung, sondern auch der moralische Charakter einer Handlung lediglich vom Willen Gottes abhängt [4]

---

[1] Bei Lord King I, 166 ff.

[2] Essay II, 28, § 5: Morally good and evil then, is only the conformity or disagreement of our voluntary actions to some law, whereby good and evil is drawn on us from the will and power of the law-maker; which good and evil, pleasure or pain, attending our observance or breach of the law, by the decree of the law-maker, is that we call reward and punishment.

[3] I, 3. § 12: What duty is, cannot be understood without a law; nor a law be known or supposed without a law-maker, nor without reward and punishment.

[4] I, 3. § 5: If a Christian, who has the view of happiness and misery in another life, be asked, why a man must keep his word, he will give this as a reason: because God, who has the power of eternal life and death, requires it of us.

und dieser der ausschliessliche Massstab der Tugend ist[1]. Jeder inhaltliche Zusammenhang zwischen der eigenen Natur einer Handlung und der von Gott für dieselbe gesetzten Strafe erscheint aufgehoben. Ausdrücklich wird unterschieden zwischen dem Nutzen oder Schaden, welchen eine Handlung von Natur nach sich zieht, und dem andern, welcher ihr als von Gott bestimmte Vergeltung folgt[2]. Nur wo die letztere, nicht schon, wo die erstere gegeben ist, soll von Gesetz und Sittlichkeit die Rede sein. Unter der „unveränderlichen Regel von recht und unrecht, welche Gottes Gesetz festgestellt hat"[3], hätten wir hiernach nicht eine nothwendige Consequenz aus der von Gott begründeten Weltordnung zu verstehen, sondern eine nachträglich hinzugekommene positive Bestimmung; nicht eine Norm, deren unabänderliche Geltung auf den unabänderlichen Beziehungen zwischen den göttlichen Ideen beruhte, sondern lediglich ein Gebot seiner Willkür, das eben darum auch Anderes und Entgegengesetztes hätte vorschreiben können. Wir würden hiernach Locke zu den Vertretern jenes Moralpositivismus zu rechnen haben, gegen welchen Cudworth und seine Gesinnungsgenossen mit allem Aufwande von Scharfsinn und Gelehrsamkeit angekämpft hatten.

Wie deutlich indessen auch einzelne Stellen im Essay und anderwärts diese Auffassung auszusprechen scheinen, wie auffällig insbesondere der Nachdruck ist, mit welchem Locke ein Gesetz nur da erblicken will, wo es durch Lohn- und Strafbestimmungen sanctionirt ist, so lässt sich doch zeigen, dass er jedenfalls dieselbe nicht festgehalten hat. Möglich, dass er ursprünglich davon ausging. Denn die ausschliessliche Zurückführung des Sittengesetzes auf die

---

[1] Essay I, 3. § 18: If virtue be taken for actions conformable to God's will, or to the rule prescribed by God, which is the true and only measure of virtue, when virtue is used to signify what is in its own nature right and good (!), etc.

[2] II. 28, § 6: It would be in vain for one intelligent being to set a rule to the actions of another, if he had not in its power to reward the compliances with, and punish deviation from his rule, by some good and evil, *that is not the natural product and consequence of the action itself:* for that being a natural convenience or inconvenience, would operate of itself without a law. Vgl. den Aufsatz Of Ethics in general bei Lord King II. 128: The difference between moral and natural good and evil is only this, that we call that naturally (lies: morally) good and evil, which, by the intervention of the will of an intelligent free agent, draws pleasure or pain after it, not by any natural consequence, but by the intervention of that power. Zum Beispiel (p. 129): Trunkenheit zieht als natürliches Uebel head-ache or sickness nach sich, but as it is a transgression of law, by which a punishment is annexed to it, it is a moral evil.

[3] II, 28, § 11.

Anordnung der göttlichen Willkür steht in innerlichem Zusammenhange mit der nominalistischen Richtung, welche seit Occam in
Oxford die herrschende geworden war. Dass Locke nicht dabei
stehen blieb, würde alsdann aufs neue bestätigen, dass Einflüsse von
einer andern Seite her auf ihn einwirkten.

Ist das oberste Sittengesetz und die letzte Norm von recht und
unrecht lediglich ein Ausfluss der göttlichen Macht und Willkür,
so ist die Erkenntniss desselben von seiten des Menschen an göttliche Offenbarung gebunden. Positive Gesetzgebung ist stets eine
geschichtliche That, ihr Inhalt lässt sich niemals mit zweifelloser
Bestimmtheit aus blossen Vernunftprincipien ableiten. Die Consequenz dieses Standpunktes würde sonach Locke dahin haben führen
müssen, die Erkennbarkeit der obersten Moralprincipien durch die
Vernunft zu läugnen und die Gesetzgebung vom Sinai und die Vorschriften des Neuen Testamentes zur ausschliesslichen Grundlage zu
nehmen. Hiervon aber zeigt er sich selbst an denjenigen Stellen
entfernt, welche im übrigen der in Rede stehenden Auffassung Ausdruck zu geben scheinen. So schon gleich in der Definition des
göttlichen Gesetzes, die er in unmittelbarem Anschlusse an die zuvor herangezogene Erörterung des moralisch Guten und Bösen gibt.
Er will darunter das Gesetz verstanden wissen, welches Gott den
Handlungen der Menschen vorgezeichnet hat, indem er es ihnen „entweder durch das Licht der Natur oder durch die Stimme der Offenbarung verkündigte". „Dass Gott den Menschen eine Regel gesetzt
hat, sich danach zu richten, wird wohl niemand so thöricht (brutish)
sein zu läugnen. Er hat das Recht dazu, wir sind seine Geschöpfe.
Er besitzt Güte und Weisheit, um unsere Handlungen zum besten
Ziele zu lenken, und er besitzt Macht, die Befolgung des Gesetzes
durch jenseitige Belohnungen und Strafen von unendlicher Höhe
und Dauer zu erzwingen; denn niemand vermag uns aus seiner
Hand zu nehmen."[1] Aehnlich heisst es in einer jener zum privaten
Gebrauche gemachten Aufzeichnungen, welche bald nach 1661 niedergeschrieben sein muss: „Tugend nach der Seite ihrer Verpflichtung
ist der von der natürlichen Vernunft erkannte Wille Gottes."[2]

---

[1] Essay II, 28. § 8. Vgl. auch bei Lord King II, 131. wo the law of nature ausdrücklich als eine der Quellen bezeichnet wird, aus denen wir Gottes Gesetz
erkennen. Wie sich dies mit den dort vorausgehenden und nachfolgenden Untersuchungen vereinbaren lasse, wird freilich nicht gesagt.

[2] Bei Lord King II, 94: Virtue in its obligation is the will of God, discovered
by natural reason, and thus has the force of a law. Vgl. Fox Bourne I, 162.

Aber wo und wie vermag die natürliche Vernunft den Inhalt des göttlichen Willens zu entdecken? Die Anerkenntniss, dass sie dazu im Stande ist, gewinnt für Locke eine wachsende Bedeutung. Bei der Ausarbeitung seiner Schrift über die Vernünftigkeit des Christenthums stiess er auf die Frage, welches das Loos derer sein werde, die niemals von der Heilslehre, dass Christus der Messias sei, etwas erfahren haben. Er verweist sie auf das natürliche Licht der Vernunft, welches sie nicht nur die Richtschnur für ihre Handlungen, sondern auch Mittel und Wege erkennen lasse, Gott, falls sie jene Richtschnur übertreten hätten, wieder zu versöhnen. In seiner unermesslichen Erbarmung hat Gott an dem Menschen gehandelt wie ein göttlicher Vater. Er gab ihm die Vernunft und damit zugleich ein Gesetz: denn unmöglich können wir annehmen, dass das Gesetz etwas anderes vorschreiben sollte, als was der Vernunft entspricht. Ein vernünftiges Gesetz für ein vernünftiges Geschöpf! [1]

Uebereinstimmend damit heisst es in einer undatirten und ihrer Abfassungszeit nach nicht zu bestimmenden Aufzeichnung mit der Ueberschrift „Error": „Ein Landmann, der nicht lesen kann, ist nicht so unwissend, dass er nicht ein Gewissen hätte und in den wenigen Fällen, die seine eigenen Handlungen angehen, wüsste, was recht und was unrecht ist. Lasse man ihn aufrichtig diesem Lichte der Vernunft folgen, es ist die Abschrift des Sittengesetzes im Evangelium." [2] — Aber schon die oben bereits herangezogene Erörterung in dem Reisejournal vom Februar 1677 [3] führt auf denselben Punkt. Ist die Existenz eines zukünftigen Lebens — so wird ebendort fortgefahren —, in welchem wir über das diesseitige Rechenschaft geben müssen, möglich und mindestens wahrscheinlich, so hat der Mensch weiterhin das grösste Interesse zu wissen, welches die Handlungen sind, die er vollbringen, und die anderen, die er vermeiden soll, und welches das Gesetz ist, nach dem er auf

[1] God had, by the light of reason, revealed to all mankind, who would make use of that light, that He was good und merciful. The same spark of the divine nature and knowledge in man, which making him a man shewed him the law he was under as a man, shewed him also the way of atoning the merciful, kind, compassionate author and father of him and his being, when he had transgressed that law. (Works VII. 157.)

[2] Bei Lord King II. 78: Let him sincerely obey this light of nature, it is the transcript of the moral law in the Gospel.

[3] S. oben S. 223.

15 *

Erden leben soll und dereinst gerichtet werden wird. Auch in dieser Beziehung aber befinden wir uns nicht im Dunkeln. Wir sind ausgerüstet mit Principien der Erkenntniss und dem Vermögen, hinreichendes Licht zu finden, um uns zu leiten. Wer wirklich das Richtige sucht, wird nicht in die Irre gehen [1].

So werden wir zu dem alten Begriffe des Naturgesetzes oder natürlichen Sittengesetzes zurückgeführt. Locke erkennt denselben ausdrücklich an. Mitten in der Bestreitung angeborener praktischer Grundsätze verwahrt er sich gegen das Missverständniss, als ob er darum, weil er ein angeborenes Gesetz läugne, nur positive Gesetze zugeben wolle. Es bestehe ein grosser Unterschied zwischen einem angeborenen Gesetze und einem Naturgesetze, zwischen einer Erkenntniss, die wir als einen fertigen Besitz unseres Geistes von vornherein mitbringen sollen, und einer andern, die wir ursprünglich nicht besitzen, aber durch Anwendung unserer natürlichen Kräfte zu erwerben vermögen. Darum verfehle gleichmässig die Wahrheit, wer ein angeborenes Gesetz behaupte, und wer, in das andere Extrem fallend, die Erkenntniss des Sittengesetzes ausschliesslich auf die göttliche Offenbarung begründen wolle [2]. — Auf diese Stelle beruft er sich in einem Briefe vom 4. August 1690 an James Tyrrell, einen seiner ältesten Freunde, der allerhand Zweifel und Bedenken, eigene und fremde, gegen den Essay vorgebracht hatte. Er habe dort, sagt Locke, in den denkbar klarsten Worten ausgesprochen, dass es „ein Gesetz der Natur, erkennbar durch das Licht der Natur", gebe [3].

Erwähnt hatte er dasselbe bereits einige Seiten früher, an einer Stelle, welche nahezu sämmtliche Bestandtheile zusammenfasst, aus denen seine ethischen Anschauungen sich zusammensetzen [4]. Die Existenz Gottes, heisst es daselbst, „ist auf so vielerlei Art deutlich, und der Gehorsam, den wir ihm schulden, so sehr dem Lichte

---

[1] Bei Lord King I, 168: I think one may safely say, that amidst the great ignorance which is so justly complained on amongst mankind, were any one endeavoured to know his duty sincerely, with a design to do it, scarce ever any one miscarried for want of knowledge.

[2] Essay I, 3, § 13: They equally forsake the truth, who running into the contrary extremes, either affirm an innate law or deny that there is a law, knowable by the light of nature, i. e. without the help of positive revelation.

[3] Bei Lord King I, 366: . . . where it was proper to me to speak my opinion of the law of nature, I affirm in as direct words as can ordinarily be made use of to express one's thoughts, that there is a law of nature knowable by the light of nature.   [4] Essay I. 3. § 6.

der Vernunft entsprechend, dass ein grosser Theil der Menschheit dem Gesetze der Natur Zeugniss gibt. Allein es muss, so scheint mir, zugegeben werden, dass manche moralische Regeln von seiten der Menschheit eine sehr allgemeine Zustimmung finden können, ohne dass man den wahren Grund der Moralität kennt oder anerkennt. Dieser kann allein der Wille und das Gesetz Gottes sein, welcher die Menschen in der Finsterniss sieht, in seiner Hand Belohnungen und Strafen trägt und Macht genug besitzt, den trotzigsten Sünder zur Rechenschaft zu ziehen. Denn da Gott Tugend und öffentliche Wohlfahrt durch eine untrennbare Verbindung miteinander verknüpft und die Ausübung der erstern nothwendig zur Erhaltung der Gesellschaft und von sichtbarem Vortheil für alle gemacht hat, mit denen der tugendhafte Mann zu thun hat, so ist kein Wunder, dass jeder die Regeln, von deren Beobachtung er mit Sicherheit Vortheile für sich erwarten darf, nicht nur selbst anerkennen, sondern auch anderen empfehlen und anpreisen wird. Er kann aus Interesse sowohl als aus Ueberzeugung das für geheiligt erklären, nach dessen Niedertretung und Profanirung er selbst nicht mehr heil noch sicher sein würde. Hierdurch wird diesen Regeln nichts von der moralischen und ewigen Verpflichtung genommen, die sie offenbar einschliessen, aber es zeigt, dass die äusserliche Anerkennung, welche die Menschen ihnen in Worten zollen, nicht beweist, dass sie angeboren sind. Dieselbe beweist nicht einmal, dass die Menschen ihnen innerlich in ihrem eigenen Bewusstsein zustimmen und in ihnen wirklich die unverletzlichen Normen ihrer eigenen Handlungsweise erblicken. Denn wir finden, dass Selbstinteresse und die Anforderungen dieses Lebens manche Menschen dahin führen, dieselben äusserlich zu bekennen und zu billigen, während ihre Handlungen hinreichend bekunden, wie wenig sie sich um den Gesetzgeber kümmern, welcher diese Regeln vorgeschrieben hat, noch um die Hölle, die er als Strafe auf die Uebertretung derselben gesetzt hat.'

Die Polemik gegen die Lehre von den angeborenen Grundsätzen wird den Gegenstand einer spätern Erörterung bilden. Deutlich aber ist, dass Locke auch hier wieder die Erkenntniss des natürlichen Gesetzes mit der Erkenntniss Gottes zusammenbringt, und dass dasselbe seiner Meinung nach nur da als Gesetz wirksam ist, wo es auf den göttlichen Gesetzgeber zurückgeführt und mit dem Ausblicke auf die jenseitige Vergeltung verbunden wird. Hierzu tritt sodann aber ein neuer und wichtiger Gedanke. Die Befolgung des

Gesetzes erweist sich zugleich als nützlich und vortheilhaft, der
Bestand der menschlichen Gesellschaft ist davon abhängig. Auch
dies hat seinen Grund in göttlicher Anordnung. Gott hat die Menschen mit gewissen Trieben und Anlagen und die menschliche Gesellschaft mit gewissen Bedürfnissen geschaffen, die durch bestimmte
Handlungen ihre Erfüllung finden, während andere dieselbe stören
und verhindern. Das Gesetz, welches diese Handlungen regelt, ist
daher ebensosehr Norm der sittlichen Lebensführung wie Anweisung
zur Förderung der allgemeinen Wohlfahrt.

Eine Unklarheit bleibt indessen noch zurück. Jene Regeln des
sittlichen Lebens, die auch jetzt wiederum nur auf den göttlichen
Willen zurückgeführt werden, stellen sie sich auch als nothwendig
dar für die Vernunft? Wenn wir sie mittels der letztern entdecken
sollen, so müssen sie sich uns offenbar durch ihre eigene innere
Folgerichtigkeit empfehlen. Geht man davon aus, dass das natürliche Sittengesetz das Gesetz einer zusammengehörigen und in sich
einstimmigen Ordnung ist, gleichsam aus der Idee dieser Ordnung
entworfen, so gewinnt es einen nothwendigen Inhalt, und die Regeln,
die es dem Verhalten der einzelnen Glieder dieser Ordnung vorschreibt, sind ebenso viele logische Consequenzen. Der Grund seiner
verpflichtenden Kraft liegt trotzdem im Willen Gottes, welcher diese
Ordnung ins Dasein rief oder zur Verwirklichung bestimmte und
darin lediglich seiner Freiheit folgte. Der Inhalt des Gesetzes aber
ist von der einmal erwählten Ordnung und ihrer Verwirklichung unabtrennbar, er ist der göttlichen Willkür entzogen; er könnte kein
anderer sein, als der er ist. Und nur darum kann das Gesetz von
der menschlichen Vernunft mit einleuchtender Gewissheit erkannt
werden. — Man vermisst an der angeführten Stelle eine bestimmte
Andeutung darüber, ob Locke sie in diesem Sinne verstanden wissen wollte.

Vereinzelte Aeusserungen, welche sich an verschiedenen Orten
zerstreut finden, lassen sich dahin auffassen. So vielleicht schon
der Ausspruch wenige Seiten früher, Gerechtigkeit und Wahrheit
seien die allgemeinsten gesellschaftlichen Bande, deren selbst Räuber
innerhalb ihrer eigenen Genossenschaft nicht entbehren können[1].
Das Gebot des Sittengesetzes erscheint hier als das unerlässliche
Mittel zur Aufrechterhaltung jedes menschlichen Gemeinwesens.
Wichtiger noch ist eine Erörterung im Reisejournal vom 25. Fe-

---

[1] Essay I, 3, § 2.

bruar 1676 über die verpflichtende Kraft der Strafgesetze [1]. Hier wird ausgeführt, das oberste Moralprincip sei das Gesetz Gottes, es gehe allen menschlichen Gesetzen voran, und alle Gewissensverpflichtung gründe nur in ihm. Wo ein menschliches Gesetz inhaltlich mit dem Gesetze Gottes zusammenfällt, da verpflichtet es um dieses seines Inhaltes willen [2]; wo es sich auf etwas Indifferentes bezieht, d. h. etwas gebietet oder verbietet, was von dem göttlichen Gesetze frei gelassen ist, da besitzt es aus sich selbst, aus seinem Inhalte, gar keine verpflichtende Kraft, sondern gewinnt dieselbe wiederum nur aus dem göttlichen Gesetz, welches Gehorsam gegenüber den Anordnungen der Obrigkeit zur Pflicht macht [3]. Aufgabe des Staates ist die Aufrechterhaltung des Friedens und der Sicherheit seiner Mitglieder. Daraus ergibt sich die oberste Pflicht der Bürger, der Obrigkeit in ihren auf die Erfüllung des Staatszweckes gerichteten Massnahmen nicht entgegenzutreten. — Auch hier also erweist sich die sittliche Norm als das vorgezeichnete Mittel zur Verwirklichung eines Zweckes; der Zweck aber, das, was sein soll, die ungestörte Erhaltung der bürgerlichen Gesellschaft, erscheint eingeschlossen in die göttliche Weltordnung. Das Gesetz Gottes verpflichtet uns, den von der staatlichen Autorität innerhalb ihrer Competenz erlassenen Anordnungen Folge zu leisten [4]. Die weiteren Bemerkungen über die Grenzen des bürgerlichen Gehorsams gehören nicht mehr hierher.

Aehnliche Gedanken enthält der mehrfach erwähnte Aufsatz „über Ethik im allgemeinen", der sich indessen so, wie er vorliegt, kaum als ein einheitliches und widerspruchfreies Ganzes ansehen lässt. In bezeichnendem Gegensatze gegen die Ausführungen im dritten Kapitel des ersten Buches, wo in der bekannten verhängnissvollen Weise die bunte Verschiedenheit der moralischen Anschauungen bei den verschiedenen Menschen und Völkern betont

---

[1] Obligation on penal laws, bei Lord King I, 114—117.

[2] Ibid. p. 114: Other virtues and vices there are which suppose society and laws, as obedience to magistrates, or dispossessing a man of his heritage; *in both these the rule and obligation is antecedent to human laws.*

[3] Ibid. p. 115: . . . by that law of God which forbids disturbance or dissolution of governments.

[4] Ibid. p. 116: There can be no other end assigned, but the preservation of the members of that society in peace and safety together: *this being found to be the end, will give us the rule of civil obedience.* For if the end of civil society be civil peace, the immediate obligation of every subject must be to preserve that society or government which was ordained to produce it; and no member of any society can possibly have any obligation of conscience beyond this.

wird [1], sagt hier Locke, er erinnere sich nicht, von einer Nation gehört zu haben, welche nicht einen Unterschied von recht und unrecht in den menschlichen Handlungen anerkannt hätte. „Es gibt,
denke ich, kein Volk, bei dem kein Unterschied von Tugend und
Laster bestünde; irgend eine Art von Moralität wird man überall
anerkannt finden, nicht freilich vollkommen und scharf bestimmt,
aber doch hinreichend, um uns erkennen zu lassen, dass der Begriff davon mehr oder weniger überall vorhanden ist." [2]
Eine gewisse Erkenntniss des natürlichen Gesetzes findet sich unter
allen Menschen. Im weitern Verlaufe wird jedoch diese Erkenntniss
eingeschränkt auf die Normen des socialen Lebens. Die zu einem
Gemeinwesen miteinander Verbundenen werden selbstverständlich
als Tugend preisen, was zur Erhaltung, als Laster brandmarken,
was zur Zerstörung des Gemeinwesens führt. In der Beurtheilung
von Handlungen dagegen, welche keinen Zusammenhang mit dem
Gemeinwesen haben, wird immer grössere Verschiedenheit herrschen [3].

Am nächsten kommt Locke der oben entwickelten [4], von Eudä-
monismus und Moralpositivismus gleich weit entfernten Auffassungsweise im 28. Kapitel des zweiten Buches des Essays, und mehr
noch in der Vertheidigung der hier vertretenen Ansichten gegen die
Angriffe, welche Lowde in seiner Abhandlung über die Natur des
Menschen dagegen erhoben hatte [5]. Er unterscheidet daselbst ein

---

[1] D'Alembert (Essai sur les éléments de philosophie, ou sur les prin-
cipes des connaissances humaines. Oeuvres II, 176) bemerkt: Locke a démontré,
et bien d'autres après lui, que toutes nos idées, même les idées purement intellec-
tuelles et morales, viennent des sensations. Je désirerais seulement ... que parmi
les preuves invincibles que Locke a données de cette vérité, il n'eût pas fait entrer
la différente manière de penser des hommes et des nations sur certaines vérités
de morale; je craindrais que cette différence ... ne conduisit certains esprits
peu attentifs à regarder ces vérités comme douteuses. Je sais qu'il s'en faut bien
qu'elles le soient; je sais même qu'il s'en faut bien que l'intention de Locke ait
été de le faire croire.
[2] Bei Lord King II, 123: I do not remember that I have heard of any nation of men who have not acknowledged that there has been right and wrong in
men's action, as well as truth and falsehood in their sayings; some measures
there have been everywhere owned, though very different; some rules and boundaries to men's actions, by which they were judged to be good or bad; nor is
there, I think, any people amongst whom there is no distinction between virtue
and vice; some kind of morality is to be found everywhere received; I will not
say perfect and exact, but yet enough to let us know that the notion of it is
more or less everywhere.   [3] Ibid. p. 126.   [4] S. oben S. 230.
[5] Discourse concerning the nature of man.

dreifaches Gesetz: das göttliche, an welchem gemessen die menschlichen Handlungen als sündhafte oder pflichtgemässe, das bürgerliche, demzufolge sie als strafbare oder schuldlose, das der öffentlichen Meinung endlich, nach welchem sie als Tugenden oder Laster
gelten. Von dem letztern wird gesagt, dass es unter Umständen
mit dem göttlichen Gesetz zusammenfalle: dann nämlich, wenn es
anleitet, solche Handlungen mit dem Namen von Tugend und Laster
zu belegen, w e l c h e i h r e r e i g e n e n N a t u r n a c h r e c h t o d e r
u n r e c h t s i n d [1]. Hiermit ist anerkannt, wenn auch freilich wiederum nur indirect, dass das oberste, auf Gott zurückgehende Sittengesetz einen objectiv-vernünftigen, blosser Willkür entzogenen Inhalt habe.

Nun scheint freilich jene Uebereinstimmung mit dem göttlichen
Gesetz nur ein Specialfall zu sein; denn das Gesetz der öffentlichen
Meinung ist naturgemäss dem mannigfachen Einflusse von Lebensgewohnheiten und Stammeseigenthümlichkeiten unterworfen, so dass
sein Ausspruch nach Ort und Zeit verschieden ausfallen und es vorkommen kann, dass bei den einen als Tugend gilt, was bei den anderen als Laster, und umgekehrt. In der Hauptsache jedoch werden,
wie Locke hier geltend macht, jene Namen fast immer zur Bezeichnung des gleichen Verhaltens dienen. „Denn da nichts natürlicher
ist, als durch Beweise von Achtung und Anerkennung das zu er-
muthigen, worin ein jeder seinen Vortheil erblickt, und ebenso das
Gegentheil zu tadeln und davon abzuschrecken, so ist nicht zu verwundern, dass Achtung und Missachtung, Tugend und Laster in
weitem Umfange mit der u n v e r ä n d e r l i c h e n R e g e l v o n r e c h t
u n d u n r e c h t zusammentreffen, welche das Gesetz Gottes festgestellt hat [2]. Denn es gibt nichts, was so direct und sichtbar das
allgemeine Wohl der Menschheit in dieser Welt sichert und fördert,
als Gehorsam gegenüber den Gesetzen, die er gegeben hat, und
ebenso nichts, was in solchem Masse Unglück und Verwirrung erzeugt, als ihre Verachtung. Wenn also die Menschen nicht selbst
auf jede Einsicht und Vernunft verzichteten und auf ihr eigenes
Interesse, dem sie doch so fest anzuhängen pflegen, so konnten sie
nicht so weit in die Irre gehen, dass sie Lob und Tadel auf die

---

[1] Essay II. 28, § 10: *Virtue and vice are names pretended and supposed
everywhere to stand for actions in their own nature right and wrong: and so far
as they really are so applied, they so far are coincident with the divine law.*

[2] . . . with the unchangeable rule of right and wrong, which the law of
God hath established.

Seite gelegt hätten, die es nicht verdient. Auch diejenigen vielmehr, deren Handlungsweise eine andere war, verfehlten nicht, ihre Billigung dem Richtigen zu ertheilen, und nur wenige waren bis zu dem Grade verdorben, dass sie nicht wenigstens an anderen die Fehler tadelten, deren sie sich selbst schuldig machten. So kam es, dass selbst unter der Verderbniss der Sitten die wahren Grenzsteine des Naturgesetzes, welches der Massstab von Tugend und Laster sein sollte, ganz wohl gewahrt blieben." [1]

Locke präcisirt diese Gedanken nochmals in den gegen Lowde gerichteten Bemerkungen, die er der letzten von ihm besorgten Ausgabe des Essays beifügte. Hier spricht er von der „ewigen und unveränderlichen Natur von recht und unrecht"[2], wie er in der Abhandlung über die Vernunftgemässheit des Christenthums das Gesetz „die ewige unveränderliche Norm des Rechts" genannt hatte[3].

Während aber an den bisher betrachteten Stellen das rationalistische Element immer nur gelegentlich heraustrat und nirgendwo in seine Consequenzen entwickelt wurde, stossen wir endlich auf eine letzte Gedankenreihe, in welcher dasselbe ausschliesslich herrschend ist. Sie musste daher da, wo man auf die bisher berücksichtigten einzelnen Aeusserungen weniger Gewicht legte oder an der herkömmlichen Ansicht über den Locke'schen Sensualismus festhielt, als ein auffälliger Widerspruch, eine „unbewusste Selbstwiderlegung" angesehen werden. In Wahrheit aber beginnt der Widerspruch nicht erst hier, vielmehr hat sich gezeigt, dass die beiden antagonistischen Tendenzen, welche Locke's erkenntnisstheoretische Ansichten bestimmen, auch seine Stellung den ethischen Problemen gegenüber beeinflussen. Man wäre deshalb ohne Zweifel berechtigt,

---

[1] Whereby even in the corruption of manners the true boundaries of the law of nature, which ought to be the rule of virtue and vice, were pretty well preserved. (II, 28, § 11.)

[2] The eternal and unalterable nature of right and wrong. Vgl. auch das Folgende: . . . it is plain, that I brought that passage of St. Paul (Phil. 4, 8) not to prove, that the general measure of what men call virtue and vice, throughout the world, was the reputation and fashion of each particular society within itself; but to shew, that though it were so, yet, for reasons I there give, men, in that way of denominating their actions, did not, for the most part, much vary from *the law of nature, which is that standing and unalterable rule,* by which they ought to judge of the moral rectitude and pravity of their actions, and accordingly denominate them virtues and vices.

[3] The law is the eternal, immutable standard of right. (Works VII, 33.)

jene Aeusserungen, in denen die Anerkenntniss des objectiv-vernünftigen Charakters der Moral zum Durchbruch kommt, mit dem in Zusammenhang zu bringen, was sich früher als Locke's ausgesprochene Lehre in betreff der unserer Erkenntniss zugänglichen allgemeinen Wahrheiten herausgestellt hat. Wenn insbesondere von diesen letzteren ausdrücklich betont wird, dass keine Macht sie ändern kann, dass sie jeder Willkür entzogen sind [1]: wenn sich Locke somit in der Controverse zwischen Cudworth und Cartesius [2] auf die Seite des erstern stellt, so spricht sicherlich die Wahrscheinlichkeit dafür, dass er dies nicht nur von theoretischen Lehrsätzen verstanden wissen wollte, sondern auch von den moralischen Principien, in betreff deren den Religionsphilosophen von Cambridge vor allem daran gelegen war, ihre eigene innere Nothwendigkeit zur Geltung zu bringen. Indessen sind wir hier keineswegs auf blosse Schlussfolgerungen angewiesen. Wird ja doch der Satz, dass die moralischen Wahrheiten auf den gleichen Grad der Evidenz gebracht werden können wie die mathematischen, von Locke mit besonderer Vorliebe und grösstem Nachdrucke immer wieder eingeschärft.

Bereits im dritten Kapitel des ersten Buches, mitten in der Bekämpfung des vermeintlichen Angeborenseins der obersten praktischen Grundsätze, wird von diesen letzteren behauptet, dass sie ebenso wahr, wenn auch nicht ebenso evident, seien wie die theoretischen. Sie leuchten nicht sofort ein, sobald sie ausgesprochen werden, sondern bedürfen der vernünftigen Erörterung und einer gewissen Uebung des Geistes, um ihre Wahrheit zu entdecken. Hierdurch aber geschieht dieser ihrer Wahrheit und Gewissheit kein Eintrag, ebensowenig wie der Wahrheit und Gewissheit des Satzes von der Winkelsumme des Dreiecks, wenn man behauptet, derselbe sei nicht ebenso evident wie das Axiom, dass das Ganze grösser ist als der Theil. Mit anderen Worten: die moralischen Wahrheiten bedürfen des Beweises, aber sie sind auch des Beweises fähig, und es ist daher nur unsere Schuld, wenn wir nicht zu einer sichern Erkenntniss derselben gelangen [3].

---

[1] Essay IV, 3, § 29; s. oben S. 208, Anm. 1.   [2] S. oben S. 129.

[3] Essay I, 3, § 1: Those speculative maxims carry their own evidence with them: but moral principles require reasoning and discourse and some exercise of the mind, to discover the certainty of their truth. . . But this is no derogation to their truth and certainty, no more than it is to the truth and certainty of the three angles of a triangle being equal to two right ones, because it is not so evident as that the whole is bigger than a part, nor so apt to be assented to at first

Ausführlich wird der Gedanke im vierten Buche entwickelt. Die Hauptstelle befindet sich im dritten Kapitel [1], nachdem bereits in dem vorangehenden der allgemeine Grundsatz aufgestellt worden ist, demonstrative Erkenntniss reiche so weit als die Möglichkeit, die zwischen den Ideen bestehenden Verhältnisse der Zusammengehörigkeit oder Nichtzusammengehörigkeit mit Hilfe vermittelnder Ideen zu entdecken, und daran die Erwartung geknüpft wurde, dass sich dieselbe keineswegs auf das Bereich der Quantität eingeschränkt finden werde [2]. Hieran knüpft § 18 des dritten Kapitels an, um sofort die Anwendung auf das moralische Gebiet zu machen. „Die Idee eines höchsten Wesens von unendlicher Macht, Weisheit und Güte, dessen Geschöpfe wir sind und von dem wir abhängen, und sodann die Idee von uns selbst als von vernünftigen Wesen, welche beide klar und deutlich in uns vorhanden sind, würden bei entsprechender Betrachtung solche Grundlagen unserer Pflichten und Regeln des Handelns gewinnen lassen, dass die Moral dadurch in die Reihe der demonstrativen Wissenschaften versetzt würde. In nothwendiger Folge würden sich die Normen von recht und unrecht aus unmittelbar einleuchtenden Obersätzen ebenso unbestreitbar herausstellen wie die Folgesätze in der Mathematik, vorausgesetzt nur, dass man sich mit ihnen mit der gleichen Aufmerksamkeit und mit ebensowenig Voreingenommenheit beschäftigen würde wie mit denen der anderen Wissenschaften.“ Denn nicht nur bei den Modi von Zahl und Ausdehnung, sondern auch bei anderen lassen sich in Anwendung der richtigen Methode die zwischen den Ideen

---

hearing. It may suffice, that these moral rules are capable of demonstration: and therefore it is our own fault, if we come not to a certain knowledge of them.

[1] Auf dieselbe verweist Locke, Essay IV. 12, § 8.

[2] Essay IV, 2. § 9: It has been generally taken for granted, that mathematics alone are capable of demonstrative certainty: but to have such an agreement or disagreement, as may intuitively be perceived, being as I imagine, not the privilege of the ideas of number, extension and figure alone, it may possibly be the want of due method and application in us, and not of sufficient evidence in things, that demonstration had been thought to have so little to do in other parts of knowledge, and been scarce so much as aimed at by any but by mathematicians. For whatever ideas we have, wherein the mind can perceive the immediate agreement or disagreement that is between them, there the mind is capable of intuitive knowledge; and where it can perceive the agreement or disagreement of any two ideas, by an intuitive perception of the agreement or disagreement they have with any intermediate ideas, there the mind is capable of demonstration, which is not limited to ideas of extension, figure, number and their modes.

bestehenden Relationen erfassen. Die Sätze: „Wo kein Eigenthum,
da keine Ungerechtigkeit" und „Keine Regierungsform kann absolute Freiheit gestatten" lassen sich mit derselben Stringenz beweisen wie irgend ein Lehrsatz des Euklid. Der Vorzug der Ideen
aus dem Bereiche der Quantität, um dessentwillen man ihnen gewöhnlich ausschliesslich die Fähigkeit zuschreibt, einem demonstrativen Verfahren unterworfen zu werden, beruht darauf, dass sie
durch sinnliche Zeichen veranschaulicht und fixirt werden können.
Was ein Kreis, ein Quadrat ist, wird mit Hilfe der Figur von allen
in der gleichen Weise verstanden; die moralischen Ideen dagegen
können wir nur durch Worte bezeichnen, welche unter Umständen
von verschiedenen Menschen in verschiedenem Sinne aufgefasst
werden. Dazu kommt noch, dass die moralischen Ideen weit zu-
sammengesetzter zu sein pflegen als diejenigen, denen die mathematischen Figuren entsprechen. Infolge hiervon kann leicht der
eine oder andere Bestandtheil in der Erörterung übersehen werden,
und es fällt uns schwer, sie in dem ganzen Umfange ihrer Beziehungen und Verhältnisse, ihrer Zusammengehörigkeit oder Nichtzusammengehörigkeit prüfend zu verfolgen [1], namentlich wenn es
sich dabei um langwierige Deductionen mit Hilfe und durch Vermittlung anderer, ebenso complicirter Ideen handelt.

Mehrfach kommt Locke im Verlaufe des vierten Buches auf
den Gedanken zurück, indem er entweder den allgemeinen Grundsatz wiederholt [2] oder denselben ins einzelne durchzuführen unternimmt. „Hat man die Idee eines schwachen und gebrechlichen
Wesens, welches von einem andern, ewigen, allmächtigen, vollkommen weisen und guten hervorgebracht und von diesem abhängig
ist, so wird man daraus mit der gleichen Gewissheit erkennen, dass
der Mensch Gott zu ehren, zu fürchten und ihm zu gehorchen hat,
wie man erkennt, dass die Sonne scheint, wenn man sie sieht. Denn
wer nur die Ideen von zwei derartigen Wesen in seinem Bewusstsein hat und seinen Gedanken diese Richtung gibt und dieselben
betrachtet, der wird als ebenso gewiss erkennen, dass das niedere,

---

[1] Essay IV, 2, § 19: From the complexedness of these moral ideas there
follows another inconvenience, viz. that the mind cannot easily retain those pre-
cise combinations, so exactly and perfectly, as is necessary in the examination of
the habitudes and correspondencies, agreements or disagreements of several of
them one with another; especially where it is to be judged of by long deductions,
and the intervention of several other complex ideas, to shew the agreement or
disagreement of two remote ones.   [2] IV, 4, § 7.

endliche, abhängige die Verpflichtung hat, dem obersten und unendlichen zu gehorchen, wie er es für gewiss findet, dass drei, vier
und sieben weniger sind als fünfzehn, sobald er diese Zahlen bedenkt und zusammenzählt."[1]

Nunmehr lässt sich die oben[2] aufgeworfene Frage beantworten.
Man kann nicht sagen, dass Locke, was die letzten Probleme der
Moralphilosophie betrifft, den Standpunkt von Cudworth, More und
Rust mit voller, jeden Zweifel ausschliessender Klarheit zum Ausdruck bringe[3]. Nirgendwo spricht er es aus, dass er das Sittengesetz, welches er so nachdrücklich auf den göttlichen Gesetzgeber
zurückführt, als ein objectiv-vernünftiges jeglicher Willkür, auch der
göttlichen, entzogen wissen will. Trotzdem aber steht er auch hier
unzweifelhaft unter dem Einflusse, der von jenen Männern und ihren
Gesinnungsgenossen ausging. Dies verrathen jene rationalistischen
Elemente, mit denen seine ethischen Betrachtungen immer wieder
durchsetzt sind, auch wo sie von ganz anderen Ausgangspunkten
herkommen, und die durch allen Relativismus und Utilismus hin-
durchbrechende Ueberzeugung, „dass es ein an sich Wahres, ein
unwandelbar Gutes gebe, über das des Menschen Geist sich nimmer
irren oder daran zweifelhaft werden könne"[4]. Dies bestätigen vor
allem seine Ausführungen über die Demonstrirbarkeit der moralischen Wahrheiten, in denen er von Voraussetzungen ausgeht und
Ausdrücke anwendet, welche sich als charakteristisch für die Schule
von Cambridge herausgestellt haben. In bestimmten Worten erklärt
er, was ihm die Zuversicht gegeben habe, jene Lehre aufzustellen,
sei die Einsicht gewesen, dass zwischen den Ideen, welche die Ethik
erörtere, eine auffindbare Verknüpfung und Zusammengehörigkeit
bestehe. „Soweit wir ihre Beziehungen und Verhältnisse ausfindig
machen können, so weit werden wir im Besitze gewisser realer und
allgemeiner Wahrheiten sein."[5]

---

[1] Essay IV, 13, § 3; das gleiche Beispiel 11, § 13; vgl. 17, § 4; oben S. 70.
[2] S. oben S. 219.
[3] Was Curtis a. a. O. S. 53 vorbringt, ist nicht hinreichend beweisend.
[4] J. H. Fichte, System der Ethik I, 537.
[5] Essay IV, 12, § 8: The ideas that ethics are conversant about, being all
real essences, and such as I imagine, have a discoverable connection and agreement one with another; so far as we can find their habitudes and relations, so far
we shall be possessed of certain, real and general truths, and I doubt not, but
if a right method were taken, a great part of morality might be made out with
that clearness, that could leave, to a considering man, no more reason to doubt.

Man hat geglaubt, die Bedeutung, welche dieser Bestandtheil im Ganzen von Locke's Moralphilosophie besitzt, herabdrücken und den dadurch bezeichneten Widerspruch mit der sensualistischen Grundlage des Systems hinwegräumen zu können, indem man annahm, die von ihm für die Ethik in Anspruch genommene mathematische Gewissheit beziehe sich nicht „auf das Finden der sittlichen Regeln selbst", auf „sittliche Grundurtheile", sondern nur „auf die Uebereinstimmung oder Nichtübereinstimmung eines gegebenen einzelnen Falles mit diesen Regeln", oder „auf die logische Entwicklung aller aus einem ethischen Begriffe oder einem Gesetze folgenden Corollarien". Auch liess sich hierfür Berkeley als Gewährsmann anführen, welcher bereits den Vorwurf gegen Locke erhob, seine Versuche einer mathematischen Demonstration der Moral beruhten auf lauter Worterklärungen, und die von ihm gewählten Beispiele fielen unter die von ihm selbst gebrandmarkten „läppischen Behauptungen" [1].

Nun muss allerdings zugegeben werden, dass einzelne Ausführungen diesem Vorwurfe eine gewisse Berechtigung geben. Wenn an einer Stelle die Möglichkeit einer Einführung des demonstrativen Verfahrens in die Moral damit in Verbindung gebracht wird, dass es sich hier um Begriffe von gemischten Modi, also um willkürlich zusammengesetzte Gedankendinge handle, deren „reale Wesenheit" deswegen genau und vollständig bekannt sei oder durch sorgfältige Aufzählung der zusammensetzenden Bestandtheile bekannt gemacht werden könne; wenn er wiederholt einschärft, bei der Wahrheit und Gewissheit der moralischen Sätze spiele die Existenz der Objecte so wenig eine Rolle, wie die Existenz eines wirklichen Dreiecks oder Kreises für die Giltigkeit der geometrischen Lehrsätze in Betracht komme, Mord bleibe ein strafwürdiges Verbrechen, auch wenn niemals wirklich eine Mordthat geschehe [2], so liegt es nahe, hierbei an lauter analytische Urtheile im Sinne Kants zu denken, welche lediglich erläuternder Art sind und nur im Prädicat aussprechen, was der Subjectsbegriff enthält, ohne dass es dabei auf die objective Berechtigung oder gar Nothwendigkeit dieses letztern irgendwie ankäme [3].

than he could have to doubt of the truth of propositions in mathematics, which have been demonstrated to him.

[1] Jodl, Geschichte der Ethik I, 153 nebst Anm. 21, S. 400, nach dem Vorgange von Leslie Stephen a. a. O. II, 85. [2] Essay IV, 4, § 7 ff.

[3] So auch Curtis a. a. O. S. 71, der den Vorwurf für einen Theil von Locke's Ausführungen als berechtigt anerkennt.

Dass indessen eine solche Auslegung jedenfalls nicht der Absicht Locke's entsprechen würde, lässt sich unschwer nachweisen.
Er kann die moralischen Sätze, sofern sie der Demonstration fähig
sind oder als Beweisglieder in dieselbe eintreten, unmöglich für lauter
identische Urtheile gehalten haben; denn alsdann würde von den
mathematischen, mit denen er sie immer wieder auf eine Stufe stellt,
das Gleiche gelten müssen. Wenn er ausdrücklich als die wahre
Methode des Erkenntnissfortschritts die Vergleichung unserer abstracten Ideen bezeichnet[1] — ein Ausspruch, der für sich allein
bereits eine völlige Absage an den Empirismus enthält —, so lehrt
er doch zugleich, dass ein solcher Fortschritt da nicht gewonnen
werde, wo die Vergleichung nur zur Erkenntniss der Identität oder
Nichtidentität hinführt. Vielmehr beruht derselbe ihm zufolge darauf, dass es uns gelingt, zwischen den Ideen Beziehungen von eigenem
positivem Inhalte zu entdecken[2]. Die Sätze, in denen die so gewonnenen Erkenntnisse ausgesprochen werden, sind somit nicht analytische, sondern synthetische, nur dass man dabei nicht an eine in
der Organisation des Subjects beruhende Function der Verknüpfung,
sondern an die Einsicht in einen objectiven und zugleich als nothwendig erkannten Zusammenhang zu denken hat.

Aber auch das ist nicht richtig, dass Locke bei der Demonstrirbarkeit der Moral nur an die Anwendung eines Satzes auf einen
einzelnen Fall oder die Entwicklung desselben in seine Corollarien,
nicht aber an die Auffindung und Ableitung eines sittlichen Grund-
urtheils denke. Das Gegentheil geht aus den oben herangezogenen
Stellen hervor. Nicht bloss von einzelnen untergeordneten Sätzen
wird behauptet, dass sie mit derselben Stringenz bewiesen werden
könnten wie die Lehrsätze des Euklid, sondern ganz allgemein wird
von den Normen von recht und unrecht gesagt, dass sie sich aus
unmittelbar einleuchtenden Sätzen in nothwendiger Folge ableiten
lassen. Locke selbst nimmt als Beispiel einen Satz, dem man die
grundlegende Bedeutung gewiss nicht abstreiten wird, den Satz, dass
der Mensch die Pflicht habe, Gott zu gehorchen[3]. Derselbe erscheint
als die nothwendige Consequenz der klar erkannten und in ihre

---

[1] Essay IV, 12, § 7: General and certain truths are only founded in the habitudes and relations of abstract ideas. A sagacious and methodical application of
our thoughts, for the finding out of these relations, is the only way to discover all
that can be put with truth and certainty concerning them, into general propositions. Cfr. Conduct of understanding § 23.

[2] IV, 1, § 5; s. oben S. 63. Anm. 2.   [3] IV, 3, § 18: s. oben S. 236 f.

gegenseitigen Beziehungen verfolgten Begriffe von Gott einerseits und dem Menschen andererseits. Er spricht somit eine allgemeine und absolut giltige Wahrheit aus, zudem eine solche, die nicht blosse selbstersonnene Gedankendinge betrifft, sondern das Verhältniss des Menschen, dessen Existenz uns wenigstens in unserer eigenen Person mit dem höchsten Grade von Gewissheit verbürgt ist, zu Gott, dessen Existenz uns ebenfalls mit Hilfe der Demonstration zweifellos feststeht.

Wenn sodann wiederholt davon die Rede ist, dass die Begriffe von Gerechtigkeit und Mässigkeit, von Mord und Sacrileg ihren Inhalt, und die daraus abgeleiteten Urtheile daher ihre Giltigkeit behalten, unabhängig von den wirklichen einzelnen Fällen, die darunter möglicherweise subsumirt und an ihnen gemessen werden können, so dass die Erörterung derselben im besten Falle nur eine logische Bedeutung zu haben scheint, so wird doch anderwärts der Werth dieser Begriffe ausdrücklich darin gesehen, dass der Mensch aus ihnen zur Erkenntniss seiner Pflicht gelangt[1], und es erscheint die sorgfältige Vergleichung derselben und die Erfassung ihrer Beziehungen zu einander, also das, was das demonstrative Verfahren ausmacht, als das Mittel zur Auffindung der sittlichen Regeln.

Eine Schwierigkeit bleibt allerdings zurück. Es ist dieselbe, auf die bereits früher hingewiesen wurde[2]. Wie sollen wir zu synthetischen Urtheilen der bezeichneten Art gelangen, wenn die Begriffe, aus denen wir sie gewinnen, Gebilde unserer Willkür sind? Jeder Schritt des demonstrativen Verfahrens setzt die intuitive Erkenntniss des zwischen zwei Begriffen bestehenden positiven Verhältnisses voraus. Wie kann diese Intuition für alle denkenden Subjecte den gleichen Inhalt haben, wenn nicht jeder der verglichenen Begriffe ein von der Willkür des einzelnen Subjectes unabhängiges, einheitliches und geschlossenes Ganzes ist? An dieser Stelle stösst, wie gezeigt worden ist, die empiristische und sensualistische Tendenz mit der rationalistischen zusammen, ohne sich mit ihr zu einer harmonischen Einheit verbinden zu können.

---

[1] Conduct of the understanding § 9: To convince people of what moment it is to their understandings, to be furnished with such abstract ideas steady and settled in them, give me leave to ask how any one shall be able to know, whether he be obliged to be just, if he has not established ideas in his mind of obligation and of justice, since knowledge consists in nothing but the perceived agreement or disagreement of those ideas? and so of all others the like, which concern our lives and manners. [2] S. oben S. 87 f.

Während in betreff der mathematischen Begriffe keine Spur darauf deutet., dass Locke sich dieser Schwierigkeit bewusst geworden sei, ist sie ihm in betreff der moralischen nicht völlig entgangen. Er hatte sich selbst den Einwand gemacht, wenn man die Moral lediglich in die Erörterung unserer moralischen Begriffe setze, diese aber, wie die Begriffe anderer Modi, unsere eigenen Erzeugnisse seien, so müsse dies eine totale Verwirrung der Meinungen über Tugend und Laster zur Folge haben, da eben jeder darunter verstehen werde, was ihm gefalle. Was es zur Widerlegung des Einwandes bringt, ist ganz ungenügend. Nicht eine Verwirrung der Begriffe sei zu befürchten, sondern höchstens ein unrichtiger Gebrauch der Namen. Wolle jemand die Aneignung fremden Eigenthums als Gerechtigkeit bezeichnen, so sei dies ganz ebenso anzusehen, wie wenn jemand von einem Trapez mit vier rechten Winkeln sprechen wolle, da doch nach dem gewöhnlichen Sprachgebrauch mit jenem Namen eine Figur bezeichnet werde, welche keine vier rechten Winkel habe. Der Schaden könne zwar auf dem moralischen Gebiete grösser sein als auf dem mathematischen, wo man nur die Figur zu zeichnen brauche, um sich ohne Rücksicht auf die so oder anders gebrauchten Namen über die Sache zu verständigen. Auch in der Moral aber werde man zur Verständigung gelangen, wenn man nur in der gleichen Weise von den Namen absehe und die Ideen selbst ins Auge fasse [1].

Aber es handelt sich ja gar nicht so sehr um willkürlich gebrauchte Namen als um willkürlich gebildete Begriffe. Dass es kein Viereck geben kann, welches ohne gleiche und parallele Seitenpaare dennoch vier rechte Winkel aufweise, zeigt die Construction. Nur wenn auch die Bildung der moralischen Begriffe unter dem Zwange einer für alle giltigen und einleuchtenden Nothwendigkeit geschieht, ist es möglich, Folgerungen aus ihnen abzuleiten, deren Verbindlichkeit von allen anerkannt werden muss.

Dass Locke selbst einigermassen die Schwäche der Zurückweisung empfunden hat und die Nothwendigkeit, zu einem objectiv giltigen und unverrückbaren Massstabe zu gelangen, lässt sich vielleicht aus einer kurzen Bemerkung entnehmen, welche er unmittelbar daran anschliesst. Wo Gott oder ein anderer Gesetzgeber moralische Namen festgesetzt hätten, da hätten diese zugleich die specifische Wesenheit, worauf die Namen sich beziehen, festgestellt, und

---

[1] S. oben S. 28 f.

deshalb sei es alsdann unzulässig, diese Namen anders zu gebrauchen[1].
Denn selbstverständlich kommt es ja doch nicht auf die Heilighaltung
des Wortlautes an, der sich in den verschiedenen Sprachen verschieden gestaltet, sondern auf die Anerkennung jener „specifischen
Wesenheit" als eines objectiv Gegebenen und dem Dafürhalten des
Einzelnen Entrückten. Würde es aber hiernach den Anschein gewinnen, als wolle Locke, im Widerspruche mit all den angeführten
Aeusserungen über die natürliche Erkennbarkeit und den vernünftigen Inhalt des Sittengesetzes, die allgemein verbindende Norm zuletzt doch nur in dem positiven Gesetze Gottes finden, so bestätigt
eben dies nur noch einmal, dass ihm ein Ausgleich der beiden in
dem Ganzen seiner philosophischen Gedanken wirksamen Tendenzen
nicht gelungen ist.

---

[1] Essay IV, 4, § 10: One thing more we are to take notice of, that where
God or any other law-maker, hath defined any moral names. there they have made
the essence of that species to which that name belongs; and there it is not safe
to apply or use them otherwise.

Viertes Kapitel.

Die Veranlassung des Essays.

IN dem „Briefe an den Leser", welcher dem Essay vorangeschickt ist, berichtet Locke über den Vorfall, welcher ihm den Anstoss zu den Untersuchungen gab, die den Inhalt seines berühmtesten Werkes ausmachen. Der Bericht ist ebenso oft nacherzählt als selten zum Gegenstand einer eindringenden Untersuchung gemacht worden, daher es an einer übereinstimmenden und befriedigenden Beantwortung der Fragen fehlt, welche derselbe hervorzurufen geeignet ist.

Fünf oder sechs Freunde, hören wir, waren in Locke's Zimmer versammelt und unterhielten sich über einen Gegenstand, der von dem des Essays sehr weit ablag. Dabei sahen sie sich alsbald von Schwierigkeiten umgeben, die sich von allen Seiten erhoben. Nachdem man sich eine Zeitlang den Kopf zerbrochen hatte, ohne zu einer Lösung der Zweifel zu gelangen, in die man sich verwickelt fand, stieg in Locke die Vermuthung auf, der Weg, den man eingeschlagen habe, sei falsch. Ehe man sich mit Erörterungen solcher Art befasse, sei es nöthig, zuerst die Tragweite der menschlichen Fähigkeiten zu prüfen und zuzusehen, welche Gegenstände der Erkenntniss zugänglich sind und welche nicht. Die übrigen stimmen bei: es wird beschlossen, vor allem diese Prüfung anzustellen; Locke unterzieht sich der Aufgabe, um nach Ablauf von zwanzig Jahren das Ergebniss nicht mehr jenem engen Freundeskreise, sondern der Oeffentlichkeit vorzulegen.

Welches war der Gegenstand jener Unterredung? Locke sagt uns nur, dass er von dem Gegenstande des Essays sehr verschieden war [1], dass die Erörterung desselben auf unüberwindliche Schwierigkeiten und Zweifel stiess, und dass er und die übrigen Theilnehmer jenes Gespräches daher zu der Ueberzeugung gelangt seien, es müsse der Erörterung zunächst eine Verständigung über die Tragweite der menschlichen Erkenntniss vorangehen. Bis in die neueste Zeit ist

---

[1] A subject very remote from this.

es üblich gewesen. den Gegenstand auf dem metaphysischen Gebiete zu suchen. Hierzu aber bestimmte nicht etwa ein Anhaltspunkt in den Thatsachen, sondern die Nachwirkung des Kantischen Kriticismus. Indem man den gesammten Verlauf der neuern Philosophie in seinem Lichte betrachtete, erschien Locke als der erste. dem die Unmöglichkeit der Metaphysik aufgegangen und der eben dadurch zur Aufstellung des kritischen Problems bestimmt worden sei. Aber hierbei ist übersehen, dass von einer Unmöglichkeit der Metaphysik im Sinne Kants bei Locke schlechterdings keine Rede ist. welcher der Erkenntniss des Daseins Gottes den höchsten Grad der Gewissheit nächst der Erkenntniss der eigenen Existenz zuschreibt und nicht daran denkt, auf jede theoretische Einsicht in die Natur und die Eigenschaften Gottes zu verzichten [1].

Liegt also weder in den Worten jenes Berichtes noch in dem Ergebniss der durch jenes Gespräch veranlassten Untersuchung ein Anhalt, um das Thema des letztern im Bereiche der Metaphysik zu suchen. so weist nunmehr auch das Zeugniss eines Theilnehmers an demselben und der Zusammenkunft in Exeter House im Winter 1670/71 nach einer andern Richtung. Das British Museum besitzt ein Exemplar des Essays, welches der Bibliothek von James Tyrrell entstammt, Locke's Mitschüler in Christ College. und in welchem sich die handschriftliche Randbemerkung findet, das Gespräch. bei dem der Schreiber zugegen gewesen, habe sich „um die Principien der Moral und der geoffenbarten Religion gedreht" [2]. Es wird darauf ankommen, diese kurze und nicht sehr bestimmte Angabe in einen solchen Zusammenhang zu bringen, dass sich verstehen lässt, wie ein derartiges Thema der Ausgangspunkt für Locke's erkenntnisstheoretische Untersuchungen werden konnte. Zu dem Ende ist es nothwendig, sich zu vergegenwärtigen, welchen Standpunkt er damals philosophischen Fragen gegenüber einnahm und auf welchem Wege er zu demselben gelangt war.

Bekanntlich hatte er in der Philosophie den Bildungsgang zurückgelegt, welcher unter der Nachwirkung der mittelalterlichen Einrichtungen und der Ueberreste der Spätscholastik in Oxford üblich war. Bekannt ist ebenso. dass er sich hiervon gänzlich unbefriedigt fand. Gleich Bacon. Hobbes und Glanvill sah er in dem philoso-

---

[1] Vgl. oben S. 57, Anm. 2.

[2] I remember being myself one of those that met there when the discourse began about the principles of morality and revealed religion. (Fox Bourne 1. 248: cfr. p. 60.)

phischen Schulbetrieb nur leeres Gerede und eitlen Wortstreit. Wie
hoch in der That damals noch, zumal in Oxford, die Kunst regel-
rechten Disputirens gewerthet wurde, kann man aus Anthony Woods
Bericht über Leben und Schriften von Lehrern und Schülern dieser
Universität ersehen. Da werden John Case, John Argall, John
Flavell, Samuel Smith, Griffith Powell, Richard Crakanthorpe, Robert Pink, Thomas Tully aufgeführt, lauter Leute von Oxford, die
vom letzten Decennium des sechzehnten bis tief ins siebzehnte Jahrhundert hinein heute vergessene Compendien der Logik oder Commentare zu Aristoteles erscheinen liessen, und als besonderes Lob
ist bei dem einzelnen angemerkt, dass er „der berühmteste Disputant
und Philosoph" gewesen sei, der je seinen Fuss in dieses oder jenes
College gesetzt habe, dass er als „ausgezeichneter Disputant", als
„genauester Disputant und tiefsinniger Philosoph", als „höchst ausgezeichneter Philosoph und subtiler Disputant" gegolten habe[1].

Als Locke aus der Reihe der Schüler in die der Lehrer in Oxford aufstieg, wurden ihm die Fächer des Griechischen und der
Rhetorik und das „Censoramt in der Moralphilosophie" zugewiesen[2].
Wenn er aber späterhin ganz allgemein gegen die auf Aristoteles
gegründete Behandlung der Moral den Vorwurf erhebt, sie befasse
sich nur mit der Erläuterung von Namen, während doch die Aufgabe sein müsse, unser Leben zu leiten und durch Belehrung über
gute und schlechte Handlungen uns anzuleiten, das eine zu thun
und das andere zu unterlassen[3], so beweist dies, dass er sich
jedenfalls nie eingehender mit der Nikomachischen Ethik befasst
hat[4]. — Wie Lady Masham berichtet, waren es die Schriften des
Cartesius, die ihn zuerst Geschmack an der Philosophie finden liessen,

---

[1] Case schrieb: Summa veterum interpretum in universam dialecticam Aristotelis, welche 1584 und öfter erschien; Speculum moralium quaestionum in universam ethicam Aristotelis (1585); Commentare zu den Magna Moralia (1596), der
Oekonomik (1597), der Physik (1599); Argall eine Introductio in artem dialecticam (1605); von Flavell wird ein Tractatus de demonstratione (1619) angeführt; von Smith: Aditus ad logicam (1613 und 1619); von Powell eine Darstellung der Analytica posteriora (1594) und der Sophistici elenchi (1594 und nochmals 1664); von Crakanthorpe: Introductio in Metaphysicam (1619) und Logicae libri V (1622 und 1677); von Pink: Quaestiones selectiores in Log., Eth.,
Phys., Metaph. (1680); von Tully: Logica apodictica (1662). Cfr. Wood, Athenae
Oxonienses I, 260. 284. 358. 383. 417; II, 58. 405.

[2] Fox Bourne I, 89. Campbell Fraser S. 15.

[3] On Ethics in general n. 6; bei Lord King I, 127.

[4] Vgl. auch Tagart, Locke's writings and philosophy p. 376.

nicht freilich, wie sofort einschränkend hinzugefügt wird, weil er
mit dem Inhalte der Lehrmeinungen des berühmten französischen
Philosophen übereinstimmte, sondern weil er sich an der lichtvollen
Darlegung erfreute [1].

Wann die Bekanntschaft mit Cartesius erfolgte und ob insbesondere Locke, ehe er noch zu selbstthätiger, gründlicherer Beschäftigung
mit philosophischen Fragen kam, die sämmtlichen Schriften desselben
gelesen hatte, lässt sich aus jener Angabe nicht ersehen. Dagegen
wissen wir, dass seine Interessen in der Zeit von 1660 bis 1670
nach ganz anderen Richtungen gingen. Er beschäftigte sich mit
physikalischen Beobachtungen und bereitete sich theoretisch und
praktisch auf den ärztlichen Beruf vor, für den er zeitlebens eine
Vorliebe besass, ohne dass er dazu gekommen wäre, ihn wirklich
zu ergreifen, vermuthlich, weil seine schwache Gesundheit ihn daran
verhinderte. Daneben beschäftigte ihn, wie die zahlreichen in seinem
Nachlasse vorgefundenen Aufzeichnungen beweisen und wie es die
die Zeit aufs lebhafteste bewegenden Interessen mit sich brachten,
das Problem der religiösen und bürgerlichen Freiheit. Die Grund-
züge der spätern Toleranzepistel liegen in einem Aufsatze aus dem
Jahre 1666 vor [2]. Ungefähr um dieselbe Zeit begann seine Betheiligung an den Staatsgeschäften, zuerst vorübergehend im Winter
von 1665 auf 1666 als Secretär einer an den brandenburgischen
Hof in Cleve gerichteten englischen Gesandtschaft, sodann seit 1667
in dauernder und für sein Leben folgenschwerer Weise als vertrauter
Rathgeber Lord Ashley's. Das Interesse an der Medicin nahm nach
der Uebersiedelung von Oxford nach London nicht ab, sondern erhielt vielmehr dort durch den regen Verkehr mit Mapletoft und
dem berühmten Sydenham neue Nahrung. Dass Locke auf diesem
Wege eine ausgebreitete und vor jeder Einseitigkeit bewahrte Bildung sowie einen geschärften Blick für die Ereignisse der Natur
und die Verhältnisse des Menschenlebens gewinnen musste, ist einleuchtend, ebenso aber auch, dass derselbe wenig geeignet war,
seinen philosophischen Gedanken eine feste Begründung und syste-
matische Ausgestaltung zu verschaffen. Von seiner Beschäftigung
mit ethischen Fragen geben zwei kleine Aufsätze Zeugniss, die sich
weder durch Neuheit der Gedanken noch durch Tiefe der Auffassung auszeichnen [3]. Weit wichtiger ist ein vom Jahre 1669 datirtes
Fragment mit der Ueberschrift: De arte medica [4].

---

[1] Fox Bourne I, 62.   [2] Ebend. S. 165 ff.   [3] S. oben S. 222.
[4] Bei Fox Bourne I, 222 ff. Vgl. die damit übereinstimmenden Ausfüh-

Den mancherlei haltlosen Systemen und abstracten oder phantastischen Speculationen über die Principien der Heilkunde wird hier
die sorgfältige Beobachtung der wirklichen Vorkommnisse, die metho-
disch geleitete Erfahrung gegenübergestellt, welche allein Erfolge und
einen Fortschritt des Wissens und Könnens verheisse. Locke erweitert sodann den Gedanken und erörtert die Hindernisse, welche
so lange Zeit einer gedeihlichen Entwicklung der Naturerkenntniss
im Wege standen. Alle wahre Erkenntniss ist auf dem Wege der
Erfahrung in die Welt gekommen. Hätten die Menschen sich hieran
gehalten und ihre Kraft darauf verwandt, durch eigene Beobachtungen die von anderen gemachten zu ergänzen, es stünde besser
um die Medicin und die Wissenschaft überhaupt. Aber nicht zufrieden mit einer Erkenntniss, die ihnen zugänglich und zugleich
nützlich war, wollten sie in ihrem Stolze in die verborgenen Ursachen der Dinge eindringen. Sie stellten Principien auf und er-
sannen Regeln in betreff der Wirkungen in der Natur und warteten
vergeblich darauf, dass die Natur oder vielmehr Gott selbst nach
den ihm vorgeschriebenen Gesetzen und Regeln handeln werde. Und
doch konnten ihre beschränkten Fähigkeiten sie nur dazu führen,
einige wenige von sichtbaren äusseren Ursachen erzeugte Wirkungen
wahrzunehmen und im Gedächtnisse festzuhalten, während der eigentliche Hergang selbst ihrer Einsicht vollkommen verborgen blieb.
Denn man darf wohl sagen, dass dies grosse und wunderbare Ge-
bäude der Welt, das Werk des allmächtigen Baumeisters, nur von
ihm selbst, der es hervorbrachte, vollkommen verstanden werden
kann. Aber in angemasster Gottähnlichkeit mühten sich nun die
Menschen ab, mittels ihrer Einbildungen zu ergänzen, was ihren Beobachtungen fehlte. Unfähig, die wirklichen Principien, Ursachen
und Regeln der Naturvorgänge zu erfassen, machten sie sich eine
Welt nach ihren eigenen Gedanken zurecht. So entstand eine spitzfindige Gelehrsamkeit, welche die Bereicherung an praktischem Wissen
nur hinderte; die Welt ward angefüllt mit Büchern, die jedoch leer
waren an wirklichem Erkenntnissgehalt, und die Förderung der
Künste und Wissenschaften, welche den Bedürfnissen und Annehm-
lichkeiten des Lebens dienen, blieb der Arbeit ungelehrter Hand-
werker überlassen. Wer schöne Gärten und fruchtbare Felder zu
haben wünscht, thut besser, sich an die Erfahrung des plumpen

----

rungen in den Briefen an Molyneux vom 15. Januar 1697 und den Briefen
an dessen Bruder vom 1. November 1692 und 20. Januar 1693.

Bauern und unbelesenen Gärtners zu wenden, als an die Wissenschaft eines tiefsinnigen Philosophen und haarspaltenden Disputanten. Der wirkliche Nutzen und Vortheil einer Bekanntschaft mit den Naturdingen kann nur in der Förderung der menschlichen Wohlfahrt liegen. Alle Speculationen über dieselben, wie interessant und geistreich sie auch sein, wie tiefgründig sie erscheinen mögen, verdienen den Namen der Wissenschaft nicht, sind lediglich ein leerer und müssiger Zeitvertreib, wenn sie uns keine Anleitung geben, vorwärts zu kommen, und nicht zu nützlichen Erfindungen den Anlass bieten.

Diese Ausführungen lassen erkennen, welches im allgemeinen Locke's Denkweise war, als das Problem an ihn herantrat, durch dessen Inangriffnahme er seine epochemachende Stellung in der Geschichte der neuern Philosophie gewinnen sollte. Es ist dieselbe Denkweise, welche ein halbes Jahrhundert früher in den Schriften Bacons ihren Ausdruck gefunden hatte. Das Interesse an theologischen Controversen und politischen Fragen und die Stürme des Bürgerkrieges hatten sie zurückgedrängt; nunmehr aber, in der Periode der Restauration, brach sie fast gewaltsam hervor[1]. Wiederholt ist von der Royal Society die Rede gewesen, welche völlig im Sinne und Geiste Bacons eine erweiterte Kenntniss der natürlichen Thatsachen zum Zwecke einer wachsenden Herrschaft über die Natur anstrebte. Seit 1668 war Locke Mitglied derselben. Nahm er auch, wie es scheint, an ihren Verhandlungen keinen besonders regen Antheil, so beweist doch seine im November 1669 erfolgte Wahl in den Rath[2] das Ansehen, das er genoss, und die Uebereinstimmung mit den Bestrebungen der Gesellschaft, die man bei ihm voraussetzte. Auch veröffentlichte er einige seiner Beobachtungen naturwissenschaftlicher und medicinischer Art in den Philosophical Transactions[3]. Mit welchem Eifer Glanvill der Royal Society anhing, ist früher berichtet worden. An seine Scepsis scientifica, die er in ein bestimmtes Verhältniss zu derselben gesetzt wissen wollte, klingen die Ausführungen Locke's in dem soeben erwähnten Bruchstücke deutlich an. Sieht dieser in dem Versuche, die Naturvorgänge aus allgemeinen Principien construiren zu wollen, eine angemasste Gottähnlichkeit, so heisst es dort, wer behaupte, die Principien der Natur

[1] *Macaulay*, History of England I, ch. 3.
[2] *Birch*, History of the Royal Society II. 406.
[3] Fox Bourne I, 329. 385; II. 235. Anm. 1.

müssten so sein, wie unsere Philosophie sie aufstellt, der setze der
Allmacht Gottes Grenzen und bemesse die unendliche Macht nach
unseren dürftigen Mustern [1].

Sicher also ist, dass Locke ein Jahr, bevor jenes denkwürdige
Gespräch stattfand, sich als Gegner aller haltlosen Constructionen
aus willkürlich aufgestellten Voraussetzungen, als Feind bloss äusser-
licher, mit Worten prunkender Gelehrsamkeit bekannte. Er erblickte
den Fortschritt der Wissenschaft in der Beobachtung der Thatsachen
und war der Meinung, dass eine vollständige und abschliessende
Erkenntniss der Naturzusammenhänge dem Menschen nicht zugänglich sei. Sein neuester englischer Biograph hat geglaubt, hierbei stehen bleiben und lediglich aus diesen Ueberzeugungen heraus
nicht nur Veranlassung und Absicht, sondern auch Inhalt und Richtung des Essays ableiten zu sollen. Locke habe sich zu einer Prüfung des menschlichen Erkenntnissvermögens angeschickt, um gewisse vorherrschende Fehler und Täuschungen der Menschheit aufzudecken und die Menschen vor Irrthümern zu behüten, namentlich
auf dem Gebiete der Moral und Religion. Von der Heilung körperlicher Krankheiten habe er sich so gleichsam zur Heilung pathologischer Geisteszustände gewandt [2].

Aber zunächst ist in jenem Bruchstücke von Irrthümern auf
dem Gebiete der Moral und Religion keine Rede, sondern von unzulänglichen Systemen der Naturphilosophie, entsprungen aus der
fehlerhaften Neigung und Gewohnheit des Menschen, seine lücken-
haften Kenntnisse der Thatsachen durch Erfindungen seiner eigenen
Einbildung oder seines grüblerischen Scharfsinns zu ergänzen oder
sich gar mit leeren Worten zu begnügen. Und sodann: welchen
Grund hatte Locke, so nachdrücklich auf jene Discussion in seinem
Zimmer im Jahre 1670 oder 1671 hinzuweisen, wenn kein näherer
Zusammenhang zwischen Thema und Verlauf derselben mit dem Gedankengang und den Ergebnissen des Essays bestand? Es war schwerlich weder die erste noch die letzte Unterredung, welche ihm die
weite Verbreitung von Irrthümern und Fehlern unter den Menschen
vor Augen führte. Er erzählt selbst im dritten Buche von einer
andern. In einer Gesellschaft von gelehrten und geistreichen Aerzten
stritt man über die Frage, ob eine Flüssigkeit durch die Nerven-
fasern hindurchzugehen vermöge. Als die Debatte eine gute Weile

---

[1] Scepsis scientifica p. 156.
[2] Campbell Fraser S. 36. 38. 83 f.

gedauert hatte und eine Menge von Argumenten von beiden Seiten
vorgebracht worden war, wünschte Locke, der die Vermuthung hegte,
dass sich der grösste Theil der Disputationen mehr um die Bedeutung der Worte drehe als um wirkliche sachliche Differenzen, man
möge doch, ehe man den Streit fortsetze, zunächst feststellen, welche
Bedeutung man mit dem Worte Flüssigkeit verbinde [1]. — Sicherlich
wird man anzunehmen haben, dass es sich bei jenem berühmt gewordenen Gespräche in Exeter House um etwas mehr gehandelt habe.

Auch ist in jener Darlegung Veranlassung und Absicht des
Essays nicht richtig wiedergegeben. Der Verlauf des Gespräches
hatte zu der Einsicht geführt, dass man nicht zu einer befriedigenden
Verständigung über gewisse Fragen gelange, wenn nicht eine Verständigung über die Tragweite unseres Erkenntnissvermögens vorangegangen sei. Die Einleitung führt sodann aus, auf welchem Wege
diese letztere gesucht und gefunden werden müsse. Für den vorgezeichneten Zweck genüge eine Betrachtung, welche sich lediglich
durch Vergegenwärtigung des Thatbestandes Rechenschaft gebe über
die Art und Weise, in der unser Verstand zu seinen Begriffen von
Dingen komme, und zugleich die Möglichkeit gewähre, bestimmte Normen der Gewissheit unserer Erkenntniss aufzustellen [2]. Die Wichtigkeit
dieses zweiten Punktes wird illustrirt durch den Hinweis einerseits
auf die ungeheuere Verschiedenheit, ja Gegensätzlichkeit der menschlichen Ueberzeugungen, andererseits auf den Eifer und die Hartnäckigkeit, mit der ein jeder die seinige zu vertreten pflegt. Thatsachen, die den Verdacht erwecken könnten, als ob es entweder
keine objective, allgemein giltige Wahrheit gäbe oder aber den Menschen die Mittel gebrächen, zu ihrer Erkenntniss vorzudringen. Gelangen wir dagegen durch eine Erörterung der Natur und Beschaffenheit unseres Verstandes zu einer richtigen Werthschätzung seiner
Kräfte; lernen wir einsehen, welche Objecte in ihr Bereich fallen
und welche darüber hinausliegen, so werden wir vorsichtiger in ihrer
Anwendung sein. Wir werden uns bescheiden, von den letzteren
schlechterdings nichts zu wissen, und uns hüten, in der anmasslichen
Voraussetzung einer universalen Erkenntniss oder Wissenschaft

---

[1] Essay III, 9, § 16.
[2] I, 1, § 2: I shall imagine I have not wholly misemployed myself in
the thoughts I shall have on this occasion, if, in this historical, plain method,
I can give any accounts of the ways, whereby our understandings come to attain
those notions of things we have, and can set down any measures of the certainty
of our knowledge.

Fragen aufzuwerfen, die nur geeignet sind, uns und andere zu verwirren, und über Dinge zu disputiren, für welche unser Verstand
nicht gemacht ist und von denen wir entweder keine klaren und
deutlichen oder überhaupt keine Begriffe haben[1]. Müssen wir uns
alsdann eingestehen, dass die Fassungskraft unseres Verstandes hinter
dem unermesslichen Umfange der Wirklichkeit weit zurückbleibe,
so lernen wir doch auch einsehen, dass Gott uns die Fähigkeit gegeben hat, das zu erkennen, was uns nützt. Unsere Erkenntniss
reicht so weit als unsere physischen und moralischen Bedürfnisse;
wir erkennen, was zur Nothdurft und zur Verschönerung des physischen Lebens dient und was uns zur Ordnung unseres sittlichen
Lebens erforderlich ist: das Dasein Gottes und unsere Pflichten.
Was jenseits dieser Grenzen liegt, ist unerkennbar, aber auch ohne
Werth für uns. Auch innerhalb derselben aber ist nicht überall der
gleiche Grad wissenschaftlicher Gewissheit zu erreichen. Doch darf
uns das nicht kümmern; auch die bloss wahrscheinliche Erkenntniss
reicht auf dem Gebiete, wo wir auf sie angewiesen sind, für unsere
Zwecke vollkommen aus[2]. Unsere Aufgabe in dieser Welt ist nicht,
alles zu wissen, sondern die Dinge zu kennen, die auf unser Leben
von massgebendem Einflusse sind. Sind wir hierzu gelangt, so
braucht es uns nicht zu beunruhigen, dass uns von anderen die
Kenntniss fehlt[3]. Dies nun, so fährt Locke fort, war es, was dem
Essay den ersten Ursprung gab[4]. Solange man es unterliess, sich
über das eigene Denken und die ihm zugänglichen Gegenstände zu
orientiren, stand zu befürchten, „dass man am falschen Ende an-
fing". „Indem man die Gedanken über den weiten Ocean der Dinge
schweifen liess, als ob dieser ganze grenzenlose Umfang das natürliche und zweifellose Besitzthum unseres Verstandes und nichts darin
seiner Entscheidung entzogen und seiner Fassung verborgen wäre,

---

[1] Essay I. 1, § 4: If by this enquiry into the nature of the understanding,
I can discover the powers thereof; how far they reach; to what things they are
in any degree proportionate, and where they fail us; I suppose it may be of use,
to prevail with the busy mind of man to be more cautious in meddling with things
exceeding its comprehension . . . We should not then perhaps be so forward,
out of an affection of an universal knowledge to raise questions and perplex ourselves and others with disputes about things, to which our understandings are
not suited; and of which we cannot frame in our minds any clear or distinct
perceptions, or whereof (as it has perhaps too often happened) we have not any
notions at all.   [2] I, 1. § 5.   [3] I, 1, § 6.
[4] I, 1, § 7: This was that which gave the first rise to this Essay concerning the understanding.

konnte man niemals zu der Befriedigung eines ruhigen und gesicherten
Besitzes der Wahrheit gelangen." Nur die Fragen, auf die es keine
Antwort, und die Streitigkeiten, bei denen es keine Entscheidung
gab, wurden vermehrt, und das letzte Ende müsste schliesslich ein
völliger Skepticismus sein. Wissen wir dagegen unsere Kräfte richtig
zu schätzen, haben wir nur erst die Grenzlinie aufgefunden, „welche
zwischen der erleuchteten und der dunkeln Seite der Dinge scheidet,
zwischen dem, was für uns fassbar, und dem, was es nicht ist", so
wird man vielleicht weniger Bedenken tragen, sich nach der einen
Seite hin bei der „eingestandenen Unwissenheit" zu beruhigen,
und mit besserem Erfolge die ganze Kraft nach der andern kehren [1].

Nur im Vorübergehen mag hier nochmals auf die Uebereinstimmung dieser Gedanken mit den von Glanvill vertretenen hingewiesen
werden, dem ja ganz ebenso die „eingestandene Unwissenheit" als
die Voraussetzung eines wirklichen Erkenntnissfortschrittes gilt [2].
Vergleicht man aber das, was hier über Absicht und Erfolg der angestellten Untersuchung ausgeführt wird, mit Locke's Angabe über
die ursprüngliche Veranlassung derselben, mit dem Bericht über
jenes Gespräch zwischen den fünf oder sechs Freunden, so dürfte
sich das jedenfalls mit Bestimmtheit herausstellen, dass dasselbe sich
auf einem Gebiete bewegte oder mit Nothwendigkeit zu einem solchen
hinführte, auf dem es nach dem Ergebnisse eben dieser
Untersuchung ein bestimmtes und sicheres Wissen nicht
gibt und nicht geben kann. Die Verwirrung, die es hervorgerufen hatte, liess den Zweifel entstehen, ob auf die aufgeworfene
Frage eine abschliessende Antwort zu gewinnen sei. Die Entscheidung hierüber sollte die Prüfung des Erkenntnissvermögens bringen,
aus der Verständigung über den Ursprung sollte die über die Tragweite unserer Erkenntniss und die Grenze unseres Wissens abgeleitet
werden. Was ursprünglich eine blosse Meinung gewesen war, der
Ausfluss jener in dem Fragment De arte medica niedergelegten
Denkweise [3], derzufolge wir nicht gut thun, uns mit apriorischen

---

[1] Men would perhaps with less scruple acquiesce in the *avowed ignorance*
of the one and employ their thoughts and discourse with more advantage and satisfaction in the other.   [2] S. oben S. 147.

[3] Einer besondern Untersuchung muss es vorbehalten bleiben zu entscheiden,
ob und in welchem Umfange auf die Ausbildung dieser Denkweise Gassendi
von Einfluss war. Was Tagart (a. a O. S. 210 ff.) bringt, ist vollkommen ungenügend. Der Verfasser sucht den Einfluss des französischen Denkers auf Locke
an einer falschen Stelle und kennt den erstern selbst zu wenig. Namentlich aus

Constructionen abzugeben, verfestigte sich sodann im Verlaufe der
Untersuchung, zu welcher eben jenes Gespräch die Anregung geboten
hatte, zu einer ausgeführten Theorie über die Quellen und
das Zustandekommen unseres Erkennens und Wissens.

Wo jene Grenze liegt und welches somit das Gebiet ist, auf
welchem ein wirkliches Wissen nicht mehr zu erreichen ist, wird
hiernach aus dem Essay zu entnehmen sein.

Daselbst wird unsere Erkenntniss eingetheilt in die von Verhältnissen zwischen Begriffen und in die von Thatsachen. Jene ist
nothwendig wahr und gewiss, aber sie hat keinen ausreichenden Zusammenhang mit der Wirklichkeit; denn jene Begriffe sind zum
Theil nur unsere eigenen Gebilde. Was die andere betrifft, so haben
wir eine intuitive Erkenntniss von unserer eigenen Existenz und
eine ebensolche von den Vorgängen in unserem Bewusstsein, solange
sie darin gegenwärtig sind. Wir besitzen ein demonstratives Wissen
vom Dasein Gottes und ein minder gewisses, aber immerhin für die
Bedürfnisse des Lebens ausreichendes und durch allerhand Erwägungen
unterstütztes von der Existenz äusserer Dinge. Von der Beschaffenheit dieser Dinge aber, von ihrem eigenen Wesen und ihren gegenseitigen Einwirkungen aufeinander und von dem Naturzusammen-
hange überhaupt haben wir eine Wissenschaft im strengen und
eigentlichen Sinne nicht: hier gibt es nur eine auf bisherige Erfahrungen begründete Wahrscheinlichkeit, eine vernünftige Erwartung
gleichmässiger Vorkommnisse in der Zukunft [1].

den Exercitationes paradoxicae lassen sich Aeusserungen anführen, welche denen
Locke's parallel gehen; so, wenn dort unser Wissen eingeschränkt wird auf das
zum Leben Nothwendige, wenn eine Wissenschaft von der Natur im strengen
Sinne in Abrede gestellt und nur Wahrscheinlichkeit auf diesem Gebiete für er-
reichbar erklärt wird. Dies trifft nun wieder dieselben Punkte, an denen Locke
mit Glanvill übereinstimmt. Dieser letztere, der es fertig bringt, eine sensualistisch
angelegte Erkenntnisslehre mit der Annahme angeborener Ideen zu verbinden,
redet auch mit der gleichen Begeisterung, wie von Cartesius, so von Gassendi,
seinem Widerpart (Anhang zur Scepsis scientifica p. 11; Philosophia pia p. 110).
So würde es sich fragen, ob die entsprechenden Aeusserungen bei Locke direct
an Gassendi oder an Glanvill anknüpfen. — Für das hier verfolgte Ziel kann auf
das Ergebniss dieser Untersuchung verzichtet werden. Sollte dieselbe dahin führen,
eine Abhängigkeit Locke's von Gassendi zur Anerkennung zu bringen oder auch
nur eine nahe Verwandtschaft des beiderseitigen Gedankenganges, so würde Glanvill auch darin als Vorgänger Locke's erscheinen, dass in ihm die von Gassendi
vertretene empiristisch-skeptische Denkweise mit der von Cambridge ausgehenden
rationalistischen verbunden erscheint.

[1] Vgl. die einschlagenden Erörterungen im ersten Kapitel.

Damit ist die Grenze bezeichnet. Jeder Versuch einer die Gesammtheit des Wirklichen umspannenden systematischen Wissenschaft der Natur, einer Naturphilosophie, ist von vornherein aussichtslos; denn auf diesem Gebiete gibt es keine wissenschaftliche
Gewissheit. Hypothetische Erklärungen der Thatsachen und Ereignisse, welche als Wirkungen in unsere Erfahrung treten, sind deswegen nicht völlig zu verwerfen, nur muss man sich bewusst bleiben,
dass sie nie über einen gewissen Grad von Wahrscheinlichkeit hinaus-
führen können. Ein Beispiel dieser Art ist die Corpuscularphilosophie.
Sie ist vielleicht besser als irgend eine andere, welche der Verstand
des Menschen ersinnen könnte, geeignet, uns eine verständliche Erklärung der Eigenschaften der Körper zu geben: in Wahrheit aber
wird unsere Kenntniss der körperlichen Substanzen durch keine einzige derartige Erklärung wirklich gefördert, solange wir nicht Einsicht in die nothwendige Zusammengehörigkeit oder die Unvereinbarkeit der Qualitäten und Kräfte der Körper untereinander gewinnen.
Hierzu aber reichen unsere Fähigkeiten nicht aus, in dieser Beziehung
gibt es nur particuläre Erfahrungen, keine das Merkmal der Allgemeinheit an sich tragende wissenschaftliche Erkenntniss. „Wir
sind so weit davon entfernt, die gesammte Natur des Universums
und alle die Dinge, die darin enthalten sind, erfassen zu können,
dass wir uns nicht einmal von den Körpern, die uns umgeben oder
die einen Theil von uns bilden, eine wissenschaftliche Erkenntniss
zu verschaffen im Stande sind." [1] Nach einer solchen trachten heisst
seine Mühe verlieren.

[1] Essay IV, 3, § 16: I doubt whether with those faculties we have, we shall
ever be able to carry *our general knowledge* (I say not particular experience) in
this part much farther. § 23: Another cause of ignorance, of no less moment,
is a want of a discoverable connection between those ideas we have. For wher-
ever we want that, we are utterly incapable of *universal and certain knowledge.*
§ 29: We shall do no injury to our knowledge when we modestly think with
ourselves, that we are so far from being able to comprehend the whole nature
of the universe, and all the things contained in it, that we are not capable of
a *philosophical knowledge* of the bodies that are about us, and make a part of us.
12, § 12: All that I would say, is, that we should not be too forwardly possessed
with the opinion or expectation of knowledge, where it is not to be had, or by
ways that will not attain to it: *that we should not take doubtful systems for com-
plete sciences.* . . He that shall consider how little general maxims, precarious
principles and hypotheses laid down at pleasure, have promoted true knowledge,
or . . . advanced men's progress towards the knowledge of natural philosophy,
will think we have reason to thank those, who in this latter age have taken
another course, and have trod out to us, though not an easier way to learned

Die Unmöglichkeit einer universalen Naturwissenschaft und Naturphilosophie wird von Locke so oft und so nachdrücklich hervorgehoben, dass man dabei nicht wohl nur an eine Consequenz zu denken hat, die sich ihm aus seinen erkenntnisstheoretischen Aufstellungen ergeben hatte, sondern vielmehr angenommen werden muss, dass er damit ein verwerfendes Urtheil gegenüber bestimmten, geschichtlich hervorgetretenen Ansichten und Bestrebungen aussprechen wollte. Bezüglich eines einzelnen Gebietes, der Medicin, erklärt dies Locke selbst zu verschiedenen Malen. Was er zunächst im Auge hat, sind gewisse zeitgenössische Schulen, deren vermeintlich wissenschaftliche Theorien den praktischen Interessen der Heilkunde keinerlei Förderung zu bieten vermögen[1]. Wo darüber hinaus von der Naturwissenschaft überhaupt die Rede ist, wird man zunächst geneigt sein, an die herkömmliche peripatetisch-scholastische Naturphilosophie zu denken, auf welche das Fragment De arte medica verständlich anspielt[2], und der gegenüber Locke ja auch sonst mit seiner Polemik nicht zurückhält. Dass er aber noch andere Gegner im Auge hat, lässt sich vielleicht aus einer Stelle des dritten Buches entnehmen, wenn auch hier direct nur von dem Gebrauche unverständlicher und nichtssagender Termini seitens der Stifter philo-

ignorance, yet a surer way to profitable knowledge. Vgl. auch die Ausführungen bei Lord King I, 161 ff.

[1] Vgl. den Brief an Molyneux vom 15. Januar 1698: I have always thought, that laying down, and building upon hypotheses has been one of the great hinderances of natural knowledge; and I see your notions agree with mine in it. . . The more easy, fashionable, and pleasant way of an hypothesis . . . has done more to hinder the true art of physic, which is the curing of diseases, than all other things put together; by making it learned, specious and talkative, but ineffective to its great end, the health of mankind: as was visible in the practice of physic in the hands of the illiterate Americans, and the learned physicians, that went thither out of Europe, stored with their hypotheses, borrowed from natural philosophy, which made them indeed great men, and admired in the schools, but in curing diseases, the poor Americans, who had escaped those splendid clogs, clearly out-went them. You cannot imagine how far a little observation, carefully made, by a man not tied up to the four humours; or Sal Sulphur and Mercury; or to Acid and Alcali, which has of late prevailed, will carry a man in the curing of diseases, though very stubborn and dangerous, and that with very little and common things.

[2] Bei Fox Bourne I, 225: Those who had read and writ whole volumes of generation and corruption knew not the way to preserve or propagate the meanest species of creatures; he that could dispute learnedly of nutrition, concoction and assimilation, was beholding yet to the cook and the good housewife for a savoury meal.

sophischer und religiöser Secten und ihrer Nachtreter die Rede ist. Ich habe nicht nöthig, heisst es hier, „Beispiele zu häufen: Lectüre und Conversation wird sie einem jeden ausreichend liefern, oder wenn er noch besser versehen zu werden wünscht, so haben die grossen Münzmeister dieser Art von Termini, ich meine die Schulmänner und Metaphysiker (unter die, wie mir scheint, die disputirenden Naturphilosophen und Moralisten dieser letzten Zeit mitgerechnet werden können), Stoff genug, um ihn im Ueberflusse zu befriedigen" [1].

Literarische Genauigkeit ist nirgendwo Locke's starke Seite, und so wird sich schwerlich mit Sicherheit ausmachen lassen, an welche bestimmte Persönlichkeiten, welche von ihren Schriften und welche Kunstausdrücke er hier gedacht haben mag. Aber es hat ein gewisses Interesse, dass neben den Naturphilosophen die Moralisten genannt werden. Um „die Principien der Moral und der geoffenbarten Religion" hatte sich nach Tyrrells Angabe das oft erwähnte Gespräch gedreht, Locke's eigene Andeutungen dagegen über Absicht und Ergebniss der durch dasselbe veranlassten Untersuchung weisen ausschliesslich auf das Gebiet der Naturphilosophie. Dies scheint ein Widerspruch zu sein, aber vielleicht lässt sich eine Vermuthung wagen, welche den Widerspruch beseitigt.

Im Jahre 1671 liess Glanvill seine Philosophia pia erscheinen. Er hatte sie Seth Ward gewidmet, dem Bischof von Sarum, welcher zu den ältesten Mitgliedern der Royal Society gehörte, und dies, wie er sagt, in der Absicht gethan, „damit diejenigen erröthen möchten, welche argwöhnen, dass die praktische Philosophie — das heisst die erfahrungsmässige und den Bedürfnissen des Lebens dienende Erforschung der Natur — eine Feindin der Religion sei" [2]. In Uebereinstimmung damit wendet er sich in der Einleitung gegen das Vorurtheil, das Studium der Natur könne die Interessen der Religion gefährden, ein Vorurtheil, das sich nicht nur bei der grossen Masse, sondern auch bei sogenannten Gelehrten finde [3]. Demgegenüber will er zeigen, dass Gott um seiner Werke willen gepriesen werden muss:

---

[1] Essay III. 10. § 2.

[2] ... that those may blush who suspect the practical philosophy to be an enemy to religion.

[3] ... Were this gross conceit about the knowledge of nature only the fear and fancy of the mere vulgar, it were to be pardoned easily, and lightly to be considered; but the worst is, the infection of the weak jealousy hath spread itself among some of those *whose lips should preserve knowledge*.

dass diese Lobpreisung die Erforschung der Werke Gottes zur Voraussetzung hat; dass demgemäss die Erforschung der Natur der Religion höchst dienlich ist, und dass endlich die Prediger und Lehrer der Religion vom Studium der Natur nicht nur nicht abhalten, sondern dasselbe befördern sollen. Bereits sechs Jahre früher hatte er in der Zueignung seiner Scepsis scientifica an die Royal Society ähnliche Gedanken ausgesprochen und einen Seitenblick auf eine bestehende Richtung geworfen, welche im Namen der Religion gegen die moderne, auf Beobachtung und Experiment begründete Philosophie declamire.

Dass in der That dem Aufschwunge der Naturforschung in England in der Periode der Restauration eine solche Richtung zur Seite ging, dafür lässt sich noch ein anderer Zeuge anführen, der hier um so wichtiger ist, als er sich in Locke's nächster Umgebung findet: es ist der berühmte Chemiker Robert Boyle, der mit ihm bis zu seinem Lebensende in enger Freundschaft verbunden war. Boyle veröffentlichte in den Jahren 1663 und 1664 „einige Betrachtungen, betreffend die Nützlichkeit der experimentellen Naturphilosophie" [1]. In der Vorrede weist er darauf hin, dass die Schrift dazu dienen könne, die Bestrebungen der Royal Society zu empfehlen, welche darauf gerichtet seien, die täglich fortschreitende Naturerkenntniss den Zwecken des Lebens dienstbar zu machen, während die Schulphilosophie der Peripatetiker nur spitzfindige Probleme an den Tag bringe. Insbesondere aber spricht er am Schlusse die Hoffnung aus, dass seine Darlegungen den menschlichen Geist im Verständniss der Werke Gottes unterweisen und dadurch zur Verehrung und Bewunderung des Schöpfers hinführen möchten [2]. In den daran sich anschliessenden einzelnen Abhandlungen wird demgemäss mit besonderem Nachdrucke der Werth der Naturforschung für die Gottesverehrung hervorgehoben und der Vorwurf zurückgewiesen, als führe dieselbe zum Atheismus. Der ganze erste, fünf Abhandlungen umfassende Theil geht in solchen allgemeinen Erörterungen auf. Deutlich lassen sich dabei zwei Arten von Gegnern unterscheiden, gegen welche dieselben gerichtet sind — die einen, welche vom Standpunkte ihrer falschen Naturphilosophie aus Gott läugnen oder ignoriren, und

---

[1] Some considerations touching the usefulness of experimental natural philosophy. Eine lateinische Uebersetzung unter dem Titel: Exercitationes de utilitate philosophiae naturalis experimentalis. Lindaviae 1692.

[2] . . . quod hominis mentem in intelligendis Dei operibus erudiat et creatorem admirari atque celebrare doceat.

die anderen, welche vor der Naturwissenschaft warnen, weil sie in der Beschäftigung mit derselben den Weg zum Atheismus erblicken. Dabei macht die ganze Haltung der Polemik es zweifellos, dass Boyle an wirkliche und zu seiner Zeit vorhandene Vertreter der beiden von ihm bekämpften Richtungen dachte. Hobbes wird nicht genannt; aber dass in weiten Kreisen er und seine Anhänger als Vertreter einer Gott läugnenden oder ignorirenden Naturphilosophie galten, ist sicher.

Was Boyle verschweigt, spricht Glanvill aus. In jener Zueignung an die Royal Society heisst es, seitdem die gebildete Welt der Qualitäten und Formen müde geworden sei und sich zu Gunsten der „mechanischen Hypothese" ausgesprochen habe, hätten verschiedene Brauseköpfe, mehr bestrebt, für geistreiche und kundige Leute gehalten zu werden, als dies wirklich zu sein, bereitwillig den Mechanismus „unter Hobbes'schen Bedingungen" acceptirt, und viele andere seien in Gefahr, ihnen in diesen Abgrund zu folgen[1]. Gerade hierauf aber, auf die Verbreitung dieser falschen und verderblichen Philosophie, führt er sodann in der Philosophia pia die Besorgnisse zurück, welche viele Anhänger der Religion gegenüber Philosophie und Naturwissenschaft überhaupt erfülle. Aber weshalb diese letzteren wegen eines Fehlers anklagen, den sie selbst zurückweisen helfen? Wenn gewisse moderne Epikureer Gott und Vorsehung aus ihren Untersuchungen ausschliessen, so haben andere Philosophen die Unmöglichkeit dieses Vorgehens gezeigt. Sie haben dem gottlosen Atomismus der neuesten Zeit die echte alte Corpuscularphilosophie entgegengestellt, welche sich nicht mit Materie und Bewegung begnügt, sondern darüber hinaus zur Anerkenntniss der göttlichen Allmacht und Weisheit fortschreitet. So verstanden, ist kein Grund gegeben, sich der Corpuscularhypothese nicht zur Erklärung der Erscheinungen zu bedienen; Frömmigkeit und Vorsehungsglaube bleiben dabei vollkommen gewahrt. Verwerflich ist nur die Art, wie sich Hobbes derselben bedient[2].

---

[1] ... the ingenious world being grown quite weary of qualities and forms, and declaring in favour of the mechanical hypothesis ... divers of the brisker geniuses ... have been willing to accept mechanism on Hobbian conditions.

[2] Philosophia pia p. 106: True it is, that the men of the mere Epicurean sort have left God and providence out of their accounts: but other philosophers have shewn what fools they are for doing so, and how absurd their pretended philosophy is in supposing things to have been made and ordered by the casual hits of atoms, in a mighty void. And though their general doctrine of matter and

In der That war seit der Thronbesteigung Karls II. mit dem
Eifer für die Naturforschung auch der „Hobbismus" Mode geworden [1].
Derselbe zählte nach Macaulay's Ausdruck zu den Erfordernissen
eines feinen Gentleman und empfahl ebenso nach oben; bedeutete
der Name doch zugleich die Anerkennung schrankenloser Vollgewalt
des Staatsoberhauptes und die weiteste Abkehr von der Sinnesart
der Puritaner. Die Gunst des Hofes und der vornehmen Welt ver-
hinderten jedoch nicht, dass von kirchlicher Seite heftige Angriffe
gegen Hobbes erfolgten [2]. Im Jahre 1666, unmittelbar nach dem
grossen Brand von London, beschloss sogar das Parlament eine
Untersuchung und Berichterstattung über gewisse gottlose Bücher,
unter denen sich auch der Leviathan befand. Der Beschluss hatte
kein weiteres Ergebniss, doch wurde Hobbes selbst im höchsten
Grade durch denselben erschreckt und eingeschüchtert [3]. Man begreift, dass religiös gesinnte Männer, welche im übrigen einer neuen
Richtung in Wissenschaft und Philosophie anhingen, den grössten
Werth darauf legen mussten, nicht mit Hobbes und seinen Gesinnungsgenossen verwechselt zu werden. Man begreift ebenso, dass
es von der andern Seite nicht leicht sein mochte, in der vielfach
durcheinander wogenden Bewegung der Geister Ziel und Grenzen
der einzelnen Gruppen genau zu unterscheiden. Es konnte geschehen,

---

motion be exceeding ancient and very accountable, when we suppose matter was
at first created by almighty power, and its motions ordered and directed by omniscient wisdom, yet the supposal that they are independent and eternal is very
precarious and unreasonable. And that all the regular motions in nature should
be from blind tumultuous jumblings, intermixtures, is the most unphilosophical
fancy and ridiculous dotage in the world. *So that there is no reason to accuse
philosophy of a fault, which philosophy sufficiently shames and reproves; and yet
I doubt too many have entertained great prejudice against it upon this score; and
it is a particular brand upon some of the modern men, that they have revived the
philosophy of Epicurus, which they think to be in its whole extent atheistical and
irreligious.* To which I say, that the opinion of the worlds being made by a for-
tuitous concurrence of atoms is impious and vile . . . whereas the late restorers
of the corpuscularian hypothesis hate and despise the wicked and absurd doctrine;
but thus far they think the atomical philosophy reasonable, viz. as it teacheth,
that the operations of nature are performed by subtile streams of minute bodies . . .
but then they suppose, and teach, that God created matter and is the supreme
orderer of its motions, by which all those diversities are made: and hereby piety
and the faith of providence is secured. . . Thus far I dare say I may undertake
for most of the corpuscularian philosophers of our times, *excepting those of M. Hobbes'
way.* — Vgl. oben S. 150 f.   [1] *Macaulay,* Hist. of England I, ch. 2.
  [2] Curtis S. 8.   [3] Robertson S. 191 ff.

dass solche, welche eifrigst bemüht waren, die neue Philosophie mit Religion und Christenthum in Einklang zu bringen und das Dasein Gottes gegen die Angriffe der Atheisten zu vertheidigen, in den Augen minder scharf blickender Eiferer oder bei ängstlichen Gemüthern selbst in den Verdacht des Atheismus geriethen.

Niemand stand bei den Männern der Royal Society in grösserer Achtung als Cartesius [1]. Aber derselbe Seth Ward, der jetzt zu ihren Mitgliedern und Förderern gehörte, hatte früher gelegentlich den französischen Philosophen mit den Materialisten in eine Reihe gestellt. Noch im Jahre 1671 hielt es Glanvill für nöthig, hierauf zurückzukommen, damit nicht die Autorität des angesehenen Kirchenmannes der irrigen Auffassung in weiteren Kreisen Eingang verschaffe [2]. Und als acht Jahre später Antoine Le Grand seine Vertheidigung der Cartesianischen Philosophie gegen die Angriffe Samuel Parkers herausgab [3], schickte er dem Buche eine lange Abwehr des Atheismus voraus, welche mit dem eigentlichen Inhalte desselben nichts zu thun hat und nur bestimmt scheint, den Verfasser gegen Verdächtigung und Vorurtheil zu schützen.

Aber auch Glanvills „Wissenschaftliche Skepsis" gewinnt in diesem Zusammenhange eine hellere Beleuchtung. Dass ihr eine apologetische Tendenz innewohne, ist schon früher hervorgehoben worden. Aber er schafft zugleich Raum für die von ihm so lebhaft befürwortete experimentelle Forschung, indem er jeden Dogmatismus auf dem Gebiete der Naturphilosophie, jede von obersten Principien aus systematisch fortschreitende und von der Einsicht in die Nothwendigkeit begleitete Naturerkenntniss als unmöglich auf die Seite schiebt. Ueberaus charakteristisch ist in dieser Beziehung die Art und Weise, wie er sich mit Cartesius abfindet, wenn er von diesem behauptet, dass er niemals seine Erklärungsversuche als die einzig möglichen, sondern nur als zulässige und dem praktischen Gebrauche dienende bezeichnet habe [4]. Jedem feindlichen Zusammenstoss mit den Lehren der Religion schien damit von vornherein die Spitze genommen zu sein. Denn eine naturphilosophische Aufstellung, die sich als eine im besten Falle mögliche und zulässige einführt, ver-

---

[1] S. oben S. 110 mit Anm. 1.

[2] Philosophia pia p. 111: This inadvertency of that pious divine I thought fit to take a notice of, because I doubt some may be misled into an undue opinion of those excellent persons and others of their way, by finding their names among those of an abhorred character, in an author of so much note.

[3] Apologia pro Renato Descartes. London 1679.   [4] S. oben S. 151.

zichtet offenbar von selbst auf die Anmassung, sich gegenüber einem
etwaigen Widerspruch mit den religiösen Ueberzeugungen zu behaupten.

Eben diesen Standpunkt nimmt nun auch Boyle ein. Wie ein
menschlicher Techniker die Bewegung eines Uhrwerks mittelst eines
Gewichts, aber auch auf anderem Wege bewirken, wie er die Kugel
mittelst comprimirter Luft oder durch die Gewalt des Pulvers aus
dem Geschützrohr herausschleudern könne, so, meint er, könnten
auch in der Natur die gleichen Wirkungen von mannigfachen und
unter sich verschiedenen Ursachen hervorgebracht werden. Daher
sei es für uns schwer, wenn nicht unmöglich, im gegebenen Falle
mit Bestimmtheit anzugeben, welchen von den verschiedenen ihr zu
Gebote stehenden Wegen die Natur wirklich eingeschlagen habe.
Wir erkennen im besten Falle die Möglichkeit; aber es ist ein ge-
waltiger Irrthum zu meinen, dass wir damit die Ursache erfasst
hätten, die thatsächlich und ausschliesslich eine bestimmte Wirkung
hervorgebracht habe. Mit Recht seien deshalb gewisse moderne
Philosophen [1] dem Beispiele Epikurs gefolgt, indem sie sich be-
gnügten, nicht jedesmal die vermeintlich einzig wahre, sondern überhaupt nur eine mögliche Ursache der Erscheinungen anzugeben.
Sage doch selbst Aristoteles, dass es bei vielen Naturereignissen
genüge zu zeigen, dass sie sich so ereignen konnten [2]. Nachdem
man aber zugegeben hat, dass wir nicht im Stande sind, die Naturerscheinungen mit Genauigkeit und in bestimmter Weise auf die
Grösse, Gestalt und Bewegung der Atome zurückzuführen, möge
man um so eifriger auf dem Wege der Erfahrung nach den spe-
ciellen Ursachen der einzelnen Wirkungen und Ereignisse forschen [3].

Dass sich im Essay zahlreiche Anklänge an die Schriften Glanvills finden lassen, ist wiederholt hervorgehoben worden [4]. Eine
Bekanntschaft Locke's mit dem wissenschaftlichen Standpunkte und
den Schriften Boyle's muss bei den zwischen den beiden Männern
bestehenden Beziehungen als selbstverständlich gelten. Zum Ueberflusse lässt sich aber auch hier eine Spur aufzeigen, welche deutlich
aus dem Essay auf die erwähnten „Betrachtungen" des berühmten

[1] Gemeint ist offenbar Gassendi, dessen Einfluss auf Boyle auch sonst
bemerkbar ist (vgl. Lange. Geschichte des Materialismus [2] I, 257), ein Umstand, der für die oben S. 253, Anm. 3 berührte Frage nach dem Einflusse Gassendi's auf Locke von Erheblichkeit ist.   [2] Vgl. Meteor. I. 7, 444 a, 5.
[3] Exercitationes de utilitate philosophiae experimentalis p. 71 sq.
[4] Vgl. oben S. 204 ff. 210 ff.

Chemikers hinüberweist. Boyle vergleicht in denselben das Weltall
mit der künstlichen Uhr im Münster zu Strassburg [1].
Es ist ihm
ein grosser, nach festen Gesetzen sich bewegender Mechanismus;
aber eben deshalb muss es, wie die Uhr in Strassburg, einen intelligenten Urheber haben [2]. Auch im Essay wird an zwei kurz aufeinander folgenden Stellen die berühmte Münsteruhr als Beispiel
herangezogen [3], und der Eindruck, dass es sich dabei um eine Reminiscenz aus Boyle handelt, wird durch den Umstand verstärkt,
dass sich in dem gleichen Kapitel eine zweimal wiederholte, besonders energische Abweisung der substantiellen Formen findet [4], gegen
welche auch Boyle aufs nachdrücklichste angekämpft hatte [5].

In den Zusammenhang der grossen die Zeit bewegenden Fragen
und der Kämpfe, welche sich an das Auftreten von Hobbes und den
Aufschwung der naturwissenschaftlichen Forschung knüpften [6], möchte
ich die Veranlassung von Locke's Essay hineinrücken. Glanvills
Philosophia pia von 1671 zeigt nach Anlage und Ausführung, in
welchem Grade das Recht der experimentellen Forschung und die
Gefahr des Materialismus damals die Geister beschäftigte. Kurz
vorher oder kurz nachher fand auf Locke's Zimmer das Gespräch
statt, welches sich nach der Angabe eines Theilnehmers um die
Principien der Moral und Religion drehte und dessen Ergebniss
die Einsicht in die grundsätzliche Unmöglichkeit einer mit dem Anspruche auf absolute Gewissheit auftretenden Erkenntniss der Naturdinge und Naturzusammenhänge, einer systematischen Naturphilosophie, war. Sollte die Vermuthung allzu gewagt sein,
dass das Gespräch von solchen naturphilosophischen
Aufstellungen seinen Ausgang nahm, die in ihren Consequenzen Moral und Religion zu erschüttern drohten?

In welchen Kreisen man vorzüglich Locke's Freunde zu suchen
hat, ist früher berichtet worden. Es waren Aerzte und aufgeklärte
Theologen, und der Einfluss der Schule von Cambridge war, wie

[1] Exercitationes de utilitate philosophiae experimentalis p. 61.
[2] Lange I, 257. [3] Essay III, 6, §§ 3. 9. [4] Ebend. §§ 10. 24.
[5] In dem angeführten Werk und besonders in den Experimenta circa mechanicam qualitatum originem.
[6] Cfr. *Buckle*, Hist. of civil. II, 95: The most dangerous opponent of the
clergy in the seventeenth century was certainly Hobbes, the subtlest dialectician
of his time; a writer, too, of singular clearness, and among British metaphysi-
cians, inferior only to Berkeley ... during his life, and for several years after
his death every man who ventured to think for himself was stigmatized as a
Hobbist. or, as it was sometimes called, a Hobbian.

das Beispiel Mapletofts beweist, nicht auf die letzteren beschränkt.
Der Verlauf der Unterredung würde sich unschwer ausdenken lassen.
Da mag der eine mit Begeisterung von dem Fortschritte der Er-
fahrungserkenntniss und ihren dem Leben dienenden Resultaten gesprochen, ein anderer diesen Fortschritt allzu rasch mit den kühnen
Aufstellungen philosophischer Systematiker in Verbindung gebracht,
ein dritter erschreckt vor den destructiven Consequenzen gewarnt
haben. Dürften wir annehmen, dass Glisson mit zugegen war, so
hätte es auch nicht an einem Anhänger des Materialismus gefehlt,
wenn auch nicht des von Hobbes vertretenen mechanischen, sondern
eines dynamischen[1]. Indessen kann es nicht darauf ankommen,
Theilnehmer und Gang des Gesprächs mittelst der Phantasie zu
reconstruiren. Das Neue und Epochemachende war, dass Locke die
Discussion auf das erkenntnisstheoretische Gebiet hinüberleitete.
Der Versuch, gewissen naturphilosophischen Theorien die gefähr-
lichen Spitzen, mit denen sie Moral und Religion bedrohten, dadurch
abzubrechen, dass man allen Aufstellungen dieser Art ganz allgemein
den Charakter der Wissenschaftlichkeit und strengen Beweisbarkeit
absprach, war von anderen vor ihm und neben ihm gemacht worden. Auch hatte Glanvill dabei bereits das erkenntnisstheoretische
Problem in einigen kurzen, wenig zusammenhängenden Bemerkungen
gestreift. Locke aber machte es zum entscheidenden Mittelpunkte.
Was ist sichere, unbezweifelbare Wahrheit, was mehr oder minder
glaubwürdige Vermuthung? Welches sind die Kriterien und welches
die Grade der Gewissheit? Wo und wann müssen wir uns mit
blossen Wahrscheinlichkeiten begnügen? Alle diese Fragen aber
weisen zuletzt auf die eine Grundfrage zurück: Wie kommen wir
überhaupt zur Erkenntniss, welches ist ihre Quelle?

---

[1] Glisson war unter den Aerzten, deren Meinung Locke im September
1667 in betreff der von ihm an Lord Ashley vorgenommenen Operation einholte
(Fox Bourne I, 201. Anm.). Ob er sonst zu ihm in näheren Beziehungen stand,
ist nicht bekannt. Er war Mitglied der Royal Society und veröffentlichte 1672
ein naturphilosophisches Werk (Tractatus de natura substantiae energetica seu de
vita naturae, eiusque primis facultatibus, perceptiva, appetitiva, motiva), worüber
die Philosophical Transactions vom 14. October desselben Jahres berichteten. Dasselbe wird von More eingehend bekämpft (Enchir. Metaph., Scholia in cap. 25.
Opp. I. 300 sqq., und Ad. V. C. epistola altera, Scholia in sect. 51. I, 604 sqq.)
und wahrscheinlich auch von Cudworth berücksichtigt (Tulloch S. 252 f.).
Möglich, dass ähnliche Ansichten damals noch von anderen vertreten wurden; jedenfalls hielt es Locke demnächst für nöthig, nicht nur der mechanisch-materialistischen
Weltanschauung, sondern auch dem Hylozoismus ausdrücklich entgegenzutreten
(vgl. Fries, Substanzenlehre Locke's S. 52).

So könnte man immerhin mit der gewöhnlichen Meinung sagen. dass Schwierigkeiten auf dem metaphysischen Gebiete für Locke die Veranlassung wurden, das kritische Problem aufzuwerfen und mit der Verständigung über den Ursprung unserer Erkenntniss zugleich die Verständigung über ihre Grenzen zu suchen. Zugleich aber haben die vorangegangenen Erörterungen gezeigt, weshalb Richtung und Resultat seiner Untersuchung ganz anders ausfallen mussten als später bei Kant. Die Möglichkeit metaphysischer Erkenntnisse im Sinne des Königsberger Philosophen einer ernsthaften Prüfung zu unterwerfen, fällt ihm am allerwenigsten ein. Das Dasein Gottes und die Existenz einer geistigen Welt neben und über der materiellen wird ebensowenig in Frage gezogen wie der Bestand eines objectiven, allverbindenden Sittengesetzes: vielmehr bilden die. hierauf gerichteten Ueberzeugungen die festen Schranken, innerhalb deren die Untersuchung sich bewegt [1]. Wohl aber hatten der Bruch mit der Scholastik und die mit Vorliebe geübten medicinischen und naturwissenschaftlichen Beobachtungen ihn in Uebereinstimmung mit dem gesammten Zuge der Zeit mit allem Nachdrucke auf die Erfahrung hingewiesen. Aus der hier gewonnenen Denkweise heraus erfolgt die erste Antwort auf die aufgeworfene Grundfrage: Die Quelle aller Erkenntniss ist die Erfahrung. In einer kurzen Bemerkung aus dem Jahre 1671. welche vielleicht unmittelbar nach der Unterredung und als erster Ansatz zur Ausführung der übernommenen Aufgabe niedergeschrieben wurde, ist ausschliesslich von den sensibeln Ideen und der Sensation als Quelle der Erkenntniss die Rede [2].

Alsbald aber erwies sich — vermuthlich unter dem Einflusse der Schule von Cambridge und ihrer Bestreitung des materialisti-

---

[1] Vgl. auch die Aeusserung II, 7, § 6: The consideration of the reason. why the ideas of pleasure and pain are annexed to so many ideas. serving to give us due sentiments of the wisdom and goodness of the sovereign disposer of all things. *may not be unsuitable to the main end of these enquiries: the knowledge and reneration of Him being the chief end of all our thoughts, and the proper business of all understandings.*

[2] I imagine, that all our knowledge is founded on, and ultimately derives itself from, sense or something analogous to it. and may be called sensation. which is done by our senses conversant about particular objects, which gives us the simple ideas or imagines of things, and thus we come to have ideas of heat and light, hard and soft . . . And therefore I think that those things which we call sensible qualities are the simplest ideas we have and the first object of our understanding. — Vgl. Fox Bourne II. 89.

schen Sensualismus [1] — eine nähere Erläuterung als nothwendig.
Unter Erfahrung soll nicht nur die äussere, durch die Sinne vermittelte, sondern auch die innere verstanden werden, vermöge deren
wir Kenntniss von unseren eigenen seelischen Vorgängen und Zuständen erhalten. In diesem erweiterten Sinne aber bleibt es dabei,
dass Erfahrung, passive Aufnahme der letzten Elemente, der Ideen,
die Grundlage alles Erkennens bildet, und dieses lediglich durch
Verknüpfung und Trennung der Elemente durch die Thätigkeit unseres Verstandes von den einfachen Eindrücken zu den zusammengesetzten Gebilden und höchsten Einsichten fortschreiten soll.

Dass er als der erste eine ins einzelne gehende Analyse des
Zustandekommens unserer Erkenntniss von diesen Voraussetzungen
aus unternahm, ist Locke's grosses und unbestrittenes Verdienst,
aber die Voraussetzungen selbst mussten sich als unzureichende
herausstellen. Denn zu dem unangetasteten Besitzstande unserer Erkenntniss wird ja auch solches gerechnet, was sich aus der blossen Verknüpfung und Trennung passiv aufgenommener Elementarbestand-
theile niemals ableiten lässt. Unvermerkt treten daher an die Stelle
der letzteren Ideen in einem ganz andern Sinne, Begriffe mit einem
ursprünglichen und festgefügten Inhalte, und an die Stelle einer
blossen Aneinanderreihung oder Vergleichung von Thatbeständen die
Einsicht in die nothwendigen Zusammenhänge. Die empiristische
Gedankenreihe zeigt sich in zunehmendem Masse von rationalistischen Ueberzeugungen durchsetzt, wobei die charakteristische Färbung, in der diese letzteren auftreten, deutlich den Einfluss einer
bestimmten philosophischen Schule erkennen lässt.

Sind die aufgestellten Vermuthungen über die Veranlassung des
Essays und die Motive, welche Locke's philosophisches Denken beein-
flussten, begründet, so fällt von hier aus ein entscheidendes Licht
auf eine weitere Frage, welche eine abschliessende Beantwortung
bisher nicht gefunden hat, auf die Frage nach dem Verhältnisse von
Locke zu Hobbes.

Schon aus den nachgewiesenen zahlreichen persönlichen Beziehungen, in denen Locke zu der Schule von Cambridge stand, begründet sich die Ueberzeugung, dass von einem beabsichtigten Anschlusse an Hobbes. von einer bewussten Weiterführung der von
diesem ausgegangenen Impulse nicht die Rede sein kann, dass er sich
vielmehr selbst seiner ehrlichen Ueberzeugung nach zu den Gegnern

---

[1] S. oben S. 218.

des Philosophen von Malmesbury zählen musste. Dazu aber würde das zuvor über die muthmassliche Veranlassung des Essays Gesagte diesem letztern sogar eine bestimmte Stelle in der Bekämpfung desselben anweisen. Denn wo man im damaligen England von naturphilosophischen Systemen sprach, welche in ihren Consequenzen Moral und Religion bedrohten, dachte man selbstverständlich stets in erster Linie an Hobbes. Nur geschieht hier freilich die Bestreitung in ganz anderer Weise, als sie bis dahin von anderen unternommen war. Sie kehrt sich nicht gegen die einzelnen Aufstellungen, sondern gegen die gesammte Grundlage des Systems, indem sie principiell jede Gewissheit auf dem Gebiete der Naturerkenntniss in Abrede stellt. Damit wurden die aus demselben abgeleiteten moral- und religionswidrigen Consequenzen von selbst hinfällig.

Die Abneigung gegen den Materialismus tritt an verschiedenen Stellen des Essays hervor, ebenso aber auch, dass Locke Materialismus und Atheismus nicht für bloss theoretische, zum Zwecke der Widerlegung ersonnene Gegensätze, sondern für in seiner Zeit lebendige Tendenzen ansah. Wo im vierten Kapitel des ersten Buches von den fremden Völkern die Rede ist, denen angeblich jede Gottesidee fehlt, findet sich die Bemerkung: wer mit einiger Aufmerksamkeit das Leben und die Reden von Leuten verfolge, die gar nicht so entfernt wohnten, der könne sich überzeugen, „dass die auf der Kanzel erhobenen Klagen über Atheismus nicht grundlos seien" [1]. Wiederholt ist von Menschen die Rede, deren Sinnen und Denken so gänzlich in die Materie versenkt ist, dass sie nur Materielles und Ausgedehntes für wirklich halten [2]. Wichtiger aber ist eine andere Stelle.

---

[1] Essay I, 4, § 8: Perhaps, if we should with attention mind the lives and discourses of people not so far off, we should have too much reason to fear, that many, in more civilized countries, have no very strong and clear impressions of a Deity upon their minds; and that the complaints of atheism, made from the pulpit, are not without reason. And though only some profligate wretches own it too base-facedly now; yet, perhaps, we should hear more than we do of it from others, dit not the fear of the magistrate's sword or their neighbours' censure, tie up people's tongues.

[2] II, 13, § 26: Some have their minds by their eyes and touches . . . so filled with the idea of extension, and as it were. wholly possessed with it, that they allowed no existence to any things that had no extension. I shall not now argue with those men, who take the measure and possibility only from their narrow and gross imaginations. 23. § 22: People. whose thoughts are immersed in matter. and have so subjected their minds to their senses, that they seldom

Dort wird die Frage aufgeworfen: „Wenn es der leichteste Weg zur Erkenntniss ist, mit allgemeinen Grundsätzen zu beginnen und auf ihnen weiter zu bauen, ist es dann auch ein sicherer Weg, Principien, welche in einer andern Wissenschaft aufgestellt wurden, für unbestreitbare Wahrheiten anzusehen und — weil die Mathematiker so glücklich oder so ehrlich gewesen sind, keine anderen als selbstevidente und unläugbare anzuwenden — darum jene ohne Prüfung anzunehmen und ihnen anzuhängen, ohne einen Zweifel daran zuzulassen?" Sollte dies wirklich so sein, fährt Locke fort, „so wüsste ich nicht, was nicht alles in der Moral als Wahrheit gelten, in der Naturphilosophie eingeführt und bewiesen werden könnte. Man lasse jenes Princip einiger Philosophen, wonach alles Materie ist und es nichts ausserdem gibt, als gewiss und unzweifelhaft gelten, und man wird aus den Schriften von einigen, die dasselbe in unseren Tagen wieder haben aufleben lassen, leicht ersehen können, in welche Consequenzen uns dies hineinführen wird. Man lasse jemand mit Polemo die Welt, oder mit den Stoikern den Aether oder die Sonne, oder mit Anaximenes die Luft als Gottheit setzen [1] — was für eine Theologie, eine Religion und Gottesverehrung werden wir dann nothwendigerweise erhalten! Nichts kann so gefährlich sein als Principien, welche in solcher Art ohne Prüfung und Untersuchung angenommen werden, insbesondere wenn sie die Moral betreffen, das Leben der Menschen beeinflussen und allen ihren Handlungen eine bestimmte Richtung geben. Wer wird nicht mit Recht eine andere Art des Lebens bei Aristipp erwarten, der die Glückseligkeit in körperliche Lust setzte, und eine andere bei Antisthenes, der die Tugend für ausreichend zur Glückseligkeit hielt? Wer mit Plato die Seligkeit in die Erkenntniss Gottes setzt, wird seine Gedanken zu anderen Betrachtungen erheben als diejenigen, welche ihren Blick nicht über dieses Fleckchen Erde und die vergänglichen Dinge, die es enthält, hinaus richten. Wer mit Archelaos das Princip aufstellt, dass recht und unrecht, gut und bös lediglich durch Gesetz, nicht durch Natur bestimmt sind [2], wird einen andern Massstab für

---

reflect on any thing beyond them, are apt to say, they cannot comprehend a thinking thing. IV, 3, § 6: ... indulging too much their thoughts immersed altogether in matter, can allow no existence to what is not material.

[1] Die fragwürdigen philosophiegeschichtlichen Angaben stammen aus Stobäus.

[2] Nach Diogenes Laertius II, 16: doch wird die Angabe von allen neueren Forschern auf ein Missverständniss zurückgeführt. Nach Hippolytus

moralische Rechtschaffenheit und Schlechtigkeit haben als diejenigen, die es für feststehend erachten, dass wir Verpflichtungen unterliegen, die allen menschlichen Verfassungen vorausgehen."[1]

Die Stelle ist in mehr als einer Beziehung beachtenswerth: einmal schon wegen der nachdrücklichen Betonung der für Moral und Religion bedrohlichen Folgen, welche sich aus der Annahme gewisser naturphilosophischer, näher der materialistischen, Aufstellungen ergeben. Vielleicht darf man darin eine Bestätigung für die Vermuthung finden, dass die Angabe Tyrrells über das Thema des Gesprächs in Exeter House in diesem Zusammenhange zu verstehen ist. Sodann ist kein Zweifel, dass mit dem Hinweis auf Philosophen, die den Materialismus „in unseren Tagen wieder haben aufleben lassen", Hobbes gemeint ist. Ganz in der gleichen Weise pflegt Cudworth auf diesen Bezug zu nehmen[2]. Dazu stimmt es dann vollkommen, wenn mit der Absage an den Materialismus gleichzeitig eine solche an die Zurückführung der Moral auf das positive Gesetz des Staates verbunden ist, welche in dem Bewusstsein damaliger Leser erst recht an den Namen des Hobbes geknüpft war. Man könnte geneigt sein, die Stelle in ihrem ganzen Umfange als eine gegen diesen gerichtete Polemik anzusehen, gegen die Uebertragung der mathematischen Vorstellungen und der mathematischen Methode auf die übrigen Wissenschaften, die Parallelisirung des Staates als des künstlichen Körpers mit dem physischen Körper der Naturlehre u. s. w.[3] Doch würde dies eine genauere Kenntniss der Hobbes'schen Schriften voraussetzen, als wir sie aller Wahrscheinlichkeit nach Locke zuzuschreiben haben[4].

Wo Locke Hobbes erwähnt, zeigt sich das deutliche Bestreben, mit dem Träger dieses „verrufenen Namens"[5] nichts gemein zu haben. Wiederholt lehnt er es ab, eine eingehendere Kenntniss seiner Schriften zu besitzen[6]. Dass Stillingfleet Aeusserungen von Hobbes und Spinoza mit den seinigen in Parallele setzt, scheint ihm

---

(Philosophumena 9, 6 [*Diels*, Doxographi 564, 6]) hätte er gesagt: Καὶ διεκρίθησαν ἄνθρωποι ἀπὸ τῶν ἄλλων καὶ ἡγεμόνας καὶ νόμους καὶ τέχνας καὶ πόλεις καὶ τὰ ἄλλα συνέστησαν. Vielleicht beruht das Missverständniss hierauf.

[1] Essay IV. 12, § 4.   [2] S. oben S. 118.
[3] Vgl. Baumann, Die Lehre von Zeit, Raum und Mathematik I. 260.
[4] Tagart S. 339. 360.
[5] Those justly decried names, nämlich Hobbes und Spinoza. Glanvill sagt: Names of an abhorred character; s. oben S. 261, Anm. 2.
[6] *Worcester*, The religious opinions of John Locke p. 92.

die Absicht zu beweisen, sein Buch zu discreditiren [1]. Die Hobbes'sche Moral gilt ihm als eine Moral der Selbstsucht [2]; sie kann keinen andern Verpflichtungsgrund anführen als die Willkürbestimmung des grossen Leviathan [3]. Mit Cudworth und Glanvill bezeichnet er seine Lehre als Fatalismus [4].

Trotzdem ist bis in die neueste Zeit Locke in die engste Beziehung zu Hobbes gebracht worden, indem bald der Zusammenhang ganz allgemein ausgesprochen, bald der Versuch unternommen wurde, den letztern an einzelnen Punkten nachzuweisen [5]. Nachdem sich gezeigt hat, dass Locke und Hobbes thatsächlich zwei feindlichen Lagern angehört haben, kann nur mehr die Aufgabe sein, die Versuche der letztern Art einer Prüfung zu unterwerfen. Zwei Bemerkungen sind dabei vorauszuschicken. Hobbes war ohne Zweifel einer der am meisten genannten, vielleicht auch der am meisten gelesenen Schriftsteller seiner Zeit. Man darf annehmen, dass, wie seine Ideen in weite Kreise eindrangen, so auch manche Stelle, die sich in seinen Schriften fand, manch paradoxer Ausspruch Gemeingut der gebildeten Conversation geworden war. Fänden sich also Reminiscenzen dieser Art bei Locke vor, so würde daraus ohne weiteres noch nichts über eine inhaltliche Beeinflussung seiner Gedanken von jener Seite gefolgert werden können. Aber selbst die

---

[1] . . . such candid and kind insinuations, as these, that you bring in both Hobbes and Spinoza into your discourse . . Neither of those authors having, as appears by any passage you bring out of them, said any thing to this question, nor having, as it seems, any other business here, but by their names skilfully to give that character to my book with which you would recommend it to the world. (Works IV, 471. 477.)

[2] Bei Lord King I, 191: An Hobbist, with his principle of self-preservation, whereof himself is to be judge, will not easily admit a great many plain duties of morality.

[3] Essay I, 3, § 5: If an Hobbist be asked why men should keep their compacts, he will answer, because the public requires it, and the great Leviathan will punish you if you do not.

[4] In der aus dem Nachlasse veröffentlichten Beantwortung einer Schrift von Norris (Cursory reflections on a book, called an essay etc.) [Works X, 255 f.]: This is the hypothesis that clears doubts, and brings us at last to the religion of Hobbes and Spinoza; by resolving all, even the thoughts and will of men, into an irresistible fatal necessity.

[5] Am weitesten geht vielleicht Cousin, wenn er (Histoire générale de la philosophie [4] p. 387) behauptet: Locke, c'est Hobbes au fond en métaphysique, avec mille différences secondaires. Il ne le cite guère, il le reproduit souvent. Gegen die verwandte Auffassung Paulsens wendet sich Curtis S. 19 ff.

wirkliche Uebereinstimmung in einzelnen Lehrmeinungen würde Locke
doch nur dann in ein Abhängigkeitsverhältniss von Hobbes bringen,
wenn es sich dabei um Punkte handelte, welche für beider Denkweise charakteristisch sind und bei denen die Uebereinstimmung sich
nicht leichter und einfacher auf andere Weise erklärt.

Wenn also Tagart, Fox Bourne und andere glauben, Nachdruck
darauf legen zu sollen, dass Hobbes schon vor Locke den Ursprung
aller Erkenntniss aus der Sinneswahrnehmung abgeleitet habe, so
beweist dies schlechterdings nicht, dass der letztere hierbei der Anregung des erstern gefolgt sei. Denn in dieser Allgemeinheit gehört die Lehre der überlieferten Schulphilosophie an, welche mit
Aristoteles daran festhielt, dass der Verstand nur in und mit der
Sinneswahrnehmung zu Begriffen komme. Solange also nicht in der
nähern Durchführung jener Lehre sich Berührungspunkte finden,
ist die blosse Uebereinstimmung in dem Grundgedanken für den
Nachweis eines engern Zusammenhanges der beiden Denker be-
langlos. Weit entfernt aber, dass sich solche aufzeigen liessen,
führt die Vergleichung vielmehr auf einen Unterschied von durch-
schlagender Bedeutung. Hobbes lehrt, dass den von aussen kommenden Einwirkungen eine Rückwirkung von seiten des wahrneh-
menden Subjectes entspreche, ein vom Mittelpunkt ausgehender
Gegenstoss, auf dem die Vergegenständlichung der Eindrücke beruhen soll. Locke weiss hiervon nichts [1]. — Bei Hobbes steht die
Lehre von der Sinneswahrnehmung im engsten Zusammenhang mit
der allgemeinen Bewegungslehre, die in seinem System unter dem
Einflusse der von Galilei ausgehenden Einwirkung eine so grosse
Rolle spielt [2]. Keine Spur deutet darauf, dass Locke hieran Inter-

---

[1] Geil (Ueber die Abhängigkeit Locke's von Descartes S. 92 f.) gibt die
einschlagenden Stellen aus Hobbes (De homine) und bemerkt im Anschlusse
daran: „Diese Darstellung der Empfindungstheorie von Hobbes lässt an Klarheit
und Anschaulichkeit nichts zu wünschen übrig: Veranlassung zur Empfindung ist
das Object, das durch Druck auf unser Empfindungsorgan wirkt, unmittelbar beim
Tast- und Geschmacksinn, mittelbar bei den drei anderen Sinnen. Mit Hilfe der
Nerven setzt sich dieser Stoss fort nach innen zum Gehirn, von da zum Herzen
(nicht so bei Descartes und Locke). Das Herz reagirt durch einen Gegenstoss,
d. h. einen Versuch, sich von dem erlittenen Druck zu befreien durch eine nach
aussen strebende Bewegung. Diese Bewegung erscheint uns dann als etwas ausser
uns Befindliches. Welcher Unterschied in der Auffassung der Entstehung der
Sinnesqualitäten zwischen dieser Hobbes'schen ἀντιτυπία tendens extrorsum und
der passiva quaedam vis sentiendi bei Descartes und Locke!"

[2] Baumann I, 321 ff.

esse genommen hätte. — Endlich finden sich bei Hobbes die ersten
Ansätze der Associationspsychologie, Locke aber handelt von der
Ideenassociation in einem nachträglich dem Essay angehängten Kapitel nur als von einem das verständige Denken störenden, auf falschen Gewöhnungen beruhenden und durch richtige Erziehung zu
überwindenden Vorgange [1].

Ganz ebensowenig lässt sich ein Abhängigkeitsverhältniss damit
begründen, dass Locke wie Hobbes dem geordneten staatlichen Leben
einen staatlosen Urzustand vorausgehen und aus diesem Staat und
Staatsgewalt durch Vertrag entstehen lässt [2]. Denn dies war durch
das ganze Mittelalter hindurch bis in die Neuzeit hinein die allgemeine Ansicht, und die Publicisten der Stuarts stritten, wie schon
die Glossatoren des zwölften Jahrhunderts, mit ihren Gegnern nur
über die Tragweite des Vertrags, nicht darüber, dass überhaupt
ein Vertrag die Grundlage der staatlichen Organisation und des
staatsbürgerlichen Gehorsams bilde [3]. Aber bereits in der Auffassung
jenes Urzustandes tritt der Gegensatz gegen Hobbes hervor. Derselbe war nach Locke kein Zustand des Krieges aller gegen alle,
aus dem die blinden Triebe der Furcht und der Selbsterhaltung die
Menschen hinausführten, vielmehr hat Gott den Menschen bereits
ursprünglich als ein sociales Wesen geschaffen: er pflanzte ihm Neigung und Bedürfniss ein, mit seinesgleichen zu leben, und gab ihm
in der Sprache das Mittel des Verkehrs und das werthvollste Band
der Gemeinschaft [4]. Ausdrücklich stellt Locke in einer seiner poli-

---

[1] Essay II, 33. Vgl. Campbell Fraser S. 211.

[2] Ein unedirter, angeblich bald nach der Restauration geschriebener Aufsatz
(Reflections upon the Roman Commonwealth) beginnt mit den Worten: Romulus,
at the head of a numerous colony from Alba, was the first founder of the Roman
state. This colony was, in the original state of nature, free, and independent of
any dominion whatsoever, and only chose Romulus for their leader till their new
city was built, and they were at liberty to consider what form of government
they should resolve upon. Nach Fox Bourne (I, 148) wäre hierin "Hobbism"
zu erkennen. Aber während die Annahme eines staatlosen Urzustandes und der
vertragsmässigen Errichtung des Staates nichts für Hobbes Charakteristisches
sind, lässt Locke in Rom "the most lasting constitution of limited monarchy
that ever was in the world" entstehen und preist "the balance of these orders
and institutions" (ebend. S. 153); Hobbes dagegen zählt die Beschränkung oder
Theilung der Staatsgewalt zu den ein Staatswesen zerstörenden und auflösenden
Factoren. (Leviathan ch. 29.) Vgl. auch Essay II, 28, 10.

[3] Vgl. Hertling, Offener Brief an Prof. Ritschl S. 26.

[4] Essay III, 1, 1: God having designed man for a sociable creature, made
him not only with an inclination, and under a necessity to have fellowship with

tischen Abhandlungen den Stand der Natur dem Kriegszustande
gegenüber, „welchen manche damit vermengt haben"[1]. Weit
schärfer aber tritt der Gegensatz in den Ansichten über die Einrichtung des Staates und die Competenz der Staatsgewalt hervor.
Hier entfernt sich Locke so völlig von der Hobbes'schen Theorie,
die grundsätzliche Verschiedenheit der Ansichten ist so durch-
schlagend, dass ein gelegentlicher Anklang an den Leviathan nichts
daneben bedeutet[2]. Dort der Staatsabsolutismus in seiner schroff-
sten, rücksichtslosesten Form, losgelöst von jedem Schein einer
höhern Weihe, jede selbständige Regung der Bürger bis hinein in
das Heiligthum religiösen Empfindens der geschlossenen Einheitlich-
keit eines machtvollen Regiments geopfert — hier der Ausgangspunkt der constitutionellen Theorie und die Zurückforderung des
religiösen Lebens als des eigensten Besitzes des Individuums aus
den Händen der staatlichen Organe!

Was sodann die ethischen Grundbegriffe angeht, so ist früher
gezeigt worden, dass die schwankenden Aeusserungen Locke's sich
nicht wohl zu einem folgerechten System verknüpfen lassen. In
der Moral wie in der Erkenntnisslehre kämpft mit der sensualistischen oder eudämonistischen eine mindestens ebenso starke rationalistische Tendenz, welche mit der Anerkennung einer aller menschlichen Gesetzgebung vorangehenden Norm weit von Hobbes abführt.
Ein bestimmender Einfluss, welcher von diesem ausginge, lässt sich
indessen auch da nicht nachweisen, wo bei Locke ausschliesslich
jene erstgenannte Tendenz zum Worte kommt. Denn dass er ebenso
wie Hobbes das Gute auf die Empfindung von Lust oder Freude,
das Uebel auf die Empfindung der Unlust zurückführt[3], reicht für
sich allein hierzu nicht aus. Die Behauptung aber, dass beide in
der Lehre vom Naturgesetz übereinstimmten[4], muss als eine völlige
Verkennung der Locke'schen Ansicht bezeichnet werden, wenn dieselbe, wie es scheint, dahin verstanden werden soll, dass sich die
Menschen eine empirische Kenntniss von der in die Natur gelegten
göttlichen Ordnung aneignen, kraft deren aus einem bestimmten

---

those of his own kind; but furnished him also with language, which was to be
the great instrument and common tie of society.

[1] In der zweiten Abhandlung On government 2. § 19; vgl. Fox Bourne
II, 171.

[2] Einen solchen will Fox Bourne (II. 129, Anm.) in Essay IV. 3. §§ 19. 20
mit Leviathan ch. 11 erblicken.

[3] Fox Bourne II. 114 mit Anm.   [4] Jodl I, 152.

Thun Glück, aus einem andern Unglück entspringt[1]. Die Allgemeingiltigkeit der moralischen Grundsätze und die Demonstrirbarkeit der
Moral in dem oben nachgewiesenen Sinne ginge darüber vollkommen
verloren[2].

Sonach scheint es nicht, als ob sich der Vergleichung der beiderseitigen Lehren durchschlagende Gründe entnehmen liessen, um das
Verhältniss der Philosophen anders zu bestimmen, als sich aus den
oben angestellten Untersuchungen ergeben hat. Die Entwicklung
der Philosophie führt nicht in gerader Linie von Hobbes zu Locke;
auch wo Locke sich am meisten dem von dem letztern eingenommenen Standpunkte annähert, deutet doch keine Spur auf einen bewussten Anschluss, und von Hobbes' ausgesprochensten und thätig-
sten Gegnern, den Philosophen von Cambridge, hat Locke diejenige
umfassende und tiefgehende Einwirkung erfahren, welche in der
Beschaffenheit und dem Ausdrucke des rationalistischen Elementes
bei ihm hervortritt.

---

[1] Vgl. oben S. 225 mit Anm. 2.   [2] Vgl. oben S. 232 f. 234 ff.

Fünftes Kapitel.

Die Bekämpfung der Lehre von den angeborenen Ideen.

DIE Bekämpfung der Lehre von den angeborenen Ideen, welche das erste Buch des Essays füllt, hat man vielfältig bis in die neueste Zeit als Locke's eigenste philosophische That angesehen und als dasjenige, wonach seine Einordnung in den grossen Entwicklungsgang der Philosophie sich zu richten habe. Neuerdings ist dagegen die Meinung ausgesprochen worden, dass jedenfalls für Locke selbst jener Abschnitt weitaus nicht die ihm in der Folgezeit zugeschriebene Bedeutung besessen, sondern sich ihm nur gelegentlich in Ausführung seines eigentlichen Zweckes ergeben habe [1]. Auch darüber besteht Meinungsverschiedenheit, wohin sich die polemische Spitze jenes Abschnittes richtet. Während die am meisten verbreitete Ansicht dahin geht, dass in ihm der zwischen Locke und Cartesius bestehende Gegensatz seinen deutlichsten Ausdruck finde, ist kürzlich behauptet worden, dass von einem solchen gegensätzlichen Verhältnisse überhaupt nicht die Rede sein könne, vielmehr zwischen beiden Philosophen Uebereinstimmung in den wesentlichsten Punkten sich finde, jener polemische Abschnitt daher anderswohin zielen müsse. Als Vertreter der bestrittenen Lehre sollen in erster Linie die Platoniker von Cambridge gelten [2].

Die Vollständigkeit der Untersuchung erfordert daher ein Eingehen auf die hier sich ergebenden Fragen. War die Kritik der Lehre von den angeborenen Ideen, welche Locke seiner Analyse des Erkenntnissursprunges vorausgeschickt hat, eine ausdrückliche Absage an die Schule von Cambridge, so scheint die in den vorangehenden Kapiteln aufgestellte Ansicht über sein Verhältniss zu dieser modificirt werden zu müssen, jedenfalls dann, wenn diese Bestreitung sowohl für ihn — wie dies bisher

---

[1] Erdmann, Archiv für Geschichte der Philosophie II. 111: „Uebrigens sei hier ausdrücklich einmal hervorgehoben, dass jene ganze Kritik Locke's die Bedeutung, welche ihr in fast allen Darstellungen seiner Lehre zugeschrieben wird, weder für den Ursprung noch für den Bestand derselben besitzt."

[2] Geil, Ueber die Abhängigkeit Locke's von Descartes S. 46.

fast allgemein angenommen wurde — als auch, und zwar in der von ihm bekämpften Gestalt, für jene Schule eine grundsätzliche Bedeutung besass. Das Urtheil hierüber ist von der Beantwortung der Frage abhängig, was als der innerste Kern und die eigentliche Tendenz der Bestreitung anzusehen ist. Zugleich ist auch nur von hier aus der Massstab abzuleiten, an dem sich ganz allgemein bestimmen lässt, wer an diesem Punkte zu Locke's Gegnern gehören musste, also auch, ob Cartesius mit darunter fällt oder nicht. Im Zusammenhange damit soll dann das Verhältniss, in welchem Locke zu dem französischen Philosophen steht, noch etwas näher erörtert werden.

Die erste Frage ist natürlich, was sich aus Locke's eigenen Angaben für die Bezeichnung der Vertreter der von ihm bekämpften Lehre entnehmen lässt und wie er dieselben charakterisirt.

Nun hat, was diesen Punkt betrifft, Locke selbst bekanntlich einen Vertreter ausdrücklich namhaft gemacht, Lord Herbert v. Cherbury. Aber der Gegensatz gegen diesen war so wenig der Ausgangspunkt für die ganze Polemik, dass die schriftliche Entwicklung derselben bereits ein beträchtliches Stück vorgerückt war, als Locke durch dritte Personen darauf aufmerksam gemacht wurde, in Herberts Büchern De veritate finde sich eine nähere Angabe über die vermeintlich angeborenen Principien [1]. Nun erst machte er sich mit der hier gegebenen Fassung der von ihm bekämpften Lehre bekannt, um sich dann sogleich in den fünf folgenden Paragraphen damit auseinanderzusetzen. Die Frage also, wohin ursprünglich die Polemik zielte und welche Bedeutung sie für Locke hatte, wird durch den Hinweis auf Lord Herbert nicht beantwortet. Die Begegnung mit ihm hat nur die Bedeutung einer einzelnen Episode.

Im übrigen sind Locke's Angaben so unbestimmt wie möglich. Er spricht von „einigen Leuten", welche an jener Lehre festhalten, und nennt sie demgemäss die „Männer der angeborenen Principien" oder die Vertheidiger derselben [2]. Wir erfahren sodann, dass dieselben beide Arten von Grundsätzen im Auge haben, theoretische sowohl als praktische [3], und dass sie bei der Begründung ihrer An-

---

[1] Essay I, 3, § 15: When I had writ this, being informed that my Lord Herbert had in his books de Veritate assigned these innate principles, I presently consulted him, hoping to find, in a man of so great parts, something that might satisfy me in this point and put an end to my enquiry.

[2] An established opinion amongst some men (I, 2, § 1); these men of innate principles (§ 14): defenders of innate principles (§ 24): patrons of innate principles (4. § 6).   [3] I. 2, § 2.

sicht grosses Gewicht auf die Güte Gottes oder die Güte der Natur legen. Es sollte mit jener angeborenen Erkenntniss den Menschen ein sicheres Mittel gegeben werden, sich in den wichtigsten Beziehungen des Lebens zurechtzufinden [1]. Wir erfahren weiter, dass die Vertreter der Lehre ein Argument für dieselbe in dem angeblichen consensus universalis erblicken [2]. Endlich wird ihnen vorgeworfen, dass sie niemals bestimmt angegeben hätten, welches denn diese angeborenen Principien seien, oder den Versuch gemacht, einen Katalog derselben anzufertigen [3]. Weitere Züge als diese dürften sich im Essay kaum auffinden lassen.

Vollständiger ist, was er zur Charakteristik der bekämpften Lehre vorbringt. Ein Heraushelben derselben wird jedoch dadurch erschwert, dass Locke immerwährend kritische Bemerkungen damit verknüpft und mindestens ebenso oft anführt, was die Vertreter der Lehre hätten sagen müssen oder was sie nicht behaupten können, als was sie thatsächlich sagen und behaupten.

Dabei ist zunächst daran zu erinnern, dass Locke die zurückzuweisende Lehre als die Lehre von angeborenen Grundsätzen oder Principien einführt und erst im letzten Kapitel des ersten Buches von angeborenen Ideen spricht. Es müsse auch von diesen gesprochen werden, führt er aus, einmal, weil angeborene Principien nothwendigerweise angeborene Ideen voraussetzen, sodann aber darum, weil von allen vermeintlich angeborenen Erkenntnissen die Gottesidee offenbar die werthvollste und wichtigste sein müsste [4].

Als erstes Merkmal jener für angeboren ausgegebenen Wahrheiten oder Erkenntnisse wird angeführt, dass sie vom ersten Augenblicke unseres Daseins an in uns vorhanden seien. Die Seele empfängt sie zugleich mit ihrem Sein und bringt sie bei ihrem Eintritte in die Welt als ein in ihr gelegenes, fertiges und abgeschlossenes

---

[1] I, 4, § 12: It is urged, that it is suitable to the goodness of God, to imprint upon the minds of the men, characters and notions of Himself, and not to leave them in the dark and doubt, in so grand a concernment: and also by that means, to secure to Himself the homage and veneration, due from so intelligent a creature as man; and therefore He has done it. — Vgl. auch § 18 und 3, § 14.

[2] I, 4, § 15.

[3] I, 3, § 14: Those who talk so confidently of them, are so sparing to tell us, which they are . . . Since nobody, that I know, has ventured yet to give a catalogue of them, they cannot blame those who doubt of the innate principles: since even they who require men to believe, that there are such innate propositions, do not tell us what they are.

[4] I, 4, §§ 1. 8.

Besitzthum mit[1]. Von dem blossen Vermögen, sie zu erkennen,
gelten sie als durchaus verschieden. Wir bringen den Farbensinn
mit auf die Welt, d. h. das Vermögen, unter gewissen Bedingungen
Farbenempfindungen zu haben; aber niemand wird deshalb sagen,
die Farbenempfindung sei uns angeboren. Noch weniger freilich
wird jemand behaupten, dass hier das Vermögen allein nicht genüge
und daher ein Angeborensein der Farbe nothwendigerweise angenommen werden müsse[2]. Jene angeborenen Wahrheiten können
deshalb auch nicht solche sein, denen zuzustimmen der Verstand die
Fähigkeit hat, zu deren wirklicher Erkenntniss und Anerkenntniss
er aber vielleicht niemals gelangt. Denn wo läge dann der Unterschied gegen andere, nicht angeborene? Wollte man unter jener
Bezeichnung nur Wahrheiten verstanden wissen, denen jedermann
nach erlangter Vernunft zustimmt, sobald sie ihm vorgelegt werden,
oder die jedermann durch richtigen Gebrauch seiner Kräfte aufzufinden im Stande ist, so fallen eben schlechterdings alle Wahrheiten darunter, und man hat es dann nur mit einer sehr ungeeigneten
Ausdrucksweise zu thun[3].

Es sind also Wahrheiten, die von Anfang an deutlich in der
Seele vorhanden sind, deren sie sich bewusst ist. Das liegt auch
in den bildlichen Ausdrücken, wenn gesagt wird, dass sie gleich
Inschriften in der Seele eingeprägt, von Natur ihr aufgedrückt, dass
sie natürliche Einprägungen im Verstande sind, angeboren und unserem
Bewusstsein unmittelbar von der Hand Gottes eingedrückt, von dem
Finger Gottes eingeschrieben[4].

---

[1] 1, 2, § 1: Some primary notions, κοιναί ἔννοιαι. characters. as it were, stamped
upon the mind of man, which the soul receives in its very first being; and brings
into the world with it . . . impressions of nature and innate characters . . . originally imprinted in the mind; § 14: . . . originally by nature imprinted in the
mind in its first constitution; § 25: . . . notions . . . woven into the very principles of their being and imprinted there in indelible characters. — Vgl. II, 9, § 6.
[2] 1, 2, § 1.   [3] 1, 2, §§ 5. 6. 7. 8. 13.
[4] Oben Anm. 1; Essay I, 2, § 11: native inscription; § 21: nature has
made them by impression; 3, § 1: native impressions . . . natural characters
engraven on the mind; § 3: impressions of truth on the understanding . . . innate characters on the mind; § 13: something imprinted on our minds in this
very original: § 14: imprinted on the minds of men; 4, § 2: original characters
stamped on the mind; § 7: a character stamped on the mind in its very original;
2. § 25: those notions that nature has imprinted . . . those characters which
nature itself has taken care to stamp within; § 27: general impressions . . .
native and original impressions . . principles . . . stamped immediately on the
soul; 4, § 12: original impressions of knowledge. or ideas stamped on the mind;

Im Grunde aber ist nun doch durch dies alles noch keine solche
Bestimmung der vermeintlich angeborenen Wahrheiten gegeben, durch
welche sie sich nach Form und Inhalt von den übrigen, nicht angeborenen, unzweideutig unterscheiden. Diese soll nun darin gefunden werden, dass sie allgemein anerkannt, dass sie die deutlichsten
von allen Wahrheiten und die Grundlage aller übrigen sind: dass
sie, ihrerseits selbstverständlich und unbezweifelbar, Wahrheit und
Gewissheit der übrigen gewährleisten[1]. Dies gilt, wie von den
theoretischen, so von den praktischen Principien; auch sie müssen
selbstverständlich sein, so dass sie nicht erst der Begründung bedürfen[2]. Sie sind das dem Bewusstsein der Menschen von Natur
eingeprägte Gesetz, das Gesetz, das sie in unzerstörbaren Lettern
in sich tragen, das aufgedrückte Gesetz eines allmächtigen Gesetzgebers, bestimmt, ihre Handlungen zu leiten[3]. Was endlich die
Gottesidee betrifft, so ist sie aufzufassen als das Zeichen, welches
Gott dem Werke seiner Hände einzeichnete, seine Spuren und Merkmale, die er mit eigenem Finger der Seele des Menschen eingegraben
hat und worin die ersten Anfänge menschlicher Erkenntniss liegen[4].

Sieht man bei dieser Charakteristik von allem ab, was sich als
eine abgeleitete Folgerung aus dem Angeborensein oder als eine
blosse Umschreibung dieses Prädicats erweist, sofern man bei demselben an angeborene Wahrheiten, nicht an angeborene Vermögen
denkt, so ergibt sich als wichtigstes Merkmal, dass jene angeborenen

---

3, § 3: natural impressions on the understanding . . . characters imprinted by
nature on the understanding; § 6: imprinted in our minds immediately by the
hand of God; § 16: those common notions writ on our minds by the finger of
God; 4, § 14: Can it be thought that the ideas men have of God are the characters and marks of Himself, engraven in their minds by His own finger?

[1] I, 2, § 17: propositions . . . first lodged in the understanding, which,
without teaching, the mind at the very first proposal, immediately closes with
and assents to and after that never doubts again: § 21: the foundations of all our
other knowledge, as they are pretended to be: § 25: the clearest part of truth
and the foundations of all our knowledge. — Vgl. 3, § 13.

[2] I, 3, § 4: . . . innate, or so much as self-evident: which every innate
principle must needs be, and not need any proof to ascertain its truth, nor want
any reason to gain its approbation.

[3] I, 3, § 13: A law, which they carry about them in indelible characters . . .
the imprinted edicts of an omnipotent law-maker.

[4] 1, 4, § 13: If there were any ideas to be found imprinted on the minds
of men, we have reason to expect it should be the notion of his maker, as a
mark God set on His own workmanship, to mind man of his dependence and duty.
Vgl. § 14 oben S. 278, Anm. 4 am Ende.

Wahrheiten die letzten Grundlagen unserer Erkenntniss sein sollen. und dass nicht nur unter ihnen die Gotteserkenntniss eine besonders vornehme Stelle einnimmt, sondern dass sich überhaupt in ihnen die Beziehung der menschlichen Seele zu Gott deutlich offenbart.

Die gegebene Charakteristik erhält sodann eine sehr werthvolle Ergänzung in dem, was Locke der bekämpften Lehre als ihren Gegensatz gegenüberstellt. Schon gleich zu Anfang bemerkt er, um ihre Unrichtigkeit darzuthun, würde es genügen zu zeigen, wie die Menschen in der That mit Hilfe ihrer natürlichen Fähigkeiten zu allen den Erkenntnissen gelangen, in deren Besitz sie sich befinden, ohne der Unterstützung durch angeborene Eindrücke, Begriffe oder Principien zu bedürfen[1]. Die vermeintlich angeborenen Principien sind in Wahrheit Erkenntnisse, welche ganz auf dieselbe Weise gewonnen werden wie alle übrigen[2]. — Es wird gesagt, die Menschen stimmten ihnen zu, sobald sie zum Gebrauche ihrer Vernunft gelangt seien. Das hat den guten Sinn, dass die Bildung abstracter Begriffe und das Verständniss allgemeiner Normen eine gewisse Stufe geistiger Entwicklung voraussetzt, die man erst erreicht, wenn man begonnen hat, sich mit derartigen Begriffen, wie sie die Bestandtheile der vermeintlich angeborenen Wahrheiten bilden, zu beschäftigen[3]. Die frühesten Begriffe oder Ideen erhalten wir durch die Einwirkung der Dinge, die uns von Anfang an umgeben und mit denen wir zuerst in Beziehung stehen. Indem sodann der Verstand zwischen den Ideen, die er besitzt, die Verhältnisse der Uebereinstimmung oder Nichtübereinstimmung, Zusammengehörigkeit oder Nichtzusammengehörigkeit entdeckt, welche zwischen denselben bestehen, stimmt er den so gewonnenen und darauf beruhenden Urtheilen zu, welche je nach der Beschaffenheit der Ideen particuläre oder allgemeine sind[4]. Demgemäss gründet die zweifellose Zustim-

---

[1] 1, 2, § 1.

[2] I, 2, § 12: those general maxims . . ., which are mistaken for innate principles. but are indeed discoveries made, and verities introduced, and brought into the mind by the same way, and discovered by the same steps, as several other propositions, which nobody was so extravagant as to suppose innate.

[3] 1, 2, § 14.

[4] I, 2, § 15: . . . it being about those first, which are imprinted by external things, with which infants have earliest to do, which make the most frequent impressions on their senses. In ideas thus got, the mind discovers, that some agree, and others differ, probably as soon as it has any use of memory; as soon as it is able to retain and receive distinct ideas. § 16: The truth of the proposition appears to him as soon as he has settled in his mind the clear and

mung zu den unmittelbar einleuchtenden Wahrheiten nicht auf ihrem
Angeborensein, sondern darauf, dass die Natur der Dinge, die wir
in jenen Begriffen erfassen und durch die entsprechenden Worte bezeichnen, eben nur das im Urtheil ausgedrückte Verhältniss zulässt
und jedes andere unmöglich ist [1].

Daher kommt es denn auch, dass moralische Grundsätze, welche
zwar giltig, aber keineswegs unmittelbar einleuchtend sind, bewiesen
werden müssen und die Verständigung über ihre Giltigkeit und
Wahrheit bereits eine gewisse Uebung des Geistes voraussetzt. Sie
sind darum nicht weniger gewiss: es ist mit ihnen wie beispielsweise mit dem Satze, dass die Summe der Winkel im Dreieck gleich
ist zwei Rechten, einem Satze, den auch nicht jeder kennt, den
aber jeder bei richtiger Anwendung seiner geistigen Kräfte einsehen
kann. Es ist daher auch lediglich unsere Schuld, wenn wir nicht
zu einer sichern Erkenntniss der moralischen Grundsätze gelangen [2].

Im Gegensatze also zu der grundlosen Annahme von Kenntnissen oder Wahrheiten, die fertig in uns hineingelegt, gleichsam von einem andern in uns gemacht werden, wird hier überall
die selbstthätige, von dem Willen abhängige Erwerbung von Erkenntnissen durch den Gebrauch der natürlichen Vermögen und
Kräfte betont.

Mit besonderer Ausführlichkeit entwickelt Locke diesen Gegensatz in Bezug auf die Gottesidee. Nachdem er die bekannten, wenig
zuverlässigen Angaben über barbarische Völker, die keine Gottesidee
besitzen, gemacht hat, bringt er diesen Mangel damit in Zusammenhang, dass dieselben überhaupt ohne Cultur und Bildung, ohne Bekanntschaft mit Wissenschaften und Künsten zurückgeblieben seien. Aber
auch anderen, fügt er hinzu, fehle die Idee und die Kenntniss von Gott,
weil sie es an der pflichtmässigen Bethätigung ihres Denkens in dieser
Richtung fehlen lassen [3]. Denn gleichsam von jedem Punkte unserer

---

distinct ideas, that these names stand for: and then he knows the truth of the
proposition, upon the same grounds, and by the same means, that he knew before, that a rod and a cherry are not the same thing: and upon the same grounds
also, that he may come to know afterwards, that it is impossible for the same
thing to be and not to be.

[1] I, 2, § 21: Because the consideration of the nature of things contained in
those words, would not suffer him to think otherwise, how, or whensoever he is
brought to reflect on them. — Vgl. § 23.   [2] I, 3, § 1; s. oben S. 235.

[3] I, 4, § 8: These are instances of nations where uncultivated nature has
been left to itself without the help of letters and discipline and the improvements
of arts and sciences. But there are others to be found, who have enjoyed these

Erkenntniss aus lässt sich die Gottesidee ableiten. Die sichtbaren Zeichen ausserordentlicher Weisheit und Macht erscheinen so völlig deutlich in allen Werken der Schöpfung, dass ein vernünftiges Geschöpf, welches nur ernsthaft über dieselben nachdenken will, gar nicht fehlen kann, Gott zu finden [1]. Daraus folgt aber keineswegs, dass die Gottesidee uns angeboren ist, sondern dass alle zu ihr hingeführt werden, die von ihrer Vernunft den richtigen Gebrauch machen, reiflich über die Ursachen der Dinge nachdenken und sie bis zu ihrem Ursprunge verfolgen. Die sie so gefunden haben, werden alsdann die Lehrer der übrigen, und haben sie diesen erst den so überaus wichtigen und der Vernunft entsprechenden Begriff mitgetheilt, so kann derselbe nicht so leicht wieder verloren gehen [2]. Eine Kolonie von ununterrichteten Kindern würde so lange keinen Begriff von Gott haben, bis jemand unter ihnen seine Gedanken dahin gerichtet hätte, der Zusammensetzung und den Ursachen der Dinge nachzuforschen. Hätte dieser alsdann den Begriff Gottes gefunden und ihn den übrigen gelehrt, so würde die Vernunft selbst und das natürliche Entgegenkommen, das er überall im menschlichen Denken gefunden hätte, zu seiner allgemeinen Verbreitung beigetragen haben [3].

Dass dagegen Gott um seiner Güte willen den Menschen die Erkenntniss seiner selbst als eine ursprüngliche Mitgift habe in die Seele legen müssen, lässt sich mit Fug nicht behaupten. Denn wenn auch gewiss das, was Gott wirklich angeordnet hat, das Beste ist, so folgt daraus doch nicht, dass er das, was wir in unserer Kurzsichtigkeit für das Beste halten, habe anordnen müssen. Aber auch ohne ursprünglich eingeprägte Kenntnisse und der Seele aufgedrückte Ideen hat die Güte Gottes der Menschheit nicht gefehlt. Er hat sie mit denjenigen Fähigkeiten ausgestattet, welche ausreichen, sie das alles auffinden zu lassen, was ihrem vorgezeichneten Zwecke entspricht. Durch den richtigen Gebrauch seiner natürlichen Fähigkeiten kann der Mensch, ohne dazu irgend welcher eingeborener Principien zu bedürfen, zur Erkenntniss Gottes gelangen, wie überhaupt zur Erkenntniss alles dessen, was seine Interessen angeht. Oder meint man etwa, die Güte Gottes hätte sich auch nicht damit begnügen sollen, den Menschen Vernunft, Hände und Rohstoffe zu

in a very great measure, who yet for want of a due application of their thoughts this way, want the idea and knowledge of God.

[1] I. 4. § 9.   [2] I. 4. § 10.   [3] I. 4. § 11.

geben, sondern hätte ihm auch gleich Häuser und Brücken bauen
sollen? Denn nun ist es ja so gekommen, dass manche Völker dieser
Dinge entbehren oder schlecht damit versehen sind, gerade so wie
andere keine Gottesidee und keine moralischen Begriffe oder ganz
verzerrte besitzen. In Wahrheit aber liegt der Grund des einen wie
des andern Mangels nur darin, dass diese Völker es an Fleiss und
dem richtigen Gebrauche ihrer Fähigkeiten haben fehlen lassen und
sich bei den Meinungen und den Einrichtungen ihres Landes, wie
sie dieselben vorfanden, beruhigt haben. Es ist mit dem Gottesbegriff nicht anders, als mit anderen Begriffen. Richtiges Denken
und sorgfältige Erwägungen führen die Weisen und Besonnenen zur
Erkenntniss der Wahrheit, während die träge und unbedachte Menge
ohne viel Kopfzerbrechen ihre Vorstellungen zufällig aufrafft oder
sich an das Herkömmliche hält. Wer sich nur einmal ernstlich die
Mühe nimmt, den Satz von der Winkelsumme des Dreiecks zu prüfen,
kann nicht anders als ihn anerkennen, und doch gibt es viele, die nichts
davon wissen. Ganz ebenso verhält es sich mit dem Gottesbegriff [1].

Wo Locke im zehnten Kapitel des vierten Buches sich anschickt,
den Beweis für das Dasein Gottes zu führen, knüpft er ausdrücklich
an die Erörterungen des ersten Buches an: Gott hat uns keine angeborene Idee von sich gegeben, er hat unserem Bewusstsein keine
ursprünglichen Schriftzüge eingeprägt, damit wir darin seine Existenz
lesen könnten; aber indem er uns die Kräfte gab, die wir besitzen,
hat er uns nicht ohne Zeugniss von sich gelassen. Ausgerüstet mit
Sinneswahrnehmung und Vernunft können wir des Beweises seiner
Existenz gar nicht ermangeln. Wir können in betreff dieses wichtigen Punktes nicht über Unwissenheit klagen: ·denn wir sind mit
den Mitteln, ihn zu entdecken und zu erkennen, so vollständig versehen, wie es zu dem Zwecke unseres Daseins und der Angelegen-
heit unseres Heiles erforderlich ist. Trotzdem es aber sich hier um
die einleuchtendste von allen Wahrheiten handelt, welche die Vernunft zu entdecken vermag, und ihre Gewissheit mathematischer
Evidenz gleichkommt, so bedarf es zu ihrer Erkenntniss doch des
Denkens und der Aufmerksamkeit. Sie muss durch regelrechte Deduction von irgend einem intuitiv Erkannten abgeleitet werden,
sonst bleiben wir in Bezug auf sie so unsicher und unwissend wie
in Bezug auf andere einer klaren Demonstration fähige Wahrheiten,
von denen wir nichts wissen, weil wir uns nicht darum kümmern [2].

---

[1] I, 4. §§ 13—16. 22.   [2] IV. 10. § 1.

Die Uebereinstimmung ist eine so vollständige, dass schlechter-
dings unerfindlich ist, wie man einen Gegensatz zwischen diesen
Ausführungen und denen des ersten Buches hat construiren wollen[1].
Folgendermassen fasst Locke das Ergebniss seiner Polemik zu-
sammen. Es gibt Ideen, die sich vor anderen dem Verstande aller
Menschen aufdrängen, und es gibt Wahrheiten, welche sich sofort
aus den Ideen ergeben, sobald wir sie zu Urtheilen verknüpfen.
Andere Wahrheiten dagegen bedürfen einer genauern Anordnung der
Ideen, einer sorgfältigen Vergleichung derselben untereinander und
aufmerksam angestellter Deductionen, bevor sie entdeckt und anerkannt werden können. Irrigerweise hat man einige der ersten
Art, weil sie so allgemein und leicht Annahme finden, für angeboren
gehalten. Sie sind uns so wenig angeboren wie die Wissenschaften
und Künste. Gott hat die Menschen mit Kräften und Mitteln ausgerüstet, um, entsprechend dem Gebrauche, den sie davon machen,
Wahrheiten zu entdecken, anzunehmen und festzuhalten. Auf dem
verschiedenen Gebrauche, den sie davon gemacht haben, beruht die
Verschiedenheit der Begriffe unter den Menschen. Die einen — und
zwar bilden diese die Mehrheit — nehmen die Dinge auf Treue und
Glauben hin und missbrauchen ihr Vermögen der Zustimmung, indem
sie da, wo es ihre Pflicht wäre, sorgfältig zu prüfen, sich sklavisch
dem unterwerfen, was andere ihnen vorsagen. Andere richten ihre
Gedanken ausschliesslich auf einige wenige Gegenstände, werden
mit diesen genügend bekannt, ja erreichen hier sogar einen hohen
Grad von Wissenschaft, während sie auf allen anderen Gebieten
völlig unwissend bleiben, weil sie auf denselben keinerlei Untersuchungen angestellt haben. Die Lehre von den angeborenen Ideen
aber kommt nur der Trägheit der Menschen auf der einen und
ihrer Herrschsucht auf der andern Seite entgegen. Denn ist erst
eine Meinung als angeborene Wahrheit proclamirt, so ist jede weitere Forschung überflüssig und jeder Zweifel ausgeschlossen. Die
Verkünder derselben nehmen ihren Anhängern den eigenen Gebrauch
der Vernunft und Urtheilskraft und lassen sie das Verkündigte ohne
Prüfung auf Treue und Glauben annehmen. Kein besseres Mittel der
Herrschaft aber lässt sich denken als die Möglichkeit, Grundsätze
dictatorisch aufzuerlegen und Wahrheiten als unbezweifelbare zu
lehren. Unter dem Namen von angeborenen Principien lässt man

---

[1] Geil, Die Gottesidee bei Locke und dessen Gottesbeweis. Archiv für Geschichte der Philosophie III, 581.

so die Menschen hinunterwürgen, was den Absichten der Lehrmeister dienlich ist[1].

Locke's letzte Gedanken werden hier vollkommen deutlich. Wogegen er sich wendet, das ist eine Denkweise, welche alle Prüfung und Untersuchung abschneidet, indem sie gewisse Grundsätze, Lehren oder Meinungen für angeboren erklärt. Statt dessen fordert er, dass jede Lehrmeinung, ob wahr oder falsch, ob mit dem Anspruche auf unmittelbare Evidenz auftretend oder des Beweises bedürftig, der Prüfung unterworfen werde. Von Wahrheiten aber, die wir von Anfang an besitzen, die ohne unser Zuthun in uns entstanden sein sollen, will er nichts wissen; jede Erkenntniss der Wahrheit ist ihm vielmehr etwas selbstthätig Erworbenes, und der Hergang überall der, dass wir die Ideen, die uns die innere oder äussere Erfahrung geliefert hat, im bewussten Denken miteinander combiniren oder vergleichen und die zwischen ihnen erkannten Beziehungen in Urtheilen aussprechen.

Hier ist deshalb auch der Punkt, wo ein oben mehrfach hervorgehobener Mangel seiner Theorie die Erklärung findet. Offenbar ist es der Gegensatz gegen die Annahme irgend welchen der Helle des Bewusstseins entzogenen Processes, als dessen Ergebniss gewisse bevorzugte Begriffe oder besonders wichtige und verbreitete Wahrheiten zu gelten hätten, was ihn nun umgekehrt dazu veranlasst, die Freiheit und Willkür in der Bildung der Begriffe in einem Grade und Umfange zu behaupten, dass hierdurch, wie früher gezeigt wurde, die Allgemeingiltigkeit und der objective Werth der daraus resultirenden Urtheile nothwendig ins Wanken kommen muss[2].

Aber noch ein anderer Umstand könnte von hier aus Licht erhalten. Wenn nämlich das Ziel der Locke'schen Polemik richtig angegeben wurde, so ist klar, dass es sich dabei gar nicht in erster Linie um die Auseinandersetzung mit der formulirten Lehre eines bestimmten Philosophen oder einer Schule handelte. Wenn also Streit darüber besteht, gegen wen dieselbe sich richtet; wenn wiederholt behauptet worden ist, die Lehre von den angeborenen Ideen sei in der von Locke bekämpften Form niemals Lehre des Cartesius gewesen, ja wohl überhaupt niemals von irgend jemand aufgestellt worden[3], so liesse sich erwidern, dass er in der That auch gar nicht eine bestimmte Form und Fassung derselben, sondern nur die

---

[1] Essay I. 4. §§ 22—24.   [2] S. oben S. 241.
[3] *Webb*, Intellectualism of Locke p. 40 ff.

den verschiedenen gemeinsam zu Grunde liegende dogmatistische
Tendenz habe bekämpfen wollen. Wie wir aus einem Briefe Molyneux' an Locke erfahren, war vor dem Erscheinen des Essays die
Berufung auf die angeborene Gottesidee in theologischen Kreisen
ein so allgemein verbreitetes und beliebtes Argument, dass, wer
sich unterfangen hätte, dasselbe zu läugnen, sofort in den Verdacht
des Atheismus gekommen wäre [1]. Gerade dies konnte Locke reizen.
Er mochte erkannt haben, dass im Kampfe gegen Atheismus und
Materialismus die vermeintlich angeborenen Ideen sich als eine
stumpfe Waffe erweisen müssen, und dem von der mächtig sich
regenden empirischen Forschung getragenen Denken eine Theorie
nicht genügen könne, welche die werthvollsten und folgenreichsten
Bestandtheile unseres Erkennens einfach als ein Gegebenes und
nicht weiter zu Untersuchendes anzusehen lehrte. Je entschiedener
er selbst an den Ueberzeugungen vom Dasein Gottes und der Geltung eines objectiven Sittengesetzes festhielt, desto wichtiger wurde
ihm der Nachweis, dass auch diese Wahrheiten gleich allen übrigen
durch einen Denkprocess gewonnen werden, der sich in seine Elemente zerlegen und in seinen einzelnen Stadien verfolgen lässt, und
dass die Analyse dieses Processes zugleich den Gewissheitsgrund
jener Wahrheiten kennen lehrt.

Dass nun Erwägungen dieser Art für Locke bestimmend waren,
wird man ohne Zweifel anzunehmen haben. Aber dass er bei seiner
Polemik nur an gewisse allzu bequeme oder allzu zuversichtliche
Bestreiter des Materialismus gedacht habe, lässt sich trotzdem nicht
behaupten. Schon die Ausdrucksweise, so wenig individualisirend
sie auch ist, lässt doch erkennen, dass es ihm um eine Auseinandersetzung zu thun war nicht sowohl mit einer Denkweise, die sich
da oder dort eingebürgert haben mochte, sondern mit einer wissenschaftlich formulirten Lehre, welche von bestimmten Seiten ausdrücklich vertreten worden war [2]. Ausserdem aber ergibt sich bei
genauerem Zusehen, dass jene Aeusserung von Molyneux entweder
eine starke Uebertreibung enthält, wie sie bei diesem begeisterten
Verehrer Locke's nicht weiter überraschen könnte, oder aber auf
einer Unkenntniss der literarischen Vorgänge beruht. Denn um
von Hobbes ganz abzusehen, dessen Einwürfe Cartesius mitsamt

---

[1] Brief vom 26. Sept. 1696: That your doctrine should be so soon heard out
of our pulpits, is what is much more remarkable. He that, even ten years ago,
should have preached, that Idea Dei non est innata, had certainly drawn on him
the character of an atheist.   [2] S. oben S. 276. Anm. 2.

seinen Meditationen im Jahre 1641 veröffentlicht hatte, war Locke keineswegs der erste, der in England gegen die Annahme von angeborenen Ideen aufgetreten war. Nicht er eröffnete die Controverse, sondern er nahm Stellung zu einer Streitfrage, welche bereits vor ihm sehr eifrig discutirt worden war.

Im Jahre 1665 hatte Samuel Parker sein Tentamen physico-theologicum veröffentlicht. Das fünfte Kapitel des ersten Buches wendet sich mit grossem Nachdrucke gegen den Gottesbeweis des Cartesius [1]. Die Sophismata der ersten und dritten Meditation aufzudecken scheint ihm um so nothwendiger zu sein, als sie von gelehrten Leuten für „Archimedes'sche Demonstrationen" angesehen werden [2]. Im Gegensatze gegen den Cartesianischen Intellectualismus hält er an der hergebrachten Ueberzeugung fest, dass die Erkenntniss des Verstandes an die Grundlage der Sinneswahrnehmung gebunden sei [3], und wendet sich sodann ausführlich gegen die Annahme angeborener Ideen. In Frage kommen dabei die Idee Gottes und die sittlichen Begriffe. Woher wollen die Cartesianer wissen, dass sie die erstere ihrem eigenen Geiste entnommen und nicht aus Büchern, Gesprächen und Unterweisungen geschöpft oder mit Hilfe anderer Ideen gebildet haben? [4] Sie behaupten, von Natur aus zu wissen, dass Gott unermesslich und allmächtig sei. Glauben sie wirklich, sie würden den Gedanken der Unermesslichkeit besessen haben, wenn sie ihn nicht von ihren Lehrern oder aus Büchern oder auf ähnliche Art erhalten hätten? Ausserhalb aller menschlichen Vereinigung gestellt, wären sie nicht zum Gottesbegriff gelangt: ja es gibt Völker, welche denselben nicht besitzen [5]. Und wenn noch die Idee, die wir von Gott haben, eine adäquate und voll-

---

[1] Reiicitur Cartesii adversus atheos argumentatio (p. 157 sqq.).

[2] Er nennt ausdrücklich H. More in seinem Antidotus, Charleton in seinem Buche De tenebris atheismi (The darkness of atheism expelled by the light of nature, 1652) und Stillingfleet, De originibus sacris.

[3] Tentamen physico-theologicum p. 161: Quin insuper respuit universa pene philosophorum ratio, quidpiam menti innotescere nisi ope phantasmatum, adeo ut illi nihil adveniat nisi his imbutum: hinc in surdo nato nulla idea vocis, nec in coeco coloris . . .; huius veritatem me, brutum fortasse et crassum animal, experiri fateor: omnes enim hactenus ideas ex sensibus deprompsi, quantumcunque ex Cartesii consilio intellectum ab iis abducere et massam carneam angeli instar exuere serio laboraverim.

[4] P. 165: Unde compertum habent, ipsos Dei ideam ex se depromere et non primum a libris, colloquiis, disciplina hausisse; aut idearum aliarum ope non fabricavisse? [5] P. 166.

kommene wäre! Alsdann würde jene Lehre noch einen gewissen
Schein von Begründung haben. Wer aber wollte Gott zum Urheber
der Idee machen, die wir thatsächlich von ihm besitzen und die so
verstümmelt und undeutlich und ganz und gar unvollkommen ist?
Würde er nicht ein genaueres Abbild von sich entworfen haben?
In Wahrheit ist es der menschliche Geist, welcher nach dem Masse
seiner Schwäche die Idee Gottes bildet, nicht so, wie es der göttlichen Majestät entspricht, sondern so, wie es für den Menschen
ausreicht, solange er ihn nur „im Spiegel und im Räthsel" betrachtet [1]. Denn der menschliche Geist besitzt die Fähigkeit, Ideen
zu bilden; er kann infolge dessen sich ausdenken, was er will. Er
hätte die Idee, die er von Gott besitzt, bilden können, auch wenn
es keinen Gott gäbe! [2]

Dass sodann die sittlichen Begriffe nicht für angeboren gelten
können, begründet bereits Parker mit dem Hinweis auf die völlig
voneinander abweichenden Anschauungen der verschiedenen Völker.
„Die Massageten weigern sich, ihre verstorbenen Eltern zu begraben
und so den Würmern zu überlassen, da sie dieselben vielmehr selbst
zu verzehren sich verpflichtet halten; ein Gebrauch und eine Denkweise, welche den Griechen so fremd wie möglich ist." [3] Und wie
wir uns hier schon völlig auf dem später von Locke breiter ge-
tretenen Wege befinden, so fehlt auch der Vorwurf nicht, die Anhänger des Cartesius hätten die Gewohnheit, ein Dogma, das sie
nicht durch Vernunftgründe erweisen können, für einen Ausspruch
der Natur zu erklären [4].

In seinen 1678 erschienenen Disputationes de Deo et providentia
divina kommt Parker nochmals auf die Frage zurück. Die sechste
und letzte Disputation ist „gegen die Skeptiker und Akademiker,
namentlich gegen Cicero's Bücher de quaestionibus academicis und
gegen die Meditationen des Cartesius" gerichtet, der mit grösserem
Selbstvertrauen als je ein anderer vor ihm als Erneuerer der Wissenschaft aufgetreten sei [5]. Hier wird ausgeführt, dass, welche In-

---

[1] P. 170.
[2] Ibid.: Accedit porro, mentem humanam instructam esse facultate ideas
fabricandi, cuius vi fingere quicquid velit, valeat; qua quam facillime ideam quam
de Deo habet efformare potuit, licet nullus extaret Deus, et ita sui quisque idoli
quantumcunque perfecti faber erit.		[3] P. 165.
[4] P. 166: ... pro naturae placitis et anticipatis notionibus praefidenter ostentare.
[5] P. 489. — Parker setzt hinzu: Nunc enim Hobbesium, qui alios omnes
fastidio vincit, philosophorum censu vix numerandum puto.

stincte auch immer Gott unseren Seelen eingepflanzt haben möge,
er doch nicht gewollt habe, dass wir auf sie allein die Ordnung
unseres Lebens begründen sollten. Er habe vielmehr der Vernunft
den Vorrang gegeben und uns zur Pflicht gemacht, ihrem Gebote
aufrichtig zu gehorchen. Er hat uns demgemäss keine anderen Gesetze der Tugend eingeprägt, als die uns der richtige Gebrauch der
Vernunft kennen und anerkennen lehrt. Gäbe es ja doch auch sonst
keine Möglichkeit, die guten von den schlechten Gesetzen, die allgemein giltigen von den auf blosser Privatmeinung begründeten zu
unterscheiden [1]. Die Völker sind jederzeit nur zu sehr geneigt, die
gewohnten heimatlichen Sitten und Gebräuche auf Anordnung der
Natur selbst zurückzuführen. Wieder wird das Beispiel der Massageten, aber auch das der Griechen angeführt [2] und geschlossen, nur
dann könne ein Gesetz als mit der Autorität der Natur bekleidet
angesehen werden, wenn die Vernunft es deutlich als in ihr begründet und ihr entsprechend erkenne, so zwar, dass selbst, wenn
Gott uns eine Kenntniss von sich und seinen Gesetzen eingepflanzt
hätte, dieser eine gesicherte und zweifellose Autorität nur zukommen würde, wo sie sich zugleich durch das Zeugniss unserer Vernunft
bestätigt fände [3].

Was die Annahme einer angeborenen Gottesidee betrifft und
die gewöhnlich dafür angerufene allgemeine Ueberzeugung des Menschengeschlechts, so hält Parker dem abermals die Angaben über
wilde Völkerschaften entgegen, denen jede Vorstellung von einem
göttlichen Wesen fehlen solle. Die Namen der Völker wie der Be-
richterstatter sind andere als die später von Locke angeführten;

---

[1] P. 544: Nullas itaque virtutis leges nobis impressit, nisi quas recta ratio
per se nos doceret, alioqui enim an leges omnino sint, an bonae an malae, nullo
modo intelligere possemus ... cum sublata ratione nihil supersit, quo naturae
leges a privatis cuiuscunque opinionibus diiudicare valeamus.

[2] P. 545: De Massagetis qui in extrema barbarie versabantur, nihil necesse
est dicere; Graeci autem non naturae sed patriae legem secuti sunt, cum et aliarum
gentium non minus honesti essent erga defunctos mores, ut Romanorum, qui eos
igne absumebant, atque cineres secum sancte et religiose servabant. — Er hatte
zuvor die Anekdote erzählt, wonach Alexander d. Gr. den Massageten befohlen
habe, ihre Eltern zu begraben, und den Griechen, sie aufzuzehren, beide aber lieber
die ärgsten Qualen erdulden wollten, als von der ererbten Sitte abzugehen.

[3] P. 546: Nulli itaque cuicunque legi aut instituto tantam, quanta est naturae, tribuendam auctoritatem esse dico, nisi eam natura institutam eique accommo-
datam perspicua ratione demonstretur. Adeo ut si quicquam Deus nobis aut de
se aut de suis legibus notitiae inseverit, nihil certae et ratae auctoritatis habere
posset, nisi idem quoque ratione sanxisset.

auch hält Parker mit seinen kritischen Bedenken in betreff des
Werthes der Berichterstattung nicht zurück [1]. Aber selbst wenn
sich wirklich die Erkenntniss Gottes als eine gemeinsame Ueberzeugung aller Völker erweisen liesse, so folgt daraus doch nicht,
wie er völlig übereinstimmend mit Locke geltend macht, dass diese
Erkenntniss eine angeborene sein müsse. Warum nicht vielmehr
annehmen, dass die Evidenz der Sache dieselbe zu übereinstimmender
Anerkennung gebracht hat? Wir blicken zum Himmel, sehen an
demselben die Sonne leuchten und bedürfen wahrlich nicht erst
einer irgendwie eingeprägten Erkenntniss, um zur Ueberzeugung
von ihrer Existenz und ihrer wirksamen Kraft zu gelangen. Warum
also nicht zugeben, dass bei der Betrachtung ihrer Bewegung und
ihres Laufes ganz ebenso der Anblick der Sache selbst uns zu der
Einsicht führt, dass derselbe ohne einen Werkmeister nicht geschehen könne? Die Schönheit und Zweckmässigkeit der Natur ist
so offen und deutlich ausgebreitet, dass, wer nur die Augen öffnet,
bekennen muss, sie beruhe auf dem Plane eines überaus weisen Urhebers. Und gesetzt auch, ein Volk lebe dahin, als ob es gänzlich
der Vernunft entbehre, so erstehen doch überall und in einem jeden
einzelne, die, aus einem besseren Thone geformt, sich ihrer Er-
kenntnissfähigkeit bewusst und von edlem Forschungstriebe erfüllt
sind. Sie dringen zur Erkenntniss Gottes vor, und indem sie dann
die Lehrer der übrigen werden, muss ihre Lehre um so leichter
Eingang finden, je deutlicher das Zeugniss der Natur für das Dasein
der Gottheit spricht. Lässt sich aber auf diese Weise die übereinstimmende Ueberzeugung der Völker erklären, so haben wir nicht
nöthig, zu der Annahme einer angeborenen Gottesidee zu greifen [2].

---

[1] P. 546. — Von barbarischen Völkern, welche keinen Gott verehren, redet
auch Boyle (De utilitate philosophiae experimentalis, exercit. V, sect. 16): ut de
Brasilianis aliisque Indiarum incolis navigatores nostri referunt.

[2] Tent. phys. p. 546: Sit vero firma omnium de Deo consensio, neque esse dubito,
an igitur insculpta et innata sit necesse est? . . . Solem in coelo lucere communis
est gentium et populorum omnium opinio; num itaque illius ideam natura omnium
mentibus impressam esse concludemus? An non potius ea vi longe lateque collu-
cere, ut omnes, qui oculos habent, eum a se visum fateri cogantur? Quidni
ergo et similiter nobis impressa sit Numinis notitia, ita scilicet ut cum ipsam solis
conversionem intueamur, ipse rei aspectus se sine opifice confici non posse indi-
caret? . . . Etenim tam aperta et perspicua est naturae utilitas et pulchritudo,
ut modo oculos tollant, fieri non posset quin eam omnem sapientissimi cuiusdam
consilio constitutam fuisse fateantur. Esto autem si vis, populum non magis ratione duci, quam si ea penitus caruisset, tamen utique et in omni gente nascuntur

Man ersieht hieraus, dass die Controverse bereits bestand. Die Stellung, welche später Locke in derselben einnahm, war vor ihm von Samuel Parker, dem spätern Bischof von Oxford und eifrigen Anhänger Jakobs II.. eingenommen worden [1]. Ob Locke von den ·Ausführungen desselben Kenntniss hatte, mag dahingestellt bleiben: irgend eine nähere Beziehung der beiden Männer ist bei der völligen Verschiedenheit ihres religiös-politischen Standpunktes und ihrer gesammten Denkweise nicht anzunehmen. Worauf es aber hier ankommt. das ist der Umstand, dass für Parker ausgesprochenermassen Cartesius und seine Schüler als die Vertreter der von ihm bestrittenen Lehre galten.

In der That wurde nun auch alsbald von dieser Seite der Kampf aufgenommen. Antoine le Grand. ein geborener Franzose; aber seit längerer Zeit in England mit Eifer und Erfolg für die Verbreitung der Cartesianischen Philosophie thätig [2], veröffentlichte 1679 seine gegen Parker gerichtete Apologie des Cartesius. in welcher er ebenso wie in seinen anderen Schriften sich die Vertheidigung der Lehre von den angeborenen Ideen angelegen sein liess. Er ist überzeugt, dass es Ideen gibt. die uns nicht von den Sinnen geliefert und auch nicht von uns selbst durch eine Thätigkeit unseres Geistes gebildet sind. die wir daher als angeborene ansehen müssen [3].

---

e meliori luto homines. qui rationis facultatem se intus habere sentiunt, eaque in rerum naturis investigandis generoso quodam impetu uti feruntur ... Cum itaque ab ipsa naturae pulchritudine tam perspicua sit numinis demonstratio, fieri non potuit quin sapientum auctoritate de illius existentia fides et opinio apud populum invalesceret. Atque huiusmodi tam universae omnium consensionis exordium fuisse non penitus improbabile videtur ... P. 548: Imo·et ipse populus etiamsi consuetudine primum Dei notione imbuatur, postea tamen. tam perspicua est ipsius rei certitudo. ipsi quoque rationes, quibus instituta sit ista consuetudo. ab aliis propositas quodammodo consequuntur ... Interim ad rem nostram satis est indicasse conspirantem omnium de Deo opinionem non se omnibus innatam demonstrare. cum alia tantae consensionis causa probabilis, ipsa scilicet rei evidentia, esse possit.

[1] Cfr. *Rémusat*, Histoire de la philosophie en Angleterre II, 124 ss.

[2] S. oben S. 189, Anm. 2; S. 261. Anm. 3. Er schrieb ausser der genannten Vertheidigungsschrift: Philosophia veterum e mente Renati Des Cartes breviter digesta (London 1670): Institutio philosophiae secundum principia R. D. (London 1672 und öfter, auch Nürnberg 1679); Historia naturae (London 1680): De carentia sensus et cognitionis in brutis (1671). Sämmtliche Schriften wurden in der Druckerei der Royal Society gedruckt und in den Philosophical Transactions zur Anzeige gebracht: vgl. Nr. 70. 80. 94. 112.

[3] Apologia cap. XV. § 4. p. 182: ... ideae innatae, quae a Deo immediate proficiscuntur et mentibus nostris sunt inditae. — Cfr. Institutio pars IX. art. 4.

Zu ihnen gehört vor allem die Idee Gottes. . Gott hat sie in der Schöpfung dem Menschen eingepflanzt und bewirkt durch sie, dass ein jeder mittelst derselben Fähigkeit, mittelst deren er sich selbst erkennt, die Existenz Gottes wahrnimmt [1]. Dass wir Gott auch durch einen Vernunftschluss erkennen können, will er Parker zugeben; aber wir erkennen ihn auf diesem Wege nicht mit der gleichen Klarheit wie mittelst der Idee [2].

Indessen fanden sich die Vertreter der Lehre keineswegs nur in den Kreisen der eigentlichen Cartesianer [3]. Zu ihr bekannten sich auch, wie oben angeführt worden ist, die hervorragendsten Männer der Schule von Cambridge [4]. Zur Zeit, als H. More bereits sehr erheblich von seiner frühern enthusiastischen Verehrung für Cartesius zurückgekommen war, rechnete er ihm doch gerade die Aufstellung dieser Lehre zum Verdienste an [5]. Ja sogar Glanvill, der anderwärts so nachdrücklich die Nothwendigkeit der Sinneswahrnehmung als der Grundlage alles Wissens betont, weist doch auch den angeborenen Ideen eine Stelle in seinem weit ausgreifenden, aber weniger consequent durchgebildeten Gedankengange an. Während also Locke, wie früher nachgewiesen wurde. sich an wichtigen und entscheidenden Punkten in so enger Uebereinstimmung mit der Schule von Cambridge befindet, steht er bezüglich dieser Frage, wie ohne weiteres zugegeben werden muss, zu ihr im Gegensatze.

Möglicherweise hatte Locke selbst das Bedürfniss, diese Verschiebung zu erläutern. Man könnte hierauf die Worte am Ende des ersten Buches beziehen, wo er emphatisch versichert. dass er

---

[1] Apol. XV, § 5: Ad ideas ingenitas Dei idea maxime referenda est, cum nec sensuum ope. nec per divisionem aut compositionem factam nobis adveniat, sed insita nobis sit, hoc est. a natura nobis potentia insit, qua Deum cognoscere possumus. — Cfr. Institutio pars II, art. 2, n. 6.

[2] Apol. XV, § 10: Quae enim discursu et rationum ambagibus comparantur, tamdiu solummodo manifesta sunt, quamdiu eorum claritas a nobis animadvertitur; illa autem evanescente, eorum quoque certitudo corruit. nec amplius de conclusionis veritate, quam antea amplexi sumus, nobis constat. Illa autem, quae per ideam nobis obversantur, consensum a nobis extorquent. nec de illis dubitare possumus.

[3] Dass man aber in diesen Kreisen die Polemik des ersten Buches des Essays als gegen die eigenen Lehrmeinungen gerichtet ansah, bestätigt ein Brief Limborchs vom 18. Mai 1701, der nach dem Erscheinen der französischen Uebersetzung an Locke berichtete: zweierlei habe den Cartesianern am meisten missfallen, die Behauptung, dass es keine angeborenen Ideen gebe, und die andere, die Seele bestehe nicht in dem Denken als solchem.

[4] S. oben S. 125.   [5] S. oben S. 126.

es nicht darauf abgesehen habe, irgend welcher Autorität sich anzuschliessen oder sie zu verlassen; sein Ziel sei ausschliesslich die
Wahrheit gewesen, und wohin immer diese ihn geführt habe, dahin
seien parteilos seine Gedanken nachgefolgt, ohne zu beachten, wessen
Fussspuren sich auf seinem Wege befänden [1].

Aber die Bedeutung dieses Gegensatzes darf nicht überschätzt
werden. Im vorangehenden konnte die Meinung nirgends sein, Locke
kurzer Hand zu einem Schüler von Whichcote oder Smith, von Cudworth oder More zu machen; vielmehr sind die Unterschiede, die
ihn von jenen Männern und ihrer Denkweise trennten, ausdrücklich
hervorgehoben worden [2]. An dieselben reiht sich die Bestreitung
der angeborenen Ideen als ein weiterer an, ohne dass darum das Urtheil über den positiven Zusammenhang, der zwischen ihm und jenen
Männern besteht, in einem wesentlichen Zuge eine Veränderung erfahren müsste. Dies ist nicht so zu verstehen, als ob jene Bestreitung in Locke's wissenschaftlichem Unternehmen nur eine Episode
bildete. Nach Tendenz und Gang seiner Untersuchung konnte er
die Auseinandersetzung mit einer Lehre gar nicht umgehen, welche
einen Theil unserer Erkenntniss als ursprünglich gegeben bezeichnete,
und so ist dieselbe denn auch gar nicht ausschliesslich auf das erste
Buch beschränkt, sondern wird auch nachher wiederholt wieder aufgenommen [3]. Ja Locke hat sogar späterhin die Meinung geäussert,
nur vom Standpunkte der angeborenen Ideen aus könne man überhaupt
eine Bestreitung seines Essays unternehmen; ausserhalb desselben
könne man gar keinen ernsthaften Widerspruch dagegen erheben [4].

Umgekehrt dagegen lässt sich sagen, dass für die Schule von
Cambridge in ihrer Gesammtheit jene Lehre eine grundsätzliche Bedeutung nicht besass. Während sie in Cudworths Hauptwerk nur
eine gelegentliche Erwähnung findet [5], steht sie bei Glanvill nur in
sehr losem Zusammenhange, wenn nicht geradezu im Widerspruch
mit anderen Aufstellungen dieses geistreichen, aber nicht hinreichend

---

[1] Essay I. 4. § 23: What censure doubting thus of innate principles may
deserve from men, who will be apt to call it pulling up the old foundations of
knowledge and certainty, I cannot tell: I persuade myself, at least, that the way
I have pursued, being conformable to truth, lays those foundations surer. This, I
am certain, I have not made it my business, either to quit or follow any authority in the ensuing discourse: truth has been my only aim; and without minding
whether the footsteps of any other lay that way or no.

[2] S. oben S. 166 f.   [3] Essay II, 9. §§ 6. 14.

[4] In einem Briefe an Anthony Collins vom Jahre 1704 (Works X, 285), worauf
Erdmann (Archiv für Gesch. der Philos. II. 110) verweist.   [5] S. oben S. 125.

ausgeklärten Schriftstellers. Einen breiten Raum nimmt sie allerdings in den Gedanken H. More's ein. Dafür könnte man darauf
hinweisen, dass umgekehrt Culverwell die angeborenen Ideen bekämpft und in der Art seiner Kritik als ein Vorläufer Locke's erscheint, mit dem er auch an dem Satze der Aristotelischen Philosophie
festhält, dass nichts im Verstande sich finden kann, was nicht zuvor
in den Sinnen gewesen ist[1]. Nur dass die Sache bei Culverwell
nicht so einfach gelagert ist und sich den Stellen, an denen er
mit Locke übereinzustimmen scheint, andere an die Seite setzen
lassen, die diesem recht wohl als Angriffspunkte hätten dienen können.
Hierüber wird sogleich ein Wort zu sagen sein.

Verschieden aber von der Frage, ob Locke, da er sich zur Widerlegung der Lehre von den angeborenen Ideen anschickte, nach dem
Stand der Controverse und dem Urtheil der allgemeinen Meinung
Cartesius mit unter seine Gegner rechnen musste, ist die andere, ob
diese Meinung begründet war oder eine sorgfältige Prüfung der Aussprüche des französischen Philosophen sie als eine begründete herausgestellt haben würde. Eben dies wird bestritten: ja man ist bis zu
der Behauptung fortgegangen, dass in Wahrheit eine völlige Uebereinstimmung in den letzten, grundlegenden Ueberzeugungen der beiden
Denker zu finden sei. Was Locke bekämpfe, werde auch von Cartesius nicht gelehrt; was dieser wirklich lehre, decke sich mit Locke's
eigenen Anschauungen[2]. Nun bliebe freilich immer noch zu erweisen, dass Locke selbst sich dieser innerlichen Uebereinstimmung
bewusst gewesen sei und eben darum auch nicht daran denken konnte,
sich gegen Cartesius zu wenden. Jedenfalls hat er nichts gethan,
um die Leser aufzuklären, die nach der, wenn selbst irrigen, aber
weit verbreiteten Ansicht, in diesem und seiner Schule den an-
gegriffenen Theil vermuthen mussten. Und dass er nichts davon
gewusst haben sollte, dass schon vorher unter seinen Landsleuten
Streit über den Gegenstand war, wird man nicht leicht annehmen.

Sodann aber — und dies ist die Hauptsache — muss gezeigt
werden, wo denn nun die Charakteristik der von Locke bekämpften
Lehre zutrifft, wenn sie auf Cartesius und die Cartesianer nicht passt.
Man hat auf „Ralph Cudworth, Henry More, Samuel Parker und
Theophilus Gale“ verwiesen[3], eine wenig glückliche Zusammenstellung,
da, wie sich gezeigt hat, Parker in diesem Punkte vielmehr Locke's

---

[1] S. oben S. 140 f.   [2] Geil, Ueber die Abhängigkeit Locke's von Descartes, S. 42 ff.; vgl. S. 66. 89.   [3] Ebend. S. 46.

Bundesgenosse ist. Was aber die beiden Häupter der Schule von Cambridge betrifft, so ist die Meinung, dass sie die Lehre von den angeborenen Ideen in einem andern Sinne vertreten hätten als die Schule des Cartesius und dieser selbst, vollkommen unbegründet, wie eine Vergleichung der bezüglichen Aeusserungen erkennen lässt.

Richtig ist allerdings, dass Cartesius auf die bereits von Hobbes erhobene Einwendung mit einer Erklärung seines Begriffs der idea innata antwortet, welche denselben im Grunde zu beseitigen scheint. Er verstehe darunter nicht eine Idee, welche uns jederzeit gegenwärtig sei — denn in diesem Sinne gebe es keine angeborene Idee —, sondern er wolle damit nur sagen, dass wir in uns die Fähigkeit besitzen, die Idee hervorzurufen[1]. Die angeborene Idee scheint hier mit dem angeborenen Vermögen der Ideenbildung zusammenzufallen; ein solches Vermögen aber, in dieser Allgemeinheit, wird natürlich von einem jeden, auch von Locke, angenommen. In Wahrheit aber ist der Fragepunkt nur verschoben. Denn von der angeborenen Gottesidee — und um diese allein handelte es sich bei dem Angriffe wie bei der Vertheidigung — hatte Cartesius in der dritten Meditation gesagt, dass wir sie nicht aus den Sinnen geschöpft haben, dass sie sich nicht gleich den Ideen von den Dingen der Aussenwelt unseren Sinneswerkzeugen aufdränge, dass sie aber auch nicht willkürlich von uns gebildet worden sei, da sich ihr nichts hinzufügen und nichts abziehen lasse[2]. Und die Behauptung, dass es eine solche Idee gebe, wird auch dem Hobbes'schen Einwande gegenüber nicht zurückgenommen. Der Sinn der ihm ertheilten Antwort kann also nur der sein, dass unserer Seele das Vermögen zukomme, Ideen — oder jedenfalls eine Idee zu haben oder auch unter bestimmten Umständen im Bewusstsein auftreten zu lassen, welche ihr nicht durch die Sinne zukommt und auch nicht von ihr in freier Selbstthätigkeit gebildet worden ist, sondern dann, wenn sie auftritt, als ein geschlossenes und der Willkür des denkenden Subjectes entzogenes Ganzes auftritt. Jenes Vermögen, die Idee hervorzurufen, ist also

---

[1] Responsiones tertiae, resp. ad obiect. 10: Denique cum dicimus, ideam aliquam nobis esse innatam, non intelligimus eam nobis semper obversari, sic enim nulla prorsus esset innata, sed tantum nos habere in nobis ipsis facultatem illam eliciendi.

[2] Neque enim illam sensibus hausi, nec unquam non expectanti mihi advenit, ut solent rerum sensibilium ideae, cum istae res externis sensuum organis occurrunt, vel occurrere videntur; nec etiam a me effecta est, nam nihil ab illa detrahere, nihil illi superaddere plane possum, ac proinde superest, ut sit innata, quemadmodum etiam mihi est innata idea mei ipsius.

ein von Natur aus bestimmt gerichtetes Vermögen. Wenn es in Thätigkeit tritt, erzeugt es stets eine bestimmte Idee mit ihrem gleichbleibenden nothwendigen Inhalte. Es ist also kein blosses Vermögen, überhaupt zu denken und zu erkennen, Eindrücke aufzunehmen und die aufgenommenen zu vergleichen, voneinander zu unterscheiden oder miteinander zu combiniren, durch Urtheil und Schluss von Erkenntniss zu Erkenntniss fortzuschreiten, wobei, wie den verschiedenen Graden des Scharfsinnes und der Einsicht, so auch dem Irrthume Raum bleibt. Es ist viel eher eine anerschaffene Disposition unserer Seele, infolge deren ohne ihr eigenes bewusstes Zuthun ein bestimmter Erkenntnissinhalt in ihr hervortritt.

Dem entspricht vollkommen die ausführlichere Darlegung, welche Cartesius selbst bei späterer Veranlassung gegeben hat. Wenn man ihm den Satz entgegengehalten hatte, der menschliche Geist bedürfe keiner angeborenen Ideen oder Begriffe oder Axiome, es genüge ihm zu seiner Bethätigung sein Denkvermögen, so erklärt er sich mit dem Sinne desselben vollkommen einverstanden, trotz des in den Worten liegenden scheinbaren Gegensatzes. Denn er habe niemals behauptet, dass der Geist angeborener Ideen in dem Sinne bedürfe. dass damit etwas von dem Vermögen zu denken Verschiedenes bezeichnet werde. Aber er fügt bei, angeborene Ideen nenne er diejenigen, welche aus dem Denkvermögen allein hervorgehen, ohne Mitwirkung der äusseren Objecte und auch unabhängig von der Bestimmung unseres Willens, und welche sich eben dadurch von den uns von aussen zukommenden oder von uns gebildeten unterscheiden. Sage man doch auch, gewissen Familien sei der Edelsinn angeboren, anderen bestimmte Krankheiten, womit man nicht ausdrücken wolle, dass alle Sprösslinge derselben vom Mutterleibe an an diesen Krankheiten leiden. sondern nur, dass sie mit einer gewissen Disposition oder einem Vermögen, sich dieselben zuzuziehen. geboren werden[1].

---

[1] Notae in Programma quoddam in Belgio editum etc., ad art. 12: Non enim unquam scripsi vel iudicavi, mentem indigere ideis innatis, quae sint aliquid diversum ab eius facultate cogitandi. Sed cum adverterem, quasdam in me esse cogitationes, quae non ab obiectis externis, nec a voluntatis meae determinatione procedebant, sed a sola cogitandi facultate. quae in me est, ut ideas sive notiones, quae sunt istarum cogitationum formae, ab aliis adventitiis aut factis distinguerem. illas innatas vocavi, eodem sensu, quo dicimus, generositatem esse quibusdam familiis innatam. aliis vero quosdam morbos, ut podagram vel calculum, non quod

Alle Menschen sind Krankheiten unterworfen, alle können Tugend erwerben; trotzdem sprechen wir davon, dass manche Familien zu der einen oder der andern in besonderer Weise disponirt seien. Angewandt auf die in Rede stehende Frage besagt der Vergleich, dass von dem der Seele zukommenden allgemeinen Vermögen des Denkens und Erkennens die ihr anhaftende ursprüngliche Disposition zu unterscheiden ist, bestimmte Wahrheiten in sich vorzufinden oder aus sich zu erzeugen, wobei wir ausdrücklich nicht an ein willkürliches Bilden. ein selbstthätiges Erfinden denken sollen [1].

Was eine solche Bestimmung leisten soll, ist klar. Ein Gottesbegriff, den wir selbst gebildet, den wir allmählich aus seinen Merkmalen zusammengesetzt haben, kann nicht Grundlage und Ausgangspunkt für den Beweis vom Dasein Gottes werden. Er ist vielmehr selbst das Ergebniss eines Beweisganges, der uns stufenweise zur Anerkennung einer Welturache, eines unbedingten, nothwendigen. ewigen, unveränderlichen, unendlichen, allmächtigen, allweisen geistigen Wesens hingeführt hat. Anders dagegen, wenn dieser Begriff in der ganzen Fülle und Geschlossenheit seines Inhaltes als ein fertiges Gebilde in unserer Seele auftritt, „dem wir nichts hinzufügen und nichts abziehen können". Dann ist er uns das Feste und Gegebene, woran wir anknüpfen, woraus wir Folgerungen ziehen. wovon wir uns leiten lassen [2].

---

ideo istarum familiarum infantes morbis istis in utero matris laborent. sed quod nascantur cum quadam dispositione sive facultate ad illos contrahendos.

[1] Uebereinstimmend mit der im Texte vertretenen Auffassung bemerkt F r i e s (Die Substanzenlehre John Locke's S. 26): „Es kann nach Locke keine ideae innatae geben als quaedam dispositiones, die, ohne entsprechender Reize zu bedürfen und ohne von Bestimmungen des Willens abhängig zu sein, im entwickelten Geistesleben sich bekunden, sei es als Vorstellungen, sei es als notiones communes oder veritates aeternae. Hier ist die wahre Differenz zwischen beiden Philosophen hinsichtlich der Genesis der Vorstellungen."

[2] In diesem Sinne führt C a r t e s i u s gegen G a s s e n d i aus (Responsiones quintae. ad ea quae in meditatione tertia dicta sunt. n. 10): Postquam semel concepta est idea veri Dei, quamvis novae detegi possint in ipso perfectiones. quae nondum fuerant animadversae, non ideo tamen augetur eius idea, sed tantum distinctior redditur, et expressior, quia omnes in eadem illa. quae prius habebatur, debuerunt contineri. quandoquidem supponitur fuisse vera. Ut neque augetur idea trianguli, cum variae in eo proprietates, quae prius fuerunt ignoratae, advertuntur. *Neque enim ut scias, idea Dei formatur a nobis successive ex perfectionibus creaturarum ampliatis; sed tota simul ex hoc quod ens infinitum, omnisque ampliationis incapax mente attingamus.*

Aber der Werth der Bestimmung geht über das einzelne Problem hinaus. Die Lehre von den angeborenen Ideen ist nur eine besondere Form der stets erneuten Versuche, des apriorischen Elements in unserem Denken habhaft zu werden. Wenn bei der Gottesidee der alle Erfahrung überragende Inhalt auf ein solches Element oder eine höhere Quelle hinzudeuten scheint, so besitzen wir daneben andere Wahrheiten, welche der Erfahrung darum nicht abgeborgt sein können, weil ihre Geltung weiter reicht als diese. Alle Beweise geschehen aus Obersätzen, die gewisser sein müssen als das daraus Abgeleitete; aber welches ist der Ursprung der letzten Obersätze, der obersten Principien und Axiome? Und woher stammen die obersten Regeln, an denen wir Werth oder Unwerth der menschlichen Handlungen bemessen und die darum selbst unmöglich erst aus diesen wechselnden und divergirenden Handlungen abstrahirt sein können? Es lag nahe, auch hierfür, ja hierfür erst recht, die Cartesianische Bestimmung des Angeborenseins in Anspruch zu nehmen und zu lehren, dass eine ursprüngliche Anlage oder Disposition unserer Seele uns dahin gelangen lasse, jene obersten Grundsätze auf dem theoretischen wie auf dem praktischen Gebiete zu finden und den gefundenen mit zweifelloser Zuversicht zuzustimmen. Handelte es sich sodann darum, nachdem man zu einer Mehrzahl angeborener Erkenntnisse gekommen war, ein unterscheidendes Merkmal aufzufinden, an welchem dieselben allgemein von den übrigen unterschieden werden könnten, so bot sich naturgemäss und als nächstliegendes die Uebereinstimmung aller Menschen in betreff eben jener Erkenntnisse dar. Denn wie die ihnen sämmtlich anerschaffene Disposition sie alle die gleichen Wahrheiten finden lassen musste, so war einleuchtend, dass umgekehrt die allgemeine Uebereinstimmung bezüglich derselben Zeugniss dafür gab, dass sie zu den angeborenen in dem erläuterten Sinne zu zählen seien. Wurden aber Zweifel und Bedenken in betreff der allgemeinen Uebereinstimmung laut, so konnte man glauben, ohne Aufgabe des Standpunktes die Meinung dahin einschränken zu können, dass ja selbstverständlich jene Wahrheiten nur von denen erkannt würden, die entweder selbst darauf gekommen oder denen sie von anderen vorgelegt worden seien, dass aber allerdings alle, die im Gebrauche der Vernunft sich befinden, sie anerkennen müssen, sobald sie ihnen vorgelegt werden.

Wenn auch Cartesius selbst sich nicht ausdrücklich zu allen diesen Gedanken bekannte, so waren doch seine Schüler im Rechte, wenn sie annahmen, sich mit denselben von der Ansicht ihres

Meisters nicht zu entfernen. Antoine le Grand erläutert den Begriff der angeborenen Ideen in wörtlicher Anlehnung an den letztern: er weist die Annahme zurück, als ob uns dieselben immer im Bewusstsein gegenwärtig sein sollten, und veranschaulicht das Verhältniss durch den Vergleich mit dem angeborenen Adel und den angeborenen Krankheiten. Der Umfang des Begriffs wird dahin festgestellt, dass darunter alle diejenigen Ideen zu rechnen seien, „welche eine wahre, unveränderliche und ewige Wesenheit aufweisen" und welche uns ohne Vermittlung der Sinne zukommen. Auf ihnen beruht es, dass die ersten Principien und die durch sich selbst einleuchtenden Wahrheiten unsern Verstand und unser Urtheil derart afficiren, dass sie auch gegen unsern Willen jeden Zweifel ausschliessen [1]. Neben den theoretischen werden sodann ausdrücklich auch die obersten Principien auf dem praktischen Gebiete, die höchsten Normen des sittlichen Lebens, in die angeborenen Erkenntnisse einbezogen, indem darauf hingewiesen wird, dass es solche gibt, die allgemein gelten und deren Uebertretung überall als Frevel erachtet wird [2].

Dass dieser ganze Standpunkt von Locke's Polemik nicht getroffen werde, kann man unmöglich behaupten. Wo der tiefste Punkt

---

[1] Apologia pro R. D. cap. XV, § 2: Quippe cum cogitationes se comitentur et una aliam expellat, fieri nequaquam potest, ut iisdem perpetuo cogitationibus inhaereamus. Dicimus igitur Dei ideam nobis innatam esse ad eum modum, quo innatam quibusdam familiis generositatem dicimus et aliis quosdam morbos, ut calculum vel podagram: non quod ideo istarum familiarum infantes morbis istis in matris utero laborent; sed quod cum quadam dispositione sive facultate ad illos contrahendos nascantur. § 11: Hinc oritur ut prima principia et quae per se nota sunt, ita intellectum et iudicium afficiant, ut de iis ambigere, accedente etiam voluntatis imperio, non possimus. — Cfr. Institutiones p. IX, art. 4.

[2] Institutiones p. X, art. 8, n. 3: Naturalis lex . . . dici potest habitus, inquantum aliqua praecepta continet, quae habitu in ipsa ratione reperiuntur, omnibus gentibus communia et immutabilia. Haec enim lex cordibus nostris insculpta divinae imaginis pars est, et a sapientia homini ingenita non distinguitur. N. 4: Licet in singulis ferme climatibus, sub diverso coelo, diversi contingant habitus, et in vario terrarum marisque situ diversi insint mores, idem tamen universalis legis titulus servatur, quae non solum unius soli cives, sed et omnes orbis terrarum incolas adstringit. N. 5: (Dari certas et immotas naturae leges) etiam ex fine et constitutione hominis ostendi potest: cui peculiare est, ratione uti et secundum eam vivere. Ita enim menti eius impressa sunt rationis dictamina, ut quod iustum rectumque sit, sine praeceptore, sine lege scripta, sine magistratu sequatur . . . Secundo, recti verique sensus et affectus intimo cordi inditus est, quo tam in speculativis quam practicis diriguntur. Gerunt humani animi rerum omnium honestarum semina, quae levi admonitione excitantur, haud secus quam scintilla levi flatu adiuta, ignem suum explicat. — Vgl. n. 7 und 8.

des Gegensatzes liegt, ist oben aufgezeigt worden[1]. Ausserdem bestreitet Locke die Thatsächlichkeit der behaupteten allgemeinen Uebereinstimmung in den verschiedenen Schattirungen, in denen eine solche
Behauptung aufgestellt werden konnte; er bestreitet ebenso die Folgerung, die aus der vermeintlichen Thatsache zu Gunsten des
Angeborenseins gewisser Erkenntnisse gezogen werden sollte, und
stellt dem vielmehr das selbstthätige Erwerben aller Erkenntnisse
entgegen[2].

Richtig aber ist das eine, dass er sich zugleich gegen eine Form
des Angeborenseins wendet, die von Cartesius und seiner Schule ausdrücklich abgelehnt worden war, gegen ein stetes actuelles Vorhandensein gewisser Erkenntnisse, Ideen oder Wahrheiten im Bewusstsein. Somit bliebe die Möglichkeit, dass er sich in erster Linie
gegen solche habe wenden wollen, bei denen er, abgesehen von der
gemeinsamen Grundlage, auch diese extreme Ausbildung der Lehre
gefunden hatte, und die Frage ist, ob nun dies vielleicht bei Cudworth und More zutrifft?

Die wenigen Stellen, an denen Cudworth im Intellectualsystem
von angeborenen Ideen spricht, enthalten zum mindesten keine
Nöthigung, sie im Sinne von jederzeit gegenwärtigen Erkenntnissen
zu verstehen[3]. Anderwärts lassen seine Ausführungen deutlich erkennen, dass er nur an ein der Seele innewohnendes, wenn auch
bestimmt gerichtetes Vermögen denkt, zu Begriffen zu gelangen[4].

---

[1] S. oben S. 294 ff. 297, Anm. 1.

[2] Dass auch die näheren Bezeichnungen, durch welche die bestrittene Lehre
charakterisirt wird (s. oben S. 277 f.), nicht ohne polemische Rücksicht auf Cartesius gewählt seien, macht Erdmann (a. a. O. S. 107) mit Recht geltend, indem
er namentlich auf die Aufnahme des Cartesianischen Terminus "adventitious" bei
Locke verweist: vgl. Essay I, 2, §§ 6. 25; 3, § 20; 4, §§ 21. 22. — Webb
(Intell. of L. p. 44) macht darauf aufmerksam, dass Locke, wie namentlich seine Polemik gegen Stillingfleet zeige, eine nähere Bekanntschaft mit Cicero bekunde,
und vermuthet, dass es die bei diesem sich findende Gestalt der Lehre von den
angeborenen Erkenntnissen gewesen sei, was ihm vorgeschwebt habe. Natürlich
hatte er nicht von da den Anstoss zu einer eingehenden Widerlegung dieser Lehre
erhalten; einzelne Züge in der Charakterisirung derselben kann er aber recht wohl
von Cicero entnommen haben, bei dem bekanntlich der consensus hominum eine
grosse Rolle spielt (vgl. Zeller, Philosophie der Griechen [3] III, 1. 658 ff.).
Dabei ist aber zu bemerken, dass sich die gleiche Anlehnung an Cicero auch bei
den Cartesianern findet; cfr. Le Grand, Institutiones p. X, art. 8, n. 4. 5 (oben
S. 299, Anm. 2).   [3] S. oben S. 125, Anm. 2.

[4] De aeternis et immutabilibus iusti et honesti notionibus l. IV, cap. 1, § 3:
Quidquid etiam pugnent aliqui, omnino confitendum erit, praeter facultatem res

Was sich keimartig in ihr angelegt findet, wird auf äussere Anregung hin durch die eigene Thätigkeit der Seele entwickelt[1].

Ausführlicher befasst sich More damit. Geht man jedoch den
weitgesponnenen Erörterungen im Antidotus nach, so ergibt sich,
dass seine Auffassung im wesentlichen mit der Cartesianischen zusammenfällt, die er nur an einigen Punkten weiter ausgebildet hat.
Ausdrücklich wendet er sich gegen die Meinung, die Seele sei eine
leere Tafel oder ein unbeschriebenes Blatt; sie besitze vielmehr angeborene Begriffe und Ideen. Da uns nämlich der erste Anlass zum
Denken von den äusseren Objecten zu kommen pflegt, so haben sich
manche hierdurch bestimmen lassen, der Seele jede Wissenschaft
und jeden Begriff abzusprechen, die ihr nicht völlig passiv durch die
Einwirkung der äusseren Objecte eingeprägt werden. Sie · haben
dabei nicht genügend zwischen äusseren Anlässen und adäquaten
und eigentlichen Ursachen der Dinge und Vorgänge unterschieden[2].
Eine genauere Betrachtung zeige dagegen, dass dem Menschen eine
thätige und actuelle Erkenntniss zukommt, welche durch die äusseren
Gegenstände wohl angeregt und in die Erinnerung zurückgerufen,
nicht aber ursprünglich erzeugt wird[3].

---

percipiendi corporeas, aut sensuum perceptionem, a qua omnis abest actio, esse in
hominum mentibus aliud principium efficientiae particeps, seu vim cognoscendarum
rerum innatam, per quam aptae redduntur et idoneae ad ea tam cognoscenda,
quam diiudicanda, quae sensuum ad eos beneficio deveniunt . . . vis haec innata
rerum cognoscendarum, quam animo tribuunt, quid obsecro, aliud est quam facultas
notiones et conceptus rerum ex semetipso proferendi et educendi?

[1] Ibid. § 5: Est vero vis haec animi cognitrix potentialis quaedam omni-
formitas, per quam aptus ille est ac idoneus, occasione sic ferente, rebus externis
invitantibus, ad semetipsum gradatim et paullatim vitali ratione explicandum et
evolvendum, atque notiones seu conceptus rerum omnium, quae sunt et cogitatione
efformari possunt, in se ipso producendos et creandos: non secus atque potentia
genitrix seu seminans efficienter formas omnium partium et membrorum corporis
animalis complectitur, easdemque sensim et paullatim evolvit et explicat.

[2] Antidotus I, ch. 5, p. 17: It will not be amisse . . . briefly to touch upon that
notable point in philosophy, whether the soul of man is abrasa tabula, a table-book,
in which nothing is writ; or whether she have some innate notions and ideas in
herself. For so it is, that she having taken first occasion of thinking from externall objects, it hath so imposed upon some men's judgements, that they have
conceited that the soul has no knowledge nor notion, but what is in a passive
way impressed or delineated upon her from the objects of sense; they not warily
enough distinguishing betwixt extrinsecall occasions, and the adequate or prin-
cipal causes of things.

[3] Ibid.: But the mind of men more free, and better exercised in the close
observations of its own operations and nature, cannot but discover that there is

Nun aber soll uns die Annahme einer „actuellen Erkenntniss"
nicht die Vorstellung erwecken, als sei unser Erkenntnissvermögen
mit einer bestimmten Anzahl von Ideen ausgestattet, „wie das Firmament mit Sternen oder ein Kalender mit astronomischen Zeichen".
Die Meinung ist vielmehr, dass der Seele eine thätige Scharfsichtigkeit, gleichsam die Kraft rascher Sammlung innewohne und sie in-
folgedessen auf einen geringfügigen Anlass hin sofort zu deutlichen,
umfassenden und genauen Begriffen forteile[1]. — Man denke sich
einen Musiker, der aus tiefem Schlafe zur Thätigkeit aufgerufen
wird. Ohne langes Besinnen, ohne für jeden einzelnen Tact eines
bestimmten und gesonderten Impulses zu bedürfen, wird er sogleich
die Melodie ertönen lassen, deren er kundig ist. Ganz ebenso ist
es mit der Seele. Die Einwirkung der äusseren Objecte löst nur
ihre eigene Thätigkeit aus, die, dem angeborenen Gesetze folgend,
mit Nothwendigkeit in einer bestimmten Weise verläuft und bei
einem bestimmten Endziele anlangt[2].

Der Beweis für das Vorhandensein einer solchen „actuellen Erkenntniss" wird mit besonderer Vorliebe durch den Hinweis auf
die mathematischen Wahrheiten erbracht, welche unmöglich den
Sinnen verdankt werden können und welche ohne Vorbehalt den
angeborenen zugerechnet werden. Wenn uns jemand von einem bestimmten einzelnen Dreiecke nachweist, dass die Summe seiner Winkel
gleich ist zwei Rechten, so ruft gleichsam unsere Seele alsbald
aus, das sei gewisslich wahr und gelte nicht nur von diesem besondern Dreiecke, sondern überhaupt von allen Dreiecken, die jemals irgendwo gezogen werden können. So reicht die kleinste Anregung hin, die Seele zu veranlassen, ihr ganzes Lied herzusagen,

_____

an active and actuall knowledge in a man, of which these outward objects are
rather the re-minders than the first begetters or implanters.

[1] When I say actuall knowledge, I do not mean that there is a certain
number of ideas flaring and shining to the animadversive faculty, like so many
torches or starres in the firmament to our outward sight, or that there are any
figures that take their distinct places, and are legibly writ there like the red
letters or astronomical characters in an Almanack: but I understand thereby an
active sagacity of the soul, or quick recollection, as it were, whereby some small
businesse being hinted unto her, she runs out presently into a more clear and
larger conception.

[2] So the mind of man being jogged and awakened by the impulse of the
outward objects, is stirred up into a more full and clear conception of what was
but imperfectly hinted to her from externall occasions; and this faculty I venture
to call actuall knowledge, in such a sense as the sleeping musician's skill might
be called actuall skill when he thought nothing of it.

das ihr eben schon zuvor bekannt ist [1]. Hält man aber die Lehre
von der actuellen Erkenntniss für zu spitzfindig, so müssen doch
alle zugeben, dass die Seele auf Grund ihrer Natur genöthigt ist,
gewissen Wahrheiten, wie immer sie zu ihrer Kenntniss gelangen
mögen, mit zweifelloser Gewissheit zuzustimmen. Derartige Wahrheiten können darum nicht als willkürliche und zufällige, sie müssen
vielmehr als der Seele natürliche gelten. Beispiele sind der Satz,
dass jede Zahl entweder gerade oder ungerade ist, dass Gleiches zu
Gleichem hinzugezählt Gleiches ergibt, aber auch minder allgemeine,
wie der von der Winkelsumme des Dreiecks oder der andere, dass
es nur fünf regelmässige Körper geben könne [2].

Dass unter den angeborenen Ideen der grösste Werth auf die
Gottesidee gelegt wird, versteht sich von selbst. Sie ist der Menschenseele natürlich, nothwendig, wesentlich; sie ist darum unter allen
Menschen verbreitet. Führt man den allgemeinen Gottesglauben auf
eine seit unvordenklichen Zeiten unter den Menschen verbreitete
Ueberlieferung zurück, so beweist eben die allgemeine Aufnahme,
die er gefunden hat, dass das natürliche Licht der Vernunft zu Gott
hinführt. Mit diesem letzten Satze hatte sich nun auch Locke einverstanden erklärt, und geradezu an die eigenen Ausführungen desselben im Essay erinnert es, wenn More hinzufügt, auch die geometrischen Beweise seien ursprünglich von einzelnen wenigen entdeckt worden; dass sie aber nachher von allen, denen sie vorgelegt
werden, für wahr gehalten werden, rühre eben daher, dass sie dem
natürlichen Lichte entsprechen, das heisst, dass niemand, dem sie
vorgelegt werden, sobald er die Beweisgründe versteht, an ihrer
Gewissheit zweifeln kann [3]. An einer Stelle im Anhange ist sodann
von „unzähligen logischen, metaphysischen und mathematischen und
einigen moralischen Ideen" die Rede, welche sich in der Seele finden [4].

---

[1] I, ch. 6, p. 18.

[2] I, ch. 7, p. 20: But if this seem, though it be not, too subtile which I contend for, viz. that the soul hath actuall knowledge in her self in that sense which
I have explained; yet surely this at least well be confessed to be true, that the
nature of the soul is such, that she will certainly and fully assent to some con-
clusions, however she came to the knowledge of them, unlesse she doe manifest
violence to her own faculties. Which truths must therefore be concluded not for-
tuitous or arbitrarious, but natural to the soul ... Cfr. ch. 3, p. 13.

[3] I, ch. 7, p. 20 f.: ch. 10, p. 30.

[4] Appendix to the Antidote ch. 2, p. 148 heisst es: those many logical,
metaphysical, mathematical, and some moral notions; in der von More selbst besorgten lateinischen Ausgabe dagegen: innumerae illae Logicae, Metaphysicae ...

Dass die von Locke gegebene Charakteristik der von ihm bekämpften Lehre auf die Fassung, in welcher dieselbe bei More auftritt, besser zutreffe als auf die von Cartesius und den Cartesianern vertretene, kann hiernach nicht weiter behauptet werden. Im Gegentheile, durch den weiten Umfang, den More dem Begriffe der angeborenen Wahrheiten gibt, nimmt er einen der Locke'schen Einwände vorweg[1], und auf das Hineinspielen der Platonischen Wiedererinnerung, an die man vielleicht bei More denken muss, deutet bei Locke keine Spur.

Noch ein anderer Umstand verdient Beachtung. Cartesius und mit ihm More sprechen von angeborenen Ideen, Locke bekanntlich vorwiegend von angeborenen Principien. Dass ihm die Fortbildung der Lehre durch die Cartesianer hierzu ein Recht gab, ist oben gezeigt worden[2]. Ausserdem aber ist nun gerade dies die Fassung, in der sie bei Glanvill vorkommt. Die letzte Grundlage alles Beweisverfahrens, erklärt derselbe, sind gewisse angeborene Sätze, die recht eigentlich das Wesen der Vernunft ausmachen. Es sind jene angeborenen, grundlegenden Kenntnisse, welche Gott in unsere Seelen eingepflanzt hat, welche nicht von äusseren Objecten erregt werden, noch von besonderen Stimmungen und Einbildungen, sondern unmittelbar in unserem Geiste niedergelegt sind, unabhängig von allen anderen Principien und Deductionen; sie verlangen sofortige Zustimmung und werden von allen vernünftigen Menschen anerkannt[3].

Dies passt so völlig zu der Locke'schen Polemik, dass man versucht sein könnte, Glanvill als den von ihr berücksichtigten Gegner anzusehen. Aber auch dieser verwahrt sich gegen die Unterstellung, als ob seiner Meinung zufolge jedweder eine formale und explicite Kenntniss dieser Principien haben müsse[4], und während

---

notiones. Aehnlich hatte schon Cartesius (Principia I, 49) von den Axiomen oder notiones communes gesagt: innumera, quae quidem omnia recenseri facile non possunt. [1] Essay I, 2, §§ 13. 18. [2] S. oben S. 299 mit Anm. 1 und 2.

[3] Im Anhange zur Philos. pia p. 161: By the principles of reason we are . . . to understand . . . those imbred fundamental notices, that God hath implanted in our souls; such as arise not from external objects, nor particular humours or imaginations; but are immediately lodged in our minds (Cartesius, Princip. I, 49: veritas quaedam aeterna, quae in mente nostra sedem habet); independent upon other principles and deductions; commanding a sudden assent, and acknowledged by all our sober mankind. Of this sort are these . . . (folgen die im Texte aufgeführten). These and such-like are unto us, what instincts are to other creatures.

[4] Scepsis scientifica p. 72: Reason is grounded on certain congenite propositions; which I conceive to be the very essentials of rationality. Such are:

Locke ganz allgemein den Vorwurf erhebt, dass man nirgendwo bei ihnen eine Aufzählung der vermeintlich angeborenen Principien finde, wird eine solche, auf dem theoretischen Gebiete wenigstens, von Glanvill versucht. Folgende sollen es sein: dass Gott ein vollkommenes Wesen ist; dass das Nichts keine Attribute hat; dass ein Ding nicht zugleich sein und nicht sein kann; dass das Ganze grösser ist als seine Theile.

Aehnlich steht es mit Culverwell. Wenn er lehrt, dass „dem Wesen des Menschen gewisse klare und unauslöschliche Principien eingeprägt und eingedrückt sind"; wenn er von Elementarbegriffen spricht, aus deren Verknüpfung uns das Gesetz der Natur deutlich werde, von Gemeinbegriffen und Anticipationen, welche jeder Mensch erkennt und anerkennt [1], so sind eben dies Ausdrücke, mit denen Locke die von ihm bekämpfte Lehre bezeichnet [2]. Und wenn dieser gelegentlich von einem „Prahlen mit angeborenen Principien" [3], von „hochgepriesenen obersten Grundsätzen" [4] redet, so könnte man darin sogar eine Anspielung auf Culverwells pathetische, ja überschwängliche Ausdrucksweise erblicken. Aber derselbe Culverwell bekämpft nun doch die angeborenen Ideen; er bekämpft sie mit Argumenten, welche völlig denen Locke's entsprechen! [5] Soll hier nicht ein geradezu unbegreiflicher Widerspruch vorliegen, so wird man annehmen müssen, dass er die Lehre bekämpfte, sofern dabei an ein ursprüngliches und immerwährendes Vorhandensein der Ideen in unserem Bewusstsein, eine völlige Loslösung ihrer Erkenntniss von Erfahrung und

---

Quodlibet est, vel non est; impossibile est idem esse vel non esse; non-entis nulla sunt praedicata and such like. Not that every one hath naturally a formal and explicit notion of these principles: for the vulgar use them, without knowledge of them under any such express consideration; but yet there was never any born to reason without them.

[1] Light of nature ch. 7. p. 81: There are stamped and printed upon the being of man some clear and indelible principles, some first and alphabetical notions, by putting together of which it can spell out the law of nature .. P. 82: ... nature has some "assumptions" ... which others call anticipationes animi, which she knows a rational being will presently and willing yield unto.

[2] S. oben S. 278, Anm. 1 und 4.

[3] Essay 1, 3, § 20: all this boast of first principles; II, 9, § 14: notwithstanding all that is boasted of innate principles.

[4] 1, 2, § 21: these magnified maxims

[5] S. oben S. 140. — Light of nature p. 126: Let us but see a catalogue of all these truths you brought with you in the world. P. 127: Es müsste vor allem die Idee Gottes angeboren sein, aber die ist nicht angeboren. P. 123: Plato hätte ebensogut angeborene Vorstellungen des Gesichtssinnes erfinden können.

Sinnesthätigkeit gedacht wurde [1], dass er dagegen mit Cartesius und mit den anderen Philosophen von Cambridge eine Fähigkeit der Seele annimmt, kraft deren sie auf Anregung der Sinneseindrücke hin aus sich selbst zur Entfaltung oder Ergreifung gewisser oberster Wahrheiten hingeführt wird [2]. Ist diese Auffassung richtig, so tritt damit Culverwell auch an diesem Punkte völlig in die Reihe jener Philosophen zurück, trotz seiner energischen Bestreitung der „Platonischen" Ideenlehre [3]; aber zugleich verhindert eben diese Bestreitung, dass man in seinen Aufstellungen nun endlich das gesuchte Stichblatt für die Angriffe Locke's erblicken dürfe.

Und so wird man es wohl aufgeben müssen, in der zeitgenössischen philosophischen Literatur die genaue Fassung der Lehre von den angeborenen Ideen zu finden, in der sie von Locke zurückgewiesen wurde. Man muss es ebenso aufgeben, in dieser Beziehung eine Verschiedenheit zwischen der Meinung des Cartesius und der der Platoniker von Cambridge zu construiren. Gerade in betreff des Punktes, welcher den Zweifel erweckte, ob Cartesius von Locke gemeint sein könne, besteht zwischen beiden kein Unterschied. Die einen wie die anderen lehnen die Auffassung ab, als ob sie mit der Annahme angeborener Ideen die Vorstellung von einer der Seele stets gegenwärtigen Erkenntniss verbänden.

Was Locke bekämpft, ist die Auffassung, die ihnen und allen, die sich zu der gleichen Lehre bekennen, gemeinsam ist, als ob bei dem Zustandekommen eines Theiles unserer Erkenntniss ein anderer Factor im Spiele wäre als unser die erfahrungsmässig gegebenen Elemente vergleichender, unterscheidender, combinirender Verstand; als ob es Erkenntnisse von Wahrheiten geben könnte, die nicht wir mit Bewusstsein und unter Abwägung der Gründe selbstthätig erzeugt hätten, die vielmehr irgendwie in uns zu stande kämen, indem sich ohne unser Zuthun eine Disposition unseres Geistes in der bestimmten Richtung realisirt, in der sie ursprünglich angelegt ist.

Indem er sie aber bekämpft, hält er sich nicht an eine genaue, urkundliche Vorlage [4], sondern entwirft eine Charakteristik, in der

---

[1] Cfr. ibid. p. 128: No other innate light, but only the power and principle of knowing and reasoning is "the candle of the Lord".

[2] Ibid. p. 130: If you ask when these highest faculties did first open and display themselves, he tells you (Lord Herbert), it is when they were stimulated and excited by outward objects.   [3] Cfr. ibid. p. 123 ff. 131 f. 202.

[4] Abgesehen von der nur gelegentlichen Auseinandersetzung mit Herbert von Cherbury, oben S. 276.

er wirklich gemachte Aeusserungen, deren er sich aus der Lectüre
wie der philosophischen Conversation erinnern mochte, mit den logischen Folgerungen verbindet, die er daraus ableitet, und endlich mit
einem Zuge, den er lediglich selbst ersonnen hatte und für welchen
er einen Gewährsmann unter den von ihm ins Auge gefassten Gegnern nicht hätte ausfindig machen können. Cartesius aber und die
Cartesianer um dieses Umstandes willen aus der Zahl der Gegner aus-
zuscheiden, dazu fehlt jedes Recht. Seiner eigenen Absicht wie dem
zeitgenössischen Urtheile nach trat er diesen, ganz ebenso wie vorher
Parker, in einer Lehre entgegen, die als vorzüglich charakteristisch
für dieselben galt.

Und dieser Gegensatz ist keineswegs der einzige, in dem er
sich den Aufstellungen jener Schule gegenüber befindet.

Locke hat bekanntlich in späteren Jahren der Lady Masham
erzählt, die ersten Schriften, die ihn Geschmack an philosophischen
Dingen hätten finden lassen, seien die des Cartesius gewesen. Er
erfreute sich an der Lectüre, trotzdem er häufig anderer Meinung
war wie der Verfasser, wegen der leicht verständlichen Darstellung [1].
Die Angabe führt nicht weit: nicht einmal ein eindringendes Studium
dieser Schriften lässt sich daraus entnehmen. Nicht viel mehr aber
enthält auch, was Locke dem Bischof von Worcester erklärte: er
fühle sich Cartesius zu dauerndem Danke dafür verpflichtet, dass
er ihn von der unverständlichen Sprechweise der Schulphilosophie
befreit habe: die im Essay aufgestellten Behauptungen jedoch seien
die ausschliesslichen Ergebnisse seines eigenen Denkens [2]. Wichtiger
ist deshalb, was Leclerc auf Grund persönlichen Verkehrs im Anschluss an seinen Bericht über Locke's Bildungsgang bemerkt: „Es
ist allgemein bekannt, dass er kein Cartesianer war." [3] Denn hieraus geht jedenfalls hervor, wohin die Zeitgenossen ihn stellten und
wohin er selbst gestellt sein wollte.

---

[1] Bei Fox Bourne I. 61 f.

[2] Though I must always acknowledge to that justly admired gentleman the
great obligation of my first deliverance from the unintelligible way of talking of
the philosophy in use in the schools in time, yet I am so far from entitling his
writings to any of the errors or imperfections which are to be found in my Essay,
as deriving their original from him, that I must own to your Lordship they were
spun barely out of my thoughts, reflecting as well as I could on my own mind,
and the ideas I had there; and were not, that I know, derived from any other
original. (Works IV, 48.)

[3] …though it is well known he was not a Cartesian. (Bei Fox Bourne I. 47.)

Dass er trotzdem, auch wenn er nicht Cartesianer war, das eine und andere von Cartesius angenommen haben mochte, ist hierdurch nicht ausgeschlossen und bei der Beachtung, welche Schriften und Lehren des französischen Philosophen in England gefunden hatten, von vornherein wahrscheinlich. Man hat in dieser Beziehung an das Wort Idee erinnert: Locke hat die erweiterte Bedeutung, in der Cartesius dasselbe gebraucht, in die englische Philosophie eingeführt [1] — wobei nur zu beachten bleibt, dass sich bei Cartesius damit die Tendenz verbindet, die sämmtlichen Vorstellungen zu vergeistigen, bei Locke die umgekehrte, auch die geistigen zu versinnlichen. Ziemlich allgemein ist sodann angenommen worden, dass Locke in der Unterscheidung von primären und secundären Qualitäten von Cartesius abhängig sei [2]. Dass sich endlich in Locke's Erörterung der unmittelbaren Gewissheit, die wir von unserer eigenen Existenz besitzen [3], deutliche Anklänge an denselben finden, kann ohne weiteres zugegeben werden [4]. Sieht man dagegen zu, wie es sich mit solchen Lehren verhält, um welche vorwiegend der Streit der Schulen sich drehte, so steht hier überall Locke auf seiten derjenigen, welche die Cartesianischen Aufstellungen bekämpfen.

Auf einige der hierher gehörigen Punkte ist bereits in anderem Zusammenhang hingewiesen worden [5]. Locke verwirft die Cartesianische Gleichsetzung von Körper und Ausdehnung, und seine Erörterung des Raumbegriffs enthält eine ausdrückliche Zurückweisung

---

[1] W. Hamilton in seiner Ausgabe der Werke Reids, die Stelle bei Geil a. a. O. S. 18. — Webb (a. a. O. S. 30 u. ö.) und Campbell Fraser (a. a. O. S. 122) nehmen eine Bekanntschaft Locke's mit der aus der Schule des Cartesius hervorgegangenen Logik von Port Royal an.

[2] Geil (a. a. O. S. 75 ff.) sucht dies ausführlich zu erweisen. Nun hat aber Eucken, woran Erdmann (a. a. O. S. 106) erinnert, in seiner Geschichte der philosophischen Terminologie (S. 94 und 196) die Behauptung aufgestellt, Boyle habe die der Scholastik entstammenden Namen von primären und secundären Qualitäten auf die Cartesianische Distinction zwischen modi rerum und modi cogitandi bezogen; er würde hiernach als Mittelglied zwischen Locke und Cartesius einzuschieben sein. Die Frage bedarf einer erneuten Untersuchung; möglicherweise stand Boyle auch hier vielmehr unter dem Einflusse Gassendi's.

[3] Essay IV, 9, § 3.

[4] Dass Geils Untersuchung über das lumen naturale ohne Beweiskraft ist, bemerkt mit Recht Erdmann a. a. O. S. 104. Der aus der Scholastik stammende Terminus wird weder bei Cartesius noch bei Locke in irgendwie charakteristischer Weise verwendet, sondern ganz so, wie er auch der übrigen zeitgenössischen Ausdrucksweise geläufig ist.

[5] Vgl. auch oben S. 208, Anm. 1.

desselben [1]. Mit einer gewissen Absichtlichkeit kommt er an den verschiedensten Stellen darauf zurück. Manche Leute, heisst es im dritten Buch, setzen die Idee des Körpers der der Ausdehnung gleich [2]; aber das Wesen des Körpers besteht nicht in der Ausdehnung, der Körper ist vielmehr ein ausgedehntes **festes** Etwas [3], und demgemäss will denn auch der gewöhnliche Sprachgebrauch mit den zwei besonderen Namen zwei unterschiedene Ideen bezeichnen [4]. Wer den Namen Körper manchmal zur Bezeichnung der baren Ausdehnung gebraucht, manchmal dagegen Ausdehnung sammt Festigkeit darunter verstanden wissen will, muss nothwendig in die Irre führen [5]. Wiederum im vierten Buch und mit Nennung des Namens: Hat man sich mit Cartesius von dem, was wir Körper nennen, eine Idee gebildet, welche nichts enthält als Ausdehnung, so kann man leicht beweisen, dass es keinen leeren Raum geben kann. Wer dagegen ausser dieser auch noch die Festigkeit in die Idee hineinlegt, wird umgekehrt beweisen, dass es einen solchen geben muss [6].

Und wie das Wesen des Körpers nicht in der Ausdehnung, so besteht das Wesen der geistigen Substanz nicht im Denken. Auch diese grundlegende Behauptung der Cartesianischen Philosophie wird von Locke ausdrücklich abgelehnt. Denken ist nicht das Wesen, sondern die Thätigkeit der Seele, ein Satz, der ganz scholastisch damit bewiesen wird, dass unser Denken erfahrungsgemäss einen verschiedenen Grad von Intensität besitze, aber nur die Thätigkeiten, nicht die Wesenheiten, einer solchen Steigerung oder Minderung fähig seien [7]. Im Zusammenhang damit bekämpft er eingehend und nachdrücklich den Satz, dass die Seele immer denke [8]. Ebenso unterscheidet er im Gegensatze zu Cartesius, dem der Wille nur als ein Modus des Denkens gilt, ausdrücklich Denken und Wollen

----

[1] S. oben S. 180 ff. Essay II. 13, § 11; vgl. 4, § 3.
[2] III. 6. § 5.   [3] Ebend. § 21.   [4] III. 10. § 6.   [5] Ebend. § 32.
[6] IV, 7. §§ 12. 13.
[7] II, 19, § 4: Since the mind can sensibly put on, at several times, several degrees of thinking, and be sometimes even in a waking man so remiss, as to have thoughts dim and obscure to that degree, that they are very little removed from none at all; and at last in the dark retirements of sound sleep, loses the sight perfectly of all ideas whatsoever: since, I say, this is evident so in matter of fact and constant experience, I ask, whether it be not probable, that thinking is the action and not the essence of the soul? Since the operations of agents will easily admit of intension and remission; but the essences of things are not conceived capable of such variation.
[8] II. 1, §§ 10—19 u. a. a. O.

als zwei unterschiedene und in unterschiedenen Kräften der Seele
wurzelnde Thätigkeiten [1].

     Ein Bestandstück der Cartesianischen Philosophie, welches mehr
der Peripherie des Systems angehört, dafür aber in weiten Kreisen
bekannt war und das Ziel einer umfangreichen ernsthaften wie
scherzhaften Polemik bildete, war die Läugnung der Thierseele und
die Behauptung, die Thiere seien blosse Maschinen. H. More hatte
bereits in seinem ersten Briefe an Cartesius Einsprache dagegen
erhoben [2]. Auch Locke will nichts davon wissen; er ist überzeugt,
dass die Thiere Ideen haben, dass ihnen jedenfalls Sinnesempfindung,
einigen auch Gedächtniss zukommt; ja er ist geneigt, ihnen eine
Art von Vernunft zuzuschreiben, wenn auch nicht die Fähigkeit der
Abstraction, denn darin soll das auszeichnende Merkmal der Menschennatur bestehen [3]. Daneben finden sich scherzhafte Anspielungen
in seinen Briefen. Während der letzten vierzehn Tage, schreibt er
im August 1679, „hatte ich zwei Pferde in der Stadt, die mir keinen andern Dienst leisteten, als dass sie ihre Zähne gebrauchten.
Da dies nicht eben von grossem Nutzen ist, so wünschte ich, die
Herren Cartesianer erfänden Maschinen, die man nach Wunsch be-
steigen könnte, ohne Heu und Gerste an sie zu verschwenden, wenn
sie müssig sind. Aber diese Philosophen reden nur immer von Maschinen, ohne je etwas wirklich Nützliches hervorzubringen" [4]. Durch
den Scherz klingt deutlich hindurch, wie wenig Locke selbst in
nähere Beziehung zu der Schule des Cartesius gebracht sein wollte,
und wie bereit er war, einen Gegensatz zu derselben zu markiren.
Eine ernsthaftere Gelegenheit, denselben zum Ausdruck zu bringen,
gab ihm die Controverse mit dem Bischof von Worcester. Vor Cartesius, so führt er diesem gegenüber aus, habe niemand behauptet,
es liege ein Widerspruch darin, anzunehmen, Gott habe einem ma-

---

[1] Essay II, 6, § 2.

[2] Caeterum a nulla tuarum opinionum animus meus, pro ea qua est mollitie
ac teneritudine, aeque abhorret ac ab internecina illa et iugulatrice sententia,
quam in Methodo tulisti, brutis omnibus vitam sensumque eripiens, dicam, an potius praeripiens? etc.

[3] Essay II, 9, § 12: Perception, I believe, is, in some degree, in all sorts
of animals. 10, § 10: The faculty of laying up, and retaining the ideas that are
brought into the mind, several other animals seem to have to a great degree, as
well as man. 11, § 10. Vgl. III, 7, § 5.

[4] Bei Fox Bourne I, 431. Ein anderes Beispiel bei Marion, Locke. d'après
des documents nouveaux p. 52. Vgl. auch den Brief an Anthony Collins
von 1704. (Works X, 283.)

teriellen System die Fähigkeit zu denken verleihen können. Sein Unvermögen, dies einzusehen, bringe ihn somit höchstens in Gegensatz zu den Cartesianern[1].

Ein letzter Punkt endlich ist für die Beurtheilung der Stellung, welche Locke Cartesius gegenüber einnahm, von besonderer Wichtigkeit. Wo Locke im zehnten Kapitel des vierten Buches seinen Beweis für das Dasein Gottes bringt, unterbricht er plötzlich den Fortgang mit der Frage, ob man das Dasein nicht auch aus dem Begriffe des vollkommensten Wesens ableiten könne, und nachdem er eine Untersuchung derselben abgelehnt hat, fügt er bei: es sei ein falscher Weg, diese Wahrheit festzustellen und die Atheisten zum Schweigen zu bringen, wenn man die ganze Schwere der so überaus wichtigen Sache ausschliesslich auf diese eine Grundlage stützen und das Vorhandensein des Gottesbegriffs in der Seele dieses oder jenes Menschen zum alleinigen Beweis für die Realität der Gottheit machen wolle. Wer so verfahre, schwäche aus übermässiger Zärtlichkeit für die eine geliebte Erfindung die Bedeutung der anderen Argumente ab, welche sich, und zwar in zwingender Weise, aus unserer eigenen Existenz und den sichtbaren Theilen des Universums ableiten lassen[2].

Wohin der Vorwurf zielt, wird deutlich, wenn man sich erinnert, wie nachdrücklich Cudworth es an Cartesius getadelt hatte, dass er durch seine mechanische Naturerklärung und die Ablehnung jeder Zweckbetrachtung das wirksamste Mittel des Gottesbeweises

---

[1] At worst my not being able to see in matter any such incapacity, as makes it impossible for omnipotency to bestow on it a faculty of thinking, makes me opposite only to the Cartesians. (In der Replik auf die Beantwortung seines zweiten Briefes. Works IV, 469.)

[2] Essay IV, 10, § 7: How far the idea of a most perfect Being which a man may frame in his mind, does or does not prove the existence of God, I will not here examine. For in the different make of men's tempers, and application of their thoughts, some arguments prevail more on one, and some on another, for the confirmation of the same truth. But yet, I think, this I may say, that it is an ill way of establishing this truth, and silencing atheists, to lay the whole stress of so important a point as this upon that sole foundation, and take some men's having that idea of God in their minds (for it is evident, some men have none, and some worse than none, and the most very different) for the only proof of a Deity; and out of an overfondness of that darling invention, cashier or at least endeavour to invalidate all other arguments, and forbid us to hearken to those proofs, as being weak and fallacious, which our own existence, and the sensible parts of the universe, offer so clearly and cogently to our thoughts, that I deem it impossible for a considering man to withstand them.

aufgegeben habe [1]. Nun hatte dieser zwar neben dem berühmten
ontologischen Argument, dem Beweis aus dem Begriff des vollkommensten Wesens, worauf Locke an der obigen Stelle anspielt, noch
zwei andere versucht, damit aber geringere Beachtung gefunden.
H. More scheidet sie auch in der Periode seiner grössten Annäherung an Cartesius als minderwerthig aus [2]. Wo ohne nähere Bestimmung von dem Cartesianischen Gottesbeweise gesprochen wurde,
verstand man im Kreise der englischen Religionsphilosophen hier-
unter ohne Zweifel stets die Erneuerung des zuerst bekanntlich von
Anselmus von Canterbury aufgestellten Arguments. Dies findet
seine Bestätigung in einer Erörterung in Locke's vermischten Papieren aus dem Jahre 1696 [3]. Obgleich ich, heisst es daselbst, „die
Meinung des Cartesius, betreffend das Dasein Gottes, öfters von
verständigen und ihm durchaus nicht feindlich gesinnten Männern
hatte erörtern hören, so suspendirte ich doch mein Urtheil, bis ich
fand, als ich kürzlich daran ging, seinen Gottesbeweis zu prüfen,
dass nach demselben die empfindungslose Materie ebensogut das erste
ewige Wesen und die Ursache aller Dinge sein könnte als ein im-
materieller, intelligenter Geist. Dies in Verbindung damit, dass er
die Berücksichtigung von Zweckursachen aus seiner Philosophie ausschliesst und bemüht ist, alle anderen Gottesbeweise ausser seinem
eigenen ausser Kraft zu setzen, zieht unvermeidlich einen gewissen
Verdacht auf ihn herab."

Die im Essay abgelehnte Prüfung hatte er somit nachträglich
vorgenommen. Sie galt dem Argumente, das er kurzweg das des
Cartesius nennt und worüber in seiner Umgebung wiederholt Männer
gesprochen hatten, die dem Urheber desselben nicht feindlich ge-
sinnt waren. Dass es Gesinnungsgenossen Cudworths gewesen sind,
wird man den letzten Worten der angeführten Stelle ohne allzu
grosse Kühnheit entnehmen können. Und dies um so mehr, als der
Einwand, den Locke gegen den Werth des Beweises erhebt und den
er in den sich anschliessenden Zeilen zu erhärten sucht, ganz der
gleiche ist, den Cudworth erhoben hatte: derselbe beweise ebensogut, „dass die Materie nothwendig existire und ihrer Natur nach
unendlich und ewig sei" [4].

---

[1] S. oben S. 112.

[2] S. die Sammlung seiner philosophischen Schriften von 1662, preface general
p. 12, und Antidote, preface p. 3.   [3] Bei Lord King II, 133 ff.

[4] Systema intell., Anhang zu Kap. III, § 22 (S. 252), nachdem der früher
erwähnte Vorwurf erhoben worden war: Cui portento hoc addit etiam, quod ma-

More hatte sich lange dagegen gewehrt, dies gleichfalls anzuerkennen. Zwar hatte er sich bereits in der ersten Ausgabe des
Antidotus selbst den gleichen Einwand gemacht, damals aber geglaubt, denselben ohne Mühe zurückweisen zu können. Nur im Begriffe Gottes, erklärt er, nicht in dem der Materie liege die Existenz
eingeschlossen, so dass sie ohne Widerspruch nicht weggedacht
werden könne[1]. Als dann Parker den gleichen Einwand allen
Ernstes im Tentamen physicum in seine Bestreitung der Cartesianischen Philosophie aufnahm und dabei More unter denen aufzählte,
welche die Stringenz der Cartesianischen Argumente bewunderten[2],
antwortete ihm dieser mit bitterbösen Worten[3]. Aber der früher
besprochene Gesinnungswechsel äusserte sich trotzdem auch hier,
und dazu kam noch seine eigene Ansicht von dem nicht wegzu-
denkenden und auch nothwendig als unendlich zu setzenden Raum,
den er ja eben darum in die engste Beziehung zur Gottheit gebracht haben will. Denn allerdings, wenn man diesen unendlichen
Raum mit Cartesius der körperlichen Materie gleichsetzte, so ergab
sich eine Consequenz, „von welcher der Frömmigkeit die grösste
Gefahr drohte"[4]. Denn ist die Materie ein Nicht-Wegzudenkendes,
so ist sie ein ewig und nothwendig Seiendes wie Gott. Und so
erhebt er denn jetzt in der That den Vorwurf, Cartesius nehme
seinem auf die Idee des vollkommensten Wesens begründeten Ar-

---

terium necessario existere, ipsaque natura sua infinitam et aeternam esse do-
cuisse videtur.

[1] Antidote I, ch. 8 (l. c. p. 24): But if you say, the matter does only exist,
and not God, then this matter does necessarily exist of itself, and so we give
that attribute unto the matter, which our natural light taught us to be contained
in the essential conception of no other thing besides God. Wherefore to deny
that of God which is so necessarily comprehended in the true idea of Him, and to
acknowledge it in that in whose idea it is not at all contained (for necessary
existence is not contained in the idea of any thing but of a being absolutely
pefect), is to pronounce contrary to our natural light, and to do manifest violence
to our faculties.

[2] S. oben S. 287, Anm. 2.

[3] In den in der lateinischen Ausgabe hinzugekommenen Scholien; cfr.
Opera II, p. 41: Quae igitur porro addit in hoc primo sophismate explicando de
necessaria existentia materiae adiungenda, tam delumbia sunt omnia, maleque,
ceu scopae dissolutae cohaerentia, ut operae pretium minime duxerim eis diutius
immorari.

[4] Quippe quod indefinita illa extensio, quam nos animis nostris expungere
nullo modo possumus quin existat, necessario iuxta mentem Cartesii sit corporea.
(Vorrede zur zweiten Auflage des Enchiridion ethicum von 1669.)

gumente alle Kraft dadurch, dass er auch die Materie als ein nothwendig Existirendes anzusehen lehre [1].

Von diesem besondern Zusammenhange, in dem der Einwurf
nunmehr bei More erscheint, ist bei Locke keine Spur zu finden.
Aber auch daraus gelöst war derselbe, wie es scheint, zu einem
stehenden geworden, die Bekämpfung des Arguments gewann in ihm
die concrete Fassung. Statt den allgemeinen Satz an die Spitze zu
stellen, dass sich aus einem blossen Begriffe niemals die Existenz
ableiten lasse, sagt demgemäss Locke: „Wer sich der Idee der nothwendigen Existenz bedient, um Gott, d. h. einen immateriellen,
ewigen, erkennenden Geist, zu erweisen, kommt damit nicht weiter
als ein Atheist, der sich derselben Ideen bedient für seine ewige,
allwirkende, empfindungslose Materie. Der Theist sagt: Die complexe Idee von Gott befasst in sich Substanz, Immaterialität, Ewigkeit, Erkenntniss und die Macht, alle Dinge hervorzubringen. Ich
gebe es zu, sagt der Atheist, aber wie beweisest du, dass ein reales
Wesen existirt, in welchem sich diese einfachen Ideen miteinander
vereinigt finden? Durch eine andere Idee, sagt der Cartesianische
Theist, welche ich in meine complexe Idee von Gott einschliesse,
nämlich die Idee der nothwendigen Existenz. Wenn das ausreicht,
sagt der Atheist, so kann ich ebenso die ewige Existenz meines
ersten Wesens, der Materie, erweisen; denn ich brauche nur die
Idee der ewigen Existenz zu der Idee, die ich von der Materie besitze und worin ebenso Substanz, Ausdehnung, Festigkeit, Ewigkeit
und die Macht, alle Dinge hervorzubringen, miteinander verbunden
sind, hinzuzufügen, und die nothwendige Existenz meiner ewigen
Materie ist mit ebenso gewissen Gründen erwiesen, als der immaterielle Gott: denn alles, was ewig ist, muss die nothwendige Existenz
in sich schliessen. Wer hat nun den Vorsprung bei dieser Beweis-
art, welche auf der Hinzufügung der Idee der nothwendigen Existenz zur Idee des ersten Wesens beruht? Die Wahrheit ist, dass
das, was bewiesen werden soll, vorausgesetzt wird und so auf beiden Seiten eine petitio principii vorliegt." [2]

Hiernach dürfte die Annahme gerechtfertigt erscheinen, dass
Locke, wie in seiner Stellung zu Hobbes, so auch in der zu Cartesius durch die Haltung beeinflusst war, welche die Schule von Cam-

---

[1] Vorrede zum Enchirid. metaphys. (Opera I, 136): Materiae tanquam rei
necessario existentis ideam repraesentabat; quo argumenti ab idea Dei, sive entis
absolute perfecti, ad probandum illius existentiam desumpti, vis omnis penitus
enervatur ac diluitur. Cfr. p. 137.		[2] Bei Lord King II, 133.

bridge diesem gegenüber eingenommen hatte, nachdem More's jugend-
licher Enthusiasmus verraucht war. Seine Werthschätzung des
berühmten Philosophen war mit einer Reihe von Vorbehalten verbunden, zum Theil den gleichen, welche schon vorher von jenen
Männern gemacht worden waren. Bedenkt man sodann, dass der
„gewisse Verdacht" [1], der in den Augen derselben auf Cartesius
ruhte, kein anderer war, als dass er durch sein System dem Atheismus Vorschub leiste, so ergibt sich im Zusammenhalt mit dem im
vorigen Kapitel geltend Gemachten die weitere Vermuthung, dass
Locke ihn zu den Vertretern jener dogmatischen, in ihren Consequenzen verderblichen Naturphilosophie rechnete, deren Unzulänglichkeit er mit Hilfe seiner erkenntnisstheoretischen Untersuchungen
nachzuweisen bemüht war. Und wenn er in dem für die Kenntniss
seines Standpunktes wie der Absicht des Essays besonders wichtigen
zwölften Kapitel des vierten Buches vor der übereilten Anwendung
der mathematischen Methode auf andere Gebiete warnt und gleich
danach seine Meinung dahin abgibt, man möge sich nicht durch das
Wort „Principien" täuschen lassen, so dass man als unbezweifelbare
Wahrheit annehme, was im besten Falle eine sehr zweifelhafte Vermuthung sei, wie dies nahezu auf die meisten Hypothesen in der
Naturphilosophie zutreffe [2] — so wird man vielleicht nicht fehlgehen,
darin eine gegen die Principia des Cartesius gerichtete Absage zu
erblicken [3].

Wie es sich aber auch hiermit verhalten möge, an einem Punkte
geht Locke noch über die gegensätzliche Stellung hinaus, welche die
Philosophen von Cambridge Cartesius gegenüber eingenommen hatten:
er bekämpft ihn auch in dem, woran diese gemeinsam mit ihm fest-
hielten, in der Lehre von den angeborenen Ideen. Hier trägt Locke's
empiristische Tendenz den Sieg über die rationalistischen Elemente

---

[1] S. oben S. 312.

[2] Essay IV, 12, § 13: And at least that we take care that the name of
principles deceive us not, nor impose on us, by making us receive that for an
unquestionable truth, which is really at best but a very doubtful conjecture, such
as are most (I had almost said all) of the hypotheses in natural philosophy.

[3] Eine Bestätigung dieser Vermuthung findet sich in Locke's Replik auf des
Bischofs von Worcester Beantwortung seines zweiten Briefes (Works IV, 127): When
mathematical men will build systems upon fancy, and not upon demonstration,
they are as liable to mistakes as others. And that Des Cartes was not led into
his mistakes by mathematical demonstrations, but for want of them, I think has
been demonstrated by some of those mathematicians who seem to be meant here
(Mr. Newton, Philos. Natur. Princip. Mathemat. I. 1. 2. § 9).

davon, die er sich unzweifelhaft unter dem Einflusse eben jener Philosophen angeeignet hatte. In dem Eifer, bei der Analyse des Erkenntnissvorganges vor keinem ursprünglich Gegebenen, ausser vor den einfachen, aus der Erfahrung aufgenommenen Elementen, Halt zu machen und nichts als die willkürliche oder von der Erfahrung geleitete Zusammensetzung dieser Elemente anzuerkennen, übersieht er, dass er sich damit zugleich die Möglichkeit abschneidet, mit Hilfe jener zwischen den Ideen angenommenen Verhältnisse und Beziehungen zu nothwendigen und allgemeinen Wahrheiten zu kommen, die er doch mit Entschiedenheit festhalten will.

Wie die Bekämpfung der angeborenen Ideen, so hat deshalb auch nur Locke's empiristische Tendenz sich in der Folgezeit wirksam erwiesen; die rationalistische, von der in den drei ersten Büchern sich wohl deutliche Spuren aufzeigen lassen, die aber erst im vierten zur vollen Entfaltung kommt, blieb ebenso wirkungslos wie das, worauf es ihm bei der Abfassung des Essays vor allem angekommen war, das Herabdrücken des Naturerkennens auf die Stufe blosser Wahrscheinlichkeit unter gleichzeitiger Einschärfung des Satzes, dass wir ein demonstratives Wissen nur von der Existenz Gottes und der Geltung der mathematischen und der moralischen Wahrheiten haben.